Herbert Niehr

Religionen in Israels Umwelt

Herbert Niehr

Religionen in Israels Umwelt

Einführung in die nordwestsemitischen Religionen Syrien-Palästinas

echter

Die Deutsche Bibliothek – CIP-Einheitsaufnahme

Die **neue Echter-Bibel.** – Würzburg : Echter

Ergänzungsband zum Alten Testament

5. Niehr, Herbert: Religionen in Israels Umwelt. – 1998

Niehr, Herbert:
Religionen in Israels Umwelt : Einführung in die nordwestsemitischen Religionen Syrien-Palästinas / Herbert Niehr. – Würzburg : Echter, 1998
(Die neue Echter-Bibel : Ergänzungsband zum Alten Testament : 5)
ISBN 3-429-01981-8

Gesamtherstellung: Echter Würzburg
Fränkische Gesellschaftsdruckerei und Verlag GmbH
ISBN 3-429-01981-8

Inhaltsverzeichnis

I. Von der Spätbronzezeit bis zum Beginn der Eisenzeit

A. Nordwestsyrien: Die Religion Ugarits (ca. 1500–1200 v. Chr.)

II. Von der Eisenzeit bis zum Beginn der frühchristlichen Zeit

A. *Nord- und Westsyrien: Die Religion der Phönizier (ca. 1100–1. Jh. n. Chr.)*

B. *Nord- und Mittelsyrien: Die Religion der Aramäer (ca. 1000 v. Chr.–4. Jh. n. Chr.)*

III. Ausblick: Religion in Israel und Juda

Vorwort

Die hier vorliegende Einführung in die Religionen Syrien-Palästinas wurde seit dem Wintersemester 1991/92 in der Gestalt von Vorlesungen, Seminaren, Quellenlektüren und Kolloquien an den Universitäten Würzburg und Tübingen gehalten. Ich danke deshalb allen Hörerinnen und Hörern, die mir durch ihre Mitarbeit zur Präzisierung des hier Dargelegten verhalfen.

Es wurde versucht, ausgehend von der Spätbronzezeit den Raum Syrien-Palästina flächendeckend zu bearbeiten und ein Übersichtswerk zu den hier belegten Religionen vorzulegen. Hinsichtlich des Inhalts erhebe ich nicht den Anspruch, den Fachkollegen etwas grundlegend Neues zu sagen. Für Einzelforschungen, die zur Zeit in fast allen Bereichen von Ugarit bis Petra durchgeführt werden, reicht der Umfang dieses Bandes nicht aus, wohl aber kann der Blick auf das Ganze die Details wieder in anderem Licht erscheinen lassen. Insofern möchte ich eine erste Orientierung für Alttestamentler, Altorientalisten, Religionswissenschaftler und Historiker geben.

Mein Dank geht zunächst an Prof. Josef Schreiner (Würzburg), der mir die Abfassung des Bandes anvertraut hat und mir völlige Freiheit bei der inhaltlichen Ausgestaltung ließ. Er hat das gesamte Manuskript vor der Drucklegung gelesen und wichtige Hinweise zu seiner Gestaltung beigesteuert. Danken will ich desweiteren meinen Doktoranden und Doktorandinnen sowie Diplomanden und Diplomandinnen, die sich mit einzelnen Fragestellungen sehr engagiert auseinandergesetzt haben.

Da niemand in der Lage ist, alle einschlägigen Quellen und die dazugehörige Forschung auszuwerten und zu überschauen und auch jeder seine eigenen Schwerpunkte hat, es andererseits aber trotzdem sinnvoll schien, die Bearbeitung dieses Bandes in einer Hand zu belassen, war mir das Urteil ausgewiesener Fachleute für einzelne Abschnitte wichtig. Folgende Kollegen lasen und kommentierten einzelne Abschnitte: Prof. Wolfgang Röllig (Tübingen) und Prof. Paolo Xella (Rom) den Abschnitt über Ugarit und die Phönizier, Prof. Prof. Edward Lipiński (Leuven) den Abschnitt über die Phönizier, Prof. Ernst Axel Knauf (Bern) den Abschnitt über die Safaiten und die transjordanischen Religionen und PD Robert Wenning (Münster) den Abschnitt über die Nabatäer. Desweiteren hat Daniel Schwemer (Würzburg) den ganzen Entwurf gelesen, kritisch kommentiert und etliche Verbesserungen vorgeschlagen; ebenso hat Birgit Kranz bei ihrer Lektüre des Manuskriptes eine Anzahl sprachlicher Unzulänglichkeiten ausgemerzt. Frau Elsbeth Schaupp hat die Textvorlage erstellt, meine Mitarbeiter Oliver Dyma, Stefanie Gulde und Dagmar Kühn haben die Literatur und die Textstellen überprüft, die Korrekturen mitgelesen und darüber hinaus vieles zur Klärung einzelner Fragen und Probleme beigetragen. Allen hier Genannten gilt mein herzlicher Dank! Daß die Verantwortung für das Ganze bei mir liegt, muß ich nicht eigens betonen.

Tübingen, im Januar 1998 *Herbert Niehr*

Einführung

Der allgemein klingende Titel »Religionen in Israels Umwelt« bedarf einer Präzisierung zur Klärung der in ihm gegebenen Stichworte.[1]
Hinsichtlich des Terminus Religion ist vorrangig zu betonen, daß Religion in der Antike keine Substruktur innerhalb einer komplexen Gesellschaft darstellte, sondern diese vollständig in all ihren Bereichen durchdrang. Insofern kann Religion nicht als gesonderter Bereich von der antiken Kultur abgehoben werden. Aus diesem Grunde wird in der neueren Religionswissenschaft die Forderung erhoben, Religion nicht länger von Kultur zu unterscheiden.[2] Positiv gesprochen hat dies zur Folge, daß man sich einer Religion über die Kultur annähern muß, die diese Religion erzeugt hat. Religion wird dann greifbar als ein selbständiges kulturelles Segment, welches nach seinen eigenen Gesetzmäßigkeiten arbeitet. Somit hat man Religion zu verstehen »als einen besonderen Typ eines kulturspezifischen Deutungs- oder Symbolsystems.«[3] Daraus ergibt sich die »Aufarbeitung der Elemente des Zeichensystems, ihrer Konstruktion und ihrer »Bedeutung« für »Geber« und »Empfänger«.«[4]
Hilfreich für einen ersten Zugang zum Verständnis altorientalischer Religionen ist die Unterscheidung zwischen primären Religionen und sekundären Religionen.[5] Primäre Religionen vermitteln Ordnungsstrukturen des gesamten Kosmos, in welche auch die Beziehung der Menschen zu den Göttern sowie das Verhältnis der Götter und Menschen jeweils untereinander hineingehören. Oder anders formuliert: Die gesamte kosmische, politische und gesellschaftliche Ordnung und das darauf basierende Handeln sind in dieser Art von Religion fundiert. Zwischen Königtum und Staat auf der einen und den Göttern auf der anderen Seite gibt es keine Loyalitätskonflikte, da der König der Repräsentant der Götter ist. Es gibt auch keinen separaten Götterglauben. Im Unterschied zu den primären Religionen sind sekundäre Religionen dadurch gekenn-

[1] Vgl. zum folgenden auch H. Niehr, Auf dem Weg zu einer Religionsgeschichte Israels und Judas. Annäherungen an einen Problemkreis, in: B. Janowski – M. Köckert (Hg), Religionsgeschichte Israels. Formale und materiale Aspekte (VWGTh), Gütersloh 1999 [im Druck].

[2] Vgl. D. Sabatucci, Kultur und Religion, in: HrwG 1, 1988, 43-58; F. Stolz, Einführung in den biblischen Monotheismus, Darmstadt 1996, 16-18.

[3] B. Gladigow, Gegenstände und wissenschaftlicher Kontext von Religionswissenschaft, in: HrwG 1, 1988, 26-38, hier 33; vgl. auch C. Geertz, Religion als kulturelles System, in: Ders., Dichte Beschreibung, Frankfurt 1983, 44-95; F. Stolz, Grundzüge der Religionswissenschaft, Göttingen ^{2}1997, 101-120. 224-231.

[4] Gladigow, ebd.; vgl. auch Stolz, Grundzüge 224-231.

[5] Vgl. zum Folgenden Th. Sundermeier, Art. Religion, Religionen, in: K. Müller – Th. Sundermeier (Hg), Lexikon missionstheologischer Grundbegriffe, Berlin 1987, 411-422; J. Assmann, Ma`at, München ^{2}1990, 17-24.279-283.

zeichnet, daß sie die Gottesbeziehung in den Vordergrund stellen und sich die politische und gesellschaftliche Ordnung hiernach ausrichtet. Diese Art von Religion kann kultur- oder herrschaftskritisch sein, so daß Loyalitätskonflikte zwischen dem Gehorsam zu Gott und dem Gehorsam zum König hieraus resultieren können. Sekundäre Religionen sind Bekenntnisreligionen.

Die primäre Religion ist im Alten Orient und in Ägypten der Normalfall von Religion. Die Religionen Syrien-Palästinas bilden hierzu keine Ausnahme. Zur Entwicklung von sekundären Religionen kam es befristet im Ägypten der Amarna-Zeit und bei den Religionen Syrien-Palästinas in Juda nach dem Untergang des Königtums 586 v. Chr. Vorbereitende Elemente hierfür waren innenpolitische Spannungen in Israel, welche die Prophetie in ihrer Kult- und Sozialkritik aufgriff sowie die Anliegen der deuteronomistischen Theologen. Diese Entwicklung zur sekundären Religion setzte sich während der persischen und hellenistischen Zeit fort.[6] Auch das frühe Christentum etablierte als sekundäre Religion einen Gegensatz zwischen Religion auf der einen und Kultur und Staat auf der anderen Seite.

Das Verhältnis zwischen primären und sekundären Religionen ist nicht als eine statische Abfolge von einem Zustand in den anderen zu sehen. Auch in einer sekundären Religion gibt es immer wieder Bestrebungen, zum Status einer primären Religion zurückzukehren bzw. Elemente einer primären Religion zu konservieren.

Eine weitere Eigenart der altorientalischen primären Religionen, die in diesem Buch zur Sprache kommen, besteht darin, daß es sich bei ihnen um polytheistische Religionen handelt. Diese können nicht einfachhin als Addition unterschiedlicher Göttinnen und Götter verstanden werden. Es ist vielmehr so, daß in polytheistischen Religionen Göttinnen und Götter überhaupt nicht im Mittelpunkt der Religion stehen. »Mit der Zentralisierung der Frage der Gottesvorstellungen gelangt eine Klassifikationskategorie zur Erfassung unterschiedlicher Religionstypen zur Anwendung, die – selber einer theologischen (monotheistischen) Betrachtungsweise entstammend – keine Aussagen über die theologische ›Innenansicht‹ der (als polytheistisch) klassifizierten Religionen zuläßt. Für eine religionsgeschichtliche Untersuchung der sog. polytheistischen Religionen erweist sich das Monotheismus-Polytheismus-Schema daher als ein gänzlich unzureichendes Raster, da es methodisch von vornherein den Zugang zu einer Analyse des Selbstverständnisses der an diesem Parameter gemessenen Religionen versperrt.«[7] Die eingangs skizzierten Typica von Primärreligionen haben gezeigt, daß man polytheistische Reli-

[6] Vgl. J. Assmann, Das kulturelle Gedächtnis, München 1992, 196-228.

[7] G. Ahn, ›Monotheismus‹ – ›Polytheismus‹. Grenzen und Möglichkeiten einer Klassifikation von Gottesvorstellungen, in: M. Dietrich – O. Loretz (Hg), Mesopotamica-Ugaritica-Biblica. FS K. Bergerhof (AOAT 232), Kevelaer – Neukirchen-Vluyn 1993, 1-24, hier 16; zu der bei Ahn zitierten Literatur vgl. jetzt noch Stolz, Einführung.

gionen als Interpretationssysteme, etwa im Hinblick auf die Aufrechterhaltung des Kosmos, verstehen muß. Erst im Rahmen eines solchen Interpretationssystems kommt auch den unterschiedlichen Göttinnen und Göttern ihre jeweilige Rolle zu.[8]

Unter der Umwelt Israels könnte man allgemein den Fruchtbaren Halbmond verstehen. Ein derartiges Konzept würde die Religionen Mesopotamiens, Anatoliens und Ägyptens als die dominierenden Religionen dieser Umwelt einseitig in den Vordergrund stellen.

Es zeigt sich jedoch zusehends, daß eine solche Vorstellung des Fruchtbaren Halbmondes auch völlig verschiedene Kulturen wie die Ägyptens, Mesopotamiens, Syrien-Palästinas und Anatoliens zusammenbindet, wobei die Unterschiede, welche hier existieren, vorschnell außer acht bleiben. In den letzten Jahren ist deshalb der Blick für ein Detailphänomen geschärft worden. Es geht um die Frage, »ob es auf kulturellem und religiösem Gebiet im Altertum neben den Gemeinsamkeiten des Fruchtbaren Halbmonds nicht auch, in mancher Hinsicht gegenläufig dazu, eine Art levantinischen Halbkreises um das östliche und nördliche Mittelmeer gegeben hat, von Palästina bis nach Hellas reichend, der seine eigenen mythologischen Ideen und kultischen Praktiken ausgebildet hat.«[9]

Die religiösen Besonderheiten des levantinischen Halbkreises basieren auf den geoklimatischen Besonderheiten dieses Gebietes, welche im Unterschied zu den potamischen Kulturen Mesopotamiens und Ägyptens durch den Regenfeldbau bestimmt sind. Hieraus resultieren auf der Ebene der Religion eine Dominanz von Wettergöttern und eine besondere Akzentuierung von Bergen und Quellen.[10]

Desweiteren treten politische und historische Gemeinsamkeiten hinzu, da Syrien und Palästina niemals den Alten Orient beherrschten, sondern immer in kleinere Teilstaaten aufgeteilt waren, die unter anatolischer, mesopotamischer oder ägyptischer Einflußsphäre standen.

Es ist grundsätzlich keinem Forscher möglich, die in dem von Hellas bis Palästina sich erstreckenden levantinischen Halbkreis begegnenden Religionen darzustellen. Der in diesem Band gewählte Zugang zu den Religionen in Israels Umwelt legt eine Beschränkung auf die Religionen nahe, die sich zeitlich und lokal in der Nachbarschaft Israels und Judas aufweisen lassen und welche zudem im sprachlichen Konnex mit Israel und Juda stehen. Insofern kommt man auf diejenigen Religionen, wie sie uns in den nordwestsemitischen Schriftquellen und Kunstwerken der Ugariter, Phönizier, Aramäer, Philister, Safaiter, Ammoniter, Moabiter, Edomi-

[8] Vgl. Ahn, Monotheismus; B. Gladigow, Strukturprobleme polytheistischer Religionen: Saec 34, 1983, 292-304; F. Stolz, Der Monotheismus Israels im Kontext der altorientalischen Religionsgeschichte, in: W. Dietrich – M.A. Klopfenstein (Hg), Ein Gott allein? (OBO 139), Freiburg – Göttingen 1994, 33-50; ders., Einführung 34-43.

[9] B. Janowski – K. Koch – G. Wilhelm (Hg), Religionsgeschichtliche Beziehungen zwischen Kleinasien, Nordsyrien und dem Alten Testament (OBO 129), Freiburg – Göttingen, 1993, VIII.

[10] Vgl. K. Koch, Ḫazzi-Ṣafôn-Kasion, in: ibid. 171-223, hier 171f.

ter und Nabatäer, die der Religion Israels und Judas strukturell eng benachbart sind, entgegentreten, wohingegen auf andere wichtige religiöse Zentren nur am Rande verwiesen werden kann. Zeitlich erstrecken sich die Belege für diese Religionen über eine Epoche von der Spätbronzezeit bis zum Beginn des Christentums. Kleinere Inkonsequenzen lassen sich dabei nicht vermeiden: So sind Edomiter und Nabatäer zwar Araber, ihre Quellen sind jedoch in nordwestsemitischen Sprachen abgefaßt. Bei den Safaiten handelt es sich ebenfalls um Araber, bei denen die Quellen hingegen nicht in einer nordwestsemitischen Sprache vorliegen. Aber die Safaiten sind schon lange in Südsyrien ansässig, und sie liefern die einzigen Belege für Religion in diesem Bereich. Deshalb sind die Safaiten im vorliegenden Band mitzubehandeln.
Der geographische Hintergrund wird Syrien-Palästina genannt. Diese Terminologie ist nicht identisch mit der heutigen politischen Terminologie, wie sie sich im 20. Jh. seit dem Ende der Osmanischen Zeit bzw. der Mandatszeit herausgebildet hat. Im Sprachgebrauch des vorliegenden Bandes steht Syrien-Palästina im umfassenden Sinn für das Gebiet zwischen Anatolien im Norden und Ägypten im Süden sowie dem Mittelmeer im Westen und dem Euphrat bzw. der syrisch-jordanischen Wüste im Osten. An relevanten Details ist zu beachten, daß Syrien auch das Gebiet des heutigen Libanon umfaßt.[11] Palästina stellt das südlich an den Libanon, die Beqa^{c} und den Hermon angrenzende Land zu beiden Seiten des Jordan dar.
Hinsichtlich der Vorgehens- und Darstellungsweise folge ich der Chronologie von der Spätbronze- über die Eisenzeit[12] in die persische und hellenistisch-römische Zeit bis zum Beginn des Christentums sowie einem geographischen Aufriß von Nordsyrien über West-, Mittel- bis Südsyrien. Anschließend werden das westliche und das transjordanische Palästina besprochen. Innerhalb dieses Aufrisses werden die einzelnen Lokalausprägungen der Religionen Syrien-Palästinas behandelt.
Was die Erschließung des für das Verständnis dieser Religionen relevanten Materials angeht, so ist versucht worden, ein Parameter zu erstellen, mit dem die religiösen Einzelphänomene in allen besprochenen Religionen vergleichend dargestellt werden können. Damit ist auch klar, daß es bei der Untersuchung der sog. »Umweltreligionen« nicht um eine israelitische Perspektive gehen kann, sondern darum, diese Religionen auf der Grundlage ihrer Quellen zum Sprechen zu bringen. Insofern bedaure ich, daß aufgrund des grundzughaften Charakters dieser Einführung in einem Band so gut wie keine Textbeispiele haben Aufnahme finden können, zu-

[11] Vgl. zur Einbeziehung des Libanon H. Klengel, Geschichte Syriens im 2. Jahrtausend v. u. Z. 2, Berlin 1969, 1-5; zur landschaftlichen Teilung Syriens vgl. E. Wirth, Syrien (Wiss. Länderkunden 4/5), Darmstadt 1971, 361-449.

[12] Zur Problematik dieser Epochenterminologie und zu möglichen Alternativen vgl. H. Weippert, Metallzeitalter und Kulturepochen: ZDPV 107, 1991, 1-23.

mal deren philologische und inhaltliche Kommentierung zuviel Raum beansprucht hätte.
Eine Darstellung der Religionen der nordwestsemitischen Völker kann nur in Grundzügen erfolgen, da viele Detailfragen zu Texten, Gottheiten, Ritualen, Tempeln und Heiligtümern noch rätselhaft und umstritten sind. Insofern ist hier eine Einführung in den gegenwärtigen Forschungs- und Diskussionsstand intendiert; für die Klärung vieler Detailprobleme muß indessen auf die laufende Forschung verwiesen werden.[13] Ich kann mir abschließend nur die von E. Wirth in seiner geographischen Landeskunde Syriens getroffene Feststellung zu eigen machen, der meinte, es verstehe sich von selbst, daß die vorliegende Monographie »keinesfalls eine abschließende Zusammenfassung bisheriger Arbeiten sein kann. Sie ist vielmehr in weiten Partien ein kritischer Forschungsbericht, der zu neuen Untersuchungen anregen soll.«[14]

[13] Aufgrund des weiten Leserkreises sind Personen-, Götter- und Ortsnamen nicht streng semitistisch transkribiert, sondern sie folgen in der deutschen Wiedergabe den zumeist eingebürgerten Formen.
[14] Wirth, Syrien 5.

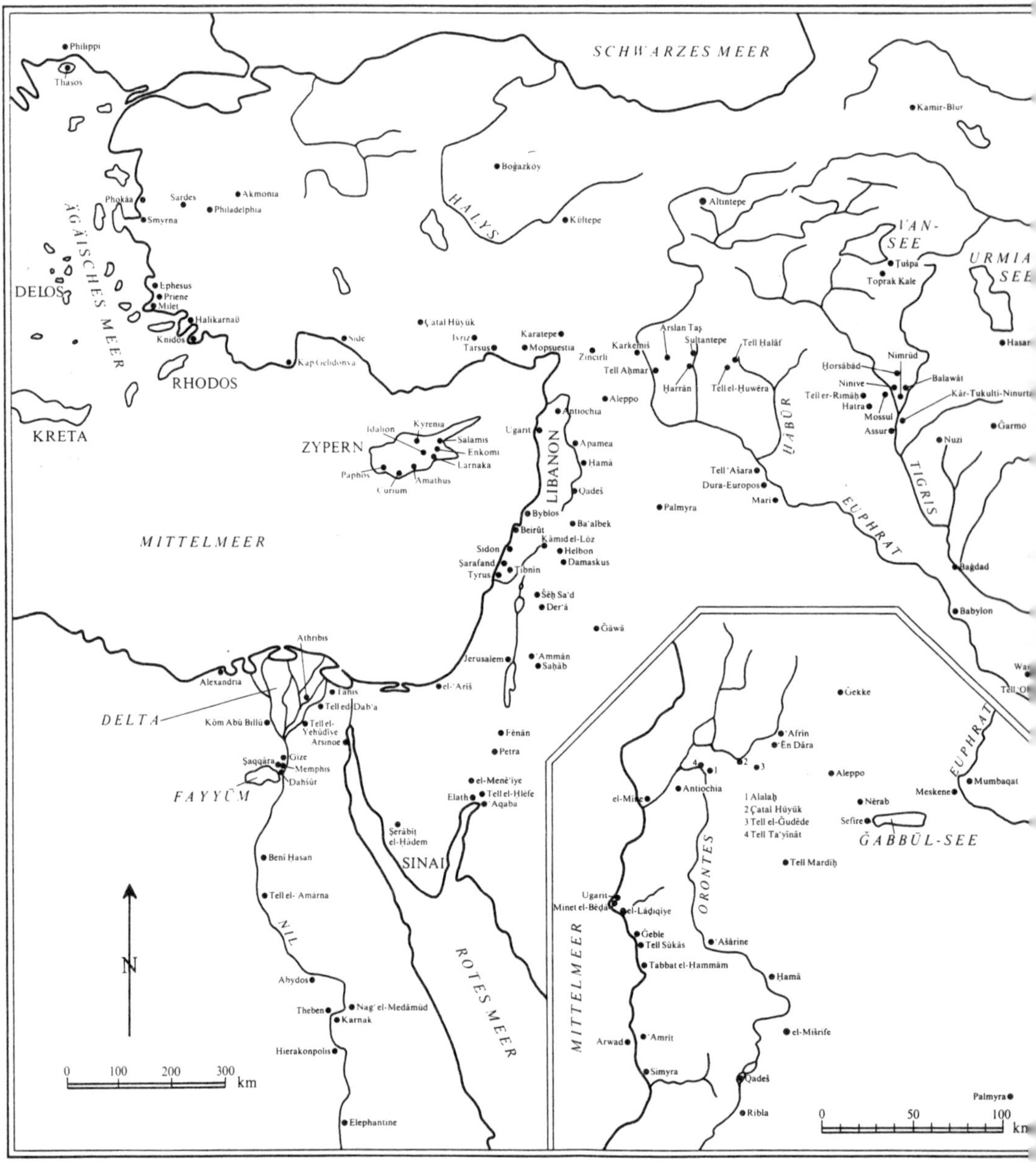

Vorderer Orient und Ägypten

I. Von der Spätbronzezeit bis zum Beginn der Eisenzeit

A. Nordwestsyrien: Die Religion Ugarits (ca. 1500–1200 v. Chr.)

1. Raum und Zeit

Zum Raum: J.-L. Cunchillos, Manual de Estudios Ugaríticos, Madrid 1992, 31-40. – H. Klengel, Geschichte Syriens im 2. Jahrtausend v.u.Z. 3, Berlin 1970, 1-48. – W.H. van Soldt, The Topography and Geographical Horizon of the City-State of Ugarit, in: G.J. Brooke e.a. (Hg), Ugarit and the Bible (UBL 11), Münster 1994, 363-382. – F. Vallino Orazie – C. Marinucci, Le paysage d'Ugarit (Ra`s Shamra): AION 42, 1982, 33-69. – E. Wirth, Syrien (Wiss. Länderkunden 4/5), Darmstadt 1971, 16-25.362-378.
Zur Geschichte Ugarits: J. Aboud, Die Rolle des Königs und seiner Familie nach den Texten von Ugarit (FARG 27), Münster 1994, 3-122. – M.C. Astour, Ugarit and the Great Powers, in: G.D. Young (Hg), Ugarit in Retrospect, Winona Lake 1981, 3-29. – D. Kinet, Ugarit – Geschichte und Kultur einer Stadt in der Umwelt des Alten Testamentes (SBS 104), Stuttgart 1981, 17-46. – H. Klengel, Geschichte Syriens im 2. Jahrtausend v.u.Z. 2, Berlin 1969, 326-421; 3, Berlin 1970, 156-251. – Ders. (Hg), Kulturgeschichte des Alten Vorderasien, Berlin 1989, 271-295. – Ders., Syria. 3000 to 300 B.C., Berlin 1992, 84-180. – G.A. Lehmann, Die mykenisch-frühgriechische Welt und der östliche Mittelmeerraum in der Zeit der »Seevölker«-Invasionen um 1200 v. Chr (RWAW G 276), Opladen 1985. – A. Lemaire, Ougarit, Oura et la Cilicie vers la fin du XIIIe s. av. J.-C.: UF 25, 1993, 227-236. – E. Lindner, Ugarit: A Canaanite Thalassocracy, in: G.D. Young (Hg), Ugarit in Retrospect, Winona Lake 1981, 31-42. – M. Liverani, Storia di Ugarit (SS 6), Rom 1962. – Ders., Ras Shamra II. Histoire, in: DBS IX, 1979, 1295-1348. – Ders., Antico Oriente, Rom 1988, 541-576. – E. Neu, Hethiter und Hethitisch in Ugarit, in: M. Dietrich – O. Loretz (Hg), Ugarit (ALASP 7/1), Münster 1995, 115-129. – G. Wilhelm, Grundzüge der Geschichte und Kultur der Hurriter (Grundzüge 45), Darmstadt 1982, 9-58. – M. Yon, La ville d'Ougarit au XIIIe siècle av. J.-C.: CRAIBL 1985, 705-721. – Dies. e.a. (Hg), Le pays d'Ougarit autour de 1200 av. J.-C. (RSOu XI), Paris 1995.

Ugarit liegt auf dem nordwestlichen Küstenstreifen Syriens, der vom Djebel al Aqra^{c} nach Norden und von der Senke von Homs nach Süden hin abgegrenzt wird. Aufgrund seiner Lage ist es vom syrischen Landesinnern durch den östlich von Ugarit verlaufenden Gebirgszug des Djebel Ansariye (ca. 1500 m) abgeschlossen. Im Norden Ugarits erstreckt sich in nordöstlicher Richtung das Massiv des Djebel al Aqra^{c} (ca. 1700 m). Nur der Bdama-Paß führt in das syrische Binnenland.
Die Bedeutung Ugarits als eines ostmediterranen Kulturzentrums wird anhand seines Mittelmeerhafens, Minet el-Beida, ersichtlich, mittels dessen Handels- und Kulturkontakte zur Ägäis, insbesondere nach Zypern und Kreta, sowie nach Anatolien, zur libanesisch-palästinensischen Küste und nach Ägypten wahrgenommen wurden. Zu seinem Hinterland gehör-

ten Nordsyrien und Mesopotamien sowie Anatolien. Damit war Ugarit einerseits eine weltoffene Stadt, die mit der Ägäis, Anatolien, Nordsyrien, dem Libanon, Palästina, Mesopotamien und Ägypten in Verbindung stand, andererseits führte Ugarit durch seine Lage im Schatten des Djebel al Aqra^{c} und des Djebel Ansariye auch wieder eine Sonderexistenz, was sich im Bereich der Kultur und Religion deutlich zeigt.
Geopolitisch war Ugarit auf den südlichen bis nach Palästina verlaufenden Küstenstreifen hin orientiert, d.h. auf den libanesischen und palästinensischen Bereich, der im 1. Jt. v. Chr. phönizisch und israelitisch dominiert wurde. Auch unter dem Aspekt seiner Sprache war Ugarit Bestandteil des nordwestsemitischen Sprachraums. Trotz aller mit dem Untergang der Spätbronzezeit gegebenen Umbrüche stand Ugarit sprachlich, kulturell (Mythologie; Schrift) und religionsgeschichtlich in einem Kontinuum mit dem phönizisch-israelitischen, teilweise auch mit dem aramäischen Bereich. Demgegenüber war das syrische Binnenland mit seinen großen Zentren Ebla, Mari und Emar von mesopotamischer Kultur und Religion durchdrungen. Ugarit stand auch mit diesen Zentren in Beziehung, gehörte aber kulturell nicht in das von mesopotamischer Keilschrift und Kultur beherrschte Gebiet.
Seit dem präkeramischen Neolithikum ist Ugarit fast kontinuierlich bis zu der hier interessierenden Spätbronzezeit besiedelt.
Als im 16. Jh. v. Chr. die Hyksoszeit für Ägypten endete, versuchte die XVIII. Dynastie den ägyptischen Machtbereich nach Palästina und Syrien auszudehnen. Zunächst aber dominierte Mittanni in Nordsyrien. Unter König Sauštatar (ca. 1420 v. Chr.) wurde das Mittannireich konsolidiert. Sauštatar eroberte Assur und kontrollierte Kizzuwatna, Mukiš und Ugarit. Es dauerte aber nur noch eine kurze Zeit, bis Ugarit in die ägyptische Machtsphäre gelangte.
Gegen Ende des 15. Jh. v. Chr. erstarkte das Hethiterreich erneut und band die Kräfte Mittannis im Norden. Unter Thutmosis IV. (1400-1390 v. Chr.) kam es zu einer diplomatischen Einigung zwischen Ägypten und Mittanni. König Artatama I. von Mittanni (ca. 1400 v. Chr.) sandte dem Pharao eine Tochter zur Ehe. Damit verband sich ein Friedensvertrag zwischen beiden Mächten, in dem die gemeinsame ägyptisch-mittannische Grenze in Syrien festgelegt wurde. Im Nordwesten umfaßte das ägyptische Territorium Ugarit, in Innersyrien verlief die Grenze südlicher, so daß Tunip und Qaṭna zu Mittanni gehörten, Qadeš und Amurru aber ägyptisch waren. Diese Grenzziehung blieb in der Folgezeit stabil, so daß Ugarit in der Amarna-Zeit nach wie vor in der ägyptischen Machtsphäre lag. Dies zeigt auch die Tatsache, daß fünf Amarna-Briefe aus Ugarit an den Hof des Pharao gelangten (EA 45-49). Über Ugarit in der Amarna-Zeit sind wir recht gut informiert. Wichtigster König Ugarits war Niqmaddu II. (ca. 1350–1315 v. Chr.).[1] Um 1364 v. Chr. ereignete

[1] Vgl. zu den Daten der Könige Ugarits und zur Königsliste Aboud, Rolle 3-41.

sich eine Brandkatastrophe in Ugarit, von der auch der Nordpalast stark in Mitleidenschaft gezogen wurde. Dieser Sachverhalt wird in der Amarna-Korrespondenz in einem Brief des Abi-Milku von Tyros an den Pharao erwähnt (EA 151,55-63) und läßt sich auch archäologisch bestätigen. Mit diesem Brand mag u.a. auch zusammenhängen, daß wir kaum Texte aus Ugarit haben, die der ersten Hälfte des 14. Jh. v. Chr. entstammen oder noch älter sind. Gleichzeitig wird die Zeit Niqmaddus II. auch als das goldene Zeitalter Ugarits bezeichnet. Der Palast wurde größer als zuvor erbaut, so daß er zum syrisch-palästinensischen Palast schlechthin wurde (vgl. EA 89,48-57).

Die ausgehende Amarna-Zeit war geprägt durch das Aufkommen des hethitischen Großreichs unter Šuppiluliuma I. (1343 – 1321/17 v. Chr.). Bis zu seinem Tod bewirkte er die größte Ausdehnung des hethitischen Reiches. Die Kriege Šuppiluliumas richteten sich vor allem gegen das Mittannireich. Zunächst konnte er das eng mit Mittanni liierte und stark hurritisierte Land Kizzuwatna erobern und dem Hethiterreich einverleiben. Während Šuppiluliuma Krieg gegen Mittanni führte, leisteten ihm die nordsyrischen Vasallenstaaten Mittannis, Nuḫašše, Mukiš und Nija, Widerstand. Dagegen stellten sich die ägyptischen Vasallen, Ugarit und Amurru, auf die Seite des Hethiterkönigs, was wiederum zu Verwüstungen seitens Nuḫašše, Mukiš und Nija im Königreich Ugarit führte. Šuppiluliuma kam seinem Verbündeten Ugarit zu Hilfe und besiegte die antiugaritische Koalition. Anschließend eroberte er Aleppo und Alalach. Nachdem er sich in Alalach niedergelassen hatte, kam Niqmaddu II. dorthin und unterwarf sich dem hethitischen Großkönig. Damit war Ugarit als Vasall in den hethitischen Machtbereich übergegangen. Ugarit war somit den Hethitern gegenüber tributpflichtig, vergrößerte aber sein Territorium auf Kosten der ehemals antihethitischen Koalition um die Hälfte. Hierin dürfte der ökonomische Hintergrund für das goldene Zeitalter Ugarits liegen. Die hethitische Macht in Nordsyrien wurde durch zwei Söhne Šuppiluliumas aufrechterhalten, von denen der eine als Vizekönig in Karkemiš und der andere als Vizekönig in Aleppo amtierte.

Nach dem Tode Šuppiluliumas I. kam als sein zweiter Nachfolger Muršili II. (1320–1265 v. Chr.) auf den Thron. Der zweifache Thronwechsel zog Revolten im hethitischen Großreich nach sich. Mit dem zweiten Nachfolger Niqmaddus II., Niqmepa V. (1313 – 1265 v. Chr.), der die längste Königsherrschaft in Ugarit ausübte, schloß Muršili II. wieder einen Vasallitätsvertrag ab. Das Hethiterreich konnte unter Muršili seine Macht über Nordsyrien weiter stabilisieren. Ugarit nahm 1275 v. Chr. auf hethitischer Seite an der Schlacht von Qadeš teil. Auf Niqmepa V. folgten bis ca. 1190 v. Chr. noch fünf Könige in Ugarit.

Der Beginn des 12. Jh. v. Chr. brachte den »Seevölkersturm« und den Untergang Ugarits mit sich. Man darf sich aufgrund der Angabe »Seevölkersturm« jedoch nicht zu einer monokausalen Erklärung der Ereig-

nisse verleiten lassen. Vielmehr addierten sich verschiedene Faktoren, die den Untergang des damaligen politischen und wirtschaftlichen Systems auslösten: So wissen wir von Hungersnöten und von Aufständen im Hethiterreich, dem Abtrünnigwerden hethitischer Vasallenstaaten, Kaškäereinfällen in das hethitische Kernland und dem Vordringen der »Seevölker«. Ugarit trieb seinerseits schon eine selbständige Außenpolitik, was sich daran zeigt, daß es mit Amurru einen gegenseitigen Unterstützungspakt abgeschlossen hatte. Darin kündigt sich eine gewisse Emanzipation vom hethitischen Oberherrn an. Andererseits waren aufgrund der Bündnistreue zu den Hethitern die ugaritische Marine und Truppen zur Verteidigung ins Hethiterreich entsandt worden, die nun zur Verteidigung von Ugarit fehlten. Vielleicht muß für Ugarit noch ein Aufstand der Landbevölkerung angenommen werden, welcher in Verbindung mit den »Seevölkern« zur endgültigen Zerstörung der Stadt führte.
Nach seiner Zerstörung wurde Ugarit aufgegeben, was jedoch nicht zu einem totalen Kulturabbruch führte, da die ugaritische Kultur in den Stadtstaaten der östlichen Mittelmeerküste weiterlebte. Erst im 6. Jh. v. Chr. wurde wieder ein kleines Dorf auf dem Tell errichtet, welches bis in die hellenistische Zeit Bestand hatte.

2. Die Quellen

Textausgaben, Bearbeitungen und Übersetzungen der ugaritischen Texte: A. Caquot – M. Sznycer – A. Herdner, Textes Ougaritiques I (LAPO 7), Paris 1974. – A. Caquot – J.-M. de Tarragon – J.-L. Cunchillos, Textes Ougaritiques II (LAPO 14), Paris 1989. – M. Dietrich – O. Loretz – J. Sanmartín, Die Keilalphabetischen Texte aus Ugarit (AOAT 24/1), Kevelaer – Neukirchen-Vluyn 1976. – Dies., The Cuneiform Alphabetic Texts from Ugarit, Ras Ibn Hani and Other Places (ALASP 8), Münster 1995. – M. Dietrich – O. Loretz, Mantik in Ugarit (ALASP 3), Münster 1990, 1-240. – Dies., Mythen und Epen IV, in: TUAT III, 1990-97, 1091-1316. – C.H. Gordon, Ugaritic Textbook (AnOr 38), Rom 1965. – W.W. Hallo e.a. (Hg), The Context of Scripture I, Leiden 1997, 239-375. – J.C. de Moor, An Anthology of Religious Texts from Ugarit (NISABA 16), Leiden 1987. – G. del Olmo Lete, Mitos y leyendas de Canaan, Madrid 1981. – D. Pardee, Les textes para-mythologiques (RSOu IV), Paris 1988. – P. Xella, I testi rituali di Ugarit I (SS 54), Rom 1981. – S.B. Parker (Hg), Ugaritic Narrative Poetry (SBL Writings from the Ancient World 9), Atlanta 1997.
Hilfsmittel: P. Bordreuil – D. Pardee, La trouvaille épigraphique de l'Ougarit 1. Concordance (RSOu V/1), Paris 1989. – J.-L. Cunchillos, La trouvaille épigraphique de l' Ougarit 2. Bibliographie (RSOu V/2), Paris 1990. – M. Dietrich – O. Loretz – P.-R. Berger – J. Sanmartín, Ugarit-Bibliographie 1928-1966 (AOAT 20/1-3), Kevelaer – Neukirchen-Vluyn 1973. – M. Dietrich – O. Loretz – W.C. Delsman, Ugarit-Bibliographie 1967-1971 (AOAT 20/5), Kevelaer – Neukirchen-Vluyn 1986. – M. Dietrich – O. Loretz, Ugarit-Bibliographie 1972-1988 (AOAT 20/6), Kevelaer – Neukirchen-Vluyn 1996.

Archäologische Quellen: P. Amiet, Sceaux-cylindres en hématite et pierres diverses (RSOu IX), Paris 1992. – J. Börker-Klähn, Altvorderasiatische Bildstelen und vergleichbare Felsreliefs (BaF 4), Mainz 1982, 78f.238-242, Tf. 284-292. – A. Caquot – M. Sznycer, Ugaritic Religion (IR XV/8), Leiden 1980. – J.-C. Courtois, Ras Shamra I. Archéologie, in: DBS IX, 1979, 1126-1295. – C.F.-A. Schaeffer-Forrer, Corpus des cylindres-sceaux de Ras Shamra-Ugarit et d'Enkomi-Alasiya I, Paris 1983. – M. Yon, Stèles de pierre, in: Dies. (Hg), Arts et industries de la pierre (RSOu VI), Paris 1991, 273-353. → 4.2; 6.1; 6.2.2.

Bei den schriftlichen Quellen zur Religion Ugarits ist zwischen Texten in ugaritischer, akkadischer und hurritischer Sprache zu unterscheiden. Die Texte in ugaritischer Sprache beinhalten als Quellen für die Religionsgeschichte Ugarits Mythen (KTU 1.1-1.24), Götterlisten, Rituale und religiöse Texte aus Ugarit und Ras Ibn Hani (KTU 1.25-1.176). Weitere für die Religion Ugarits relevante Quellen stellen die Briefe (KTU 2.1-2.83)[2] und die Verträge (KTU 3.1-3.10), aber auch die Wirtschaftstexte (KTU 4.1-4.792) aufgrund der in ihnen genannten Götter- und Personennamen sowie der ökonomischen Aspekte der Tempelbediensteten und der Tempelwirtschaft dar. Für die Rekonstruktion der Religion ist eine Abstufung dieser unterschiedlichen Textgenera vorzunehmen.
Die Kultpraktiken Ugarits dürften am ehesten die Ritualtexte widerspiegeln. Daneben sind die Götterlisten und die Indizien, die die Personennamen[3] bereitstellen, heranzuziehen. Die Mythen stellen eine eigene Welt dar; diese ist unter Berücksichtigung der spezifischen Eigenarten von Erzähltexten nordsyrischer Provenienz für die Religion Ugarits auszuwerten.
Grundsätzlich ist noch hinzuweisen auf die in den Mythen und Ritualen z.T. noch greifbare Tradierung älteren Materials, was die Koexistenz unterschiedlicher religiöser Aussagen, bzw. inhaltliche Brüche und Inkonsistenzen in diesen Texten zur Folge hat.
Von den Texten in akkadischer Sprache[4] sind Götterlisten, Briefe und Verträge von besonderem Interesse für die Religion Ugarits.

[2] Vgl. dazu J.-L. Cunchillos, La religiosité quotidienne dans la correspondence d'Ugarit: RHR 201, 1984, 227-238; ders., Estudios de Epistolografía Ugarítica, Valencia 1989, 195-234.

[3] Vgl. dazu F. Gröndahl, Die Personennamen der Texte aus Ugarit (StP 1), Rom 1967; W.G.E. Watson, Ugaritic Onomastics: AuOr 8, 1990, 113-127.243-250; 11, 1993, 213-222; S. Ribichini – P. Xella, Problemi di Onomastica ugaritica: il caso dei teofori: SEL 8, 1991, 149-170.

[4] Vgl. dazu D. Arnaud, Art. Ras Shamra III. La culture suméro-akkadienne, in: DBS IX, 1979, 1348-1359; W.H. van Soldt, Studies in the Akkadian of Ugarit. Dating and Grammar (AOAT 40), Kevelaer – Neukirchen-Vluyn 1991, 47-231.525-762; ders., Babylonian Lexical, Religious and Literary Texts and Scribal Education at Ugarit and its implications for the alphabetic literary texts, in: M. Dietrich – O. Loretz (Hg), Ugarit (ALASP 7/1), Münster 1995, 171-212; M. Dietrich, Aspects of the Babylonian Impact on Ugaritic Literature and Religion, in: N. Wyatt e.a. (Hg), Ugarit, religion and culture (UBL 12), Münster 1996, 33-47.

Hurritische Texte[5] beinhalten Götterlisten und Rituale. Rituale in ugaritischer Sprache sind teilweise von hurritischen Termini durchsetzt oder sind passagenweise in hurritischer Sprache verfaßt.
Neben die schriftlichen Quellen treten die Ausgrabungen von Tempeln und Heiligtümern sowie von Priesterhäusern in Ugarit, desweiteren Einzelfunde von Stelen, Skulpturen, Reliefs, Ankern, Metallfiguren von Göttinnen, Göttern und Königen, sowie Siegel. Diese Gegenstände sind teilweise beschriftet, teilweise aber auch unbeschriftet, so daß sich ihre Deutung für die Religion Ugarits erheblich schwieriger und umstrittener gestaltet, als dies bei den literarischen Quellen der Fall ist.

3. Die Götterwelt

B. Gladigow, Strukturprobleme polytheistischer Religionen: Saec 34, 1982, 292-304. – L.K. Handy, Among the Host of Heaven, Winona Lake 1994. – W.C. Kaiser, The Ugaritic Pantheon (Diss. Brandeis University), 1973. – G. del Olmo Lete, La religión cananea según la liturgia de Ugarit (AuOrS 3), Barcelona 1992, 35-63. – Ders., Mitología y religión de Siria en el II milenio a. C. (1500 – 1200), in: MROA II/2, 45-222. – J.-M. de Tarragon, Le culte à Ugarit (CRB 19), Paris 1980, 149-179.

Die Götterwelt einer antiken Religion stellt kein planloses Nebeneinander von Göttinnen und Göttern dar. Zunächst ist ein wichtiger terminologischer Unterschied zwischen der Götterwelt insgesamt und einem Thronrat im besonderen zu treffen. Mit »Götterwelt« werden alle in Ugarit verehrten Gottheiten bezeichnet. Der »Thronrat« umfaßt ein Beratungs- und Dienstgremium um einzelne Hochgottheiten; so haben El und Baal jeweils einen Thronrat um sich versammelt. Es handelt sich also um ein eigens zu besprechendes Subgremium einer sehr viel umfassenderen Götterwelt.
Es gibt grundsätzlich mehrere Möglichkeiten, eine Götterwelt zu gliedern. So etwa nach Geschlecht, Verwandtschaft, Hierarchie, Göttergenerationen und Götterkreisen u.a.m. Diese Möglichkeiten schließen einander nicht aus, sondern können sich überlagern, wie es sich auch in den mythischen Texten, den Ritualen und in den Götterlisten von Ugarit zeigt.
Ein weiteres Ordnungsprinzip für die Götterwelt von Ugarit stellen irdische Herrschaftsverhältnisse dar, da sich in der Götterwelt die Struktur einer Königsherrschaft widerspiegelt, die durch die Priester des König-

[5] Vgl. dazu E. Laroche, Documents en langue hourrite provenant de Ras Shamra, in: Ug 5, Paris 1968, 447-544; ders., Art. Ras Shamra IV. Le milieu hourrite, in: DBS IX, 1979, 1359-1361; P. Xella, I testi rituali di Ugarit I (SS 54) , Rom 1981, 303-321; M. Dietrich – W. Mayer, Sprache und Kultur der Hurriter in Ugarit, in: M. Dietrich – O. Loretz (Hg), Ugarit (ALASP 7/1), Münster 1995, 7-42; W. Mayer, The Hurrian Cult at Ugarit, in N. Wyatt e.a. (Hg), Ugarit, religion and culture (UBL 12), Münster 1996, 205-211.

reiches Ugarit auf die Götterwelt projiziert wurde. Es lassen sich in ihr vier Ebenen voneinander unterscheiden:

Höchste Gottheiten
Handelnde Gottheiten
Handwerkergottheiten
Botengottheiten

Der innere Zusammenhalt der so strukturierten Götterwelt wird durch verwandtschaftliche Beziehungen zum Ausdruck gebracht. El und Ašera, welche die Stelle der höchsten Gottheiten einnehmen, bilden ein Elternpaar, die anderen Göttinnen und Götter gelten als ihre Kinder. Die hierarchische Reihenfolge wird durch die Macht der höchsten und aktiven Gottheiten bzw. durch die von den niederen Gottheiten ausgeübten Tätigkeiten angezeigt. Eine Präsentation der Gottheiten Ugarits nach den Vorgaben dieser Struktur legt sich nahe, da somit die meisten Gottheiten im Rahmen dieser Hierarchie erfaßt werden können.
Es ist dabei zu berücksichtigen, daß in den Städten und Dörfern des Königreiches Ugarit nicht unbedingt dieselben Gottheiten verehrt wurden. Allerdings ist über die Religion des Königreiches Ugarit außerhalb seiner Hauptstadt, vor allem auf dem Land, nur sehr wenig bekannt.[6]

3.1 Höchste Gottheiten

T. Binger, Asherah. Goddesses in Ugarit, Israel and the Old Testament (JSOTS 232), Sheffield 1997, 42-93. – G. Casadio, El and Cosmic Order: is the Ugaritic Supreme God a *deus otiosus*?, in: StF 32, 1987, 45-58. – M. Dietrich, Die Texte aus Ugarit im Spannungsfeld zwischen Königshaus und Bevölkerung, in: R. Albertz (Hg), Religion und Gesellschaft (AOAT 248), Münster 1997, 75-93. – O. Eissfeldt, El im ugaritischen Pantheon (BSAW. PH 98/4), Berlin 1951. – H. Gese, Die Religionen Altsyriens, in: RAAM, 94-100.149-155. – L.K. Handy, Among the Host of Heaven, Winona Lake 1994, 69-95. – W. Herrmann, Art. El, in: DDD, 522-533. – C.E. L'Heureux, Rank among the Canaanite Gods (HSM 21), Missoula 1979, 3-108. – W.A. Maier, III, `Ašerah: Extrabiblical Evidence (HSM 37), Atlanta 1986, 3-55. – P. Merlo, Note critiche su alcune presunte iconografie della dea Ašera: SEL 14, 1997, 43-64. – E.Th. Mullen, The Divine Council in Canaanite and Early Hebrew Literature (HSM 24), Missoula 1980, 7-110. – M.H. Pope, El in the Ugaritic Texts (VTS 2), Leiden 1955. – Ders., Probative Pontificating in Ugaritic and Biblical Literature (UBL 10), Münster 1994, 17-61. – W.G.E Watson, *Aṯrt ym:* Yet Another Proposal: UF 25, 1993, 431-434. – Ders., An Antecedent to *Aṯirat* and *ᶜAnat*?, in: N. Wyatt e.a. (Hg), Ugarit, religion and culture (UBL 12), Münster 1996, 315-326. – St.A. Wiggings, A Reassessment of `Asherah' (AOAT 235), Kevelaer – Neukirchen-Vluyn 1993, 21-90. – N. Wyatt, Asherah, in: DDD, 183-195.

[6] Vgl. zu dieser Frage etwa M. Heltzer, The Rural Community in Ancient Ugarit, Wiesbaden 1976, 71-74.

An der Spitze der Göttinnen und Götter von Ugarit steht das Götterpaar El und Ašera.
El ist zugleich Gottesname und Gottesbezeichnung. Als Gottesbezeichnung findet sich *ilu* bereits in Ebla und generell in allen semitischen Sprachen mit Ausnahme des Äthiopischen im Sinne von »Gott«. Davon ist der Gottesname El zu unterscheiden, der vor den Texten aus Ugarit nicht belegt ist, dann aber bis in die phönizische, israelitische und judäische sowie aramäische Religion des 1. Jt. v. Chr., wenn auch nicht mehr als Name des höchsten Gottes, nachweisbar ist.
Die Vorrangstellung des Gottes El in der Götterwelt Ugarits ergibt sich zunächst aufgrund seiner Stellung in den Götterlisten KTU 1.47,3; 1.118,2 und RS 20.24,2, wo er die Reihe der Hochgötter Ugarits anführt.[7] In hurritischen Texten aus Ugarit wird El mit Kumarbi geglichen, wodurch sein Vorrang ebenfalls zum Ausdruck kommt.[8]
In einer hurritischen Weihrauchbeschwörung wird El qualifiziert als »El, der befehligt die Erde! El, der das Wort führt im Himmel! Bei den hohen Göttern bist du erhöht, Mächtiger, bei den niederen Göttern bist du erhöht, Gott!« (KTU 1.128,1-5).[9]
Die mythischen Texte (KTU 1.1-1.24) bestätigen die aus der Ritualliteratur ersichtlich gewordene Vorrangstellung des Gottes El. Seine wichtigsten, in den mythischen Texten immer wieder auftretenden Charakterisierungen bestehen darin, daß er den Königstitel führt, der Götterversammlung präsidiert und der Vater der Götter und Göttinnen Ugarits ist. Das Alter Els wird durch seine Bezeichnung »Vater der Jahre« (KTU 1.4 IV 24; 1.6 I 36; 1.17 VI 49) ersichtlich, ein Aspekt, auf den auch die Nennung seines grauen Bartes (KTU 1.3 V 2.25, 1.4 V 4; 1.18 I 12 [erg.]) verweist.
Desweiteren wird El in der mythischen Literatur bezeichnet als *bny bnwt* »Schöpfer der Geschöpfe« (KTU 1.4 II 11; III 32; 1.6 III 5.11; 1.17 I 24) und als *`ab `adm* »Vater des Menschengeschlechtes« (KTU 1.14 I 37.43). Die oben schon angesprochene Erschaffung der Götter, seiner Kinder, erfolgt durch Zeugung, wie einige mythische Texte erkennen lassen. Die Erschaffung der Menschen wird nicht geschildert, aber über den Segen an Kirtu und Danilu wird die Bedeutung Els für die Erzeugung der Nachkommenschaft deutlich (KTU 1.15 II 16-28; 1.17 I 23-26.42-43). Der Kosmos ist El bereits vorgegeben, über seine Erschaffung reflektieren die Texte an keiner Stelle. Wenn El auch nicht den Kosmos erschaffen hat, so ist er doch für die Aufrechterhaltung der Weltordnung zuständig. Er hält diese dadurch im Gleichgewicht, daß er die Streitigkeiten der Götter schlichtet, die sich in Ugarit u.a. in den elementaren Naturgegensätzen zeigen.

7 → 4.4.

8 Vgl. dazu E. Laroche, Documents en langue hourrite provenant de Ras Shamra, in: Ug 5, Paris 1968, 447-544, hier 453f.523-525.

9 Vgl. die Bearbeitung bei M. Dietrich – W. Mayer, Hurritische Weihrauchbeschwörungen in ugaritischer Alphabetschrift: UF 26, 1994, 73-112, hier 87f.

Auf der Ebene des menschlichen Zusammenlebens ist El der Garant der politischen Ordnung. Damit kommt die Königsideologie ins Spiel (KTU 1.14-16; 1.17-19). Grundsätzlich hat El eine sehr enge Beziehung zum Königshaus, er kann als der Gott der Dynastie von Ugarit bezeichnet werden. Insgesamt steht El in den ugaritischen Mythen im Hintergrund des Geschehens, die eigentliche Aktivität und Dynamik liegen hingegen bei anderen Göttern, vor allem bei Baal. El ist aus religionswissenschaftlicher Sicht als sog. »ferner Gott« charakterisiert worden. Es findet sich in der Literatur auch häufig die Bezeichnung »deus otiosus«, die den Sachverhalt allerdings verfälscht, da die ugaritische Mythologie durchaus von Aktionen des El zu berichten weiß. Im übrigen ist zu beachten, daß für den höchsten Gott als Garant der Ordnung des Kosmos und Vater der Götter und Menschen der Grundsatz gilt: »Proper work for the highest authority, then, appears in the guise of inactivity«.[10] In diesem Zusammenhang ist auch die Weisheit des Gottes El zu nennen.[11]

Es gibt drei unterschiedliche Traditionen über den Wohnsitz des El. Auch hiermit wird auf seine distanzierte Rolle angespielt.[12]

Hinsichtlich der Ikonographie des Gottes El ist grundsätzlich festzuhalten, daß es keine inschriftlich gesicherte Darstellung des Gottes gibt. Aufgrund der in den Mythen enthaltenenen Charakterisierung Els als eines alten Greises und Königs auf seinem Thron neigt man dazu, Abbildungen thronender Götter als El-Darstellungen und Abbildungen schreitender Götter als Baal-Darstellungen aufzufassen. Allerdings ist es fraglich, ob eine derartige, auf ikonographischen Grundlagen vorgenommene Klassifikation auf die Götterwelt übertragbar ist. Was die im einzelnen erfolgte Zuschreibung von Götterbildern an El angeht, so ist die sog. El-Stele als Darstellung des Gottes Baal aufzufassen[13]. Die Kalksteinstatue eines thronenden Mannes stellt wohl eher die Abbildung eines divinisierten Königs Ugarits dar[14]. Bei der Metallfigur eines thronenden Gottes muß eine Zuweisung an El oder Baal offenbleiben.

Der Kult des Gottes El fand grundsätzlich in unterschiedlichen Heiligtümern der Stadt bzw. des Palastes statt. Der südöstliche Tempel auf der Akropolis ist als Tempel des El zu betrachten.[15]

Als Paredra des höchsten Gottes von Ugarit tritt Ašera auf. Sie wird in den mythischen Texten *qnyt `ilm* »Erzeugerin der Götter« (KTU 1.4 I 22; III 26.30.35; IV 32) genannt, womit sie eine Parallelstellung zur Vaterschaft des El über die Götter innehat. Sie führt auch den Titel *`ilt*

[10] Handy, Host of Heaven 66.

[11] Vgl. dazu E. Lipiński, Ea, Kothar et El: UF 20, 1988, 137-143; M. Dietrich – O. Loretz, Die Weisheit des ugaritischen Gottes El im Kontext der altorientalischen Weisheit: UF 24, 1992, 31-38; Handy, Host of Heaven 79-83.

[12] → 7.1.

[13] → 3.2.

[14] → 5.4.

[15] → 4.2.

»Göttin« (KTU 1.3 V 36-37; 1.4 I 7 u.ö.), d.h. wohl die Göttin par excellence.
Rätsel gibt eine andere Form ihres Namens auf, da sie in einigen Texten *ʿṯrt ym* »die Ašera des Meeres« (KTU 1.3 IV 49 [erg.]; V 40-41; 1.4 I 14.21; II 28.31 [erg.] u.ö.) genannt wird. Aufgrund der Mythologie wird eine Beziehung der Ašera zum Meer nicht deutlich. Vielleicht ist der Name analog zum Baal Ṣaphon (»Herr des Ṣaphon«) zu verstehen, so daß das Meer oder ein so benannter Ortsteil Ugarits der Sitz der Ašera wäre.[16]
In der ugaritischen Mythologie spielt Ašera im Unterschied zur Göttin Anat keine entscheidende Rolle. Sie tritt als Fürsprecherin vor El, etwa im Falle des Palastbaues des Baal (KTU 1.4 III 23-44; IV 1 – V 19). Nach KTU 1.15 II 26-28 soll der Kronprinz die Milch der Ašera trinken, da er ein Geschöpf des El ist (vgl. KTU 1.23).
In ikonographischer Hinsicht liegt wie im Falle des El keine über eine Beischrift sicher bestimmte Darstellung der Göttin Ašera vor. Es wird allerdings in der Forschung die Darstellung einer thronenden Göttin mit zwei Capriden auf einem Elfenbeindeckel aus Minet el-Beida als Darstellung der Ašera gedeutet.[17]
Was die Frage eines Tempels der Göttin Ašera angeht, so wurde sie wohl grundsätzlich zusammen mit ihrem Paredros El im El-Tempel auf der Akropolis verehrt.[18]

3.2 Handelnde Gottheiten

C. Bonnet, Astarté (CSF 37), Rom 1996, 140-144. – A. Caquot, La divinité solaire Ougaritique: Syr 36, 1959, 90-101. – I. Cornelius, Anat and Qudshu as the «Mistress of Animals»: SEL 10, 1993, 21-45. – Ders., The Iconography of the Canaanite Gods Reshef and Ba^{c}al (OBO 140), Freiburg – Göttingen 1994. – J.-L. Cunchillos, Le dieu Mut, guérrier de El: Syr 62, 1985, 205-218. – P.L. Day, Anat: Ugarit's «Mistress of Animals»: JNES 51, 1992, 181-190. – Dies., Art. Anat, in: DDD, 62-77. – H. Gese, Die Religionen Altsyriens, in: RAAM, 107-164. – L.K. Handy, Among the Host of Heaven, Winona Lake 1994, 97-129. – J.F. Healey, Death, Underworld and Afterlife in the Ugaritic Texts (Ph.D. Thesis Univ. of London), 1977, 11-144. – Ders., Art. Dagon, in: DDD, 407-413. – Ders., Art. Mot, in: DDD, 1122-1132. – F.O. Hvidberg-Hansen, La déesse TNT, Kopenhagen 1979, 67-112. – C.E. L'Heureux, Rank among the Canaanite Gods (HSM 21), Missoula 1979, 3-108. – W.C. Kaiser, The Ugaritic Pantheon (Diss. Brandeis University), 1973. – J.C. de Moor, The Semitic Pantheon of Ugarit: UF 2, 1970, 187-228. – E.Th. Mullen, The Divine Council in Canaanite and Early Hebrew Literature (HSM 24), Missoula 1980, 7-110. – H. Niehr, Zur Frage der Filiation des Gottes Ba^{c}al in Ugarit: JNSL 20, 1994, 165-177. – Ders., Art. Baal-zaphon, in: DDD,

[16] → 7.1.
[17] Vgl. die Abbildung bei Caquot – Sznycer, Ugaritic Religion Pl. IV/V; zur Deutung vgl. Gese, Religionen 154f und I. Cornelius, Anat and Qudshu as the «Mistress of Animals»: SEL 10, 1993, 21-45, hier 33; vgl. aber auch Merlo, Iconografie.
[18] → 4.2.

289-293. – G. del Olmo Lete, La religión cananea según la liturgia de Ugarit (AuOrS 3), Barcelona 1992, 35-65. – M.H. Pope, Pontificating in Ugaritic and Biblical Literature (UBL 10), Münster 1994, 63-90. – M.H. Pope – W. Röllig, Syrien. Die Mythologie der Ugariter und Phönizier, in: WdM I, 217-312. – M. Smith, Anat's Warfare Cannibalism and the West Semitic Ban, in: St.W. Holloway – L.K. Handy (Hg), The Pitcher is Broken. Memorial Essays for G.W. Ahlström (JSOTS 190), Sheffield 1995, 368-386. – Ders., The God Athtar in the Ancient Near East and His Place in KTU 1.6 I, in: Z. Zevit e.a. (Hg), Solving Riddles and Untying Knots. FS J.C. Greenfield, Winona Lake 1995, 627-640. – J.-M. de Tarragon, Le culte à Ugarit (CRB 19), Paris 1980, 149-179. – G. Theuer, Der Mondgott in den Religionen Syrien-Palästinas während der Spätbronze- und Eisenzeit (Diss. Tübingen), 1997, 13-109. – N.K. Walls, The Goddess Anat in Ugaritic Myth (SBL DS 135), Atlanta 1992. – W.G.E. Watson, The Goddesses of Ugarit: A Survey: SEL 10, 1993, 47-59. – S.A. Wiggins, Shapsh, Lamp of the Gods, in: N. Wyatt e.a. (Hg), Ugarit, religion and culture (UBL 12), Münster 1996, 327-350. – P. Xella, Art. Reshep, in: DDD, 1324-1330. – Ders., Les pouvoirs du dieu ᶜAṯtar, in: N. Wyatt e.a. (Hg), Ugarit, religion and culture (UBL 12), Münster 1996, 381-404. – Ders., La «sagesse» de Baal, in: B. Pongratz-Leisten – H. Kühne – P. Xella (Hg), Ana šadî Labnāni lū allik. FS W. Röllig (AOAT 247), Kevelaer – Neukirchen-Vluyn 1997, 435-446. – P.J. van Zijl, Baal (AOAT 10), Kevelaer – Neukirchen-Vluyn 1972.

In den Götterlisten KTU 1.47,4; 1.118,3 und RS 20.24,3 folgt auf El der Gott Dagan. Der ursprünglich selbständige Gott Dagan, der als solcher noch in Ritualen auftritt, ist in den jüngeren ugaritischen Mythen mit El zusammengefallen. Die ugaritische Ritualliteratur läßt eine solche Identifikation beider Götter nicht erkennen. Da die Götterlisten die zu beopfernden Götter in ihrer Reihenfolge nennen, haben sie ein Interesse daran, keinen wichtigen Hochgott auszulassen. Aus diesem Grund hat sich in ihnen und in den Ritualen die Nennung des Gottes Dagan gehalten. Nur unter chthonischem Aspekt scheint Dagan noch eine eigenständige Position in der ugaritischen Religion eingenommen zu haben. Der sog. Dagan-Tempel der Akropolis kann hier nicht als Gegenargument für die Wichtigkeit des Dagan in Ugarit herangezogen werden, da seine Zuschreibung an Dagan allein aufgrund der in seinem Vorhof gefundenen Stelen KTU 6.13 und 6.14 nicht aufrechtzuerhalten ist.[19]
Dagegen spielt Dagan in den Mythen Ugarits keine Rolle mehr. Er ist hierin vollkommen in El aufgegangen, und seine Erwähnung findet sich außer in KTU 1.24,14 nur in formelhaften Wendungen als Vater des Baal. Mit der in den mythologischen Texten anzutreffenden Rede von Baal als dem Sohn oder Sproß des Dagan liegt ein Relikt nordsyrischer Provenienz vor, welchem keine eigenständige Erzählfunktion mehr zukommt. Dieses Relikt scheint auf ein Stadium der ugaritischen Mythologie zurückzugehen, welches dem uns vorliegenden Stadium aus der Zeit Niqmaddus III. vorangeht.[20]

19 → 4.2.
20 → 8.1.

Den dritten Rang in der Götterhierarchie nimmt Baal mit seiner Paredra, Anat, ein. Baal tritt in den Götterlisten KTU 1.47,5; 1.118,4; RS 20.24,4 unter dem Namen Baal Ṣaphon auf. Dies meint wörtlich »der Herr des Ṣaphon«. Wie El als der Gott der Dynastie auftritt, so kann Baal als der Gott der Stadt Ugarit und des Umlandes bezeichnet werden.
In Ugarit tritt der Name Baal Ṣaphon vornehmlich in den Ritualtexten auf (KTU 1.39,10; 1.41,33 [erg.]; 1.46,12 [erg.] 14 u.ö.), daneben in Briefen (KTU 2.23,19; 2.44,10 u.ö.) und in den akkadischen Texten.[21] Die mythischen Texte verwenden nie die Bezeichnung Baal Ṣaphon, lassen aber an der Zusammengehörigkeit zwischen Berg und Gott keinen Zweifel. Durch die Verwendung dieses Namens machen die Götterlisten und Ritualtexte einen Unterschied zwischen Baal Ṣaphon und anderen Wettergöttern, die ebenfalls den Namen Baal tragen und berechtigt waren, Opfer zu empfangen (KTU 1.47,5-11; 1.118,4-10; 1.148,2-4; vgl. RS 20.24,4-10). In mehreren Ritualtexten stehen Baal Ṣaphon und Ṣaphon in Parallele zum Baal von Ugarit (KTU 1.41,33-35.42; 1.65,10-11; 1.87,36-38 u.ö.), womit unterschiedliche Manifestationen des Gottes Baal angezeigt werden. Das akkadische Äquivalent zu Baal Ṣaphon lautet ^{d}*IŠKUR be-el* $^{hur.sag}$ *Ḫa-zi* (RS 20.24,4).
Die älteste Darstellung des Baal Ṣaphon, der eine Waffe schwingt und auf zwei Bergen steht, ist mit einem altsyrischen Siegel aus Tell el-Daba^{c}a in Ägypten gegeben.[22] Eine weitere Illustration des Baal Ṣaphon liegt mit einer Votivstele aus dem Baal-Tempel aus Ugarit (RS 1.089+2.033+5.183) vor.[23] Diese Stele ist dem Baal Ṣaphon von einem ägyptischen Beamten, Mami, gewidmet, und sie zeigt Mami, wie er Baal Ṣaphon verehrt. Der ägyptisierend dargestellte Gott steht hinter einem Kultständer, trägt eine Kappe und hält ein *w3ś*-Zepter in seiner Linken. Die auf der Stele befindliche ägyptische Inschrift identifiziert den Geber und die Gottheit. Vermutlich wurde diese Stele in Erfüllung eines Gelübdes von Ägypten nach Ugarit verbracht, da Baal Ṣaphon als Schutzgott der Seefahrt angesehen wurde. Dieser Aspekt des Baal Ṣaphon wird auch durch die Steinanker angezeigt, die im Vorhof des Baal-Tempels als Votivgaben an den Gott deponiert wurden.[24]
Bekanntestes Beispiel für die Darstellung des Gottes Baal ist die Stele des »Baal au foudre« (RS 4.427).[25] Diese zeigt eine übermenschlich große Göttergestalt, die mit einem kurzen Schurz bekleidet ist und voranschreitet. Als Gott ist diese Gestalt erkennbar an ihrem mit Hörnern versehenen Helm und an den beiden das Heldentum symbolisierenden Locken. In seiner Rechten schwingt der Gott über seinem Haupt eine

[21] Vgl. die Belege bei W. Röllig, Art. Ḫazzi, in: RlA 4, 1972-75, 241f.
[22] Vgl. M. Bietak, Zur Herkunft des Seth von Avaris: ÄuL 1, 1990, 9-16.
[23] Vgl. M. Yon, Les stèles en pierre, in: dies. (Hg), Arts et industries de la pierre (RSOu VI), Paris 1991, 273-344, hier 284-288 und fig. 8a.
[24] Vgl. H. Frost, Anchors Sacred and Profane, in: Yon (Hg), Arts 355-410.
[25] Vgl. Yon, Stèles 294-299 und fig. 11a.

Keule, in seiner Linken trägt er einen Speer, der oben in einen Pflanzenwuchs bzw. einer anderen Deutung zufolge in einen stilisierten Blitz (daher auch der Name »Baal au foudre«), ausläuft. Um seine Hüften ist ein Schwert gebunden. Auf dieser Stele trägt Baal auch einen Bart. Eigens zu beachten ist das Fundament der Stele unterhalb der Füße der Gottheit. Hierzu werden in der Forschung unterschiedliche Deutungen vorgebracht. So denkt man bei den Linien nur an Berge.[26] Es wird aber auch erwogen, die untere Wellenlinie als die Wellen des Mittelmeeres zu verstehen; die zwei waagerechten Linien darüber stellen die flache Küstenlinie dar, und die großen oberen Wellen seien Berge. Damit ist Baal als Wettergott charakterisiert, der seine Macht über Meer und Berge ausübt.[27] Eine andere Deutung erblickt in den Linien weder Berge noch Meer, sondern Schlangen.[28]

Als weiterer Beleg für die Ikonographie des Gottes Baal ist das in der Forschung als »El-Stele« bekannte Relief (RS 8.295) mit der Abbildung eines vor einem thronenden Gott stehenden Königs, der sich zu einer Libation anschickt, heranzuziehen. Da der Gott das *W*-förmige, den Wettergott ausweisende Zeichen in seiner Hand hält, ist seine Bestimmung als Baal vorzunehmen.[29] Auch auf dieser Abbildung trägt Baal einen Bart.

Was die inhaltliche Ausgestaltung der Baalgestalt angeht, so ist zu sehen, daß Baal wie vor ihm schon El mit einem Hofstaat ausgestattet ist. Dieser begegnet in der Götterliste KTU 1.47,1 unter der Bezeichnung *il ṣpn* »Götter des Ṣaphon« und ist der gesamten Götterliste vorgeordnet, so daß alle folgenden Gottheiten als »Götter des Ṣaphon«[30] gelten. In den parallel verlaufenden Götterlisten KTU 1.118 und RS 20.24 fehlt diese Art der Überschrift. In den Ritualtexten wird desweiteren der *pḫr bᶜl* »Versammlung des Baal« genannt (KTU 1.39,7; 1.41,16 [erg.]; 1.87,18).

Als Paredra Baals tritt die Göttin Anat auf. In den Götterlisten KTU 1.47,21; 1.118,20; RS 20.24,20 fungiert sie hinter Ašera. Damit stimmt das Zeugnis der Opferlisten überein, in denen sie gleichfalls den Rang hinter Ašera einnimmt (KTU 1.148,7). In der ikonographischen Tradition Ugarits ist Anat deutlicher greifbar als Ašera. Es ist hier auf die Darstellung einer mit der Hathorkrone geschmückten Frauengestalt zu verweisen. Je

[26] Vgl. C. Schaeffer, La grande stèle du Baal au Foudre de Ras Shamra, in: Ug 2, 1949, 121-130.

[27] Vgl. Yon, Stèles 295f.298.

[28] Vgl. T. Fenton, Baal au foudre: of snakes and mountains, myth and message, in: N. Wyatt e.a. (Hg), Ugarit, religion and culture (UBL 12), Münster 1996, 49-64.

[29] Bei H. Niehr, Ein umstrittenes Detail der El-Stele aus Ugarit: UF 24, 1994, 293-300 war die namentliche Identifikation des Gottes auf der Stele noch offen gelassen worden. Jedoch machte mich mein Kollege H. Gese freundlicherweise darauf aufmerksam, daß es sich bei dem Gott nur um Baal handeln könne. Vgl. zur Ergänzung noch J.D. Hawkins, What does the Hittite Storm-God hold?, in: D.J.W. Meijer (Hg), Natural Phenomena (KNAW, Afd. Letterkunde Nr. 152), Amsterdam 1992, 53-82.

[30] Zum Ṣaphon → 4.4; 7.1.

nach Darstellung schreitet, steht oder sitzt sie. In ihren erhobenen Händen werden gerne eine Lanze und ein Schild ergänzt. Diese Ergänzung geschieht auf dem Hintergrund einer ägyptischen Stele, die Anat auf einem Thron sitzend mit einer Keule in der Rechten und einem Schild in der Linken abbildet.[31] Eine Stele aus Ugarit bildet die Göttin Anat, die mit einem flügelartig gefalteten Gewand bekleidet ist, mit einem Speer in der Hand ab. Die Zuweisung an Anat ist allerdings epigraphisch nicht gesichert.[32] Ein weiterer ikonographischer Zug der Anat ist mit ihrer Darstellung als »Herrin der Tiere« gegeben.

Die in den mythischen Texten deutlich werdende Qualifikation der Göttin Anat als Göttin der Liebe und des Krieges erklärt sich aufgrund der Tatsache, daß in Nordsyrien und Kleinasien als Paredra des Wettergottes Teššub stets die Göttin Ištar-Šawuška begegnet.[33] Für Ugarit zeigt sich, daß Anat diese Rolle ausfüllt. Die Tatsache, daß Anat als Göttin mit Zügen eines Vogels auftritt (KTU 1.3 IV 4-5; 1.4 V 20-21; 1.10 II 10-12; 1.17 VI 46; 1.18 IV 18-34; 1.108,8-9) hat ihr Vorbild in der Gestalt der Ištar-Šawuška. Die Doppelstellung der Anat als Schwester und Geliebter des Baal verdankt sich ebenfalls diesem Vorbild, da auch Ištar-Šawuška die Schwester des Teššub ist. Die enge Bindung der Anat an den Gott Baal zeigt sich an ihrer Bezeichnung »Anat des Ṣaphon« (KTU 1.46,17; 1.109,13-14.17.36; 1.130,13).

Neben Baal und Anat ist eine Reihe weiterer hoher Gottheiten zu nennen, die sowohl als Einzelgestalten im Pantheon von Ugarit auftreten, teilweise aber auch in Gruppen zusammengefaßt werden können.

Der Fluß- und Meeresgott Yammu tritt in den Götterlisten auf einem der letzten Ränge hinter dem Götterrat und vor diversen Kultgeräten auf (KTU 1.47,30; 1.118,29; RS 20.24,29; vgl. 1.148,9). Die Götterliste KTU 1.102,3 nennt ihn in Parallele zu Baal. Ebenso nennen ihn die Ritualtexte nur selten als Empfänger von Opfergaben (KTU 1.39,13; 1.46,6). Den mythischen Texten zufolge ist Yammu einer der Hauptgegner des Baal, durch dessen Niederlage sich Baal die Königsherrschaft erwirbt (KTU 1.1-2).[34] Die Herrschaft des Yammu über die Gewässer kommt über seine Titel *ṯpṭ nhr* »Herrscher Strom« und *zbl ym* »Prinz Meer« (KTU 1.2 I 17; III 8-9.16.23 u.ö.) zum Ausdruck.

Als eigene Gruppe lassen sich die astralen Gottheiten zusammenfassen. Hierunter fallen die Sonnengöttin Šapšu, der Mondgott Yariḫu und die Mondgöttin Nikkal sowie die Sterngottheiten.

Der wichtigste Platz innerhalb dieser Gruppe kommt der Sonnengöttin Šapšu zu. Auf ihrem im Osten beginnenden Lauf durchquert sie Himmel und Erde, wobei sie unterschiedliche Gottheiten aufsucht. Hinzu kom-

[31] Vgl. die Abb. 17 bei Gese, Religionen, 160.

[32] Vgl. Yon, Stèles 291-293 und fig. 6/3 und 9c.

[33] Vgl. dazu I. Wegner, Gestalt und Kult der Ištar-Šawuška in Kleinasien (AOAT 36), Kevelaer – Neukirchen-Vluyn 1981.

[34] → 8.1.

men ihre Kontakte zu den Menschen. Abends betritt sie bei ihrem Untergang im Westen die Unterwelt. Diese durchquert sie in der Nacht, um dann am Morgen im Osten wieder heraufzusteigen. Deshalb übernimmt Šapšu unterschiedliche Funktionen im Bereich der Götter und der Menschen sowie in der Unterwelt.

In den Mythen spielt Šapšu nur eine Randrolle, wichtiger ist sie in den Ritualtexten. In den Götter- und Opferlisten tritt sie gleich hinter Anat auf (KTU 1.47,22 [erg.]; 1.118,21; 1.148,7; vgl. RS 20.24,21). Laut KTU 1.107, einem Beschwörungstext gegen Schlangengift, fungiert sie als Mittlerin, die den Kontakt zu allen möglichen Göttinnen und Göttern, welche für die Heilung vom Gift in Frage kommen, herstellt. Ihre Funktionen für die Unterwelt werden zum einen ersichtlich an KTU 1.161, einem Totenritual für die verstorbenen Könige Ugarits. In diesem Ritual wird sie um die Teilnahme an den Feierlichkeiten gebeten, da sie dem verstorbenen König als Leichenführerin dienen soll. Mit dieser Rolle hängt auch ihre Bezeichnung als *špš pgr* »Sonnengöttin des Totenopfers« (KTU 1.39,12.17; 1.102,12) zusammen. Zum andern wird ihre Unterweltsrolle im Baal-Zyklus genannt, da sie den in der Unterwelt befindlichen Baal suchen soll (KTU 1.6 III 22 – IV 24). Den Abschluß des Baal-Zyklus bildet ein Sonnenhymnus, der Šapšu als Beherrscherin der Toten anspricht (KTU 1.6 VI 45-53).

Neben der Sonnengöttin ist der Mondgott Yariḫu zu nennen. Zusammen mit seiner Frau Nikkal kommt ihm eine Funktion im Fruchtbarkeitskult zu, worauf auch das Auftreten der Kotharot hinweist (KTU 1.24).[35] Die Stellung des Mondgottes im Kontext der Fruchtbarkeit hängt damit zusammen, daß er sich nach antikem Verständnis selbst zeugt und damit als mythisches Vorbild für die Vereinigung eines Menschenpaares angesehen wird.[36] Desweiteren kommt Yariḫu eine Rolle im Opferkult zu, in dem er mehrfach parallel zu Baal genannt wird (KTU 1.39,14; 1.46,11-12; 109,5.16-17; 1.130,10-12). Im Unterschied zu Yariḫu tritt Nikkal in den ugaritischen und akkadischen Götterlisten und Ritualen nicht auf, dafür aber in hurritischen Ritualen (KTU 1.110,8; 1.111,6; 1.116,22).

Mit der Göttin Astarte liegt das weibliche Pendant zum Gott Astar vor. Beide sind astrale Gottheiten. Astarte bildet, wie ihr Name zeigt, das nordwestsemitische Pendant zur mesopotamischen Göttin Ištar. In den Götter- und Opferlisten KTU 1.47,25 und 1.118,24 (vgl. 1.148,8; RS 20.24,24) steht die Göttin erst im letzten Drittel. Sie wird sonst vornehmlich in den Ritualtexten genannt (KTU 1.43; 1.86,6; 1.92,2; 1.114,23), hingegen seltener in den mythischen Texten (KTU 1.14 III 42; 1.16 VI 56). Anläßlich bestimmter Feste wird ihre Kultstatue in den Palast verbracht und dort beopfert (KTU 1.43,1-8). In den Ritualtexten tritt Astarte unter zwei Namen auf. Hiervon ist der erste, *ʿṯtr šd* (KTU

[35] → 8.4.

[36] Vgl. Caquot, Textes Religieux, in: TO II, 86 Anm. 266.

1.48,17; 1.91,10; 1.148,18; 4.182,55.58), als »Astarte des Feldes« zu verstehen; er kann sich auf ihre in den Mythen vorliegende Einschätzung als Göttin der Jagd beziehen. Schwieriger ist die Deutung ihres Namens *ᶜṯtr ḫr* (KTU 1.43,1). Von den sechs in der Forschung vorgebrachten Interpretationen des Elementes *ḫr* (hurritisch, Grotte, Grab, Hurri, Fenster, Ḫr)[37] ist die erstgenannte die wahrscheinlichere, so daß man die Göttin als »hurritische Astarte« auffassen muß.[38]
Die Sterne als Gottheiten treten zunächst in nicht immer verständlichen Kontexten auf (KTU 1.84,25; 1.164,15). An den textlich verständlichen Stellen weisen sie, wie es auch teilweise bei der Sonnengöttin der Fall ist, einen chthonischen Bezug auf. So soll man im Tempel der Sterngötter Opfer darbringen (KTU 1.43,2-3). Es dürfte sich bei diesem archäologisch nicht nachweisbaren Tempel um ein im Palast befindliches Ahnenheiligtum handeln.[39] Im Hintergrund dieser Praxis steht vielleicht eine postmortale Astralisierung der Könige, die wohl im Zusammenhang mit ihrer Divinisierung zu sehen ist. Auch Danilu bringt ein Opfer dem Himmel, einem Vorfahren, der unter den Sternen ist, und den Sternen dar (KTU 1.19 IV 22-25).
Eigens zu nennen sind aus der Gruppe der Sterngottheiten Šḥr und Šlm, d.h. Morgenstern und Abendröte, die im Ritual (KTU 1.23; 1.100,52; 1.107,43; 1.123,11) eine Rolle spielen.[40]
Als eigener Kreis lassen sich auch die Götter der Unterwelt zusammenfassen. Der Hauptgott der ugaritischen Unterwelt ist der Gott Mot, dessen Name nichts anderes als ›Tod‹ bedeutet. In den ugaritischen Götter- und Opferlisten tritt er wegen seines Unterweltcharakters nicht auf.
Der Gott Mot wird in der ugaritischen Literatur zwiespältig dargestellt. Einerseits ist er der Herrscher der Unterwelt, der in der schlammigen Unterweltstadt *ḫmry*, »Schlund, Tiefe«, residiert[41] und über die Toten gebietet. Damit entspricht er dem Bild eines altorientalischen Unterweltsgottes. Andererseits äußert sich seine Macht auf Erden in der Sommerhitze, die den Regen (= Baal) verdrängt hat. Die Sommerdürre ist aber nicht nur negativ konnotiert, da sie gleichzeitig die Zeit der Getreidereife und der Ernte ist. Insofern ist es nicht überraschend, daß Mot teilweise als »Getreidegott« aufgefaßt wurde. Dies zeigt die Episode vom Gang der Anat, die Baal wieder heraufrufen will, in die Unterwelt. Den Unter-

[37] Vgl. die Übersicht bei M. Dietrich – O. Loretz, Der *gṯr-Gašaru* und seine *ᶜnt-Anat* im königlichen Ahnenkult nach KTU 1.43, in: dies., »Jahwe und seine Aschera« (UBL 9), Münster 1992, 45f und seitdem noch E. Puech, Le vocable d'*ᶜAṯtart ḫurri* – *ᶜštrt ḥr* à Ugarit et en Phénicie: UF 25, 1993, 327-330; C. Bonnet, Astarté (CSF 37), Rom 1996, 127-131.142; C. Bonnet – P. Xella, L'identité de Astarté – *ḥr*, in: E. Acquaro (Hg), Alle soglie della classicità. Il mediterraneo tra tradizione ed innovazione. FS S. Moscati, Pisa – Rom 1996, 29-46.

[38] Vgl. Dietrich – Loretz, ebd. 46f.

[39] Vgl. Dietrich – Loretz, ebd. 48f.

[40] → 8.4.

[41] → 7.3.

weltsgott Mot, der Baal nicht gehen läßt, zerschlägt sie mit dem Schwert, worfelt, verbrennt und mahlt ihn, so wie es sonst mit dem Getreide geschieht (KTU 1.6 II 31-37). Vergleichbar ist dazu eine Szene aus KTU 1.23. Hierin symbolisiert Mot die Fruchtbarkeit und die Reifung des Weines (KTU 1.23,8-11).

Der Gott Mot wird bezeichnet als *bn ilm* »Sohn Els« (KTU 1.6 II 13; VI 24 u.ö.).[42] In Parallele dazu steht z.T. *ydd il ģzr* »der Geliebte Els, der Held« (KTU 1.4 VII 46-47 u.ö.). Dies dürfte wohl einen Euphemismus für Mot darstellen, da man den Tod nicht immer direkt bei seinem Namen nennen wollte.

Ein weiterer hier zu nennender Unterweltsgott ist Rašpu (KTU 1.47,27; 1.118,26). Diesem Gott korrespondiert in der akkadischen Götterliste der Gott Nergal (RS 20.24,26), d.h. der mesopotamische Gott der Unterwelt. Nergal ist in Mesopotamien auch gleichzeitig der Gott der Seuchen, was Rašpu in Ugarit auch sein kann. In KTU 1.14 führt man die Auslöschung eines Teiles der Familie des Kirtu auf ihn zurück. Sonst spielt er in den Mythen keine Rolle.

Der Gott Rašpu ist vor allem als theophores Element in Personennamen belegt, worin ein wichtiges Indiz für seine Verehrung zu sehen ist. Insofern ist er für die ugaritische Bevölkerung nicht einfach in seinen chthonischen Aspekten aufgegangen, vielmehr hat er auch positive Aspekte, etwa den Schutz vor Seuchen, verkörpert (KTU 1.107,15; vgl. auch KTU 1.100,30-34). Diese beiden Aspekte im Charakter des Gottes Rašpu bedingen einander.

Einen dritten Unterweltsgott stellt Horon dar. Auch er bietet dieselbe Ambivalenz, die sich schon beim Gott Rašpu zeigte. Horon tritt einerseits in Fluchformeln auf, um den Schädel eines Verfluchten zu zerschlagen (KTU 1.16 VI 54-57). In einem Beschwörungstext gegen Schlangengift (KTU 1.107) wird in Z.13 Horon gebeten, das Schlangengift hinwegzunehmen. Dieser Sachverhalt findet sich auch in einer zweiten Beschwörung gegen Schlangengift (KTU 1.100). In diesem schwer verständlichen Text scheint Horon sogar der entscheidende Anteil an der Heilung vom Schlangengift zuzukommen. Denn er ist der letzte in einer Reihenfolge von Göttern, an die appelliert wird (ZZ. 61-75). Dies dürfte deshalb der Fall sein, weil er im Westen am Eingang in die Unterwelt wohnt.[43] Für den königlichen Totenkult ist der Gott Milku bedeutsam, der auch unter dem Namen Rapiu auftritt (KTU 1.108,1-3; vgl. KTU 1.100,41; 1.107,42; 1.123,20; RS 86.2238,17´).

[42] Zur Analyse des enklitischen *mem* vgl. W.G.E. Watson, Final-*m* in Ugaritic: AuOr 10, 1991, 223-252; D. Sivan, A Grammar of the Ugaritic Language (HdO I/28), Leiden 1997, 192-194.

[43] Vgl. I. Kottsieper, KTU 1.100 – Versuch einer Deutung: UF 16, 1984, 97-110, hier 108f.

Der Gott *gṯr* (KTU 1.108,2) weist Ähnlichkeit mit Nergal auf. Die Beleglage für diesen Gott ist jedoch schwierig.[44]
Die Götterlisten zeigen, daß es auch eine Göttin in der Unterwelt gegeben hat (KTU 1.47,23; 1.118,22. Die hier genannte ugaritische Göttin Arṣay, sonst als eine der Töchter des Baal bekannt (KTU 1.3 III 6-8), wird im akkadischen Text mit Allatum parallelisiert (RS 20.24,22). Diese ist nun wiederum das hurritische Pendant zur mesopotamischen Ereškigal, die als Königin der Unterwelt gilt. Der ugaritische Gottesname Arṣay bezeichnet »die der Unterwelt«. Sie ist desweiteren noch belegt im Totenritual KTU 1.106,32.

3.3 Niedere Gottheiten

B. Becking, Art. Thukamuna, in: DDD, 1631-1634. – A. Caquot, Kulitta à Ugarit?, in: Florilegium Anatolicum. Mélanges offerts à E. Laroche, Paris 1979, 79-83. – H. Gese, Die Religionen Altsyriens, in: RAAM, 147f. 164f. 168-172. – L.K. Handy, Among the Host of Heaven, Winona Lake 1994, 131-167. – J.F. Healey, Art. Dew, in: DDD, 473-476. – E. Lipiński, Ea, Kothar et El: UF 20, 1988, 137-143. – D. Prechel, Die Göttin Išḫara (ALASPM 11), Münster 1996, 134-146. – W.G.E. Watson, The Goddesses of Ugarit: A Survey: SEL 10, 1993, 47-59, bes. 53-56.

Unter diesem Punkt sind eine Anzahl kleinerer Gottheiten sowie die Handwerker- und Botengottheiten zu besprechen.
Eine eigene Gruppe von Göttinnen stellen die Töchter des Baal dar. Es begegnet eine Dreiergruppe bestehend aus Pidray, Tallay und Arṣay (KTU 1.3 III 6-8; 1.4 I 16-18; 1.24,26). Weitere Töchter des Baal sind Ybrdmy (KTU 1.24,29) sowie Uzᶜrt (KTU 1.101,6) und Bt ᶜlh (KTU 1.101,7). Aufgrund ihrer Namen weisen diese Göttinnen Beziehungen zu den Bereichen Niederschlag, Fruchtbarkeit und Unterwelt auf.[45]
Nicht auf diese Gruppe der Göttinnen zu beziehen ist die Bezeichnung *klt knyt* (KTU 1.4 I 15 u.ö.). Hierunter verbirgt sich die aus der hethitischen Religion bekannte Göttin Kulitta, die bei den Hethitern zusammen mit Ninatta auftritt[46] und in Ugarit mit einem Ortsnamen verbunden ist. Eine weitere hier zu nennende Göttin ist die Schlangengöttin Išḫara. Sie wird in königlichen Ritualen beopfert (KTU 1.43,22-26; 1.115; 1.116,10-23; 1.119,11-14). Auf sie bezieht sich auch ein hurritischer Hymnus (KTU 1.131). In den babylonischen Texten aus Ugarit tritt Išḫara als Eidgöttin auf.
Der Handwerkergott ist Kothar. In den Götterlisten wird er mit dem akkadischen Gott Ea geglichen (KTU 1.47,16; 1.118,15; vgl. RS 20.24,15).

44 Vgl. D. Pardee, RS 1.005 and the Identification of the *gṯrm*, in: J. Quaegebeur (Hg), Ritual and Sacrifice in the Ancient Near East (OLA 55), Leuven 1993, 301-318, bes. 301-304.312f.
45 Vgl. Watson, Goddesses 53f.
46 Vgl. V. Haas, Geschichte der hethitischen Religion (HdO I/15), Leiden 1994, 470.

In den Mythen tritt er auch unter dem Doppelnamen Kothar wa Ḫasis auf (KTU 1.3 VI 21-22; 1.4 V 41.44.58; VI 1.3; 1.6 VI 49-50.52-53 u.ö.). Er ist es, der den Palast des Baal erbaut (KTU 1.1-4) und darin gegen den anfänglichen Widerstand des Baal ein Fenster vorsieht, um den Regen auf die Erde zu lassen. Als Wohnort des Gottes werden Kreta und Memphis genannt. Mit diesen Ortsangaben liegt ein Reflex des Einflusses der ägäischen und ägyptischen Kunst bzw. des Handwerks auf Ugarit vor.[47]
Ebenfalls in die Gruppe der Handwerkergottheiten einzuordnen sind die Kotharot. Diesem aus dem Namen Kothar gebildeten femininen Plural entsprechen in der akkadischen Götterliste ^{d}Šassuratum (RS 20.24,12; KTU 1.47,13; 1.118,12). Damit wird ihre Funktion als Geburtsgöttinnen ersichtlich,[48] die auch in KTU 1.17 II 24-47 und KTU 1.24[49] explizit beschrieben wird. Es handelt sich um sieben Göttinnen, deren Namen in ihrer Bedeutung umstritten sind.[50]
Als namentlich genannte Diener der großen Gottheiten treten Ṯkmn und Šmn auf. In den Götterlisten nehmen sie keinen Rang ein. In den Ritualen werden sie nur zweimal erwähnt (KTU 1.41,12.15.31;1.65,4). Ein Mythos berichtet davon, daß sie den betrunkenen El tragen (KTU 1.114,18-19).
Den niedrigsten Rang im Pantheon von Ugarit nehmen die Boten *(mlʾakm)* ein. Sie erscheinen weder in den Götterlisten noch in den Ritualen, so daß ihnen wohl keinerlei kultische Verehrung entgegengebracht wurde. Von ihrer Existenz legen nur die mythischen Texte Zeugnis ab. Ihre Funktion besteht darin, Botschaften von einem Gott zum andern zu übermitteln.
Als namentlich genannte Boten treten Qadiš wa Amraru (KTU 1.3 VI 11; 1.4 IV 2-3.8.13.16-17) und Gapnu wa Ugaru (KTU 1.3 III 36; 1.4 VII 54; VIII 47; 1.5 I 12) auf. Aber auch andere, höhergestellte Gottheiten können gelegentlich die Funktion eines Boten oder Mittlers übernehmen: So Anat (KTU 1.3 V 4-44; 1.4 V 20-35) oder Šapšu (KTU 1.100), die ohnehin Himmel, Erde und Unterwelt durchläuft und deshalb Kontakt zu allen Göttern hat.
In den Ritualtexten wie in den Mythen treten über die in diesem Kapitel besprochenen Gottheiten hinaus noch weitere auf, die hinsichtlich Name, Funktion und Stellung innerhalb der Götterwelt z.T. völlig unerklärlich sind und auf deren Existenz deshalb nur pauschal verwiesen werden kann.[51]

[47] Vgl. O. Loretz, Māri, Ugarit und Byblos, in: E. Acquaro (Hg), Biblo. Una città e la sua cultura (CSF 34), Rom 1994, 113-124, bes. 114-117.
[48] Vgl. AHw 1194f; CAD Š II, 146f.
[49] → 8.4.
[50] Vgl. dazu Watson, Goddesses 52; Theuer, Mondgott 213-216.
[51] Vgl. dazu Watson, Goddesses 54-56. Die Existenz einer Göttin *bbt* ist abzulehnen; vgl. D. Freilich, Is there an Ugaritic Deity *Bbt*?: JSS 31, 1986, 119-130.

3.4 Der Thronrat

H.-J. Fabry, *swd.* Der himmlische Thronrat als ekklesiologisches Modell, in: Ders. (Hg), Bausteine Biblischer Theologie. FS G. J. Botterweck (BBB 50), Köln 1977, 99-126, bes. 108-112. – H. Gese, Die Religionen Altsyriens, in: RAAM, 100-102. – L.K. Handy, Among the Host of Heaven, Winona Lake 1994. – E.Th. Mullen, The Assembly of the Gods (HSM 24), Chico 1973. – H.-D. Neef, Gottes himmlischer Thronrat (AzTh 79), Stuttgart 1994, 18-22. – H. Niehr, Art. Zaphon, in: DDD, 1746-1750.

Innerhalb der Götterwelt ist der Thronrat bestimmter Götter als eine eigenständige Institution zu unterscheiden. Hinsichtlich der in den Texten auftretenden Versammlungsterminologie begegnen folgende drei Kategorien des Thronrats:

Die »Versammlung der Götter« *(pḫr ilm;* KTU 1.47,29), die »Versammlung der Göttersöhne« *(pḫr bn ilm;* KTU 1.4 III 14), die »Vereinigung der Götter« (*ᶜdt ilm;* KTU 1.15 II 7.11) und die »Gesamtheit der Versammlung« *(pḫr mᶜd;* KTU 1.2 I 14-17) als erste Kategorie.

Die »Versammlung der Söhne Els« *(mpḫrt bn il;* KTU 1.40,16-17; 1.65,3), der »Kreis Els« *(dr il;* KTU 1.39,7; 1.41,16; 1.87,17-18) und der »Kreis der Söhne Els« *(dr bn il;* KTU 1.40,16-17.25; 1.65,2) als zweite Kategorie.

Die »Versammlung des Baal« *(pḫr bᶜl;* KTU 1.39,7; 1.41,16; 1.87,18) als dritte Kategorie.

Aus diesem Befund ist zu ersehen, daß El und Baal mit einem Thronrat ausgestattet sind. Dies liegt ohnehin auf der Hand, da beide Götter in der ugaritischen Mythologie als Könige konzipiert sind und zum irdischen wie zum göttlichen Königtum ein Thronrat gehört. Es dominieren die Belege, die einen Thronrat des El nennen (Belege der ersten beiden Kategorien); demgegenüber scheint sich ein Thronrat des Baal erst noch zu entwickeln.

Welche Gottheiten als Mitglieder zu diesem Thronrat gehören, sagen weder die Rituale noch die Mythen.

Was die Lokalisierung der Orte des Thronrats der höchsten Götter Ugarits angeht, so wird das Zusammentreffen des Thronrats des El auf dem Berg Lula in Anatolien verortet.[52] Der Thronrat Baals wird im Zusammenhang mit dem Palastbau des Baal auf dem Ṣaphon angesiedelt. Zusätzlich ist Baal mit einer Hilfstruppe ausgestattet (KTU 1.47,26; 1.118,25; RS 20.24,25).

Sekundär wurde der Sitz des Thronrates des Gottes Baal auf die Mitgliedschaft aller Göttinnen und Götter Ugarits ausgeweitet. Deshalb erscheinen sie einleitend in der Götterliste KTU 1.47,1 als »Götter des Ṣaphon«.

[52] → 7.1.

4. Der Kult

Der in Ugarit praktizierte Kult ist auf der textlichen Ebene über die sog. Ritualtexte greifbar. Damit stellt Ugarit den einzigen Fall einer nordwestsemitischen Religion dar, von der Ritualtexte überliefert sind.[53] Mit A. Caquot lassen sich die Rituale aus Ugarit in fünf Kategorien aufteilen: Götterlisten, Aufzählungen von Opfern für Götter, Rituale für bestimmte Situationen mit Teilnahme des Königs, Rituale mit Zeitangaben und Entsühnungsrituale.[54]

Nun täuscht allerdings der in der wissenschaftlichen Literatur eingebürgerte Terminus »Ritual« darüber hinweg, daß aus Ugarit keine präskriptiven Rituale, die einen Handlungsverlauf vorzeichnen und damit rekonstruierbar machen, vorliegen, sondern es sich zumeist um Opfermemoranda handelt, welche die korrekte Beopferung der Gottheiten zum Ziele haben.[55]

4.1 Sakrale Aspekte des Königtums

J. Aboud, Die Rolle des Königs und seiner Familie nach den Texten von Ugarit (FARG 27), Münster 1994, 123-192. – M. Dietrich – W. Mayer, Festritual für die Palastgöttin Pidray: UF 28, 1996, 165-176. – J. F. Healey, Immortality and the King: Ugarit and the Psalms: Or(NS) 53, 1984, 245-254. – G. del Olmo Lete, La religión cananea según la liturgia de Ugarit (AuOrS 3), Barcelona 1992, 95-216. – Ders., Royal Aspects of the Ugaritic Cult, in: J. Quaegebeur (Hg), Ritual and Sacrifice in the Ancient Near East (OLA 55), Leuven 1993, 51-66. – A.F. Rainey, The Social Stratification of Ugarit (Diss. Brandeis University), 1962, 9-77. – J.-M. de Tarragon, Le culte à Ugarit (CRB 19), Paris 1980, 79-129. – M. Yon, Baal et le roi, in: J. Huot – M. Yon – Y. Calvet (Hg), De l'Indus aux Balcans. FS J. Deshayes, Paris 1985, 177-190.

In Ugarit nimmt wie auch sonst im Alten Orient der König die Rolle des zentralen Mittlers zwischen Göttern und Menschen wahr. Der König hatte priesterliche Funktionen inne, die verschiedene Rituale belegen. Es handelt sich dabei um die Reinigungsrituale für den König (KTU 1.41 [Duplikat: 1.87]; 1.46; 1.106; 1.109; 1.112; 1.119), das Ritual der Übertragung der Götterstatue in den Palast (KTU 1.43; 1.91; 1.148), das Ritual der Königsopfer (KTU 1.91; 1.115; 1.164; 1.168) und das Ritual der heiligen Hochzeit (KTU 1.132). Es treten die Rituale der königlichen Bestattung (KTU 1.125; 1.161) hinzu, welche zusammen mit der Divinisierung der verstorbenen Könige und ihrer Beopferung (KTU 1.113) im Rahmen des königlichen Totenkultes zu situieren sind.[56]

[53] Von den Kult- und Opfervorschriften des Alten Testaments sehe ich hier aus verschiedenen Gründen ausdrücklich ab.

[54] Vgl. A. Caquot, Ras Shamra V. La littérature ugaritique, in: DBS IX, 1979, 1361-1417, hier 1403-1411.

[55] Vgl. Caquot, ebd.

[56] → 6.2.

Die Reinigungsrituale für den König sprechen von einer kultischen Reinigung des Königs. In sieben Ritualtexten ist hiervon die Rede, wobei zumeist eine stereotype Formulierung in bezug auf die Reinheit des Königs vorliegt: »es wäscht sich der König; rein (ist er)« *(yrtḥṣ mlk brr)*. Dieser Status der Reinheit wird von ihm vor der Darbringung der Opfer gefordert. Der Feststellung der Reinigung korrespondiert eine weitere konstant verwendete Formulierung »und der König ist desakralisiert« *(wḥl mlk)*. Letzteres findet jeweils zum Sonnenuntergang statt. Die Aussage der Reinigung und Desakralisierung des Königs finden sich nie am selben Tag, vielmehr findet die Desakralisierung des Königs immer erst zum Sonnenuntergang des nächstfolgenden Tages statt. Der Zeitpunkt der Desakralisierung zum Sonnenuntergang hängt vielleicht mit dem Eingehen der Sonne in die Unterwelt zusammen. Mit der Desakralisierung kehrt der König in den Normalstatus zurück.
Beim Ritual der Überführung der Statuen in den Palast geht es um die Transferierung der Statue der hurritischen Astarte (KTU 1.43), bzw. der Astarte des Feldes (KTU 1.91; 1.148) in den Königspalast. Über den Hintergrund dieser Zeremonie sind wir nicht informiert, da die Ritualtexte derartige Hintergründe als bekannt voraussetzen. In diesem Ritual spielt der König die zentrale kultische Rolle. Nach KTU 1.43 nimmt er die Statue in Empfang und geht siebenmal zu Fuß an den Ort im Palast, an dem die Statuen aufbewahrt werden. Er kleidet sich im Verlaufe dieses Rituals zudem wie ein Hurriter. In KTU 1.91 und 1.148 wird die Ausstattung der Statue mit Gaben geschildert.
Die Königsopfer sprechen von einem »Opfer des Königs« bzw. vom »Opfern des Königs« (*dbḥ mlk*; KTU 1.91,2; 1.115,1; 1.164,1.3; 1.170,1). Wenn in diesen Texten das Verb »opfern« *(dbḥ)* nur vom König ausgesagt wird, heißt dies nicht, daß er alleine das Opfer vollzieht. Es kann vielmehr auch bedeuten, daß in seinem Namen die Opfer vollzogen werden. Da die Priester in Ugarit z.T. hohe königliche Bedienstete sind, amtieren sie auch im Namen des Königs, ein Sachverhalt, der dann sprachlich auch als »der König opfert« realisiert werden kann. Damit soll jedoch nicht in Abrede gestellt werden, daß der König auch selber Opfer vornimmt. Belege hierfür bilden KTU 1.115 und 1.164. Diesem letzten Text zufolge werden die königlichen Ahnen und der Hauptgott El vom König beopfert. Auf eine andere Art informiert KTU 1.91 über die Königsopfer. Es liegt mit diesem Text kein Ritual, sondern ein Wirtschaftstext aus dem Königspalast vor, der die rituellen Gastmähler mit Weingenuß auflistet, an denen der König teilnimmt. Diese Mähler werden zur Ehre des Ṣaphon und anderer Götter sowie bei der Überführung der Statuen der Astarte und des Rašpu in den Palast abgehalten.
Umstritten ist die Rolle des Königs beim *Hieros Gamos*. Der Terminus *Hieros Gamos* besagt zunächst, daß der König als irdischer Stellvertreter des höchsten Gottes anläßlich des Neujahrsfestes mit einer Priesterin oder der Königin, die eine Göttin repräsentiert, den Beischlaf ausübt und

somit auf rituelle Weise die Fruchtbarkeit der Menschen, des Viehs und des Landes fördert. Nachweise für diese Praxis stammen vornehmlich aus Mesopotamien,[57] von wo aus dieser Brauch auch nach Syrien eingedrungen ist.

Ein Indiz für die Praxis des *Hieros Gamos* in Ugarit liegt in KTU 1.132 vor.[58] Hier ist vom Aufstellen eines Bettes der Göttin Pidray im Königspalast am 19. Tag eines Monats die Rede (KTU 1.132,1-3).[59] Am dritten Tag des Festes, d.h. am 21. Tag des Monats, wird das Bett wieder abgeschlagen. Da der eigentliche Ritualverlauf den Teilnehmern bekannt war, wird er in KTU 1.132 nicht eigens aufgezeichnet. Auf die Praxis des *Hieros Gamos* als Hintergrund von KTU 1.132 verweist auch das Auftreten der Göttin Pidray. Ihre Identität enthüllt sich aufgrund der Nennung der Hebat im akkadischen Text RS 20.24,16 als Pendant zur Göttin Pidray in den ugaritischen Götterlisten KTU 1.47,17 und 1.118,16. Die Göttin Hebat stellt die Paredra des Wettergottes von Aleppo dar.

Ihre Bestätigung findet die Nennung dieser sakralen Aspekte des ugaritischen Königtums in ikonographischer Hinsicht durch die sog. El-Stele aus Ugarit, die den König als vor der Gottheit stehenden Opfermandanten abbildet. Hierbei ist besonders der durch die den König und die Gottheit umspannende Flügelsonne evozierte kosmische Aspekt zu beachten. König und Gottheit stehen zusammen mit der Sonne als Garanten der kosmischen und gesellschaftlichen Ordnung.[60]

Es ist zusätzlich auf die Stele des »Baal au foudre« zu verweisen,[61] die den von Baal und seiner Waffe völlig eingerahmten König als den Schützling des Wettergottes ausweist.

Diese auf dem Hintergrund einiger Ritualtexte sowie der Ikonographie gewonnenen Einblicke in den Bereich der sakralen Aspekte des Königtums lassen sich durch Angaben aus den Mythen Ugarits ergänzen. Dazu geben auf der textlichen Ebene die Mythen von Kirtu (KTU 1.14-16) und Aqhatu (KTU 1.17-19) einige Informationen.[62]

Daß auch nach dem Tod des Königs seine zentrale Rolle als Mittler zwischen Göttern und Menschen nicht beendet war, zeigt sich in seiner nach dem Tode erfolgten Divinisierung und dem daraus resultierenden königlichen Totenkult.[63]

[57] Vgl. J. Renger – J.S. Cooper, Heilige Hochzeit, in: RlA 4, 1972-75, 251-269.

[58] Der Text KTU 1.23 kommt für eine derartige Deutung nicht in Frage, da hier eine Beschwörung gegen schädliche Naturkräfte vorliegt; → 5.3; 8.4.

[59] Gegen F. Saracino, Il letto di Pidray: UF 14, 1982, 191-199, der mit einer sonst in Ugarit nicht bekannten Theoxenie argumentiert.

[60] → 3.2.

[61] → 3.2.

[62] → 8.2.

[63] → 6.2.

4.2 Tempel und Heiligtümer

J.-C. Courtois, Ras Shamra I. Archéologie, in: DBS IX, 1979, 1126-1295, bes. 1195-1197.1213-1216. – H. Frost, Anchors Sacred and Profane, in: M. Yon (Hg), Arts et industries de la pierre (RSOu VI), Paris 1991, 355-408. – J. Mallet, Le temple aux rhytons, in: M. Yon (Hg), Le centre de la ville (RSOu III), Paris 1987, 213-248. – J. Margueron, A propos des temples de Syrie du Nord, in: Ders. e.a. (Hg), Sanctuaires et clergés (Etudes d'histoire des religions 4), Paris 1985, 11-38. – H. Niehr, Überlegungen zum El-Tempel in Ugarit: UF 26, 1994, 419-426. – G. del Olmo Lete, Mitología y religión de Siria en el II milenio a. C. (1500 – 1200), in: MROA II/2, 153-160. – J.-M. de Tarragon, Temples et pratiques rituelles, in: M. Yon e.a. (Hg), Le pays d'Ougarit autour de 1200 av. J.-C. (RSOu XI), Paris 1995, 203-210. – P. Werner, Die Entwicklung der Sakralarchitektur in Nordsyrien und Südostkleinasien (MVS 15), München 1994, 89f.134-136. – P. Xella, *Qdš.* Semantica del »sacro« ad Ugarit: MLE 1, 1982, 9-17. – Ders., Baal Hammon (CSF 32), Rom 1991, 169-191. – M. Yon, Sanctuaires d'Ougarit, in: G. Roux (Hg), Temples et sanctuaires (TMO 7), Lyon 1984, 37-50. – Dies., Les rhytons du sanctuaire, in: Dies. (Hg), Le centre de la ville (RSOu III), Paris 1987, 343-350. – Dies., Ougarit et ses Dieux (Travaux 1978-1988), in: P. Matthiae e.a. (Hg), Resurrecting the Past (UNHAII LXVII). FS A. Bounni, Istanbul 1990, 325-343. – Dies., Les stèles en pierre, in: Dies. (Hg), Arts et industries de la pierre (RSOu VI), Paris 1991, 273-344. – Dies., The Temple of the Rhytons at Ugarit, in: N. Wyatt e.a. (Hg), Ugarit, religion and culture (UBL 12), Münster 1996, 405-422.

Da im Alten Orient der Tempel als Wohnhaus der Gottheit gilt, ist der Hauptterminus für Tempel »Haus« *(bītu)*. Dies gilt auch für die Tempeltheologie von Ugarit. Daneben tritt in Ugarit auch »Heiligtum« *(qdš; mqdš)* auf, womit vor allem die Cella oder eine Kapelle im Palast bezeichnet werden kann. Als weiterer Terminus für die Bezeichnung einer Kapelle begegnet auch *ḫmn*, welches eine Kapelle im Königspalast zur Verehrung der vergöttlichten Ahnen meint.
Die Präsenz der Götter im Tempel ist im Alten Orient mit dem Kultbild gegeben. Da Kultbilder aufgrund ihrer Ausführung in Edelmetallen sehr kostbar waren und deshalb immer wieder Plünderungen zum Opfer fielen, ist aus dem Alten Orient kein Kultbild erhalten geblieben. Ugarit bildet dazu keine Ausnahme. Die in Ugarit gefundenen Stelen mit Abbildungen von Gottheiten sowie die Götterfigurinen sind nicht als Kultbilder aufzufassen.
Geht man vom archäologischen Befund aus, so lassen sich beim derzeitigen Stand der Ausgrabungen in Ugarit bzw. beim derzeitigen Publikationsstand nach der 1988 abgeschlossenen 48. Grabungskampagne vier Gebäude der Stadt Ugarit als Tempel bzw. als Heiligtümer identifizieren. Dabei handelt es sich um zwei Gebäude der Akropolis (Baal-und El-Tempel), ein Gebäude aus dem nördlichen Palastareal (»sanctuaire hourrite«) und ein Gebäude aus einem Wohnviertel der Südstadt (»sanctuaire aux rhytons«) (Abb. 1).
Der *Baal-Tempel* liegt auf der Akropolis, wo er zusammen mit dem be-

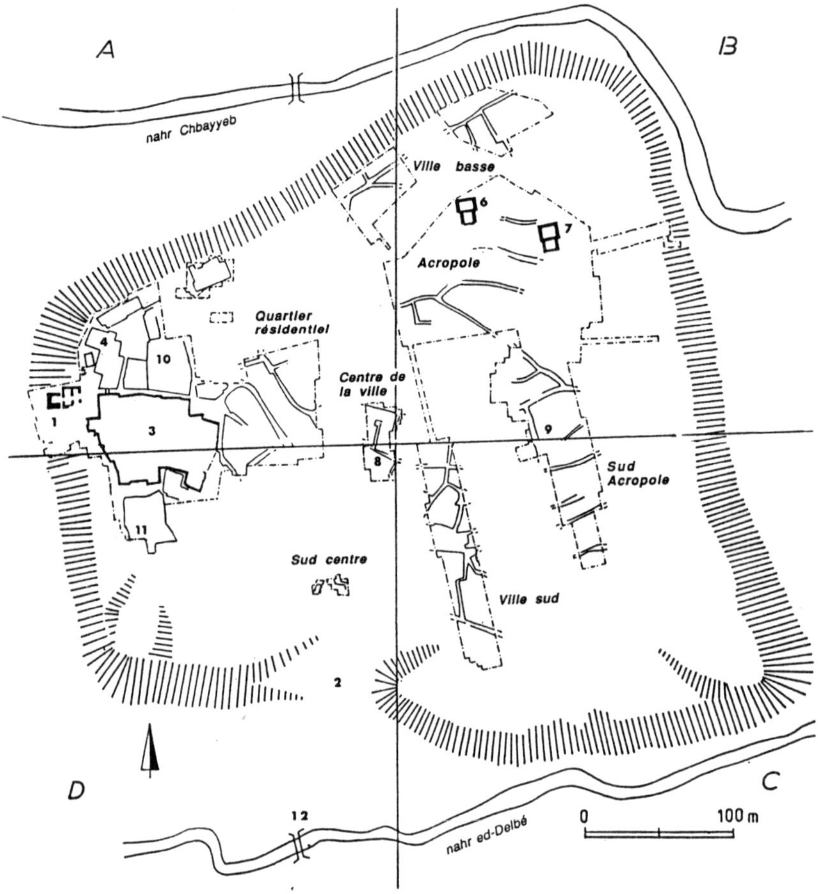

Abb. 1: Der Tell Ras Schamra (1990)

1: Porte fortifiée. 2 : Entrée sud de la ville. 3 : Palais Royal. 4 : Bâtiment aux quatre piliers. 5 : Temple «hourrite». 6 : Temple de Baal. 7 : Temple de Dagan. 8 : Temple aux rhytons. 9 : Maison «du prêtre-magicien». 10 : Palais nord. 11 : Palais sud. 12 : Pont-barrage sud.

nachbarten Tempel des El den höchsten Punkt der Stadt Ugarit bildet. Der Tempel liegt in einem Temenos von 850 m^2. Die Tempelfundamente haben die Ausmaße von 22 x 16 m. Vom Temenos aus kommt man über eine Treppe in eine rechteckige Vorhalle, von wo aus eine enge Tür in die Cella führt. In der Cella sind Treppenstufen zu erkennen, so daß man auf ein zweites Geschoß schließen kann, was typisch ist für einen syrischen Tempel des 2. und 1. Jt. v. Chr. M. Yon schließt auf eine Gesamthöhe des Tempels von 18–20 m, wobei sie ihm, da er an der höchsten Stelle Ugarits stand, auch eine Leuchtturmfunktion für die Schiffahrt zuweist. Auf

eine bestimmte Höhe des Tempels deutet vielleicht auch ein Indiz aus KTU 1.119,12: Hiernach ist ein Ochse als Opfergabe für den Turm *(mgdl)* des Baal von Ugarit vorgesehen. Von der Inneneinrichtung des Tempels, der wohl nur das Götterbild und einige kleinere Kultinstallationen beherbergte, ist nichts mehr vorhanden. Der Altar stand vor dem Tempel innerhalb eines großen Vorhofs, der von einer Temenosmauer (Ost- und Südteile noch erhalten) umgeben wurde. Hier im Innenhof wurden die Opfer dargebracht. Neben dem Altar befanden sich im Innenhof noch mehrere Steinanker, die als Exvoto von Seeleuten, welche ihre Rettung dem Baal von Ugarit verdankten, dort hingelangt sind.
Die Zuschreibung des Tempels an Baal erfolgte über zwei Stelen. Am westlichen Abhang des Tempels lag die Stele des »Baal au foudre« (RS 4.427).[64] Innerhalb des Tempels lag die Votivstele eines Ägypters, Mami, mit einer Weihe an den Seth von Ṣapuna, unter dem der Baal von Ugarit zu verstehen ist (RS 1.089 + 2.033 + 5.183).[65] Diese Stele hat den Ausschlag bei der Identifikation des Gebäudes als Tempel des Baal gegeben. Der Fund einer weiteren Stele, die eine weibliche, mit einem flügelhaft gefalteten Gewand bekleidete Gottheit abbildet (RS 2.038), deutet auf eine Verehrung einer Göttin neben Baal in seinem Tempel. Die geflügelte Göttin kann aufgrund der Mythen als Anat interpretiert werden.[66]
Der Tempelbau selber gehört archäologisch gesehen bereits an den Anfang des 2. Jt. v. Chr. Der in ihm praktizierte Kultbetrieb hat bis zum Untergang Ugarits fortgedauert. Der Tempel ist von Süd nach Nord orientiert. Diese Orientierung des Tempels ist unter kultischen Aspekten insofern wichtig, als in den Ritualtexten Baal Ṣaphon und Baal Ugarit genannt werden. Es handelt sich hierbei nicht um zwei verschiedene Götter, sondern um zwei Manifestationen des Wettergottes von Ugarit.
Der *El-Tempel* liegt ca. 50 m südöstlich vom Baal-Tempel, ebenfalls auf der Akropolis. Er ist wie der Baal-Tempel von Süd nach Nord ausgerichtet. Auch zeitlich wird er wie der Baal-Tempel zwischen ca. 1900 (Baubeginn) und ca. 1200 v. Chr. (Zerstörung) angesetzt. Seine Fundamentmauern sind mit einer Stärke bis zu 3 m noch gewaltiger als die des Baal-Tempels. Sonst entsprechen seine Maße fast denen des Baal-Tempels. Im Innern ist der Tempel in eine Zugangsebene und eine Cella zweigeteilt. In dieser ist auf der Ostseite eine zweite Mauer zu sehen, die wohl als Treppenwange zu einer Treppe zu verstehen ist, die sich in dem schmalen Raum neben der Cella befand und zum Dach führte. Ebenso wird die Stärke der Mauern als Hinweis darauf gewertet, daß der Tempel ein zweites Stockwerk hatte.
Die zumeist übliche Zuschreibung des Tempels an den Gott Dagan erfolgt über zwei Stelen (RS 6.012; 6.028).[67] Aus den Inschriften dieser Ste-

[64] → 3.2; vgl. Yon, Stèles 294-299 mit fig. 11a.
[65] → 3.2; vgl. Yon, Stèles 284-288 mit fig. 8a.
[66] → 3.2; vgl. Yon, Stèles 278f. 291-293 mit fig. 9c; dies., L'archéologie d'Ougarit, in: M. Dietrich – O. Loretz (Hg), Ugarit (ALASP 7/1), Münster 1995, 267-279, hier 270f.
[67] Vgl. Yon, Stèles 301-303 mit fig. 14.

len, KTU 6.13 und KTU 6.14, geht allerdings nur hervor, daß dem Gott Dagan ein *pgr*-Totenopfer geweiht worden ist. Ob dieser Befund ausreicht, mit der Mehrheit der Forscher den Tempel als Dagan-Tempel zu bezeichnen, ist fraglich. Die Zweifel daran verstärken sich noch, wenn man den Fundort der beiden Stelen betrachtet. Diese kommen nicht aus dem Inneren des Gebäudes, sondern fanden sich außerhalb in den Trümmern der mittelbronzezeitlichen Temenosmauer. Die Beschriftung der Stelen und die darauf genannten Personennamen gehören jedoch der Spätbronzezeit an. Damit sind die Stelen wohl kaum in situ gefunden; über ihre genaue Herkunft läßt sich nichts Weiteres feststellen.
Die Existenz eines Dagan-Tempels für Ugarit findet sich in keinem Text belegt. In den Götter- und Opferlisten tritt Dagan an zweiter Stelle der Götter zwischen El und Baal auf (KTU 1.47,4; 1.118,3; RS 20.24,3). Zudem spielt Dagan in den Mythen keine Rolle und insofern war es schon immer verwunderlich, daß einer der wichtigsten Tempel Ugarits Dagan geweiht sein sollte. Die Stelen KTU 6.13 und 6.14 stellen die einzigen Indizien für die Zuweisung des Osttempels auf der Akropolis an Dagan dar. Insofern wird von einigen Ugaritologen die Zueignung des Tempels an Dagan in Zweifel gezogen.
Es scheint angesichts dieser Lage berechtigt, den Osttempel der Akropolis einem anderen Gott zuzuweisen. Dieser Gott muß, was seine Bedeutung und seinen Einfluß in Ugarit angeht, eine gewisse Parallelstellung zu Baal innehaben, da ihm sonst kaum ein derart prominenter Tempel zugeeignet worden wäre. Dafür kommt aber nur ein Gott, der Gott El, in Frage. Ein eigenständiges El-Heiligtum ist bislang für Ugarit noch nicht nachgewiesen, was auch eine gewisse Schwierigkeit darstellt, da El auf jeden Fall einen Tempel in Ugarit hatte. Die rituellen und mythischen Texte wissen von der Existenz eines El-Tempels in Ugarit. Aus den Ritualtexten geht über seine Lage in der Stadt nichts hervor, da die Ritualtexte selbige als bekannt voraussetzen. Die Ritualtexte sagen bloß, daß gewisse Riten im El-Tempel zu vollziehen sind (KTU 1.41,38 [erg.]; 1.87,42; 1.119,14). Darüber hinaus lassen die mythischen Texte einen Zusammenhang zwischen dem El- und dem Baal-Tempel erkennen. So werden sie in der Aufzählung der Sohnespflichten im Aqhatu-Mythos parallel genannt (KTU 1.17 I 31-32; II 4-5.21-22). Der Dichter dieses Mythos setzt damit zwei Haupttempel in der Stadt des Danilu voraus, womit die Situation auf der Akropolis in Ugarit in den Blick kommt. Desweiteren sind die Weihe von Wein und Most für beide Tempel in KTU 1.5 IV 20-21 und eine Libation an den Quellen des El-Tempels in KTU 1.12 II 60 belegt.
Zu diesen Textbelegen kommt das oben zur Identifikation von Dagan und El Ausgeführte hinzu.[68] Diese Ausführungen machen einen eigenständigen Kult des Dagan in seinem Tempel eher unwahrscheinlich. Dagegen spricht auch nicht die Tatsache, daß Dagan als eigenständige Gott-

[68] → 3.2.

heit in den Götterlisten auftritt. Diese suchen vielmehr alle möglichen wichtigen Götter zu benennen, um keinen zu übergehen. Somit gilt Dagan im Kult als eigens zu beopfernder Gott, er hat aber wohl keinen Tempel in Ugarit mehr.
In diese Vermutungen lassen sich auch die wenigen Angaben zum Kult des Dagan in Ugarit einfügen. Es könnte sein, daß Dagan im El-Tempel mitverehrt wurde, da er als Vater des Baal mit El identifiziert worden war. KTU 6.14 spricht von einem heiligen Bezirk des Dagan, der vielleicht im Temenos des El-Tempels lag, was auch die Existenz der Daganstelen in diesem Teil des Temenos erklären würde.
Bei einem vergleichenden Blick auf die Grundrisse der Tempel des Baal und des El fällt auf, daß beide Tempel zum gleichen Bautyp gehören. Für diesen Typ hat sich in der vorderasiatischen Archäologie die Bezeichnung »temple massif« eingebürgert. Der »temple massif« wird durch ein fast quadratisches Tempelgebäude mit dicken Außenmauern sowie eine Zweiteilung des Innern in Vorhalle und Cella konstituiert. Der »temple massif« ist außer in Ugarit nur noch in Alalach zu finden, er scheint der für Nordsyrien und das obere Orontesgebiet landestypische Tempel zu sein.
Der andere syrische Tempelbautyp ist der »temple allongé« (Langhaustempel, Antentempel). Die bekanntesten Beispiele hierfür liegen in Ebla (Tempel D), in Emar (Baal- und Astarte-Tempel), in Tell Mumbaqa und in Tell Taynat vor, d.h. allesamt in Nord- und Mittelsyrien, wozu dann im 1. Jt. v. Chr. der Tempel von Jerusalem tritt.
Daneben gibt es noch einen dritten, nicht direkt zuzuordnenden Typ, der durch den Tempel B1 in Ebla und den Dagan-Tempel aus Mari gebildet wird.
Nördlich des Königspalastes fand sich in einem Gebäude, welches als *sanctuaire hourrite* bezeichnet wird, ein dem Baal- und El-Tempel vergleichbarer Grundriß von ca. 12 m x 8 m, d.h. ein »temple massif«. Dieser weist in einem seiner Räume eine Treppe, die zum Dach emporführte, auf. Das im »sanctuaire hourrite« gefundene Inventar läßt ebenfalls an einen Tempel denken. Aufgrund des Fundes einer mittannischen Axt, die als Kultgabe zu bewerten ist, spricht man vom »sanctuaire hourrite«. Trotz des nicht geringen hurritischen Bevölkerungsanteils in Ugarit und der Existenz eigener hurritischer Rituale sowie einer Liste der hurritischen Gottheiten ist eine derartige Tempelbezeichnung sehr fragwürdig. Insofern wurde von M. Yon ein neuer Versuch zur Interpretation des sog. »sanctuaire hourrite« unterbreitet. Dieser basiert auf der besonderen Lage des Heiligtums. Wie der Baal- und El-Tempel ist der Tempel von den Wohnbezirken getrennt, gehört aber andererseits noch in die »zone royale«, d.h. in den Bereich des Königspalastes von Ugarit. Da sich im Königspalast selbst kein Hinweis auf einen sakralen Ort findet, schlägt M. Yon nun vor, den »sanctuaire hourrite« als »temple royal« zu verstehen.

Die neben dem Palastheiligtum gelegene »salle aux quatre piliers« diente nach M. Yon dem Abhalten von Feiern und Kultmählern.
Bei den Ausgrabungen im Zentrum von Ugarit fand sich mitten in einem Wohnviertel ein Grundriß, der nicht zu einem Wohnhaus gehören konnte. Die in diesem Gebäude gemachten Funde (u.a. bronzener Dreifuß, Elfenbeinkästchen, Krüge, Kalksteinstele, konische Rhyta syrischer, zyprischer, mykenischer und minoischer Provenienz) verweisen deutlich auf die Existenz eines Heiligtums an diesem Ort, welches aufgrund der Fundsituation als *sanctuaire aux rhytons* bekannt wurde.
Der Grundriß des Gebäudes gestaltet sich wie folgt: Kommt man von der Straße, so betritt man zunächst den Vorraum, der zu einem Flur führt. Über einige Stufen betritt man den Hauptraum, der 7 m lang und 6 m breit ist. Links hinten vom Eingang befindet sich ein Nebenraum von 2,30 x 1,38 m, der entweder als Sakristei oder als Allerheiligstes gedeutet wird. Der Hauptraum weist an seiner Stirnwand an der Ostmauer eine Plattform von drei Stufen auf. An der Nord- und Westmauer finden sich Bänke.
Die inhaltliche Bestimmung des »sanctuaire aux rhytons« ist aufgrund seiner Differenz zu den drei oben besprochenen Tempeln wohl nicht als Tempel anzugeben. Hiergegen spricht auch die Lage des Gebäudes mitten in einem Wohngebiet. Man denkt deshalb an ein Gebäude, welches einer Vereinigung als Stätte für sakrale Mahlzeiten diente. Darauf deuten der Innenraum mit seinen Bänken und die Rhyta, die auch in einem Tempel nicht in einer derart großen Anzahl auftreten. Diese Deutung des Gebäudes findet eine Unterstützung durch einen Blick über die Straße. Hier steht eine Ölpresse, von der man annimmt, daß sie in einer gewissen Relation zum »sanctuaire aux rhytons« steht. Aus dem Ertrag der Ölpresse wurde vielleicht das Gebäude für die Festmähler unterhalten.
Faßt man diesen Überblick über Tempel und Heiligtümer in Ugarit zusammen, so lassen sich drei Typen von sakralen Stätten unterscheiden:
1. Der Baal- und der El-Tempel auf der Akropolis mit dem dazwischenliegenden Haus des Oberpriesters. Oben auf der Akropolis, auf dem höchsten Platz der Stadt, getrennt von Palast und Wohnbezirken, lag ein großer Sakralbezirk. Da im Hause des Oberpriesters auch die Baaltexte KTU 1.1-6 gefunden wurden und der Osttempel wohl als El-Tempel zu verstehen ist, scheint dieser Bereich das sakrale Zentrum von Ugarit darzustellen.
2. Das Palastheiligtum ist davon zu unterscheiden. Vielleicht diente es dem Staatskult oder dem Königskult.
3. Der »sanctuaire aux rhytons« liegt in einem Wohnviertel und war wohl das Zentrum einer religiösen Vereinigung. Das Heiligtum ist nicht durch einen Temenos von der Stadt ausgegrenzt, sondern lediglich durch einen komplizierten Zugang geschützt. Es ist wohl nicht als Tempel im engeren Sinne, d.h. als Wohnstatt einer Gottheit, sondern eher als Raum für sakrale Mahlzeiten zu sehen.

4.3 Kultpersonal

J.C. Courtois, Le contexte archéologique, in: D. Pardee, Les textes para-mythologiques (RSOu IV), Paris 1988, 5-12. – D. Fleming, The Voice of the Ugaritic Incantation Priest (RIH 78/20): UF 23, 1991, 141-154. – D. Freilich, Ili-Malku the *ṯ*^{c}*y:* SEL 9, 1992, 21-26. – M. Heltzer, The Internal Organization of the Kingdom of Ugarit, Wiesbaden 1982, 131-139. – R.A. Henshaw, Female and Male. The Cultic Personnel, Allison Park 1994, 68f. – E. Lipiński, Société et économie d'Ugarit aux XIVe – XIIIe siècles avant notre ère, in: T. Hackens – P. Marchetti (Hg), Histoire économique de l'Antiquité, Louvain-La-Neuve 1987, 9-27. – Ders., The Socio-Economic Condition of the Clergy in the Kingdom of Ugarit, in: M. Heltzer – E. Lipiński (Hg), Society and Economy in the Eastern Mediterranean (c. 1500-100 B.C.) (OLA 23), Leuven 1988, 125-150. – A.F. Rainey, The Social Stratification of Ugarit (Diss. Brandeis University), 1962, 122-130. – W.H. van Soldt, *ʿAtn prln,* »ʿAttā/ēnu the Diviner«: UF 21, 1989, 365-368. – Ders., The Title *ṯ*^{c}*y*: UF 20, 1988, 313-321. – Ders., Babylonian Lexical, Religious and Literary Texts and Scribal Education at Ugarit and its implications for the alphabetic literary texts, in: M. Dietrich – O. Loretz (Hg), Ugarit (ALASP 7/1), Münster 1995, 171-212, bes. 186-189. – J.-M. de Tarragon, Le culte à Ugarit (CRB 19), Paris 1980, 131-148.

Mit dem Terminus *khnm* werden die Priester bezeichnet. In den Ritualen treten sie nicht auf (KTU 1.107,18 ist unverständlich), was aber nicht bedeutet, daß ihnen keine Rolle im Kult zukam. In den Ritualen dominiert der König, womit allerdings auch die in seinem Namen amtierenden Priester gemeint sein können. Insofern haben wir keine Erkenntnisse über die Rolle der Priester im Kult von Ugarit. Daß sie opferten, dürfte sicher sein, aber ob dies die spezifisch priesterliche Aufgabe war oder noch andere Rechte und Pflichten der Priester hinzukamen, läßt sich aufgrund der Ritualtexte allein nicht entscheiden. Deshalb muß man andere Erkenntnisquellen heranziehen, um Aussagen über die Rolle der Priester in Ugarit treffen zu können. Hierbei helfen einige Wirtschaftstexte und nicht zuletzt die Archäologie weiter.

In den Wirtschaftstexten treten die Priester unter der Kategorie *bnš mlk* auf. Somit sind sie Bedienstete des Königs, müssen Abgaben leisten und die Truppen unterstützen. Für ihren Lebensunterhalt empfangen sie Lebensmittelrationen aus den Domänen des Königs und bekommen Felder, Weinberge und Silber zugewiesen. Nach Heltzers Untersuchung amtierten in der Stadt Ugarit ca. 25-30 Priester gleichzeitig. Wie die Prosopographie der Listen ausweist, war der Priesterberuf erblich.

An der Spitze der Priester von Ugarit stand ein Oberpriester, der den Titel *rb khnm* führte. Der Leitungstitel *rb* tritt in Ugarit in unterschiedlichen sozialen Zusammenhängen auf. Seine Funktion als Leiter von Priestern läßt jedoch nicht auf eine höhere liturgische Rolle des Amtsinhabers schließen. Es handelt sich um einen reinen Verwaltungstitel des vom König eingesetzten Leiters der Priester Ugarits bzw. der auf der Akropolis amtierenden Priester. Er war auch Leiter einer Schule, die in seinem Haus auf der Akropolis angesiedelt war. So wurden die meisten mythischen Texte hier gefunden.

Auf der südlichen Akropolis fand sich das Haus eines *prêtre aux modèles de poumon et de foies,* welches einen Einblick in den mantischen Bereich gibt. Dieses Haus wird ins 13. Jh. v. Chr. datiert. Es fanden sich in ihm 22 Tonlebermodelle, ein Lungenmodell, das Protokoll einer Nekromantie (KTU 1.124), sowie Geburtsomina.[69] Zusätzlich zu den mantischen Texten wurden Texte in akkadischer, ugaritischer und hurritischer Sprache gefunden. Es handelt sich bei diesen um Rituale und mythisch-medizinische Texte.[70]
Das Haus des Opferschauers (ob es sich beim Opferschauer um einen Priester handelt, bleibt fraglich) ist zweigeteilt: Im Norden liegt ein Wohntrakt, im Süden die auf zwei Räume verteilte Bibliothek. Einer dieser beiden Räume wies eine monolithische Steinplatte auf, wobei es sich wohl um den Tisch zur Schlachtung der Tiere und zur Durchführung der Opferschau handelt. Ein weiterer Raum enthielt magische und medizinische Texte. Vielleicht muß man sich dieses Haus als Schule zur Ausbildung des Nachwuchses vorstellen. Dafür spricht die Existenz von Abecedarien, von fehlerhaften Texten, unvollendeten Texten, unbeschriebenen und beschriebenen Lebermodellen.
Die Bedeutung der Berufsbezeichnung *ṯ*^{c}*y* ist nach wie vor sehr umstritten. U.a. wurde auf der Basis von KTU 1.169 vorgeschlagen, hierunter den »Beschwörungspriester« zu verstehen.
Die Interpretation der *qdšm*-Kultbediensteten hat viel Verwirrung ausgelöst, da man mit einer etymologischen oder semantischen Analyse der Wurzel *qdš* zu keinem überzeugenden Ergebnis kommt. Man dachte an »Geweihte« und insofern an »Kultprostituierte«.[71] Da die *qdšm* immer mit den Priestern genannt werden, wurde vorgeschlagen, sie als Gehilfen der Priester zu betrachten. Es sind Laien, deren Bezeichnung als *qdšm* vom Terminus *mqdš* »Heiligtum« kommt. Ihre Aufgabe könnte im Tragen der Götterbilder, dem Herbeibringen der liturgischen Geräte und dem Einsammeln der Opfergaben bestanden haben.[72] Eine weitere Beobachtung zu diesem Titel besteht darin, daß auf die *qdšm* in den Listen teilweise *mkrm* »attachés au sanctuaire« oder »surveillants« und *ḥ̮rs bhtm* »constructeurs du temple«[73] folgen, womit weder mantische noch priesterliche Tätigkeiten in den Blick kommen.
Ein weiterer Terminus, *nqdm,* bietet der Interpretation ebenfalls einige Schwierigkeiten. Häufig wird er mit »Hirte« übersetzt, was aber für einen Kultbediensteten in Ugarit zunächst einmal schwer verständlich ist. Deshalb zog man akkadisch *naqādu* »untersuchen« heran und verstand die *nqdm* als Fachleute für die Leberschau. Dies ist grundsätzlich möglich, da

69 → 5.1 – 5.3
70 Bearbeitet bei D. Pardee, Les textes para-mythologiques (RSOu IV), Paris 1988.
71 Vgl. die Forschungsgeschichte bei C.-B. Costecalde, Art. Sacré. La racine *qdš* et ses dérivés en milieu ouest-sémitique et dans les cunéiformes, in: DBS X, 1346-1393, bes. 1377-1379.
72 Vgl. de Tarragon, Culte 141; Costecalde, Art. Sacré 1378f; P. Xella, *Qdš.* La semantica del »sacro« ad Ugarit: MLE 1, 1988, 9-17, bes. 12f.
73 Vgl. Costecalde, Art. Sacré 1378.

in den Listen *khnm, qdšm* und *nqdm* in Parallele stehen und nach dem Kolophon KTU 1.6 VI 54-58 der Oberpriester Attenu der Vorsteher der *nqdm* ist. Gegen derartige Deutungen wurde auf RS 20.235 verwiesen, wonach ein Hirte zum Tempel(gut) der Astarte gehörte[74] und somit die Lieferung von Schafen und Kleinvieh die Hirten an den Tempel band. Insofern könnten sie als Tempelbedienstete gesehen werden. Dann wäre auch plausibel, warum der Oberpriester den Titel *rb nqdm* führte. Es wurde bei der Erklärung von *rb nqdm* allerdings auch an Schreiber gedacht, was gut zur Schulfunktion des Hauses des Oberpriesters passen würde.
Nur kurz erwähnt sei, daß der Tempelbetrieb auch einfachere Arbeiten mit sich brachte. Einige Texte erwähnen deshalb noch die Sänger *(šrm)*, Zimbelspieler *(mṣlm)* und die Wasserholer *(šib mqdšt)*.[75]
Insgesamt läßt sich festhalten, daß der Tempel unter königlicher Verwaltung stand und der Unterhalt der Priester vom König gesichert wurde. Es gab keine unabhängige Tempelökonomie wie etwa in Mesopotamien; trotzdem hatten die Tempel und die Priesterkollegien Landbesitz. Als Einkünfte für die Priester kamen Anteile an den Opfern dazu. Ebenso dürfte auch einiges vom libierten Wein auf sie entfallen sein.

4.4 Götterlisten

M. Dietrich – O. Loretz, Neue Studien zu den Ritualtexten aus Ugarit I: UF 13, 1981, 63-100. – Dies., Ugaritische Rituale und Beschwörungen, in: TUAT II, 1986-91, 300-305. – J.F. Healey, The Akkadian »Pantheon« List from Ugarit: SEL 2, 1985, 115-125. – Ders., The »Pantheon« of Ugarit: Further Notes: SEL 5, 1988, 103-112. – K. Koch, Ḫazzi – Ṣafôn – Kasion, in: B. Janowski – K. Koch – G. Wilhelm (Hg), Religionsgeschichtliche Beziehungen zwischen Kleinasien, Nordsyrien und dem Alten Testament (OBO 129), Freiburg – Göttingen 1993, 171-223, bes. 185-205. – J.C. de Moor, The Semitic Pantheon of Ugarit: UF 2, 1970, 187-228. – J. Nougayrol, Textes suméro-accadiens des archives et bibliothèques privées d'Ugarit, in: Ug 5, Paris 1968, 1-446, bes. 42-64. – G. del Olmo Lete, Mitología y religión de Siria en el II milenio a. C. (1500 – 1200), in: MROA II/2, 69-76. – J.-M. de Tarragon, Le culte à Ugarit (CRB 19), Paris 1980, 150-162. – G. Theuer, Der Mondgott in den Religionen Syrien-Palästinas während der Spätbronze- und Eisenzeit (Diss. Tübingen), 1997, 17f.

Die in Ugarit gefundenen Götterlisten bezeugen drei Traditionen: eine mesopotamische,[76] eine hurritische[77] und eine ugaritische,[78] die hier zur Diskussion stehen soll.

[74] Vgl. Lipiński, Socio-economic condition 131-133.

[75] Vgl. Heltzer, Internal Organization 137; de Tarragon, Culte 141-144.

[76] Vgl. RS 20.121; 20.123 und generell W.G. Lambert, Art. Götterlisten, in: RlA 3, 1957-71, 473-479.

[77] Vgl. KTU 1.26; 1.60; 1.135 und dazu E. Laroche, Documents en langue hourrite provenant de Ras Shamra, in: Ug 5, Paris 1968, 447-544, hier 508-510; M. Dietrich – W. Mayer, Sprache und Kultur der Hurriter in Ugarit, in: M. Dietrich – O. Loretz (Hg), Ugarit (ALASP 7/1), Münster 1995, 8-42.

[78] Vgl. KTU 1.47; 1.118; 1.148, 1-9; RS 20.24; 26.142.

Bislang sind aus Ugarit mehrere Götterlisten bekannt. Die wichtigsten sind KTU 1.47 und KTU 1.118. Damit stimmt das akkadische Pendant RS 20.24 überein.

RS 20.24	KTU 1.118	KTU 1.47
		1. *il ṣpn*
1. *DINGIR a-bi*	*ilib*	*ilib*
ilum^{lum}	*il*	*il*
^{d}*da-gan*	*dgn*	*dgn*
^{d}*adad be-el ḫuršān ḫa-zi*	*b*^{c}*l ṣpn*	5. *b*^{c}*l ṣpn*
5. ^{d}*adad* II	*b*^{c}*lm*	*b*^{c}*lm*
^{d}*adad III*	*b*^{c}*lm*	*b*^{c}*lm*
^{d}*adad IV*	*b*^{c}*lm*	*b*^{c}*lm*
^{d}*adad V*	*b*^{c}*lm*	*b*^{c}*lm*
^{d}*adad VI*	*b*^{c}*lm*	10. [*b*]^{c}*lm*
10. ^{d}*adad VII*	*b*^{c}*lm*	[*b*^{c}*l*]*m*
^{d}*IDIM ù IDIM*	*arṣ wšmm*	[*arṣ*] *wšmm*
^{d}*sa-sú-ra-tum*	*kṯ*[*r*]*t*	[*kṯr*]*t*
^{d}*sîn*	[*y*]*rḫ*	[*yrḫ*]
^{d}*ḫuršān ḫa-zi*	[*ṣ*]*pn*	15. [*ṣpn*]
15. ^{d}*é-a*	*kṯr*	[*kṯr*]
^{d}*ḫé-bat*	*pdry*	[*pdry*]
^{d}*aš-ta-bi*	^{c}*ṯtr*	[^{c}*ṯtr*]
^{d}*ḫuršānu*^{meš} *u a-mu-tu*[*m*]	*ġrm w*[^{c}*mqt*]	[*ġrm w*^{c}*mqt*]
^{d}*aš-ra-tum*	[*a*]*ṯ*[*r*]*t*	20. [*aṯrt*]
20. ^{d}*a-na-tum*	^{c}*nt*	[^{c}*nt*]
^{d}*šamaš*	*špš*	[*špš*]
^{d}*al-la-tum*	*arṣy*	[*a*]*rṣ*[*y*]
^{d}*iš-ḫa-ra*	*ušḫry*	[*u*]*šḫr*[*y*]
^{d}*ištar*$^{iš\text{-}tar}$	^{c}*ṯtrt*	25. ^{c}*ṯtrt*
25. ^{d}*ilānu*^{meš} *til-la-at* ^{d}*adad*	*il* [*t*]^{c}*ḏr b*^{c}*l*	*il t*^{c}*ḏr b*^{c}*l*
^{d}*nergal*	*r*[*š*]*p*	*ršp*
^{d}*dá-ad-mi-iš*	*ddmš*	*ddmš*
^{d}*pu-ḫur ilāni*^{meš}	*pḫr i*[*lm*]	*pḫr ilm*
^{d}*tâmtum*	*ym*	30. *ym*
30. ^{dDUG}*BUR.ZI.NÍG.NA*	*uṯḫ*[*t*]	*uṯḫt*
^{dgiš}*ki-na-rum*	*knr*	*knr*
^{d}*MA.LIK.MEŠ*	*mlkm*	*mlkm*
^{d}*sa-li-mu*	*šlm*	*šlm*

Bei diesen drei Texten ist zunächst die Fundsituation interessant, da sie aus drei verschiedenen Ausgrabungsstätten kommen. KTU 1.47 stammt aus dem Haus des Oberpriesters auf der Akropolis, KTU 1.118 aus einem Haus südlich der Akropolis und der akkadische Text RS 20.24 aus dem Archiv des Rapānu östlich vom Königspalast. Damit stammen diese drei übereinstimmenden Texte nicht aus demselben Archiv, bzw. derselben Bibliothek. Insofern ist der Schluß berechtigt, daß es sich bei der auf diesen Texten enthaltenen Götterlisten um die kanonische Auflistung des Pantheons von Ugarit handelt. Die Funktion derartiger Listen liegt in der Angabe einer Hierarchie der Gottheiten Ugarits. Dabei geht es aber nicht um eine theologische Spekulation, sondern um den Kult der Gottheiten. Sie stellten sicher, daß auch wirklich alle relevanten Göttinnen und Götter beopfert wurden und niemand übergangen wurde. Die Götterlisten spiegeln damit den offiziellen Staatskult wider, während sich die mythischen Texte unter inhaltlichen Aspekten mit den einzelnen Göttern und ihren Beziehungen untereinander und z.T. auch zu den Menschen auseinandersetzen.

Die Liste KTU 1.47 ist durch *il ṣpn* (»die Götter des Ṣaphon«) eingeleitet. Aufgrund des überschriftartigen Charakters dieser Zeile werden alle nachfolgenden Gottheiten Ugarits als »Götter des Ṣaphon« subsumiert. Hierin äußert sich eine Konzeption des Ṣaphon als des Götterbergs par excellence, wie sie im 1. Jt. nach Ägypten und Palästina übernommen wird.[79] Gleichzeitig kommt hierin eine Dominanz des Gottes Baal zum Ausdruck, wie sie in den Mythen (KTU 1.1-6) dann noch ausführlich thematisiert wird.

Der Duktus der Götter wird nach dieser Überschrift mit der Nennung des *ilib* eröffnet. Dieses Wort ist anderweitig in Ugarit als Bezeichnung der vergöttlichten Ahnen des Königshauses bekannt. Allerdings ist eine derartige Verwendung von *ilib* in den Götterlisten schon deshalb unwahrscheinlich, weil die divinisierten Könige als *mlkm* an vorletzter Stelle auftreten und den Hochgöttern kaum ein Ahn des Königshauses vorgeschaltet sein kann. Insofern wird sich *ilib* generell auf alte, namentlich nicht mehr bekannte Götter, die die Vorfahren der namentlich bekannten Götter von Ugarit sind, beziehen.[80] Für ein derartiges Verständnis von *ilib* an dieser Stelle spricht auch sein akkadisches Pendant *DINGIR a-bi* (RS 20.24,1), welches den »Gott des Vaters« meint,[81] und zum andern sein hurritisches Pendant *en atn* »le dieu, le père«.[82] Grundsätzlich können sich hinter der Nennung des *ilib* an erster Stelle der Götter theogonische Vorstellungen verbergen, wie sie aus den hurritischen Mythen Nordsyriens und Anatoliens bekannt sind und in den ugaritischen Mythen noch fragmentarisch zum Ausdruck kommen.[83] In den Opferritualen wird dieser *ilib* noch in KTU 1.109,11-15 vor El und Baal genannt. Darauf erfolgt die Nennung Els als des höchsten Gottes im Pantheon von Ugarit. Es schließen sich die Götter Dagan und Baal an. Hiernach kommt

79 → 7.1.

80 Vgl. K. van der Toorn, Ilib and the »God of the Father«: UF 25, 1993, 379-387; ders., Family Religion in Babylonia, Syria and Israel (SHCANE 7), Leiden 1996, 155-161.

81 Vgl. van der Toorn, Ilib 382 zu weiteren Erklärungen.

82 Vgl. Laroche, Documents 519.523.

83 Vgl. H. Niehr, Zur Filiation des Gottes Ba^{c}al in Ugarit: JNSL 20, 1994, 165-177.

Dagan eine höhere Stellung als Baal zu, was in den Mythen durch die Aussage der Vaterschaft des Dagan zum Ausdruck gebracht wird. Bei Baal fällt seine Qualifikation als *bᶜl ṣpn* auf, d.h. hier ist der Wettergott des Berges Ṣaphon und damit der Wettergott von Ugarit gemeint. Auf Baal folgen sechs weitere Wettergötter, die nicht näher qualifiziert sind. Hierbei kann es sich um verschiedene Wettergötter unterschiedlicher Kultorte in und um Ugarit handeln. Das akkadische Pendant RS 20.24 versieht diese mit den Zahlen von zwei bis sieben. Vergleichbar mit dieser Aufzählung diverser Wettergötter ist das Felsrelief von Yazilikaya, welches nebeneinander den Wettergott des Landes Hatti und den Wettergott von Hattuscha abbildet. Unterhalb dieser sechs Wettergötter ist in KTU 1.118 ein Trennstrich gezogen, durch den die höchsten Götter El, Dagan und die verschiedenen Baalgottheiten vom Rest der Götterliste abgehoben werden.

Mit »Erde und Himmel« begegnet ein kosmisches Paar, welches auch aus den hethitischen Staatsverträgen als göttlich bekannt ist. Es folgen hierauf die Geburtsgöttinnen, der Mondgott, Ṣaphon als der Sitz des Baal und der Handwerkergott Kothar. Ihm entspricht in der akkadischen Liste der Gott Ea.[84] Die nächstgenannte Pidray, die im akkadischen Text mit Hebat, der Paredra des hurritischen Wettergottes, geglichen wird, ist in den ugaritischen Mythen die Tochter des Baal. Auf sie folgt der Gott Astar, sowie Berge und tiefe Wasser.[85] Die Gründe für diese Götterauflistung in dieser bestimmten Reihenfolge sind nicht klar.

Etwas deutlicher ist die nun einsetzende Sukzession. Ašera als Paredra des El wird vor Anat, der Paredra des Baal, genannt. Eine Paredra des Dagan wird nicht erwähnt. Hiernach ist kein Prinzip der Sukzession mehr erkennbar. Es folgen die Sonnengöttin Šapšu, die Göttin Arṣay, die in den Mythen als eine Tochter des Baal angesehen und hier in der akkadischen Liste mit Allatum, der Göttin der Unterwelt, geglichen wird (RS 20.24,22),[86] sowie die Göttin Išḫara, deren mesoptamisches Pendant die Garantin der Eide ist (RS 20.24,23). Bekannt ist wieder Astarte, dann folgen die Hilfstruppen des Baal und der Unterwelts- und Pestgott Rašpu, dem im akkadischen Text Nergal entspricht (RS 20.24,26).[87] Unter dem Namen Dadmiš hat man eine hurritische Gottheit vermutet. Der als nächstes genannte Hofstaat ist wohl El zuzuweisen. Auf die Nennung des Meeresgottes, Yammu, folgen zwei divinisierte Kultinstrumente. Als erstes ist ein *uṯḫt* aufgelistet, welches aufgrund seines akkadischen Pendants *šēḫtu* (^{DUG}BUR.ZI.NÍG.NA; RS 20.24,30) ein Räuchergefäß darstellt. Darauf folgt als zweiter Gegenstand *knr,* die vergöttlichte Leier,[88] die die

[84] Vgl. dazu E. Lipiński, Ea, Kothar et El: UF 20, 1988, 137-143.

[85] Vgl. zur Lesung D. Pardee – P. Xella, Art. Mountains-and-Valleys, in: DDD, 1135f.

[86] Urspr. Allani, akkadisiert Allatum; vgl. Haas, Geschichte 405f.

[87] Vgl. zur Göttin Haas, Geschichte 393-405; zu Ugarit bes. Prechel, Göttin 134-146.

[88] Vgl. M. Koitabashi, The Deification of the »Lyre« in Ancient Ugarit: Orient 28, 1992, 106-110.

Musik im Kult repräsentiert. Es läßt sich fragen, ob Räucherschale und Leier als pars pro toto für den Kult der Götter stehen. Zu den chthonischen Göttern gehören die an vorletzter Stelle rangierenden *mlkm*. Hiermit sind die divinisierten Ahnen des Königshauses von Ugarit gemeint, die in der Unterwelt ihren königlichen Status bewahrt haben. Ihre akkadische Entsprechung ^{d}*ma-lik*^{meš} (RS 20.24,32) verweist auf denselben Sachverhalt.[89]
Den letzten Rang nimmt die Gottheit *šlm* ein, der im Akkadischen ^{d}*šalimu* entspricht (RS 20.24,33). Liegt hiermit die Gottheit der Abendröte, *šlm*, vor?[90] Oder ist analog zu *uṯḫt* und *knr,* welche für den Kult stehen, an ein Opfer gedacht?

4.5 Opfer

P. Amiet, Sceaux-cylindres en hématite et pierres diverses (RSOu IX), Paris 1992, 87-110. – M. Dietrich – O. Loretz, Ugaritische Rituale und Beschwörungen, in: TUAT II, 1986-91, 300-357, bes. 305-327. – B. Janowski, Erwägungen zur Geschichte des israelitischen Š^{e}lamim-Opfers: UF 12, 1980, 231-259. – M.C.A. Korpel, A Rift in the Clouds (UBL 8), Münster 1990, 399-424. – G. del Olmo Lete, Anatomia cultual en Ugarit. Ofrenda de visceras en el culto ugarítico: AuOr 7, 1989, 123-125. – Ders., La religión cananea según la liturgia de Ugarit (AuOrS 3), Barcelona 1992, 28-33.67-95. – Ders., The Sacrificial Vocabulary at Ugarit: SEL 12, 1995, 37-49. – D. Schwemer, Das alttestamentliche Doppelritual *^{c}lwt wšlmym* im Horizont der hurritischen Opfertermini *ambašši* und *keldi:* SCCNH 7, 1995, 81-116, bes. 102-109. – J.-M. de Tarragon, Le culte à Ugarit (CRB 19), Paris 1980, 31-78.

Ein Opfer darzubringen, bedeutet, die als Statue oder Bild im Tempel präsente Gottheit mit dem Lebensnotwendigen zu versorgen. Der Mensch als Diener der Gottheit ist deshalb verpflichtet, die Gottheit mit Nahrung, Weihrauch, Kleidung und Schmuck zu versorgen. In bezug auf die Nahrung ist davon auszugehen, daß die Priester und ihre Familien bzw. die Kultteilnehmer die Opfergaben verzehrten und nur einige Teile des Opfertieres, etwa Leber oder Herz, für die Gottheit verbrannt wurden.
In den mythischen Texten stellte man sich das Essen und Trinken der Götter konkret vor: Anläßlich seiner Hochzeit bewirtete Kirtu zahlreiche Götter in seinem Palast (KTU 1.15 II); ebenso bewirtete Danilu die Götter mit Speise und Trank (KTU 1.17 I 1-13), desweiteren die Geburtsgottheiten (KTU 1.17 II 29-38) und den Gott Kothar-wa-Ḫasis (KTU 1.17 V 16-31). Auch die Vorfahren, die *rapiʾūma*, wurden zum Mahle geladen (KTU 1.21 II 1-11). Von einem *marziḫu*-Mahl unter Göttern berichtet KTU 1.114.
Aus den schon genannten Opferlisten aus Ugarit läßt sich neben den

[89] → 4.1; 6.2.
[90] Vgl. Gese, Religionen 170.

beopferten Göttern auch über die Opfermaterie, die den Göttern zukam, Aufschluß gewinnen. Den höchsten Rang in der Opfermaterie nahmen die Tiere ein. Die in den Opferlisten immer wiederkehrenden Tiere sind: *š* »Schaf«; *ʿlp* »Rind«; *dqt* »Mutterschaf«; *gdlt* »Kuh«. Daneben kommen vegetabile Opfer vor. Es konnten aber auch Textilien und Metalle als Opfergabe dargebracht werden, d.h. Gegenstände, die in den Besitz der Gottheit und ihres Tempels übergingen.
Was die Opferarten angeht, so ist der Generalterminus hierfür *dbḥ*. Desweiteren wurden die Opfer zu *šlm*-Opfer, *šrp*-Brandopfer, *šnpt*-Erhebungsopfer, *pgr*-Totenopfer und anderen lexikalisch nicht bestimmbaren Opferarten differenziert.
Daneben ist der Bereich der Libation nicht zu übersehen. Termini hierfür sind *mtk* und *šqy*. Libiert wurden Öl, Honig und Wein. Bei den Libationen ging es wie bei den Opfern zu: Die libierte Materie wurde in Schalen aufgefangen und von den Kultteilnehmern konsumiert. Dies zeigt KTU 1.14 II 18-19, wonach Wein in eine Silberschale und Honig in eine Goldschale libiert werden. Das Opfer wurde vor den Statuen der Götter vollzogen, wobei auch vor den Statuen der verstorbenen Ahnen geopfert wurde.
Der Opfercharakter der Libation wird in KTU 1.12 II 55-61 zugunsten einer sympathetisch-magischen Handlung, die Regen herbeibringen soll, verlassen.

4.6 Kultmähler

K. Cathcart – W.G.E. Watson, Weathering a Wake: A Cure for a Carousel: PIBA 4, 1980, 35-58. – Th.J. Lewis, Cults of the Dead in Ancient Israel and Ugarit (HSM 39), Atlanta 1989, 80-98. – J.B. Lloyd, The Banquet Theme in Ugaritic Narrative: UF 22, 1990, 169-193. – J.L. McLaughlin, The *marzeaḥ* at Ugarit: UF 23, 1991, 265-281. – D. Pardee, *Marziḫu*, *Kispu*, and the Ugaritic Funerary Cult: A Minimalist View, in: N. Wyatt e.a. (Hg), Ugarit, religion and culture (UBL 12), Münster 1996, 273-287. – Ders., Les textes para-mythologiques (RSOu IV), Paris 1988, 13-74. – M.H. Pope, Probative Pontificating (UBL 10), Münster 1994, 153-184. – K. Spronk, Beatific Afterlife in Ancient Israel and in the Ancient Near East (AOAT 219), Kevelaer – Neukirchen-Vluyn 1986, 196-202. – J.-M. de Tarragon, Le culte à Ugarit (CRB 19), Paris 1980, 144-148.

Aus verschiedenen Textgattungen ist die Institution des Kultmahles in Ugarit bekannt. Hierfür steht der Terminus *marziḫu*.[91]
Rechtstexte informieren über die soziale Lage der *marziḫu*-Vereine in Ugarit. Grundlegend hierfür ist, daß die Kultmähler vereinsmäßig organisiert waren. Bei diesen Vereinen handelt es sich entweder um Berufsgenossenschaften (z.B. Priesterkollegien wie in Palmyra), oder um »Bru-

[91] Nach J. Huehnergard, Ugaritic Vocabulary in Syllabic Transcription (HSM 32), Atlanta 1987, 178 ist für das Ugaritische eher die Vokalisation *marzaḫu* zu erschließen.

derschaften«. Im Unterschied zu den Tempeln und ihren Priestern, die vom König eingesetzt waren und dem König unterstanden, lassen sich die *marziḫu*-Vereine als »non-royal cultic association«[92] verstehen. Aus den Rechtsurkunden erfährt man vom Besitz dieser Vereine, die Häuser und Weinberge haben konnten. Über die Statuten eines *marziḫu*-Vereins informiert ein Vertragstext (KTU 3.9), der erkennen läßt, daß der *marziḫu* einen Vorsitzenden und männliche Mitglieder hatte. Diese Mitglieder gehörten wohl eher der begüterten Schicht Ugarits an.

Über eine religiöse oder soziale Zielsetzung der *marziḫu*-Vereine sagen die Rechtstexte nichts aus, da eine derartige Zielsetzung in Ugarit als bekannt vorausgesetzt werden kann. Es läßt sich nur erkennen, daß diverse Götter und Göttinnen als Schutzgottheiten der jeweiligen Vereine genannt werden.

KTU 1.114 transponiert den *marziḫu* in den göttlichen Bereich. Der Text berichtet von der Einladung der Götter durch El zu einem Gelage. Dabei wird von El die Teilnahme am Gelage und die nachfolgende Trunkenheit ausgesagt. Die Rückseite der Tafel liefert ein Rezept gegen die Folgen der Trunkenheit. Das von den Göttern angewandte Verfahren soll sich auch auf der menschlichen Ebene als wirksam erweisen.[93] Bei diesem Versuch, die Aussageintention des Textes zu bestimmen, ist zu berücksichtigen, daß KTU 1.114 aus dem Haus des *prêtre aux modèles de poumon et de foies* auf der Südakropolis stammt. In diesem Hause wurden im Unterschied zum Haus des Oberpriesters keine mythischen Texte gefunden, sondern vor allem mantische (Lungen- und Lebermodelle) und magisch-medizinische Texte. Dieser Umstand sowie die Tatsache, daß ein Götter-*marziḫu* sonst in den Mythen nicht belegt ist, sprechen dafür, den Text eher in den magisch-medizinischen Bereich einzuordnen. Da sich anhand von KTU 1.124 (Nekromantie zugunsten des Kronprinzen)[94] Verbindungen des *prêtre aux modèles de poumon et de foies* zum Palast aufzeigen lassen, kann auch KTU 1.114 auf eine derartige Verbindung des *prêtre magicien* zum Palast hinweisen. Somit liegt ein magisch-medizinischer Text vor, der zeigen will, was zu tun ist, wenn der König sich im *marziḫu* seines Palastes übernommen hat.

Ein weiterer Beleg für den *marziḫu* in Ugarit liegt in den *rapi'ūma*-Texten KTU 1.20-22 vor.[95] Der Gott El ruft die *rapi'ūma*, d.h. die verstorbenen Vorfahren der Könige von Ugarit, und lädt sie zum Mahle ein.

KTU 1.20-22 bildet die Grundlage für eine Beziehung des ugaritischen *marziḫu* auf den Totenkult. Man wird nicht grundsätzlich sagen können, daß der *marziḫu* nur im Horizont des Totenkultes stand. Zudem schildert KTU 1.20-22 nur die Vorgänge im Königshaus. Ob diese Vorgänge

[92] Heltzer, Internal Organization 131.

[93] Vgl. I. Kottsieper, KTU 1.100 – Versuch einer Deutung: UF 16, 1984, 97-110, hier 110 mit Anm. 66; Dietrich – Loretz, Rituale 343.

[94] → 5.4.

[95] → 8.3.

auf alle anderen Haushalte Ugarits übertragbar sind, muß deshalb gefragt werden, auch wenn diese Frage kaum zu beantworten ist.
Zusammenfassend läßt sich festhalten, daß die kultischen Mahlzeiten Ugarits der gesellschaftlichen Begegnung von Berufsgenossenschaften oder Bruderschaften dienten. Dabei konnten die Verstorbenen mit einbezogen werden. Damit läge eine Feier nicht in der Familie, sondern im Rahmen einer Berufsgenossenschaft oder Bruderschaft vor. Falls man in diesem Rahmen der Verstorbenen gedachte, so läßt sich deren Präsenz beim *marziḫu* in Gestalt von Statuen denken.
Den eindeutigen archäologischen Nachweis für die Existenz von eigenen *marziḫu*-Räumen in Vorderasien haben nur die Ausgrabungen von Palmyra und Petra erbracht. Für Ugarit ist hinsichtlich des archäologischen Befundes auf den »sanctuaire aux rhytons« zu verweisen, welcher, in einem Wohnviertel gelegen, vielleicht als Versammlungsort eines *marziḫu*-Vereines diente.[96] Als Argumente dafür dienen die Bänke am Eingang und die große Anzahl der Rhyta. Darüberhinaus werden unterschiedliche Wohnhäuser bzw. Räume in ihnen dem *marziḫu* gedient haben, so daß ein archäologischer Nachweis hierfür nicht mehr zu führen sein wird.

4.7 Feste und Feiern

D. Arnaud, Jours et mois d'Ougarit: SMEA 32, 1993, 123-129. – P. Bordreuil, Recherches Ougaritiques II. La mention du mois d'Adaru dans une lettre du roi de Tyr au roi d'Ougarit (RS 18.59 l.14): Sem 40, 1991, 28-30. – M.E. Cohen, The Cultic Calendars of the Ancient Near East, Bethesda 1993, 377-383. – T. de Jong – W.H. van Soldt, Redating an Early Solar Eclipse Record (KTU 1.78): JEOL 30, 1987-88, 65-77. – B. Levine – J.-M. de Tarragon, The King Proclaims the Day: Ugaritic Rites for the Vintage: RB 100, 1993, 76-115. – J.C. de Moor, New Year with the Canaanites and Israelites, Kerken 1972. – J.P.J. Olivier, Notes on the Ugaritic Months Names I: JNSL 1, 1971, 39-45; II: JNSL 2, 1972, 53-59. – G. del Olmo Lete, Mitología y religión de Siria en el II milenio a. C. (1500 – 1200), in: MROA II/2, 151-153. – J.-M. de Tarragon, Le culte à Ugarit (CRB 19), Paris 1980, 17-30.

Aus den chronologischen Angaben in den Ritualen kann nur sehr allgemein auf einige Feste und Feiern zurückgeschlossen werden.
In den Ritualtexten werden fünf Monatsnamen genannt *(rišyn, ḫyr, gn, ib*ᶜ*lt, š[i/m])*, die nur z.T. verständlich sind. Dazu treten weitere Monatsnamen, die in Wirtschaftstexten belegt sind *(iširgu, iṯb, iṯtbnm, ḥlt, mgmr, nql, pgrm)*. Umstritten ist der in den Ritualen erwähnte Terminus *yrḫ dbḥm*, den man als »Monat der Opfer«, aber auch als einen zu *yrḫ pgrm* »Monat der Totenopfer« synonymen Ausdruck verstanden hat. Mit den genannten Monatsnamen läßt sich das gesamte Jahr von seinem Beginn im Herbst bis zum Sommer abdecken, wobei nur die Reihenfolge einiger Monate noch fraglich ist.

[96] → 4.2; zu Palmyra → II.B. 4.1.2.4; zu Petra → II.E. 7.2.4; 7.3.2.2.

Die besondere kultische Relevanz einiger Monate wird anhand einiger Opferlisten deutlich. So war der Monat *rišyn*, mit dem im Herbst das Jahr begann, durch besondere Opfer ausgezeichnet (KTU 1.41; 1.87). Besonders wichtig ist der Tag des neuen Jahres, welcher zu Beginn der Regenzeit, also in den Monaten September oder Oktober liegt. Der Frühlingsmonat *ḫyr* wurde als Festmonat begangen (KTU 1.105; 1.112).
Nicht an den Jahresablauf gebunden waren die Feiern der Inthronisation oder der Bestattung eines Königs (KTU 1.125; 1.161).

4.8 Gebet, Tanz und Musik

P. Amiet, Sceaux-cylindres en hématite et pierres diverses (RSOu IX), Paris 1992, 87-110. – A. Caubet, La musique à Ugarit: CRAIBL 1987, 731-754. – Dies., La musique à Ougarit: nouveaux témoignages matériels, in: N. Wyatt e.a. (Hg), Ugarit, religion and culture (UBL 12), Münster 1996, 9-32. – M. Černý, Probleme der Musikaufzeichnung aus Ugarit, in: P. Vavroušek – V. Souček (Hg), Šulmu. Papers on the Ancient Near East presented at (sic!) International Conference of Socialist Countries, Prague, Sept. 30 – Oct. 3, 1986, Prag 1988, 49-62. – W. Dietrich – O. Loretz, Lieder und Gebete aus Ugarit und Emar, in: TUAT II, 1986-91, 818-826. – H.G. Güterbock, Musical Notation in Ugarit: RA 64, 1970, 45-52. – M. Hutter, Religionen in der Umwelt des Alten Testaments I, Stuttgart 1996, 164f. – A.D. Kilmer, Art. Musik. A.I. In Mesopotamien, in: RlA 8, 1993-97, 463-482. – M. Koitabashi, Significance of Ugaritic *mṣltm* »cymbals« in the Anat Text, in: T. Mikasa (Hg), Cult and Ritual in the Ancient Near East, Wiesbaden, 1992, 1-5. – P.D. Miller, Prayer and Sacrifice in Ugarit and Israel, in: W. Claassen (Hg), Text and Context. FS F.C. Fensham (JSOTS 48), Sheffield 1988, 139-155. – R. Vitale, La musique suméro-akkadienne: UF 14, 1982, 241-263.

Von den unterschiedlichen Formen des Betens sind in der ugaritischen Literatur Gelübde, Klagegebet, Bittgebet und Beschwörungsgebet erwähnt. Es fehlen die Gattungen Dankgebet, Fürbittgebet und Einweihungsgebet, was aber nicht bedeuten muß, daß es sie nicht gegeben hat. Hier ist wieder das Zufällige der Fundsituation zu betonen.
In den Mythen von Kirtu (KTU 1.14-16)[97] und Aqhatu (KTU 1.17-19)[98] wird vom Gebet der Menschen zu den Göttern mehrfach berichtet. Als Terminus technicus für das Beten steht »die Hände erheben« (KTU 1.14 II 22-23; IV 4-5), womit der Orantengestus gekennzeichnet ist. Neben dem hier genannten Bittgebet berichten andere Texte vom Ablegen eines Gelübdes (KTU 1.14 IV 36-43) und von Beschwörungsgebeten (KTU 1.19 I 38-46; II 15-18.22-25; III 1-6.12-14.17-21.26-28.31-35.42-45).
Wird von den verschiedenen, in der erzählenden Literatur erwähnten Gebetsgattungen nur ein Gelübde im Wortlaut überliefert (KTU 1.14 IV 36-43), von den anderen Gattungen jedoch nur berichtet, so liegt aus der Ritualliteratur in KTU 1.119,25-36 das bislang einzig sichere Beispiel für

[97] → 8.2.
[98] → 8.2.

ein Gebet im Wortlaut vor. Es handelt sich dabei um ein Gebet des Königs an den Gott Baal. Im Rahmen eines Libationsrituals soll der König am siebten Abend einer Feier, die abgehalten wird, weil ein Feind vor den Toren steht, folgendes Gebet sprechen:

(28) O Baal, wenn du den Starken von unseren Toren vertreibst, den Krieger von unseren Wällen, einen Stier, o (29) Baal, werden wir darbringen, ein Gelübde, o Baal (31), werden wir erfüllen, (32) ein männliches Ti[er], o Baal, werden wir weihen, ein Opfer, o Baal, werden wir darbringen, eine Libation, o Baal, werden wir (33) ausgießen. Zum Heiligtum des Baal werden wir hinaufziehen, die Pfade des Tempels Baals (34) durchschreiten. So hat Baal unser Gebet [erh]ört. (35) Er wird vertreiben den Starken von unseren To[ren, den Krieger] (36) von unseren Wällen.

Formal gesehen handelt es sich um ein Bittgebet, näherhin um ein Gelübde. Das Gebet wird durch Opfer begleitet. Der Gebetsgestus besteht im Erheben der Augen zu Baal (Z. 27). Die Erhörung am Ende des Gebetes geht auf ein priesterliches Heilsorakel zurück.

Über die Musik in Ugarit lassen sich auf der Basis einiger Texte sowie der Funde von Musikinstrumenten und von Abbildungen von Musizierenden einige Aussagen treffen.

Die Aufführung von Musik im Kult ist bezeugt durch die Nennung der divinisierten Leier *(knr)* in den Götterlisten (KTU 1.47,32; 1.118,31; RS 20.24,31).[99] Damit stimmt überein, daß in den Ritualtexten der Gesang erwähnt wird. So soll nach KTU 1.23,14 [erg.].17[erg.] ein Knabe von guter Stimme und nach Z. 57 die ganze Versammlung singen. Die in den Wirtschaftstexten erwähnten Sänger/Musikanten *(šrm)* sind als Tempelsänger klassifiziert worden.[100] Mit dem ebenfalls in denWirtschaftstexten belegten *mṣlm* (KTU 4.126,30) sind vielleicht Zimbelspieler oder Beter gemeint.[101]

Zur Aufführung von Musik im Kult paßt die in den mythischen Texten getroffene Aussage, daß auch Götter musizieren und singen. So gilt der Handwerkergott Kothar als Erfinder der Musik. Vom Unterweltsgott Rapi`u wird ausgesagt (KTU 1.108,3-5), er singe und mache Musik mit einer Leier *(knr),* einem Tamburin *(tp)* und Zimbeln *(mṣltm).* Als weiteres Instrument werden Kastagnetten (?) *(mrqdm)* genannt. Die Göttin Anat (KTU 1.101,16-17) spielt Leier *(knr)* und Horn (?) *(r`mt)* und singt. Ein anderes in den Texten belegtes Instrument ist die Laute (*ᶜd;* KTU 1.23,12).

Bei den Ausgrabungen in Ugarit wurden Reste von Instrumenten aus Knochen und Elfenbein gefunden, die als Flöten, Hörner und Kastagnetten anzusehen sind. Metallfragmente deuten auf Zimbeln hin. Es treten Funde einer Figur, die eine Doppeloboe spielt, und die eines Zimbelspielers hinzu.

99 → 4.4.

100 Vgl. zu Belegen und Diskussion Heltzer, Internal Organization 137.

101 Vgl. Heltzer, ebd. Es kann auch eine Ableitung von *ṣly* »beten« erwogen werden.

Eigens zu erwähnen ist ein hurritischer Text aus Ugarit (RS 9.483A),[102] der Intervallnamen in babylonischer Sprache aufweist und somit auf eigene Art neben Erwähnungen von Musik und Instrumentenfunden einen anderen, wenn auch nicht rekonstruierbaren Eindruck von der Musik in Ugarit vermittelt.
Der Tanz ist weder textlich noch ikonographisch belegt, dürfte aber im Zusammenhang mit Musik auch im Kult praktiziert worden sein.

5. Mantik und Magie

Unter Mantik ist »der Versuch des Menschen zu verstehen, Dinge, die der Erkenntnis verschlossen sind, zu ergründen. Der sich von den Naturkräften bedroht fühlende Mensch hat schon früh nach Möglichkeiten gesucht, diesen Gefahren entgegentreten zu können; mit Hilfe der mantischen Praktiken will er die Zukunft bzw. den göttlichen Willen feststellen, erforschen, ob eine geplante Handlung einen glücklichen Ausgang haben wird. Die zu diesem Zweck verwendete Technik beruht auf der Überzeugung, daß die übernatürlichen Wesen sich in Vorzeichen (Omen) offenbaren, die in Natur und Umwelt zu beobachten sind.«[103] Dabei steht die Mantik »im Kontext eines Bewertungs- und Auswertungsverfahrens, das Nähe, Kontakte und Informationen bestimmt und daraus die konkrete Religion als ein System von Gegenseitigkeiten konstruiert.«[104]
In der Magie geht es um die technischen Aspekte der Naturbewältigung im Sinne des Entfernens von Krankheiten oder des Bewirkens von Heil.

5.1 Opferschau

M. Dietrich – O. Loretz, Ugaritische Omentexte, in: TUAT II, 1986-91, 94-101. – Dies., Mantik in Ugarit (ALASP 3), Münster 1990, 1-86. – M. Hutter, Religionen in der Umwelt des Alten Testaments I, Stuttgart 1996, 170f. – J.-W. Meyer, Untersuchungen zu den Tonlebermodellen aus dem Alten Orient (AOAT 39), Kevelaer – Neukirchen-Vluyn 1987. – Ders., Zur Interpretation der Leber- und Lungenmodelle aus Ugarit, in: Dietrich – Loretz, Mantik, 241-280. – G. del Olmo Lete, La religión cananea según la liturgia de Ugarit (AuOrS 3), Barcelona 1992, 231-262.

Die Praxis der Opferschau basiert auf der Annahme, daß aus der Leber oder der Lunge eines als Opfer geschlachteten Schafs Erkenntnisse über die Zukunft bzw. über einen der normalen Erkenntnis verschlossenen Sachverhalt gewonnen werden können. Da die Interpretation von Lebern und Lungen geschlachteter Tiere nicht willkürlich vonstatten geht, sondern erlernt werden muß, braucht es einen eigenen Berufsstand, der hier-

[102] Vgl. E. Laroche, Textes Hourrites, in: PRU III, Paris 1955, 327-335, hier 330f.
[103] J.-W. Meyer, Interpretation 242.
[104] B.Gladigow, Art. Divination, in: HrwG II, 1990, 226-228, hier 226.

für ausgebildet ist. Es handelt sich dabei um den Opferschauer. Zum Studium seiner Materie bzw. zum Nachschlagen einer bestimmten Lungen- oder Leberkonstellation helfen dem Opferschauer Tonleber- und Tonlungenmodelle. Diese sind teilweise beschriftet, teilweise nur mit Markierungen versehen und geben somit Aufschluß über den Befund der Opferschau.

Der Großbereich, zu dem die Leber- und Lungenschau gehört, ist die Eingeweideschau, die mesopotamischen Ursprungs ist.

Außerhalb Vorderasiens finden sich Lebermodelle bei den Etruskern, die sie wohl über die Vermittlung Kleinasiens kennengelernt haben (Tonleber aus Falerii Veteres; Bronzeleber aus Piacenza). In Syrien-Palästina wurde die Leber- und Lungenschau bis zum »Seevölkersturm« praktiziert; nur in Assyrien und Babylonien finden sich noch Leber- und Lungenmodelle aus dem 1. Jt. v. Chr.

Was den Fundort der Leber- und Lungenmodelle in Ugarit angeht, so ist dieser mit dem Haus des *prêtre magicien* aus dem 13. Jh. auf der Südakropolis gegeben. Es handelt sich insgesamt um 22 Tonlebermodelle, von denen vier beschriftet waren, sowie um ein beschriftetes Lungenmodell.

Wie kann man sich nun eine Leberschau vorstellen? Aus einer gesunden, d.h. einer morphologisch und pathologisch unveränderten Leber resultiert immer ein positives Ergebnis. Krankheitsbilder der Leber weisen auf negative Phänomene hin, die im einzelnen ausgedeutet werden können. Die Leber weist eine positive (rechts) und eine negative (links) Zone auf. Je nach Auftreten eines Krankheitsbildes auf der positiven oder auf der negativen Zone ist die Omenaussage positiv oder negativ. Die beschrifteten Lebermodelle stellen Berichte über eine erfolgte Leberschau dar.

Dies läßt sich an Einzelbefunden erläutern. So lautet z.B. KTU 1.141: »Für/betrifft Agpṯr, als er einen Knaben von einem Alašier erwerben wollte«.[105] Die Zeichen auf der Leber lassen einen positiven Bescheid erkennen,[106] d.h. man hat Agpṯr zum Kauf geraten. Ein anderes Protokoll vermeldet: (Betrifft) »Opfer des Byy, Sohn des Šry für ᶜṯtr[ ], der im Grabe ist« (KTU 1.142).[107] Es geht hierin um die Anfrage, ob für einen Toten Opfer dargebracht werden sollen.[108]

5.2 Omina

M. Dietrich – O. Loretz, Ugaritische Omentexte, in: TUAT II, 1986-91, 94-101. – Dies., Mantik in Ugarit (ALASP 3), Münster 1990, 87-204. – Dies., The Syntax of Omens in Ugaritic, in: E.M. Cook (Hg), Sopher Mahir. FS S. Segert, Winona Lake 1990, 89-109.

[105] Vgl. zu Text und Übersetzung Dietrich – Loretz, Mantik 8-11.
[106] Vgl. ebd. 9.
[107] Vgl. zu Text und Übersetzung ebd. 12f.
[108] Vgl. zur Deutung ebd. 12f.

Bei den Omina geht es um die Deutung von Vorzeichen. Derartige Vorzeichen sind mit außergewöhnlichen Naturerscheinungen gegeben. Hinsichtlich der Herkunft dieser Omina ist von einem mesopotamischen Ursprung auszugehen. Die berühmteste Serie von 24 Tafeln aus Babylonien ist die Omenserie *šumma izbu,* die Geburtsomina enthielt. Von Mesopotamien ausgehend sind Omina in Boghazköy, Emar und Ugarit belegt. In Ugarit finden sich zwei Sorten von Omina: Geburtsomina (KTU 1.103 + 1.145; 1.140) und astrologische Omina (KTU 1.163). Die Geburtsomina sind im Hause des *prêtre magicien* auf der Südakropolis gefunden worden. Sie beschäftigen sich mit der Frage nach den Auswirkungen von Mißgeburten bei Kleinvieh (KTU 1.103 + 1.145) und bei Menschen (KTU 1.140). Die Tafel mit den astrologischen Omina wurde in Ras Ibn Hani, dem Sommerpalast der Könige Ugarits, gefunden. Das Thema der astrologischen Omina stellen die Unglücksfälle dar, die sich aus bestimmten Gestirnsphänomenen ergeben (KTU 1.163). Der Aufbau beider Sorten von Omina ist recht einfach, da er sich in Protasis und Apodosis gliedert. So lautet ein Beispiel aus dem Bereich der Geburtsomina:

Vorzeichen vom Kleinvieh: [Wenn es (: das Muttertier)] als Zeichen einen Fleischklumpen wie ein Stein gebiert, (dann) wird eine Vielzahl (der Bewohner) im Land fallen.
(Wenn) dazu noch eine Schlange folgt, (dann) werden die Jungen seines (: des Hauses/Landes) Viehs kraftlos sein. (KTU 1.103,1-2)[109]

Als Beispiel aus dem Bereich der astrologischen Omina sei folgender Text angeführt:

[Wenn am dri]tten Tag(?) Lichtschwäche des Mondes an den beiden Seiten (besteht), (dann) werden die Könige weit entfernt bleiben.
[We]nn sie dreimal nacheinander Monat für Monat sichtbar wird, (dann werden) [Wol]ken (auftreten), wird Regen fallen.
[Wenn] ein Stern am 30. Tag (eines Monats) fällt, (dann) wird der König seinen Feind nicht fassen. (KTU 1.163,4'-7')[110]

5.3 Magie

A. Caquot, Un recueil ougaritique de formules magiques (KTU 1.82): SEL 5, 1988, 31-43. – M. Dietrich – O. Loretz, Die Bannung von Schlangengift: UF 12, 1980, 153-170. – M. Dietrich – W. Mayer, Hurritische Weihrauchbeschwörungen in ugaritischer Alphabetschrift: UF 26, 1994, 73-112. – D. Fleming, The Voice of the Ugaritic Incantation Priest (RIH 78/20): UF 23, 1991, 141-154. – S. Greaves, Wordplay and Associative Magic in the Ugaritic Snake-bite Incantation RS 24.244: UF 26, 1994, 165-167. – I. Kottsieper, KTU 1.100 – Versuch einer Deutung: UF 16, 1984, 97-110. – J.C. de Moor – K. Spronk, More on Demons in Ugarit (KTU 1.82): UF 16, 1984, 237-250. – H.-P. Müller, Magisch-mantische Weisheit und die Gestalt Daniels: UF 1, 1969, 79-94.

[109] Text und Übersetzung ebd. 93.
[110] Text und Übersetzung ebd. 169.

Beispiele für die Ausübung magischer Praktiken in Ugarit stellen die Beschwörungen gegen Schlangengift (KTU 1.100) und gegen Krankheit (KTU 1.82; 1.169) dar. In diesem Kontext ist auch das Rezept gegen die Folgen der Trunkenheit (KTU 1.114)[111] zu nennen.
In einer hurritischen Weihrauchbeschwörung für El (KTU 1.128) wird dieser um sein Kommen und sein Eingreifen bei einer Krankheit gebeten. Weitere vergleichbare Weihrauchbeschwörungen wenden sich an Kumarbi (KTU 1.44), an Šawuška (KTU 1.54) und an Išḫara (KTU 1.131).
Gegen die Wirkungen schädlicher Naturkräfte richtet sich die Beschwörung KTU 1.23.
Auf der Basis von KTU 1.169 wurde der Versuch unternommen, den Titel *ṯᶜy* als »Beschwörungspriester« zu verstehen. Diesem Text liegt der Fall einer exorzistischen Heilung zugrunde.
In den Bereich der sympathetischen Magie fällt die Aufforderung, dem Gott Baal und an den Quellen des El-Tempels zu libieren (KTU 1.12 II 55-61). In der erzählenden Literatur wird ein weiterer Akt von sympathetischer Magie geschildert. Als König Danilu die Dürre sah, die den Tod seines Sohnes Aqhatu anzeigte, umfaßte und küßte er die verdorrten Pflanzen und rief die Götter an (KTU 1.19 II 15-25).

5.4 Nekromantie

M. Dietrich – O. Loretz, Mantik in Ugarit (ALASP 3), Münster 1990, 205-240. – O. Loretz, Nekromantie und Totenevokation in Mesopotamien, Ugarit und Israel, in: B. Janowski – K. Koch – G. Wilhelm (Hg), Religionsgeschichtliche Beziehungen zwischen Kleinasien, Nordsyrien und dem Alten Testament (OBO 129), Freiburg – Göttingen 1993, 285-318. – G. del Olmo Lete, Receta mágica para un infante enfermo (KTU 1.124): Sef 52, 1992, 187-192. – J. Tropper, Nekromantie (AOAT 223), Kevelaer – Neukirchen-Vluyn 1989, 123-160.

Es handelt sich bei der Nekromantie um eine Totenbeschwörung zum Zweck einer Orakelgebung. Voraussetzungen für die Durchführung einer Nekromantie bilden das Wissen um eine Weiterexistenz des Menschen nach dem Tode, die Zuschreibung bestimmter Fähigkeiten an die Toten und die Annahme, daß Lebende und Verstorbene miteinander in Kontakt treten können.
Aus Ugarit sind unterschiedliche Textzeugnisse für nekromantische Praktiken erhalten. An zwei Stellen ist von Nekromantie in narrativen Kontexten die Rede (KTU 1.17 I 25-33; 1.20-22). Zweimal wird sie in einem Ritualtext erwähnt (KTU 1.106; 1.161), und in KTU 1.124 ist das Protokoll einer Nekromantie erhalten. Dieser Text besagt:

Als der Meister über die ›Großen Göttlichen‹ vor Ditanu trat und um einen Entscheid für den Knaben fragte, antwortete Ditanu: »Du wirst antworten: ›Einen

[111] → 4.6.

Beutel von Myrrhe nimm und lege (ihn) in den Tempel des Horon; ein neues *tariḫu* Gefäß mit Myrrhe nimm und lege es in den Tempel des Baal; ein Tamariskenbündel nimm und lege (es) in den Palast, und es wird seinen Schmerz lösen.‹«
Und es kam dein Bote vor Ditanu, um den Entscheid entgegenzunehmen.
Und es antwortete ihm Ditanu: »Den Palast reinige man: Kein Fisch und kein Hund! Und hernach wird kein Leid mehr sein«.[112]

Der Beschwörer führt den Titel »Herr über die Großen Göttlichen«. Hiermit sind die verstorbenen Ahnen der Königsdynastie von Ugarit gemeint. Ditanu ist der mythische Stammvater der ugaritischen Dynastie, weshalb er in der Nekromantie angesprochen ist und um sein Urteil gebeten wird. Seine Anwesenheit bei der nekromantischen Aktion muß man sich ähnlich wie beim Mahl für die *rapi'ūma* in KTU 1.161 als Statue vorstellen.
Daß die Verstorbenen als Statuen dargestellt sind und dergestalt einen festen Platz im Heiligtum, im Palast bzw. in Privathäusern hatten, läßt sich für die Mittel- und Spätbronzezeit neben Ugarit in Ebla, Alalach, Nuzi, Emar und Hazor nachweisen. Eine ganze Anzahl kleiner Figuren sind auf diesem Hintergrund zu verstehen. Lange Zeit wurden in der vorderasiatischen Archäologie derartige Statuen zu schnell und zu einseitig als Darstellung einer Gottheit aufgefaßt. Dagegen wurde zu Recht Einspruch erhoben, so daß man nur dann von Götterdarstellungen bei den Statuen ausgehen darf, wenn sich die Göttlichkeit aufgrund von Attributen (z.B. Hörnerkrone) nachweisen läßt. Sonst handelt es sich eher um Darstellungen von Menschen, etwa des verstorbenen Königs, worauf häufig auch der Fundort hinweist, da viele dieser Figuren nicht im Tempel, sondern in Palästen gefunden wurden. Vor allem kommt hier ein bestimmter Figurentyp in Frage. Entscheidend für diesen Figurentyp sind zwei Merkmale: Tiara und Wulstsaummantel, die das kanonische Bild des altsyrischen Königs ausmachen.[113] Bestätigt wird die Deutung dieser Statuen als Könige durch einen Blick auf die altbabylonische Glyptik, in der derart charakterisierte Personen im Orantengestus vor der Gottheit stehen. Bekanntestes Beispiel aus Syrien bildet die Statue des Idrimi von Alalach, bei der die Inschrift auf ihre Funktion im Totenkult verweist. An eine derartige Figur ist auch zu denken, wenn es in KTU 1.124 heißt, daß der Beschwörer vor Ditanu trat.
Inhaltlich geht es in KTU 1.124 um einen Entscheid über ein erkranktes Kind, vielleicht handelt es sich dabei um den erkrankten Kronprinzen, da der Gründer der Königsdynastie um seinen Orakelentscheid angerufen

[112] Übersetzung nach Dietrich – Loretz, Mantik 211f.
[113] Vgl. S. Schroer, Der Mann im Wulstsaummantel, in: O. Keel – S. Schroer, Studien zu den Stempelsiegeln aus Palästina/Israel I (OBO 67), Freiburg – Göttingen 1985, 49-115; P. Matthiae, A Class of Old-Syrian Bronze Statuettes and the Sanctuary B2 at Ebla, in: Ders. e.a. (Hg), Resurrecting the Past. FS A. Bounni (UNHAII LXVII), Istanbul 1990, 345-362; S. di Paolo, Per una proposta di interpretazione dell' avorio A 22249 di Megiddo: l'assunzione tra gli antenati regali divinizzati e l'attraversamento del deserto lugubre: UF 28, 1996, 189-220.

wird. Ditanu gibt die Antwort, was zu tun sei, um das Kind von seinen Schmerzen zu befreien.

Der zum königlichen Totenkult gehörende Text KTU 1.161 schildert das Begräbnisritual für einen der letzten Könige Ugarits.[114] Nekromantische Elemente in diesem Text bilden die Evokation der *rapi'ūma* in ZZ. 2-12 und sodann die Segenswünsche in ZZ. 31-34, die das Heil über die Dynastie und die Stadt herabrufen sollen.

Ein nekromantischer Akt im Rahmen des königlichen Totenkultes läßt sich desweiteren im Ritualtext KTU 1.106 nachweisen. In den ZZ. 22-23.32 heißt es: »Eine Antwort wird gegeben«. Vor allem die Verbindung der Antwort mit dem *gn,* d.h. dem Vorhof der Grabkammer im Palast, in dem die Statuen der königlichen Ahnen standen, läßt an einen nekromantischen Akt denken.

Desweiteren beschreiben die *rapi'ūma*-Texte (KTU 1.20-22)[115] den Akt einer Nekromantie. Die Texte schildern, wie die *rapi'ūma*, d.h. die verstorbenen Ahnen des Königshauses von Ugarit evoziert werden, sich zu El aufmachen und an einem Kultmahl im Palast des El auf dem Libanon teilnehmen. Einen unmittelbaren Anlaß für diese Evokation nennt KTU 1.20-22 an keiner Stelle.

Faßt man die Einsichten aus diesen, die Praxis einer Nekromantie nennenden Texten aus Ugarit zusammen, so ergibt sich, daß die Ausübung der Nekromantie mit verschiedenen Zwecken verbunden war: Erlangung der Nachkommenschaft (KTU 1.20-22), Gabe von Segen (KTU 1.161) und ein Orakel im Krankheitsfalle (KTU 1.124). In KTU 1.106 bleibt der Zweck der Nekromantie unklar.

5.5 *Träume*

J.-M. Husser, Le songe et la parole (BZAW 210), Berlin – New York 1994, 27-62. – Ders., The Birth of a Hero: Form and Meaning of KTU 1.17 I-II, in: N. Wyatt e.a. (Hg), Ugarit, religion and culture (UBL 12), Münster 1996, 85-98. – J. Tropper, Ugaritic Dreams: Notes on Ugaritic *d̲(h)rt* and *hdrt,* in: N. Wyatt e.a. (Hg), Ugarit, religion and culture (UBL 12), Münster 1996, 305-313.

Ein Beleg für Träume als Mittel der Divination liegt mit KTU 1.86 vor. Der schlecht erhaltene Text listet eine Anzahl von Traumphänomenen zusammen mit der jeweiligen Deutung auf. Daneben gibt es noch die in den Mythen erzählten Träume. Bei diesen geht es darum, daß zum einen der König Kirtu eine Gotteserscheinung im Traum hat (KTU 1.14 I 26 – III 51) und zum andern der Gott El selber träumt (KTU 1.6 III 4-13). Ob dem Anfang des Aqhatu-Mythos (KTU 1.16 I-II) ein Inkubationstraum zugrundeliegt, ist strittig, zumal der Terminus Traum hier nicht fällt.

[114] → 6.2.2.
[115] → 8.3.

6. Der Bereich des Todes

6.1 Bestattungen und Totenpflege

O. Callot, La tranchée «Ville Sud» (RSOu X), Paris 1994, 168-176. – J.F. Healey, Death, Underworld and Afterlife in the Ugaritic Texts (Ph.D. Thesis, University of London), 1977, 198-273. – J. Margueron, Quelques réflexions sur certaines pratiques funéraires d'Ugarit: Akk 32, 1983, 5-31. – W.T. Pitard, The »Libation Installations« of the Tombs at Ugarit: BA 57, 1994, 20-37. – J.-F. Salles, Deux nouvelles tombes de Ras Shamra: M. Yon (Hg), Le centre de la ville (RSOu III), Paris 1987, 157-195. – Ders., Rituel Mortuaire et Rituel Social à Ras Shamra/Ougarit, in: S. Campbell – A. Green (Hg), The Archaeology of Death in the Ancient Near East (Oxbow Monograph 51), Oxford 1995, 171-184.

Für Ugarit läßt sich bei den Bestattungen ein Zweiklassensystem feststellen. Die einfachen Leute wurden nach ihrem Tode auf Friedhöfen außerhalb der Stadt bestattet. Ein derartiger Friedhof liegt nordwestlich von Ugarit; von der Existenz weiterer ist auszugehen, sie wurden aber noch nicht freigelegt. Die begüterten Einwohner von Ugarit wurden hingegen in unter ihren Häusern gelegenen Gräbern beigesetzt. Damit lebten sie auch nach ihrem Tode weiterhin im Familienverband, und umgekehrt konnte die regelmäßige Totenpflege auf diese Weise leichter vorgenommen werden. Aus diesem Grunde finden sich im gesamten Stadtgebiet Ugarits Grabanlagen, in die man mittels weniger Stufen hinabsteigen kann. Fast alle diese Gräber sind allerdings geplündert, so daß man heute nur noch die Grabarchitektur bewundern kann. Im Königspalast und im Südpalast finden sich Gräber, in denen die Mitglieder der königlichen Familie ihre letzte Ruhestätte fanden.[116]

Wie sieht nun ein typisch ugaritisches Grab aus? Über einen Dromos von mehreren Stufen gelangt man an die mit einer Tür verschlossene Grabkammer. Es findet sich als Grabkammer ein rechteckiger und manchmal quadratischer Raum, dessen Wände aus geglätteten Steinquadern errichtet sind und dessen Decke aus einem spitzen Kraggewölbe gebildet wird. Dieser Raum war der eigentliche Begräbnisraum, in dem die Toten bestattet wurden. In einigen Gräbern gibt es noch seitliche Loculi, in denen Tote beigesetzt werden konnten, wenn man noch mehr Platz für Bestattungen brauchte. Es sind in den Boden des Grabes eingelassene Gefäße belegt, die zur Aufnahme von Grabgaben dienten.

Die klassische Regel des ersten Ausgräbers von Ugarit, C.F.A. Schaeffer, »une maison – une tombe« hat sich bei den Ausgrabungen in den Wohnvierteln der Südstadt Ugarits nicht bestätigt. Denn einige Häuser besitzen kein Grab, und es gibt Gräber, die sich keinem Haus (mehr?) zuordnen lassen.

In diesem Zusammenhang ist ein für Ugarit ungelöstes Problem anzusprechen. Die Rechtstexte aus Ugarit erwähnen mehrfach den Kauf und

[116] → 6.2.2.

Verkauf von Wohnhäusern in der Stadt. Was geschieht dann mit dem Familiengrab? Als Antwort hat man hat darauf verwiesen, daß es manchmal einen vom Hauseingang unabhängigen Zugang zum Grab gibt, so daß man grundsätzlich das Grab seiner Ahnen in einem fremden Haus besuchen konnte, ohne die Hausbewohner zu stören. Ob damit das Problem gelöst ist, sei dahingestellt. Vielleicht muß man die Lösung des Problems anderswo suchen. Aus dem Ugarit zeitgenössischen Emar ist dasselbe Problem und die Lösung dafür bekannt. Aus Emar sind Riten überliefert, in denen die scheidenden Hausbesitzer von den Toten in der Familiengrabstätte Abschied nehmen.[117] Desweiteren konnte man die Toten exhumieren und sie in einem anderem Haus neu bestatten.[118]
Die Grundlage jeglicher Totenpflege stellt die ordnungsgemäße Bestattung der Verstorbenen dar, da ein nicht bestatteter Toter als Dämon umherirrt und nicht in die Unterwelt gelangen kann. Mit der Bestattung der Toten allein ist es jedoch nicht getan. Eine regelmäßige Totenpflege ist auch aus zwei anderen Gründen vonnöten: Aus der Sicht der Lebenden will man sich des Schutzes der Verstorbenen versichern, und das Los der Verstorbenen in der Unterwelt kann zumindest gelindert werden.

6.2 Königlicher Totenkult

6.2.1 Divinisierung der verstorbenen Könige

A. Caquot, Art. Réphaim, in: DBS X, 1985, 344-357. – M. Dietrich – O. Loretz, Zur Debatte über »Funerary Rituals and Beatific Afterlife in Ugaritic Texts and in the Bible«: UF 23, 1991, 85-90. – J.F. Healey, MALKU: MLKM: ANUNNAKI: UF 7, 1975, 235-238. – Ders., Death, Underworld and Afterlife in the Ugaritic Texts (Ph.D. Thesis University of London), 1977, 198-273. – Ders., *MLKM/RP`UM* and the *KISPUM:* UF 10, 1978, 89-91. – Ders., The Ugaritic Dead: Some Live Issues: UF 18, 1986, 27-32. – B.A. Levine – J.-M. de Tarragon, Dead Kings and rephaim: The Patrons of the Ugaritic Dynasty: JAOS 104, 1984, 649-659. – Th.J. Lewis, Cults of the Dead in Ancient Israel and Ugarit (HSM 39), Atlanta 1989. – G. del Olmo Lete, The ›Divine‹ Names of the Ugaritic Kings: UF 18, 1986, 83-95. – Ders., Mitologiá y religión de Siria en el II milenio a. C. (1500 – 1200), in: MROA II/2, 169-175. – D. Pardee, *Marziḫu, Kispu,* and the Ugaritic Funerary Cult: A Minimalist View, in: N. Wyatt e.a. (Hg), Ugarit, religion and culture (UBL 12), Münster 1996, 273-287. – B. B. Schmidt, A Re-Evaluation of the Ugaritic King List (KTU 1.113), in: N. Wyatt e.a. (Hg), Ugarit, religion and culture (UBL 12), Münster 1996, 289-304. – K. van der Toorn, Family Religion in Babylonia, Syria and Israel (SHCANE 7), Leiden 1996, 155-168. – P. Xella, Il re, la morte e gli antenati nella Siria antica, in: U. Bianchi – M.J. Vermaseren (Hg), La soteriologia dei culti orientali nell` Impero Romano (EPRO 92), Leiden 1982,

[117] Vgl. J.-M. Durand, Tombes familiales et culte des Ancêtres à Emâr: N.A.B.U. 1989, Nr. 112 und dazu aber J.A. Scurlock, Once more *ku-bu-ru:* N.A.B.U. 1993, Nr. 21 und W.T. Pitard, Care of the Dead at Emar, in: M. Chavalas (Hg), Emar, Bethesda 1996, 123-140, bes. 139.
[118] Vgl. G. Jonker, The Topography of Remembrance (SHR LXVIII), Leiden 1995, 200-203.

614-632. – Ders., Aspekte religiöser Vorstellungen in Syrien nach den Ebla- und Ugarit-Texten: UF 15, 1983, 279-290.

Zum Thema der Divinisierung der verstorbenen Könige Ugarits ist zunächst KTU 1.113 zu nennen. Es handelt sich dabei um eine Liste, die auf ihrer Rückseite die verstorbenen Könige Ugarits aufzählt. Jedem Königsnamen geht das Determinativ *ilu* voran, womit der göttliche Status der verstorbenen Könige hervorgehoben wird.
Ein weiterer wichtiger Terminus zur Bezeichnung der divinisierten Könige liegt in den Mythen und Ritualtexten mit dem Kollektivbegriff *rapi'ūma* vor. Daß auch hiermit divinisierte Wesen gemeint sind, geht aus der Parallelverwendung von *rapi'ūma* mit »Göttern« und »Göttlichen« hervor. Der Bezug des Terminus *rapi'ūma* auf die königlichen Ahnen ist schon lange erkannt worden. Mit dem auf dieWurzel *rp'* »heilen« zurückgehenden Begriff *rapi'ūma* verbindet sich die Heilung. Auf dem Hintergrund des Heilaspektes der *rapi'ūma* erklärt sich auch die Bedeutsamkeit einer kultischen Verehrung der verstorbenen Könige in Ugarit: Wie der lebende König im Kult für das Leben und das Wohlergehen seines Landes die Verantwortung trägt, so nehmen auch die verstorbenen Könige als »Heilende« eine entscheidende Stellung für das Wohlergehen Ugarits ein. Ihre Heilungskräfte wirken sich aus, wo sie in bezug auf die Erkrankung eines Prinzen im Rahmen einer Nekromantie befragt werden (KTU 1.124) bzw. wo ihre Evokation Segen für das Königshaus und die Stadt Ugarit bringt (KTU 1.161). Unklar ist hingegen die Rolle der *rapi'ūma* in KTU 1.20-22, da diese Texte z.T. nur in höchst fragmentarischem Zustand vorliegen.
Als dritter Terminus für die divinisierten, verstorbenen Könige tritt das Wort *malakūma* auf. Dieses begegnet in den Götterlisten (KTU 1.47,33; 118,32 und RS 20.24,32). Ein Verständnis dieser *malakūma* ergibt sich durch einen Blick auf den Totenkult in Mari, wo von einer Totenbetreuung *(kispum)* für die *māliku* die Rede ist. Dabei handelt es sich um die verstorbenen Könige Maris. In Ugarit sind die *malakūma* gleichfalls als verstorbene und vergöttlichte Könige verstanden worden. Dies zeigt vor allen Dingen die Tatsache, daß sie in den Götterlisten auftreten und somit Anspruch auf eine Beopferung haben.

6.2.2 Bestattung und Kult der divinisierten Könige

J. Aboud, Die Rolle des Königs und seiner Familie nach den Texten von Ugarit (FARG 27), Münster 1994. – P. Bordreuil – D. Pardee, Le rituel funéraire ougaritique RS 34.126: Syr 59, 1982, 121-128. – A. Bounni, Un deuxième palais ougaritique à Ras Ibn Hani, in: M. Yon (Hg), La Syrie au Bronze Récent, Paris 1982, 23-27. – M. Dietrich – O. Loretz, Grabbeigaben für den verstorbenen König: UF 23, 1991, 103-106. – M. Dietrich – W. Mayer, Ein hurritisches Totenritual für ᶜAmmištamru III. (KTU 1.125), in: B. Pongratz-Leisten – H. Kühne – P. Xella (Hg), Ana šadî Labnāni lū allik. FS W. Röllig (AOAT 247), Kevelaer – Neukirchen-Vluyn 1997, 79-90. – G. del Olmo Lete, Liturgia funeraria de los reyes de Ugarit (KTU 1.106): SEL 3, 1986, 55-71. – Ders., Un ritual funerario de Ugarit

(KTU 1.105): AuOr 6, 1988, 189-194. – Ders., Royal Aspects of the Ugaritic Cult, in: J. Quaegebeur (Hg), Ritual and Sacrifice in the Ancient Near East (OLA 55), Leuven 1993, 51-66. – Ders., Mitología y religión de Siria en el II milenio a. C. (1500 – 1200), in: MROA II/2, 175-178. – N. Saliby, Restauration du caveau du Palais nord d'Ibn Hani, in: M. Yon (Hg), La Syrie au Bronze Récent, Paris 1982, 37-42. – J.-F. Salles, Rituel Mortuaire et Rituel Social à Ras Shamra/Ougarit, in: S. Campbell – A. Green (Hg), The Archaeology of Death in the Ancient Near East (Oxbow Monographs 51), Oxford 1995, 171-184. – K. van der Toorn, Funerary Rituals and Beatific Afterlife in Ugaritic Texts and in the Bible: BO 48, 1991, 40-66. – D.T. Tsumura, The Interpretation of the Ugaritic Funerary Text KTU 1.161, in: E. Matsushima (Hg), Official Cult and Popular Religion in the Ancient Near East, Heidelberg 1993, 40-55.

Grabkammern, wie sie bereits in den Privathäusern dokumentiert sind, wurden auch innerhalb des Palastkomplexes von Ugarit und von Ras Ibn Hani ausgegraben. In Raum 28 des Königspalastes von Ugarit befindet sich unterirdisch die königliche Nekropole. Dieser Raum mit der königlichen Nekropole ist vom Thronsaal aus zugänglich. Dies stimmt mit dem Befund in Ras Ibn Hani überein, wo man ebenfalls vom Thronsaal aus in die Kammer mit der Nekropole hineingehen kann.

Die Gruft des Königspalastes von Ugarit war bei ihrer Entdeckung fast vollständig geplündert, so daß sich über Bestattungssitten und königlichen Totenkult keinerlei Auskunft gewinnen läßt. Die Datierung dieser Grablege ist mit der Datierung des Königspalastes von Ugarit zusammen zu sehen. Dieser wurde erst nach dem Nordpalast erbaut, welcher den älteren Königspalast von Ugarit darstellt, der aber aufgrund seiner Zerstörung durch ein Erdbeben oder einen Brand um 1370-1360 v. Chr. nicht mehr benutzt wurde. Ab 1360 v. Chr. erfolgte der Bau des Königspalastes. Dies bedeutet für die Grablege unter dem Königspalast, daß diese erst ab Niqmaddu II. für Königsbestattungen zur Verfügung stand und von da an bis zum Untergang der Stadt in Gebrauch war. Trotz aller Plünderungen läßt sich noch die Einbindung der Grablege in das Palastensemble erkennen.

Der in den Texten der königlichen Totenliturgie auftretende Terminus *gn* »Garten« diente zur Bezeichnung eines besonderen Hofes im Palast der Könige von Ugarit. Der hiermit bezeichnete Garten läßt sich im Palastkomplex auch architektonisch verifizieren. Näherhin handelt es sich um den dem Raum 28 mit dem Zugang zu den Königsgräbern vorgelagerten Hof II.

Der Hof II stellt, abgesehen vom Garten (Hof III), mit 200 m^2 Grundfläche den größten Innenhof des Königspalastes dar. Auffällig ist in diesem Hof ein in der Mitte nach Osten zu stehendes Bassin. Allerdings läßt sich beim heutigen Stand der Ausgrabungen nicht feststellen, ob dieses Bassin mit der Wasserversorgung für die Abhaltung von Totenritualen zusammenhängt oder ob es erst später eingerichtet wurde.

Welche Funktion dem Hof II im Rahmen der königlichen Totenliturgie zukommen konnte, zeigt KTU 1.106,1-18. Diesem Ritual zufolge wurden chthonischen Gottheiten und Statuen verstorbener Könige im *gn* Opfer dargebracht.

Bestimmt man innerhalb des Königspalastes von Ugarit den Raum 28 mit dem Zugang zu den Königsgräbern sowie den vorgelagerten Hof als ein Totenheiligtum, so läßt sich die bereits für Ebla feststellbare, für den königlichen Totenkult charakteristische Verbindung von Palast, Grab und Heiligtum auch in Ugarit nachweisen. Der durch den Raum 28 und den Hof II gebildete zusammengehörige Komplex ist von den königlichen Privatgemächern umgeben, so daß die toten Könige Ugarits inmitten der Lebenden bestattet und verehrt wurden, bzw. durch ihre Statuen bei den Lebenden präsent waren.
Das Königsgrab im Nordpalast in Ras Ibn Hani steht wie das Königsgrab im Königspalast von Ugarit mit dem Thronsaal in Verbindung, zudem ist es auch von außen her zugänglich, was es mit einigen Hausgräbern in Ugarit gemeinsam hat. Ein Dromos mit Stufen führt in die Grabkammer hinab. Das Grab besteht aus einer Grabkammer und einer dahinter liegenden kleinen Kammer. Diese war nur über eine kleine Öffnung vom Grabraum aus zugänglich. Es handelt sich bei dieser kleinen Kammer vielleicht um ein ossuarähnliches Repositorium. Parallelen zu dieser Einrichtung gibt es in einem Haus in Ugarit und in einem Haus in Minet el-Beida. Daß durch die kleine Öffnung keine Skelette hindurch paßten, ist kein entscheidendes Gegenargument.
Auch diese Grabkammer war wie die Grabkammer des Königspalastes von Ugarit bei ihrer Auffindung bereits vollständig geplündert, so daß sich auch für Ras Ibn Hani keinerlei Indizien für den königlichen Totenkult finden lassen.
Es können zwei Ritualtexte zur Erhellung des königlichen Totenkults herangezogen werden, die beide aus der zweiten Hälfte des 13. Jh. v. Chr. stammen. Es handelt sich um das ugaritische Ritual KTU 1.161 und das hurritische Ritual KTU 1.125. Beide Texte sind jeweils auf eine bestimmte Bestattung bezogen: KTU 1.161 auf die Bestattung Niqmaddus III. und KTU 1.125 auf die Bestattung Ammištamrus III. Aus beiden Texten läßt sich nicht *das* Totenritual für die verstorbenen Könige Ugarits herausfiltern, da sie unterschiedliche kultische Situationen in den Blick nehmen. KTU 1.161 schildert die Evokation und die Beopferung der verstorbenen Ahnen (*rapi'ūma*) des Königshauses von Ugarit und spricht im Zusammenhang mit dieser Zeremonie das Herabbegleiten des Verstorbenen in die Unterwelt unter Führung der Sonnengöttin an. Das Ritual schließt mit Segenswünschen über das Königshaus von Ugarit und die Stadt Ugarit, weshalb man es auch mit dem Inthronisationsritual für den Nachfolger Niqmaddus III. in Verbindung bringen wollte. KTU 1.125 nennt die Beopferung wichtiger Gottheiten wie El und Kumarbi und erwähnt auch die Begleitung des Verstorbenen in die Unterwelt.
Im narrativen Kontext des Aqhatu-Mythos (KTU 1.17-19) begegnet der für den königlichen Totenkult aufschlußreiche Verzeichnis der Pflichten des Sohnes gegenüber seinem alten bzw. seinem verstorbenen Vater. Aus dem philologisch und sachlich schwierigen Text (KTU 1.17 I 25-33; II

1-8 u.ö.) lassen sich als konstitutiv für den Totenkult das Errichten einer Stele im Heiligtum, die diesen Kult erst ermöglicht, sowie die Nekromantie ersehen.

7. Kosmologische Vorstellungen

M.C. Astour, The Nether World and its Denizens at Ugarit, in: B. Alster (Hg), Death in Mesopotamia (Mesopotamia 8), Kopenhagen 1980, 227-238. – R.J. Clifford, The Cosmic Mountain in Canaan and the Old Testament (HSM 4), Cambridge, Mass. 1972. – O. Eissfeldt, Die Wohnsitze der Götter von Ras Schamra, in: KS II, Tübingen 1963, 502-506. – W. Fauth, Das Kasion-Gebirge und Zeus Kasios: UF 22, 1990, 105-118. – V. Haas, Vorzeitmythen und Götterberge in altorientalischer und griechischer Überlieferung (Konstanzer Universitätsreden 145), Konstanz 1983. – J.F. Healey, Death, Underworld and Afterlife in the Ugaritic Texts (Ph.D. Thesis University of London), 1977, 53-86. – Ders., The Sun Deity and the Underworld: Mesopotamia and Ugarit, in: B. Alster (Hg), Death in Mesopotamia (Mesopotamia 8), Kopenhagen 1980, 239-242. – Ders., Das Land ohne Wiederkehr: Die Unterwelt im antiken Ugarit und im Alten Testament: ThQ 177, 1997, 94-104. – M. Hutter, Religionen in der Umwelt des Alten Testaments I, Stuttgart 1996, 143-145.149f. – K. Koch, Ḫazzi-Ṣafôn-Kasion, in: B. Janowski – K. Koch – G. Wilhelm (Hg), Religionsgeschichtliche Beziehungen zwischen Kleinasien, Nordsyrien und dem Alten Testament (OBO 129), Freiburg – Göttingen 1993, 171-223. – M.C.A. Korpel, A Rift in the Clouds (UBL 8), Münster 1990, 370-390. – E. Lipiński, El's Abode. Mythological Traditions Related to Mount Hermon and to the Mountains of Armenia: OLP 2, 1971, 13-69. – A. Nacchi, El's Abode in his Land, in: N. Wyatt e.a. (Hg), Ugarit, religion and culture (UBL 12), Münster 1996, 249-272. – H. Niehr, Art. Zaphon, in: DDD, 1746-1750. – W. Röllig, Art. Ḫazzi, in: RlA 4, 1972-75, 241f. – G. del Olmo Lete, Bašan o el ›infierno‹ cananeo: SEL 5, 1988, 51-60. – M.S. Smith, The Ugaritic Baal Cycle I (VTS 55), Leiden 1994, 225-234. – W.H. van Soldt, The Topography and the Geographical Horizon of the City-State of Ugarit, in: G.J. Brooke e.a. (Hg), Ugarit and the Bible (UBL 11), Münster 1994, 363-382.

Die kosmologischen Vorstellungen einer antiken Religion werden vor allem anhand des Phänomens der Mythologisierung des Raumes greifbar. Darunter versteht man in der Religionswissenschaft »den Akt der Besetzung des Raumes mit mythischen Konnotationen.«[119] Dieser Akt zeigt sich in Kosmologien, in Stadtgründungsmythen von Göttern, in der Deifizierung von Flüssen und Gebirgen und in der Zuordnung von Gottheiten und Dämonen zu bestimmten Bereichen.[120]

[119] Vgl. dazu B. Pongratz-Leisten, Ina Šulmi īrub. Die kulttopographische und ideologische Programmatik der *akītu*-Prozession in Babylonien und Assyrien im I. Jahrtausend v. Chr. (BaF 16), Mainz 1994, 15.
[120] Vgl. Pongratz-Leisten, ebd.

7.1 *Die Erde*

Die Erde begegnet in der ugaritischen Mythologie vor allem als Sitz der Götter. Der Sitz des Gottes El wird in den Ugarit-Texten an drei unterschiedlichen Stellen verortet. Zum einen werden in Ugarit als Wohnorte Els und als Orte seines Thronrates die Berge Ḫuršana, Kaššu und Lula genannt.[121] Diese Namen bezeichnen unterschiedliche Berge.[122]
Eine zweite mythologische Tradition aus Ugarit bestimmt den Sitz Els als »an der Quelle der beiden Flüsse, inmitten des Zusammenflusses der beiden Ozeane«.[123] Die irdische Lokalisierung dieses Wohnsitzes Els auf einem Berg inmitten der Quellen bzw. inmitten des himmlischen und des unterirdischen Ozeans läßt sich auf den Djebel Ansariye östlich von Ugarit und auf den El-Tempel auf der Akropolis in Ugarit beziehen.[124]
Eine dritte Tradition steht im Zusammenhang mit den am Hermon zu lokalisierenden Unterweltstraditionen Ugarits.[125] Hierfür sind die Angaben der *rapi'ūma*-Texte (KTU 1.20-22), denenzufolge El die *rapi'ūma* auf dem Libanon bewirtet (KTU 1.20 II; 21 II; 22 II), relevant.
Die Paredra Els, Ašera, wird grundsätzlich bei El gewohnt haben; KTU 1.14 IV 35 verbindet sie mit der Stadt Tyros.
Bleibt man in der hierarchischen Reihenfolge der Götter Ugarits, wie sie durch die Götterlisten vorgegeben ist, so ist als nächstes nach dem Sitz des Gottes Dagan zu fragen. Weil dieser Gott in den Mythen keine Rolle spielt, sind auch die Informationen über ihn spärlich. KTU 1.100,15 verortet ihn explizit in Tuttul. Mit Tuttul ist der am mittleren Euphrat gelegene Herkunfts- und Hauptverehrungsort des Dagan gemeint, der auch in den Texten von Mari in dieser Funktion belegt ist.[126]
Hinsichtlich des Wohnortes des Gottes Baal ist auf den Berg Ṣaphon (Djebel al Aqra^c) einzugehen. Dieser Berg liegt 40 km nördlich von Ugarit und trägt den Palast des Baal (KTU 1.3 I 21-22; IV 2-3; 1.4 V 54-57 u.ö.). Mit dem in den Ritualtexten verwendeten Namen Baal Ṣaphon wird derselbe Sachverhalt in komprimierter Form zum Ausdruck gebracht.
Die Heiligkeit des Berges Ṣaphon ist keine Erfindung der ugaritischen Mythologie. In den hurritischen und hethitischen Traditionen Nordsyriens werden die Berge Ḫazzi (Ṣaphon) und Namni/Nanni (Amanus?; Antikasios?) mehrfach im Parallelismus erwähnt.[127] Der Berg Ḫazzi (Ṣaphon) fungiert hier bereits als Göttersitz und als Garant hethitischer

[121] Huršana: KTU 1.1 II 3 [erg.] .23; III 11-12 [erg.] .22; Kaššu: KTU 1.1 III 12; Lula: 1.2 I 14 [erg.] .19-20.
[122] Vgl. RGTC 6, 1978, 128.195.251.
[123] KTU 1.2 III 4 [erg.]; 1.3 V 6-7; 1.4 IV 21-22; 1.6 I 33-34; 1.17 VI 46-49 [erg.]; 1.100,3.
[124] Zum Nachweis hierfür vgl. demnächst H. Niehr, Die Wohnsitze des Gottes El. Ein Beitrag zu ihrer Lokalisierung [im Druck].
[125] → 7.3.
[126] Vgl. W. Mayer, Grundzüge der Geschichte der Stadt Tuttul im 2. Jt. v. Chr.: UF 19, 1987, 121-160.
[127] RGTC 6, 1978, 106f.

Verträge.[128] Ebenso gibt es Spuren von hethitischen Ritualen, die sich an den Berg Ḫazzi (Ṣaphon) wenden.[129] Auf Relief 42 von Yazilikaya werden Ḫazzi (Ṣaphon) und Nanni (Amanus?; Antikasios?) als Podest für den Wettergott des Himmels abgebildet, ein Motiv, welches sich auch auf Siegeln findet.[130]
In den Götterlisten aus Ugarit wird der Ṣaphon als Gott betrachtet (KTU 1.47,15 [erg.]; 1.118,14; RS 20.24,14). Dem entspricht in der mythologischen Literatur die Nennung des göttlichen Ṣaphon (KTU 1.3 III 29; IV 19; 1.101,2). Somit ist der Ṣaphon berechtigt, Opfer zu empfangen, wie es die Ritualtexte dann auch zeigen (KTU 1.27,11; 1.41,24 [erg.].34.42; 1.46,4.7.15 [erg.]; 1.87,27.37.46 u.ö.).
Die Tatsache, daß die Götterliste KTU 1.47,1 mit *'l ṣpn* beginnt,[131] darf nicht als Nennung des göttlichen Ṣaphon verstanden werden, vielmehr ist die Formulierung als »Götter des Ṣaphon« aufzufassen. Sie zeigt an, daß der Ṣaphon zum Ort der Götterversammlung geworden ist, dieser somit eine Funktion als Olymp für alle Götter Ugarits wahrnimmt. Dem korrespondiert auch die Wirkungsgeschichte dieses Berges im 1. Jt. v. Chr., in dem der Ṣaphon unter dem Namen Kasion in Ägypten und Syrien-Palästina für den Götterberg par excellence steht.[132]
In der mythischen Tradition Ugarits bezieht der Berg Ṣaphon seine Relevanz vom Palastbau des Baal auf seinem Gipfel (KTU 1.3-4). Fast immer wird in den mythischen Texten der Ṣaphon zusammen mit Baal erwähnt, weil der Ṣaphon als seine göttliche Wohnstatt gilt (KTU 1.3 I 21-22; III 28-31.47-IV 1; IV 19-20.37-38; 1.4 IV 19 u.ö.), eine Tatsache, die schon aus den obengenannten Ritualen und religiösen Texten (KTU 1.100,9; 1.101,1-2) bekannt ist. Vom Ṣaphon bringt Baal Regen über das Land Ugarit (KTU 1.101,1-9). Nach seinem Tode wird Baal auf dem Berg Ṣaphon bestattet (KTU 1.6 I 15-18). Anat, die Paredra des Baal in der mythischen Tradition Ugarits, ist ebenfalls sehr eng mit dem Berg Ṣaphon verbunden, wie ihr Epitheton *ᶜnt ṣpn* »Anat des Ṣaphon« zeigt. Dieses dem Götternamen Baal Ṣaphon vergleichbare Epitheton tritt nur in Ritualtexten auf (KTU 1.46,17; 1.109,13-14.17.36; 1.130,13).
In den mythischen Texten ist der Ṣaphon Berg des Baal (KTU 1.3 III 29; IV 19 [erg.]; 1.16 I 6-7; II 45; vgl. 1.101,2) sein Heiligtum (KTU 1.3 III 30; IV 20 [erg.] ; 1.16 I 7), der Berg von Baals Erbteil (KTU 1.3 III 30; IV 20 [erg.]), ein lieblicher Platz (KTU 1.3 III 31; 1.10 III 31), ein Berg des Triumphes (KTU 1.3 III 31; 1.10 III 28.31; vgl. 1.101,3) und eine Bastion (KTU 1.16 I 7-8; II 45-46).

[128] RGTC 6, 1978, 106.
[129] CTH 785; V. Haas – G. Wilhelm, Luwische und hurritische Riten aus Kizzuwatna (AOATS 3), Kevelaer – Neukirchen-Vluyn 1974, 260-263.
[130] Vgl. A. Vanel, L'iconographie du dieu de l'orage (CRB 3), Paris 1965, Nr. 34; 35; 52; 57; M. Dijkstra, The Weather-God on Two Mountains: UF 23, 1991, 127-140.
[131] → 4.4.
[132] Vgl. zu Quellen und Literatur bes. Fauth, Kasion-Gebirge; Koch, Ḫazzi; Niehr, Art. Zaphon.

Die schon erwähnte Konzeption des Berges Ṣaphon als Gottheit wird ebenfalls in der mythischen Tradition Ugarits deutlich. So beweint der Berg Ṣaphon den Tod des Königs Kirtu (KTU 1.16 I 6-9; II 44-47). Ṣaphon kann ebenso anstelle von Baal genannt werden, weil sich in den Händen des Ṣaphon (= Baal) Sieg und Triumph befinden (KTU 1.19 II 34-36).
Als Sitz der Göttin Anat wird der Berg *inbb* angegeben (KTU 1.1 II 14; 1.3 IV 34; 1.13,32; 1.100,20). Im Unterschied zu den Sitzen der Götter El, Dagan und Baal läßt sich eine irdische Lokalisierung dieses Berges nicht ausmachen. Man hat in *inbb* auch das hurritische Wort für »Götterberg« erkennen wollen, so daß hier ein mythischer Terminus vorläge.[133]
Bei den Göttern Yammu und Mot ist der Sitz vorgegeben: So wohnt Yammu inmitten des Meeres und Mot in der Unterwelt.[134]
Weitere Hinweise zu den Sitzen der Gottheiten Ugarits werden durch KTU 1.100 geliefert. In diesem Text soll die Sonnengöttin Šapšu alle großen Gottheiten aufsuchen, um sie nach einem Rezept gegen Schlangengift zu fragen. Neben den schon genannten Göttern El, Ašera, Dagan, Baal und Anat werden hier weitere Gottheiten mit ihren Wohnorten genannt, von denen hier die wichtigsten ausgewählt seien: Der Mondgott Yariḫu in Larugat (25-26),[135] Rašpu in Bibitu (30-31; vgl. KTU 1.115,11; 1.171,3),[136] Milku in Aštarot (40-41),[137] Kothar in Kreta (45-46), Šaḥar und Šalim im Himmel (51-52) und Horon in Mṣd (57-58).[138]

7.2 Der Himmel

Wie aus dem vorangehenden Abschnitt ersichtlich wurde, galt der Himmel in den ugaritischen Mythen nicht als Sitz der Götter El und Baal. Nur die astralen Gottheiten werden hier verortet. Ein Bezug Els zum Himmel erfolgt aus der hurritischen Weihrauchbeschwörung KTU 1.128,1-2, derzufolge El »das Wort führt im Himmel.« Ein Himmelsbezug des Wettergottes Baal ergab sich zum einen über die uranischen Qualitäten des Berges Ṣaphon. Zum andern ist zu sehen, daß Baal selbst auch uranische Qualitäten aufweist. So ist das Haupt des auf dem Ṣaphon thronenden Baal im Himmel (KTU 1.101,1-7). Dementsprechend weisen Baals Thron und Palast übermenschliche Dimensionen auf (KTU 1.4 V 56-57; 1.6 I 56-65). Die geflügelte Anat weist auch uranische Qualitäten auf, die in ihrem Titel *b*^{c}*lt šmm* »Herrin des Himmels« (KTU 1.108,7) zum Ausdruck kommen.
Eng mit dem Berg Ṣaphon verbunden ist die Macht, die Baal über die Himmelsphänomene ausübt. So speichert er in den Vorratsräumen seines

[133] Vgl. Xella, Testi 234.
[134] → 7.3.
[135] Nicht identifizierbar; vgl. Caquot, Textes religieux, in: TO II, 86 Anm. 266.
[136] In Anatolien gelegen; vgl. M.L. Barré, ^{d}LAMMA and Rešep at Ugarit: the Hittite-Connection: JAOS 98, 1978, 465-467, hier 467 Anm. 32.
[137] Im Bašan gelegen; vgl. del Olmo Lete, Bašan 51.
[138] Unbekannter Ortsname, vielleicht »Festung«; vgl. D. Pardee, Les textes para-mythologiques (RSOu IV), Paris 1988, 213.

Palastes Donner, Blitz und Schnee (KTU 1.101,3-4) und gebietet über sie (KTU 1.3 III 26-27; IV 13-18.26-27; 1.5 V 6-9; 1.16 III 1-10; 1.19 I 42-46; 1.101,3-4). Das Fenster in seinem Palast wird als »Spalt in den Wolken« gekennzeichnet (KTU 1.4 VII 17-19.25-27).

7.3 Die Unterwelt

In den Religionen des Alten Orients ist die Unterwelt als Gegenwelt zur Welt der Götter und zur Welt der Menschen konstruiert.[139] Dies bedeutet, daß »der Verstorbene ... in einen Bereich mit charakteristisch anderen Daseinsbedingungen [gelangt], als sie auf der Erde gelten. Dies erweist sich schon durch die Lokalisierung; Totenreiche sind z.B. unter der Erde, im Himmel oder in weiter Ferne angesiedelt.«[140]
In Ugarit war die Unterwelt das Reich des Gottes Mot. Es befindet sich unterhalb der Erde und wird als eine schlammige Stadt geschildert, ohne daß diese genau zu lokalisieren wäre.
Der Name für die Unterwelt ist im Ugaritischen *`rṣ*. Die Bewohner der Unterwelt heißen *yrdm `rṣ* »die Hinabgestiegenen der Unterwelt«. Der Eingang zur Unterwelt, und stellenweise auch die gesamte Unterwelt, wird mit *ḫmry* »Schlund« (KTU 1.4 VII 12; 1.5 II 15-16) bezeichnet. Dabei kann auch der Rachen des Todesgottes Mot den Schlund zur Unterwelt bilden. Der Kontakt zu den Toten der Unterwelt war über die Gräber mit ihren Opfervorrichtungen sowie über die Stelen im Heiligtum bzw. die Ahnenstatuen möglich.
Ein weiterer Aspekt der ugaritischen Unterweltsvorstellungen ist mit der Vorstellung vom Aufenthalt der Sonne in der Unterwelt gegeben. Die Sonnengöttin ist in Ugarit keine Unterweltsgottheit. Da aber die Sonne im Westen untergeht und im Osten wieder zum Vorschein kommt, konnte man sich ihr allnächtliches Verschwinden am besten damit erklären, daß sie in die Unterwelt einging. Insofern kann die Sonne auch als Herrscherin über alle Toten bezeichnet werden (KTU 1.6 VI 45-53). Ebenso ist die Sonnengöttin auch anwesend beim Begräbnisritual KTU 1.161, 18-26.
Neben diesen sehr im allgemeinen verbleibenden Ansichten der Unterwelt in den Ugarit-Texten, gibt es in bezug auf die *rapi`ūma* noch eine weitere Überlieferung. Hierin geht es um die Lage der Unterwelt.
In KTU 1.108,2-3 wird Milku, der König der *rapi`ūma* qualifiziert als: »Der Gott, der wohnt in Aštarot, der Gott, der herrscht in Edrei.« Die Lokalisierung des Gottes Milku in Aštarot war schon in KTU 1.100,40-41 begegnet. Die hier genannten Städte Aštarot und Edrei sind in dem aus dem Alten Testament als Bašan bekannten Gebiet Südsyriens bzw. Nordostpalästinas am Fuße des Hermon gelegen. Damit befindet sich nach ei-

[139] Vgl. dazu F. Stolz, Grundzüge der Religionswissenschaft, Göttingen ^{2}1997, 94-100.
[140] Stolz, Grundzüge 98.

nigen ugaritischen Traditionen die Unterwelt am Fuße des Götterberges. Nach KTU 1.4 VIII 1-14 wird eine andere Tradition des Zugangs zur Unterwelt deutlich. Hier ist die Rede von den Bergen Targhuzaz und Šarrumag, die am Rande der Erde gelegen sind. Baal soll die Berge mit seinen Händen aufheben und dann in die Unterwelt hinabsteigen. Die hurritischen Namen der Berge deuten auf eine anatolisch-nordmesopotamische Tradition.

8. Die mythische Literatur

Eine detaillierte Untersuchung bzw. Kommentierung der mythischen Texte aus Ugarit (KTU 1.1-24)[141] kann im Rahmen des vorliegenden Bandes nicht geboten werden. Hier ist nur eine generelle Einführung in die wichtigsten Themen möglich.
Die in KTU 1.1-6 versammelten Mythen vom Gott Baal gewähren einen Blick in die Götterwelt von Ugarit unter dem Aspekt ihrer narrativen Ausgestaltung. Hierbei kommen vor allem die Beziehungen der verschiedenen Gottheiten untereinander in den Blick. Eine kultische Relevanz dieser Texte kann wohl nicht mehr behauptet werden; eher handelt es sich um die Resultate priesterlicher oder gelehrter theologischer Spekulationen, die uns vor allem in (Schüler-)Texten aus dem Haus des Oberpriesters auf der Akropolis überliefert sind.
Damit wird auch klar, daß sich in den Mythen nicht, wie häufig angenommen, die Religion Ugarits zeigt, vielmehr ist der enge Bezug dieser Texte zu einer literaten Oberschicht und deren Weltbild zu betonen.[142]
Im Unterschied zu den in KTU 1.1-6 versammelten Mythen liegen in KTU 1.14-16 und 1.16-19 zwei Mythen vor, die in der Forschung nach ihren menschlichen Protagonisten Kirtu und Aqhatu genannt werden. In beiden Texten geht es um legendäre Könige der Vorzeit, welche als Vorfahren der Königsfamilie von Ugarit zu betrachten sind, und um Fragen der Königsideologie.
In KTU 1.20-22 liegt ein Mythenkomplex vor, der die Beziehungen der Götter zu den verstorbenen Königen von Ugarit, den *rapi'ūma*, zum Thema hat.
Bei den Mythen von der Geburt der lieblichen Götter (KTU 1.23) und von der Hochzeit des Mondgottes (KTU 1.24) ist von einer rituellen Einbindung auszugehen, da die »Rubriken« dieser Texte auf einen derartigen Sitz im Leben hinweisen. Dies gilt vor allem für die als »paramythologisch« bezeichneten Texte, deren mythischer Gehalt noch sehr viel geringer ist.[143]

[141] Textausgaben und Übersetzungen → 2.
[142] Vgl. dazu bes. Handy, Host of Heaven 4f.9.169-175.
[143] Vgl. D. Pardee, Les textes para-mythologiques (RSOu IV), Paris 1988.

Was den Zeitpunkt der Verschriftung dieser Texte angeht, so ist dafür die Zeit König Niqmaddus III. (ca. 1200 v. Chr.) anzunehmen.[144] Über ihre Verfasserschaft ist, sofern sie überhaupt festgestellt werden kann, bei den jeweiligen Unterabschnitten zu sprechen.

8.1 Der Baalzyklus (KTU 1.1-6)

M. Dietrich – O. Loretz, Mythen und Epen IV, in: TUAT III, 1990-97, 1091-1316, bes. 1091-1198. – H. Gese, Die Religionen Altsyriens, in: RAAM, 51-80. – J.C.L. Gibson, The Theology of the Ugaritic Baal Cycle: Or(NS) 53, 1984, 202-219. – B. Herr, Die Vorgeschichte des Baal-Mythos: UF 27, 1995, 41-58. – J.C. de Moor, The Seasonal Pattern in the Ugaritic Myth of Ba^{c}alu according to the Version of Ilimilku (AOAT 16), Neukirchen 1971. – Ders., New Year with Canaanites and Israelites (Kamper Cahiers 21-22), Kampen 1972. – Ders., The Crisis of Polytheism in Late Bronze Ugarit: OTS 24, 1986, 1-20. – G. del Olmo Lete, Mito-Sy leyendas de Canaan, Madrid 1981, 78-153.463-467.475-480.487-490.497f. – Ders., Interpretación de la mitología cananea, Valencia 1984, 29-104. – S.B. Parker (Hg), Ugaritic Narrative Poetry (SBL Writings from the Ancient World 9), Atlanta 1997, 81-180. – A.Rosengren-Petersen, Where did Schaeffer Find the Clay Tablets of the Ugaritic Baal Cycle: SJOT 8, 1994, 45-60. – M.S. Smith, Interpreting the Baal Cycle: UF 18, 1986, 313-339. – Ders., The Ugaritic Baal Cycle I (VTS 55), Leiden 1994. – F. Stolz, Funktionen und Bedeutungsbereiche des ugaritischen Ba^{c}alsmythos, in: J. Assmann e.a. (Hg), Funktionen und Leistungen des Mythos (OBO 48), Freiburg – Göttingen 1982, 83-114.

Der Baalzyklus (KTU 1.1-6) ist durch sein Kolophon in 1.6 als eigenständiges Werk abgeschlossen. Das durchlaufende Thema des Mythos ist das Königtum des Gottes Baal. Der Mythos teilt sich in drei Erzählstränge auf: Der Kampf zwischen Baal und Yammu (KTU 1.1-2), der Palastbau für Baal (KTU 1.3-4) und der Kampf zwischen Baal und Mot (KTU 1.5-6). Hierin dürften zunächst unabhängige Erzähltraditionen vorliegen, die in Ugarit zu einem größeren Tafelwerk vereinigt wurden. Dieser redaktionelle Vereinigungsprozeß läßt sich anhand der Einzelerzählungen bzw. einzelner Motive teilweise zurückverfolgen.
Da Vorlagen von KTU 1.1-6 nicht bekannt sind, läßt sich vermuten, daß der Text im Rahmen der Schülerausbildung im Hause des Oberpriesters auf der Akropolis diktiert oder abgeschrieben wurde. Der Schreiber ist aus den Kolophonen als Ilimalku bekannt, dessen genaue Stellung als Schüler des Oberpriesters Attenu[145] bzw. selbst als Oberpriester in der

[144] Vgl. dazu D. Pardee, West Semitic Canonical Compositions, in: W. W. Hallo e.a. (Hg), The Context of Scripture I, Leiden 1997, 239-375, hier 241 Anm. 3.

[145] Vgl. W.H. van Soldt, The Title *ṯ^{c}y*: UF 20, 1988, 313-321; ders., *`Atn prln,* »`Attā/ēnu the Diviner«: UF 21, 1989, 365-368; ders., Babylonian Lexical, Religious and Literary Texts and Scribal Education at Ugarit and its implications for the alphabetic literary texts, in: M. Dietrich – O. Loretz (Hg), Ugarit (ALASP 7/1), Münster 1995, 171-212, bes. 186-189.

Forschung umstritten ist.[146] Überlieferungsgeschichtlich sind aus Nordsyrien verschiedene in diesem Zyklus verarbeitete Einzelmotive vorgegeben, vor allem das Motiv des Kampfes des Wettergottes mit dem Meer.[147] Die Gesamtkomposition mit ihren drei Teilen »Kampf gegen den Meeresgott« (KTU 1.1-2), »Palastbau« (KTU 1.3-4) und »Kampf gegen den Todesgott« (KTU 1.5-6) ist jedoch eine genuin ugaritische Schöpfung. Ein kultischer Sitz im Leben, z.B. in Gestalt einer öffentlichen Lesung am Neujahrsfest, ist ebensowenig zu erweisen wie das dem Text unterstellte »seasonal pattern«, gleich ob dies einem siebenjährigen oder einem einjährigen Rhythmus folgen sollte. Der Verständnishorizont für den Zyklus ist mit der Königsideologie von Ugarit gegeben. In die von Baal durch seinen Kampf gegen den Meeres- und gegen den Todesgott sowie durch seinen Palastbau geschaffene kosmische Ordnung fügt sich auch die politische Ordnung des Stadtstaates von Ugarit mit ihrem König an der Spitze ein. Es ist dabei nicht zu übersehen, daß Ilimalku, der ein hoher Beamter des Königs ist, sich in KTU 1.14-16 und 1.17-19 ebenfalls mit der Königsideologie Ugarits beschäftigt.

8.2 Mythen von Kirtu (KTU 1.14-16) und Aqhatu (KTU 1.17-19)

K.T. Aitken, The Aqhat Narrative (JSSM 13), Manchester 1990. – M. Dietrich – O. Loretz, Mythen und Epen IV, in: TUAT III, 1990-97, 1091-1316, bes. 1213-1305. – H. Gese, Die Religionen Altsyriens, in: RAAM, 84-87. – D. Kinet, Ugarit – Geschichte und Kultur einer Stadt in der Umwelt des Alten Testamentes (SBS 104), Stuttgart 1981, 111-126. – G.N. Knoppers, Dissonance and Disaster in the Legend of Kirta: JAOS 114, 1994, 572-582. – B. Margalit, The Ugaritic Poem of Aqht (BZAW 182), Berlin 1989. – Ders., K-R-T-Studies: UF 27, 1995, 215-315. – J.C. de Moor, The Seasonal Pattern in the Legend of Aqhatu: SEL 5, 1988, 61-78. – G. del Olmo Lete, Mitos y leyendas de Canaan, Madrid 1981, 237-286.325-364. – Ders., Interpretación de la mitología cananea, Valencia 1984, 105-142. – S.B. Parker, The Pre-Biblical Narrative Tradition (Resources for Biblical Study 24), Atlanta 1989. – Ders. (Hg), Ugaritic Narrative Poetry (SBL Writings from the Ancient World 9), Atlanta 1997, 9-80.

Beide Mythen spielen in einer Königsfamilie, die zu den Vorfahren des Königshauses von Ugarit gehört, und zeigen die enge Verbindung zwischen dem Königshaus und dem Gott El. Der Schauplatz des Kirtu-Mythos (KTU 1.14-16) ist schwierig zu bestimmen, scheint aber doch von den Verhältnissen in Ugarit beeinflußt zu sein. Im Falle des Aqhatu-My-

146 Vgl. P. Xella, Tradition orale et rédaction écrite au Proche-Orient ancien: le cas des textes mythologiques d'Ugarit, in: Cl. Baurain – C. Bonnet – V. Krings (Hg), Phoinikeia Grammata (Collection d'Etudes Classiques 6), Namur 1991, 69-89, bes. 75f; D. Freilich, Ili-Malku the *ṯ*^{c}*y*: SEL 9, 1992, 21-26.

147 Vgl. dazu J.-M. Durand, Le mythologème du combat entre le dieu de l'orage et la mer en Mésopotamie: M.A.R.I. 7, 1993, 41-61; P. Bordreuil – D. Pardee, Le combat de *Ba*^{c}*lu* avec *Yammu* d'après les textes ougaritiques: M.A.R.I. 7, 1993, 63-70.

thos (KTU 1.17-19) ist deutlich, daß es sich um die Königsfamilie von Ugarit handelt.

Der Kirtu-Mythos beschäftigt sich mit der Frage nach der königlichen Nachkommenschaft und der Sukzession auf dem Königsthron. König Kirtu hat seine Nachkommenschaft und sieben Frauen nacheinander durch verschiedene Schicksalsschläge verloren. Der Gott El, der ihm im Traum erscheint, verspricht ihm eine Frau und Nachkommenschaft. Kirtu erhält von seiner Frau acht Söhne und sechs Töchter. Nach sieben Jahren erinnert sich die Göttin Ašera eines Gelübdes, welches ihr Kirtu abgelegt, aber nicht eingelöst hatte. Der König erkrankt schwer, kommt aber wieder zur Genesung. Als er wieder auf seinem Thron Platz nehmen will, erfolgt ein neuer Schicksalsschlag: Sein ältester Sohn will den Thron usurpieren und Kirtu absetzen, da er sich nicht um das Los der *personae miserae* kümmere. Dieser verflucht seinen Sohn. Damit endet der erhaltene Text, bei dem auf jeden Fall eine vierte Tafel fehlt, so daß wir über den Ausgang des Mythos nicht mehr informiert sind.

Der Aqhatu-Mythos hat einen Kronprinzen aus der Königsfamilie von Ugarit und sein Schicksal zum Thema. Da die Göttin Anat dem Prinzen Aqhatu seinen Bogen neidet und Aqhatu seinen Bogen nicht hergeben will, tötet ihn die Göttin. Eine Dürre bricht aus, woran sein Vater, König Danilu, das seinem Sohn widerfahrene Unglück erkennt. Danilu kann die Leichenteile seines Sohnes aus dem Magen eines Adlers herausholen. An dieser Stelle bricht der Text ab, was zu Spekulationen über die Fortführung der Erzählung in den *rapi'ūma*-Texten (KTU 1.20-22) geführt hat.

Das zentrale Thema beider Mythen ist die Königsideologie. So wird dem Kirtu-Mythos zufolge der König als »Diener des El« (KTU 1.14 III 49.51 u.ö), »geliebter Knabe des El« (KTU 1.14 I 40-41; II 8-9; 1.15 II 16.20 u.ö), und »Sproß des Gütigen und Heiligen« (KTU 1.16 I 10-11.20-22) bezeichnet, wozu paßt, daß El als »Vater« des Königs angesprochen wird (KTU 1.14 I 36-42; II 6.24; IV 5-6). Die Königssöhne trinken die Milch der Göttinnen Ašera und Anat (KTU 1.15 II 26-28; vgl. 1.23,24.61). Es wäre allerdings verfehlt, aufgrund dieser Aussagen einen göttlichen Status des Königs zu behaupten. Ein derartiger göttlicher Status würde für den König die Qualität der Unsterblichkeit beinhalten, wie sie auch die Kinder des Kirtu für ihren Vater erwarten (KTU 1.16 I 2-5.14-22; II 40-49). Dennoch ist Kirtu sterblich und verfügt auch insofern nicht über einen göttergleichen Status.

Hiermit stimmt auch der Aqhatu-Mythos (KTU 1.17-19) überein, in dem das Thema der besonderen Stellung des Königssohnes unter zwei Aspekten angesprochen wird. Die Göttin Anat, die den Bogen des Prinzen Aqhatu besitzen möchte, verspricht ihm als Gegengabe dafür die göttliche Unsterblichkeit (KTU 1.17 VI 25-33). Nach den o.g. Texten des Kirtu-Mythos scheint es kein Zufall zu sein, daß einem Kronprinzen ewiges Leben von einer Gottheit verheißen wird. Aqhatu sieht jedoch seine

Lage als sterblicher Mensch sehr nüchtern und geht deshalb auf das Angebot der Anat nicht ein (KTU 1.17 VI 33-39). Demnach kommt wie im Falle des Königs Kirtu auch für den Königssohn ein Status der Unsterblichkeit nicht in Frage.
Desweiteren hebt der Aqhatu-Mythos die Heilsmittlerschaft des Königs und des Königssohnes zwischen Göttern und Menschen hervor. So besteht ein direkter Zusammenhang zwischen dem gewaltsamen Tod des Königssohnes und dem Absterben der Vegetation (KTU 1.19 I 30-46; II 1-25). Verfasser beider Mythen ist laut der Kolophone der aus dem Kolophon des Baalzyklus (KTU 1.1-6) bekannte Ilimalku. Beide Mythen haben keine kultische Relevanz. Vielleicht sind sie als Erzählungen einzustufen, die über die wechselvolle Geschichte der Anfänge des Königshauses von Ugarit berichten.

8.3. Die rapi'ūma (KTU 1.20-22)

M. Dietrich – O. Loretz, Mythen und Epen IV, in: TUAT III, 1990-97, 1091-1316, bes. 1306-1316. – M. Dijkstra, The Legend of Danel and the Rephaim: UF 20, 1988, 35-52. – H. Gese, Die Religionen Altsyriens, in: RAAM, 90-92. – Th. Lewis, Towards a Literary Translation of the Rapiuma Texts, in: N. Wyatt e.a. (Hg.), Ugarit, religion and culture (UBL 12), Münster 1996, 115-149. – G. del Olmo Lete, Mitos y leyendas de Canaan, Madrid 1981, 403-414. – S.B. Parker (Hg), Ugaritic Narrative Poetry (SBL Writings of the Ancient World 9), Atlanta 1997, 196-205. – W.T. Pitard, A New Edition of the ›*Rāpi'ūma*‹ Texts: KTU 1.20-22: BASOR 285, 1992, 33-77. – K. Spronk, Beatific Afterlife in Ancient Israel and in the Ancient Near East (AOAT 219), Kevelaer – Neukirchen-Vluyn 1986, 161-196.

Der Text ist nur fragmentarisch erhalten. Es wird eine Beziehung zum Aqhatu-Mythos diskutiert, da in KTU 1.17-19 und KTU 1.20-22 der König Danilu auftritt. Da aber sowohl das Ende des Aqhatu-Mythos als auch der Beginn der *rapi'ūma*-Texte nicht erhalten sind, ist es schwierig, eine derartige Behauptung zu beweisen.
Inhaltlich geht es um eine Einladung der *rapi'ūma* zu einem Bankett, welches vom Gott El in seinem auf dem Hermon gelegenen Palast ausgerichtet wird.

8.4 Mythische Elemente innerhalb von Riten (KTU 1.23 und 1.24)

B. Cutler – J. Macdonald, On the Origin of the Ugaritic Text KTU 1.23: UF 14, 1982, 33-50. – H. Gese, Die Religionen Altsyriens, in: RAAM, 82-84. – T.L. Hettema, »That it be repeated«. A Narrative Analysis of KTU 1.23: JEOL 31, 1989–90, 77-94. – G. del Olmo Lete, Mitos y leyendas de Canaan, Madrid 1981, 425-439.449-456. – Ders., Interpretación de la mitología cananea, Valencia 1984, 143-149. – Ders., Yariḫu y Nikkalu: Mitologia lunar sumeria en Ugarit: AuOr 9, 1991, 67-75. – S.B. Parker (Hg), Ugaritic Narrative Poetry (SBL Writings from the Ancient World 9), Atlanta 1997, 205-218. – S. Segert, An Ugaritic Text Related to the Fertility Cult, in: A. Bonanno (Hg), Archaeology and Fertility Cult in the Ancient Mediterranean, Amsterdam 1986, 217-224. – G. Theuer, Der Mondgott in den nordwestsemitischen Religionen (Diss. Tübingen), 1997, 110-329. – P. Xella, Il mito di Šḥr e Šlm (SS 44), Rom 1973.

Der in KTU 1.23 vorliegende Mythos von der Geburt der »schönen Götter« läßt sich in zwei Teile gliedern. In ZZ. 1-29 liegen eine Liturgie und zwei Hymnen vor, in ZZ. 30-76 folgt eine mythische Ätiologie von der Zeugung und Geburt der Götter Šaḥar und Šalim und ihrer Geschwister, der »schönen Götter«. Insgesamt handelt es sich bei KTU 1.23 um eine Beschwörung, die gegen die Auswirkungen schädlicher Naturgewalten vorgebracht wird.
Der Mythos von Yariḫu und Nikkal (KTU 1.24) ist nicht sonderlich umfangreich. Im ersten Teil berichtet der Text von der Hochzeit des Mondgottes Yariḫu mit der Mondgöttin Nikkal (ZZ. 1-39). Der zweite Teil (ZZ. 40-50) stellt einen Hymnus an die Kotharot-Geburtsgöttinnen und an Nikkal dar. Der Sitz im Leben von KTU 1.24 dürfte im Bereich von Fruchtbarkeit und Geburt oder spezieller in einer Hochzeitsfeier liegen. Dafür spricht auch die Nennung des Mondgottes, der sich selbst zeugt, und der deshalb als Sinnbild für die Fruchtbarkeit fungiert. Die Heirat zwischen Mondgott und Mondgöttin bildet deshalb das Ideal einer glücklichen Ehe, die in diesem Hymnus auf den Mondgott, die Mondgöttin und die Kotharot besungen wird.

B. Westsyrien: Die Religion der spätbronzezeitlichen Bevölkerung (ca. 1500–1100 v. Chr.)

1. Raum und Zeit

Zum Raum: J. F. Brown, The Lebanon and Phoenicia I, Beirut 1969. – K.-H. Bernhardt, Der alte Libanon, Leipzig 1976; Wien 1977, 7-16. – R. Dussaud, Topographie historique de la Syrie antique et mediévale, Paris 1927, 396-412. – H. Klengel, Geschichte Syriens im 2. Jahrtausend v.u.Z. 2, Berlin 1969, 245-299. – J.-F. Salles, Phénicie, in: CPhP, 553-582, bes. 570-582. – M. Weippert, Art. Libanon, in: RlA 6, 1980-83, 641-650. – E. Wirth, Syrien (Wiss. Länderkunden 4/5), Darmstadt 1971, 16-25.397-408.
Zur Geschichte: D. Arnaud, Les ports de la «Phénicie» à la fin de l'âge du Bronze Récent (XIV-XIII siècles) d'après les textes cunéiformes de Syrie: SMEA 30, 1992, 179-194. – K.-H. Bernhardt, Der alte Libanon, Leipzig 1976; Wien 1977, 64-89. – R. Hachmann, Die ägyptische Verwaltung in Syrien während der Amarnazeit: ZDPV 98, 1982, 17-49. – H. Klengel, Geschichte Syriens im 2. Jahrtausend v.u.Z. 2, Berlin 1969, 422-440. – Ders., Geschichte Syriens im 2. Jahrtausend v.u.Z. 3, Berlin 1970, 1-70. – Ders., Syria 3000 – 300 B.C., Berlin 1992, 84-180. – A. Kuschke, Beiträge zur Siedlungsgeschichte der Biḳā^{c}: ZDPV 70, 1954, 104-129; ZDPV 71, 1955, 97-110; ZDPV 74, 1958, 81-120. – Ders., Das Land Amqu: Neue Beobachtungen und Fragen: EI 15, 1981, 39*-45*. – J.F. Salles, Phénicie, in: CPhP, 553-582, bes. 553-570.

Westsyrien entspricht dem östlichen Küstenstreifen des Mittelmeeres mit seinen Gebirgen nördlich und südlich der Senke von Homs. Im folgenden Abschnitt geht es näherhin um den Libanon, der im Norden durch die Senke von Homs mit dem Nahr el-Kebir, im Süden durch den Ras en-Naqura, im Westen durch das Mittelmeer und im Osten durch den noch dazugehörigen Antilibanon begrenzt ist. Im Norden steigt das Land bis auf eine Höhe von 3000 m an, nach Süden hin sinkt es unter 2000 m ab. Charakteristisch für Westsyrien südlich der Senke von Homs ist seine geographische Untergliederung, die sich vom Meer aus gesehen wie folgt darstellt.
Die Küstenebene ist nur zwischen Tyros und Sidon im Süden und ab Tripoli im Norden mehr als 3 km breit. Die Möglichkeiten zur landwirtschaftlichen Nutzung der Küstenebene sind daher recht eingeschränkt. Wichtig an der felsigen Mittelmeerküste sind die zahlreichen Buchten mit ihren Häfen. In der Küstenebene liegen bis heute die großen Städte; sie ist vom ganzen Land am dichtesten besiedelt.Hier verläuft auch die wichtige Nord – Südverbindung über Land, die durch das System der Mittelmeerhäfen noch unterstützt wird. Behindert wird sie allerdings durch die Vorgebirge des Libanon, welche teilweise bis an das Meer heranreichen.

Die Küstenstraße wurde an den besonders engen und gefährlichen Stellen erst in römischer Zeit ausgebaut (so bei Tyros und beim Ras el-Kelb). In dieser Ost-West-Zerklüftung des Landes liegt der Grund für den Partikularismus des Libanon, der die Entstehung von Stadtstaaten begünstigte und die Gründung eines großen Territorialstaates nicht ermöglichte. Allerdings liegt auch ein Vorteil in der Zerklüftung des Landes: Große Heere konnten die Nord-Südverbindung nicht nutzen, sie mußten durch die Beqa^{c} und damit an den wichtigen Handelsstädten vorbeiziehen.

Aufgrund der Meernähe und des Gebirges ist das Küstengebiet reich an Niederschlägen, besonders in der Zeit von November bis April. Im Sommer gibt es Gewitter; zu dieser Zeit erreicht die Schneeschmelze auch den Kamm des Libanon, so daß die Schmelzwasser im Sommer ebenfalls der Vegetation zugute kommen. Zudem wird die fruchtbare »terra rossa« mit den Flüssen in die Ebene gespült, wo sie landwirtschaftlich genutzt wird.

Auf die Küstenebene folgt das Mittelland bis in eine Höhe von 1500 m. Auch dieses ist besiedelt und bietet Möglichkeiten für Baumkulturen und Weinanbau. Da das Land terrassiert und bewässert werden muß, liegen hier keine größeren Äcker. Dieser Teil des Libanon ist am dichtesten bewaldet. Das Mittelland ist aufgrund der vom Gebirge zum Meer führenden Flüsse durch zahlreiche Täler durchschnitten, so daß auf dieser Ebene des Libanon keine Nord-Südverbindung möglich ist.

Den dritten Bereich bildet die Hochgebirgszone über 1500 m. Es gibt kaum Siedlungen, die über 1600 m liegen, da das Land nur aus unbewaldeten Kalksteinkuppen besteht. Eine beschränkte landwirtschaftliche Nutzung ist möglich, vor allem als Weideland. Hier war in der Antike der Hauptstandort der Libanonzeder. Der Kamm des Libanongebirges, der sich von Norden nach Südwesten erstreckt, erreicht eine Höhe von über 3000 m. Den Übergang vom Libanongebirge zur Beqa^{c} bildet der Djebel Beqa^{c}. Dieser verläuft von der Senke von Homs im Norden bis nach Zahle im Süden in einer Höhe von 1700 m bis 1300 m. Stellenweise ist der Djebel Beqa^{c} besiedelt und landwirtschaftlich genutzt.

Den vierten Bereich stellt die Beqa^{c} zwischen Libanon und Antilibanon dar. Es handelt sich um eine 8-12 km breite Ebene in 900-1200 m Höhe ü.d. Meer, die in der Antike als ^{c}Amqu (Tal) bezeichnet wurde. Sie bildet die Verbindung zwischen Nord- bzw. Mittelsyrien und Palästina sowie Ägypten und war insofern für Handel und Militär von äußerster Wichtigkeit. In der Beqa^{c} haben bedeutende Flüsse ihr Quellgebiet, der Orontes und der Litani. In ihrer Mitte weist die Beqa^{c} »terra rossa«-Böden auf, die landwirtschaftlich genutzt werden. Hier muß allerdings wegen der Lage der Beqa^{c} im Regenschatten des Libanon künstlich bewässert werden. Erschwerend kommt das Binnenlandklima hinzu: Heiße Sommer wechseln mit kalten Wintern.

Den östlichen Abschluß der Beqa^{c} bildet das Antilibanongebirge, welches mit dem Hermon im Süden seine höchste Erhebung (2000 m) findet.

Insgesamt ist für die Verkehrswege der Antilibanon nicht so undurchlässig wie der Libanon. Auf seiner Ostseite liegt die Oase von Damaskus, die bereits in die Wüste übergeht.
Einen ersten Einblick in die spätbronzezeitliche Geschichte des Küstenstreifens am östlichen Mittelmeer während der Amarna-Zeit erhält man durch die Amarna-Korrespondenz (um 1350 v. Chr.). Die wichtigsten Städte, die auch im 1. Jt. v. Chr. ihre entscheidende Rolle in Phönizien einnahmen, sind von Norden nach Süden Arwad, Ṣumur, Byblos, Beirut, Sidon und Tyros.
Der Name dieser Epoche leitet sich ab von der Residenz des ägyptischen Pharaos Amenophis IV. (1352 – 1336 v. Chr.), der seine Hauptstadt in das mittelägyptische Akhetaten, später Tell el-Amarna genannt, verlegte. Seit 1887 fanden sich hier Tontafeln mit akkadischen Keilschrifttexten, die größtenteils Schreiben der syrisch-palästinensischen Vasallenfürsten an ihren ägyptischen Oberherrn darstellen. Sie erstrecken sich über den kurzen Zeitraum von ca. 15–30 Jahren, so daß man hieraus eine Momentaufnahme der politischen und sozialen Verhältnisse Syrien-Palästinas während der Spätbronzezeit ableiten kann. Der ägyptisch dominierte Teil Syrien-Palästinas war zur Zeit der Amarna-Briefe in drei Provinzen aufgeteilt: Kanaan mit der Hauptstadt Gaza umfaßte Palästina und das Küstengebiet bis einschließlich Beirut, Amurru mit der Hauptstadt Ṣumur umfaßte das Gebiet von Byblos bis südlich von Ugarit und ging östlich bis zum Orontes, und Upu mit der Hauptstadt Kumidi umfaßte Nordpalästina von Hazor bis Qadeš und das Gebiet um Damaskus. Auffällig ist in der Amarna-Korrespondenz die Rivalität der einzelnen Stadtherrscher, die der Pharao geschickt gegeneinander ausspielte.
Die Städte des späteren phönizischen Mutterlandes fielen im Unterschied zu Ugarit und den südpalästinensischen Küstenstädten nicht in die Hände der »Seevölker«. Dies zeigt sich nicht nur aufgrund von diesbezüglich fehlenden Nachrichten in den Quellen, sondern auch anhand des Reiseberichtes des Ägypters Wen-Amun um 1076 v. Chr.[1] Dieser reiste von Ägypten nach Byblos, wo er Holz für die Barke des Amun erwerben sollte. Bei Dor erreichte er Palästina, reiste dann weiter über Tyros und Sidon nach Byblos. Hier gestalteten sich die Verhandlungen mit dem König von Byblos schwierig, woran deutlich wird, daß der König von Byblos nicht mehr von Ägypten abhängig war. Dies hängt damit zusammen, daß nach dem »Seevölkersturm« Ägypten seine asiatischen Besitzungen nicht mehr halten konnte und sukzessive verlor. Wichtig ist der Reisebericht des Wen-Amun für die Geschichte im Übergang von der Spätbronze- zur Eisenzeit deshalb, weil er demonstriert, daß im 11. Jh. v. Chr., d.h. ca. 100 Jahre nach dem »Seevölkersturm« die Handelsbezie-

[1] Vgl. als Textausgaben H. Goedicke, The Report of Wenamun, Baltimore – London 1975; E. Blumenthal, Altägyptische Reiseerzählungen, Leipzig ²1984, 29-41; G. Moers, Die Reiseerzählung des Wenamun, in: E. Blumenthal e.a., Mythen und Epen III, in: TUAT III, 1990–97, 912-921.

hungen zwischen Ägypten und dem Libanon fortdauerten und letzteres vom »Seevölkersturm« nicht tangiert worden war.

2. Die Quellen

Texausgaben und Übersetzungen: J. A. Knudtzon, Die El-Amarna-Tafeln (VAB 2), Leipzig 1907-1915. – W.L. Moran, Les lettres d'El-Amarna (LAPO 13), Paris 1987. – Ders., The Amarna Letters, Baltimore – London 1992.
Archäologische Quellen: → 4.1; 5.1; 5.2.

Aus Westsyrien stammen Amarna-Briefe aus Byblos, Beirut, Sidon, Tyros, Kumidi und Qaṭna. Neben den in ihnen enthaltenen historischen Informationen sind die in diesen Briefen genannten Götter, sowie die theophoren Elemente der Personennamen,[2] die Rückschlüsse auf Gottheiten zulassen, aufschlußreich für die Religionsgeschichte. Damit läßt sich allerdings nur ein Repertoire von Götternamen erstellen; ganze Panthea sind auf diese Weise nicht zu ermitteln.
Weitere Quellen für die Religionsgeschichte bilden Artefakte (Götter- und Königsfiguren, Kultgeräte, Siegel) und Bauten (Palast- und Tempelgrundrisse; Gräber). Allerdings stellt sich bei diesen sog. stummen Quellen das Problem der Interpretation in noch größerem Ausmaß.

3. Die Götterwelt

C. Bonnet, Astarté (CSF 37), Rom 1996, 19-51. – E. Lipiński, Dieux et déesses de l'univers phénicien et punique (OLA 64), Leuven 1995, 67-268. – N. Na`aman, On Gods and Scribal Traditions in the Amarna Letters: UF 22, 1990, 247-255.

3.1 Byblos

Als höchste Göttin des Pantheons von Byblos ist in der Amarna-Korrespondenz die »Herrin von Byblos« *(b^{c}lt gbl)* belegt (EA 68,4; 69,5 [erg.]; 70,3 [erg.]; 73,4; 74,2-3; 75,3; 76,3-4; 77,4 [erg.] u.ö.). Ihr Kult setzt sich fort bis in die phönizische Religion des 1. vorchr. Jt.[3] Der Eigenname der Göttin sowie ihre charakteristischen Eigenschaften sind nicht bekannt.
Die Existenz eines Wettergottes mit Namen Addu bzw. Baal ergibt sich

[2] Vgl. dazu W. Röllig, On the Origin of the Phoenicians: Ber 31, 1983, 79-93, bes. 84-86; R.S. Hess, Personal Names from Amarna: Alternative Readings and Interpretations: UF 17, 1985, 157-167; ders., Cultural Aspects of Onomastic Distribution in the Amarna Texts: UF 21, 1989, 209-216; ders., Amarna Personal Names (ASOR DS 9), Winona Lake 1993; M. Bonechi, Westsemitic Personal Names in the Cuneiform Sources I. Some Remarks on the Amarna Personal Names: SEL 13, 1993, 9-17; P. Xella, Ugarit et les Phéniciens. Identité culturelle et rapports historiques, in: M. Dietrich – O. Loretz (Hg), Ugarit (ALASP 7/1), Münster 1995, 239-266, bes. 250-252.

[3] → II. A. 3.2.

für Byblos aufgrund seiner namentlichen Nennung (EA 108,9) und zudem aus Königsnamen wie Abdi-Adda und Rib-Adda. Daneben sind auch Personennamen mit Baal als theophorem Element belegt. So etwa Zakar-Baal im Bericht des Wen-Amun.[4] Addu und Baal sind wie in Ugarit identisch und stellen nicht zwei unterschiedliche Wettergötter dar.
Die Verehrung des Gottes Rašpu, die für Byblos am Obeliskentempel festgemacht wird, läßt sich jedoch nicht nachweisen.[5]

3.2 Sidon

Die aus Sidon stammenden Amarna-Briefe (EA 144-145) nennen keine Gottheiten, so daß man Aufschlüsse über das sidonische Pantheon der Spätbronzezeit nur auf indirektem Wege erhalten kann.
So erwähnen Texte aus Ugarit[6] die Ašera von Tyros (der Tyrener?) und bezeichnen sie im Parallelismus als die Göttin Sidons (der Sidonier?). Die phönizischen Könige von Sidon verehrten im 1. Jt. v. Chr. die Göttin Astarte als höchste Göttin von Sidon.[7] Ebenso wird sie im Alten Testament als die Göttin der Sidonier gesehen (1Kön 11,5.33; 2Kön 23,13).
In akkadischen Dokumenten aus Ugarit ist ein Wettergott Addu für Sidon belegt. Die Sakralität des Adytons seines Tempels ist von Leuten aus Ugarit verletzt worden, weshalb eine Sühne stattfinden muß.[8]
Auf zwei Zylindersiegeln sidonischer Könige des 13. Jh. v. Chr. ist neben zwei ägyptischen Göttern ein *smiting god* abgebildet, der in der Forschung als Rašpu gedeutet wird.[9]

3.3 Tyros

Als indirekte Quelle für den Kult von Tyros ist auf den Kirtu-Mythos aus Ugarit (KTU 1.14-16)[10] einzugehen. Diesem Mythos zufolge erreichte König Kirtu das Heiligtum der Göttin Ašera von Tyros (KTU 1.14 IV 34-36). Er legte bei dieser Göttin ein Gelübde ab (KTU 1.14 IV 36-43), das er später nicht hielt (KTU 1.15 III 26-30). Die in Parallele genannte »Göttin von Sidon« wird mit dieser Ašera identisch sein.
Als männlicher Hauptgott von Tyros tritt im 1. Jt. v. Chr. Melqart, der »König der Stadt« auf. Der Gottesname bezieht sich auf die divinisierten Mitglieder der königlichen Dynastie. Da im 1. Jt. v. Chr. die verstorbenen Könige der Phönizier nicht divinisiert wurden, muß mit Melqart ein

4 Vgl. A. Scheepers, Anthroponymes et toponymes du récit d'Ounamoun, in: E. Lipiński (Hg), Phoenicia and the Bible (StPh XI), Leuven 1991, 17-83, bes. 33-36.77f.
5 Vgl. Lipiński, Dieux 67f.186.
6 → I. A. 3.1; 8.2.
7 → II. A. 3.4.
8 Vgl. zum Vorgang Arnaud, Ports 189-191; Xella, Ugarit 259.
9 Vgl. Lipiński, Dieux 181f.
10 → I. A. 8.2.

Gottesname der Spätbronzezeit vorliegen. Dafür sprechen auch die in der Amarna-Korrespondenz belegten Personennamen Abi-Milku und Ilu-Milku aus Tyros.
Der Vertrag zwischen Asarhaddon und Baal II. von Tyros (676 v. Chr.) nennt auf der Seite der phönizischen Götter drei Wettergötter mit Baal als theophorem Element. Darunter tritt der aus Ugarit bekannte Baal Ṣaphon auf.[11] Es spricht nichts dagegen, daß dieser bereits während der Spätbronzezeit in Tyros verehrt wurde und sich sein Kult bis in das 7. Jh. v. Chr. hielt.

3.4 Kumidi

Aus dieser Stadt liegen keine Texte vor, die Göttinnen oder Götter namentlich nennen. Ebensowenig lassen die Personennamen aus Kumidi diesbezügliche Rückschlüsse zu.
Was die archäologischen Quellen angeht, so läßt sich der Fund von kleinen Götterfiguren aus Metall, der innerhalb des Tempelbezirks gemacht wurde, anführen. Es liegen hier Figuren des sog. *smiting god,* eines thronenden Gottes und einer stehenden Göttin vor.[12] Sie alle fügen sich in die spätbronzezeitliche Götterikonographie gut ein. Es ist deshalb nicht überzogen, in der Figur des *smiting god* einen Wettergott zu sehen. Die Figur einer Göttin könnte seine Paredra, vielleicht die Göttin Anat darstellen. Bei dem Typ des thronenden Gottes wird man mit einer namentlichen Deutung vorsichtiger sein.
Die Existenz weiterer Gottheiten im Kult von Kumidi ist als wahrscheinlich anzunehmen, aber nicht weiter zu belegen.

4. Der Kult

4.1 Tempel und Heiligtümer

Th. A. Busink, Der Tempel von Jerusalem I, Leiden 1970, 427-456. – M. Metzger, Kāmid el-Lōz 7. Die spätbronzezeitlichen Tempelanlagen. Stratigraphie, Architektur und Installationen. Texte/Tafeln (2 Bde). (SBA 35), Bonn 1991. – Ders., Kāmid el-Lōz 8. Die spätbronzezeitlichen Tempelanlagen. Die Kleinfunde. Text/Tafeln (2 Bde). (SBA 40), Bonn 1993. – E.J. Wein – R. Opificius, 7000 Jahre Byblos, Nürnberg 1963.

Die mittelbronzezeitlichen Tempel von Byblos waren über die Spätbronzezeit bis in das 1. Jt. v. Chr. in Betrieb. So gab es einen Tempel für die »Herrin von Byblos« und einen Nachbartempel, den sog. Tempel L, für ihren Paredros, den Baal von Byblos. Desweiteren ist der Obelisken-

[11] → I. A. 3.2.
[12] Vgl. M. Metzger, Kāmid el-Lōz 8. Die spätbronzezeitlichen Tempelanlagen. Die Kleinfunde (SBA 40), Bonn 1993, Tf. 5,1-7; 6,1-6; 18-29.

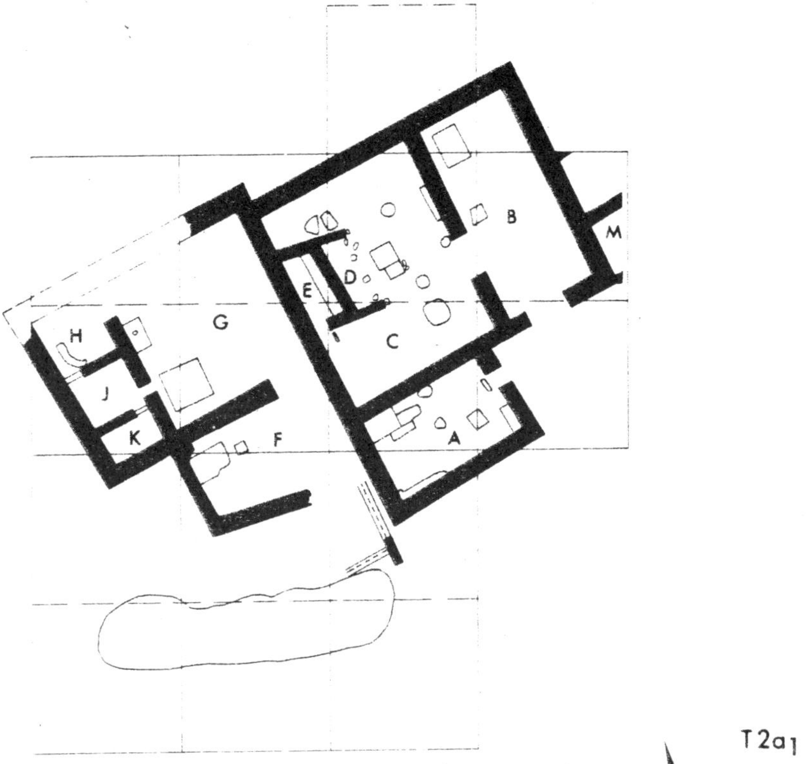

Abb. 2: Die spätbronzezeitlichen Tempel von Kumidi

tempel zu nennen, dessen Zueignung an Rašpu mittlerweile als unwahrscheinlich beurteilt werden muß.
Für den spätbronzezeitlichen Libanon ist dieser Bereich archäologisch am besten durch die Ausgrabungen vom Tell Kāmid el-Lōz, dem antiken Kumidi, zu greifen.
In Kumidi fanden sich nördlich des Königspalastes zwei Tempel, deren Anlage von Süden, also vom Palast her, betreten wurde (Abb. 2). Beide Tempel waren unmittelbar benachbart, aber durch eine Trennmauer voneinander geschieden. Zu beiden Tempeln gehörte ein offener Hof. Im Süden dieser Höfe lag jeweils ein überdachter Kultraum, der nicht in unmittelbarer Verbindung mit dem Hof stand. Die Höfe und die angrenzenden Räume enthielten Kultinstallationen und -relikte, näherhin Altäre, Becken für Waschungen und Libationen, Räucherständer, Rhyta, Aschen- und Knochenreste sowie Brandopferplätze. Nördlich des Tempels fanden sich Werkstätten, südlich davon ein großes Becken, welches als heiliger See gedeutet wird.
Hinsichtlich der Weihung der Tempel an bestimmte Gottheiten gibt es

keinerlei textliche Hinweise. Aufgrund der Funde der Figuren eines als Wettergott interpretierten *smiting god* und einer weiblichen Gottheit[13] wäre es es denkbar, daß einer der beiden Tempel dem Wettergott von Kumidi und der andere seiner Paredra gewidmet war. Die diversen Kultinstallationen innerhalb der beiden Tempel dienten dem jeweiligen Gefolge dieser beiden Hauptgottheiten.

4.2 Kultpersonal

A. Cody, The Phoenician Exstatic in Wenamūn. A Professional Oracular Medium: JEA 65, 1979, 99-106. – J. Ebach – U. Rüterswörden, Der byblitische Ekstatiker im Bericht des Wn-Imn und die Seher in der Inschrift des ZKR von Hamath: GM 20, 1976, 17-22. – M. Görg, Der Ekstatiker von Byblos: GM 23, 1977, 31-33. – M. Weippert, Assyrische Prophetien der Zeit Asarhaddons und Assurbanipals, in: F.M. Fales (Hg), Assyrian Royal Inscriptions: New Horizons in Literary, Ideological, and Historical Analysis (OAC 17), Rom 1981, 71-115, bes. 101f. – Ders., Aspekte israelitischer Prophetie im Lichte verwandter Erscheinungen des Alten Orients, in: G. Mauer – U. Magen (Hg), Ad bene et fideliter seminandum. FS K. Deller (AOAT 220), Kevelaer – Neukirchen-Vluyn 1988, 287-319, bes. 299f.

Der Reisebericht des Ägypters Wen-Amun[14] schildert in ZZ. 1.38-1.40, daß während eines Opfers ein »Seher« des Königs Zakar-Baal von Byblos von »dem Gott« ergriffen und in Ekstase versetzt worden sei. Der Ekstatiker gab dem König seitens des Gottes den Auftrag, sich um Wen-Amun und seine Angelegenheiten zu kümmern.

5. Der Bereich des Todes

5.1 Bestattungen und Totenpflege

J.-F. Salles, La nécropole »K« de Byblos, Paris 1980. – Ders., La mort à Byblos: Les nécropoles, in: E. Acquaro e.a. (Hg), Biblo. Una città e la sua cultura (CSF 34), Rom 1994, 49-71, bes. 52-56.

Die Nekropole »K« von Byblos befindet sich unter dem Osthügel des Tell. Sie wurde vom 18. Jh. v. Chr. mit einer dreihundertjährigen Unterbrechung während der Perserzeit bis in die hellenistisch-römische Zeit belegt. Ursprünglich lag die Nekropole außerhalb der Stadt, erst in hellenistisch-römischer Zeit wurde sie in die Stadtmauern mit einbezogen. Der Einstieg in die Nekropole geschah über einen Brunnenschacht, der wie die Grabkammern aus dem weichen Fels herausgehauen wurde. Es fanden sich 12 Grabkammern, die entweder aneinandergrenzen oder durch Gänge miteinander verbunden sind. Nicht immer ist der Charakter dieser Kammern als Begräbnisstätten klar erkennbar, zumal einige dieser Kam-

[13] → 3.4.
[14] → Quellenangaben in Anm. 1.

mern unvollendet waren. Als Grabbeigaben dieser bereits in der Antike geplünderten Nekropole fanden sich noch Keramik, Waffen, Skarabäen, Elfenbeingegenstände und Schmuck. Zu dieser Nekropole »K« treten im spätbronzezeitlichen Byblos noch weitere Einzelgräber hinzu.

5.2 Königlicher Totenkult

W. Adler, Kāmid el-Lōz 11. Das »Schatzhaus« im Palastbereich. Die Befunde des Königsgrabes (SBA 47), Bonn 1994. – M. Chéhab, Observations au sujet du sarcophage d'Ahiram: MUSJ 46, 1970/71, 107-117. – M. Dunand, Byblia Grammata, Beirut 1945. – R. Giveon, King or God on the Sarcophagus of Ahiram: IEJ 9, 1959, 57-59. – R. Hachmann, Das Königsgrab V von Jebeil (Byblos): IM 17, 1967, 93-114. – Ders., Das Grab eines Stadtkönigs von Kumidi, in: K. Emre u.a. (Hg), Anatolia and the Ancient Near East. FS T. Özgüç, Ankara 1989, 159-181. – Ders., Kumidi und Byblos, in: W. Zwickel (Hg), Biblische Welten. FS M. Metzger (OBO 123), Freiburg – Göttingen 1993, 1-40. – Ders., Zur absoluten Chronologie des »Schatzhauses«, in: Ders. (Hg), Kāmid el-Lōz 16. »Schatzhaus«-Studien (SBA 59), Bonn 1996, 17-26. – Ders., Das Königsgrab von Kāmid el-Lōz und die Königsgräber der mittleren und späten Bronze- und frühen Eisenzeit im Küstengebiet östlich des Mittelmeers und in Mesopotamien, in: ibid. 203-288, bes. 208-224. – M. Haran, The Bas-Reliefs on the Sarcophagus of Ahiram King of Byblos in the Light of Archaeological and Literary Parallels from the Ancient Near East: IEJ 8, 1958, 15-25. – N. Jidejian, Byblos à travers les âges, Beirut 1977, 19-25.37-40. – M. van Loon, The Drooping Lotus Flower, in: M. Kelly-Buccellati (Hg), Insight through Images. FS E. Porada (BibMes 21), Malibu 1986, 245-252. – R. Miron, Kāmid el-Lōz 10. Das »Schatzhaus« im Palastbereich. Die Funde (SBA 10), Bonn 1990. – P. Montet, Byblos et l'Egypte (BAH 11), Paris 1928. – E. Porada, Notes on the Sarcophagus of Ahiram: JANES 5, 1973, 354-372. – B. Salje, Bankettszene im Totenkult, in: R. Hachmann (Hg), Kāmid el-Lōz 16. »Schatzhaus«-Studien (SBA 59), Bonn 1996, 175-182.

Aus dem spätbronzezeitlichen Westsyrien sind bislang nur die Königsnekropole von Byblos und das Königsgrab aus Kumidi bekannt.
Die Königsnekropole von Byblos liegt auf einer Felskuppe nördlich der Stadt und wurde 1922-24 ausgegraben. Die Nekropole wird von neun Grabanlagen gebildet, die sich halbkreisförmig von Nordwesten nach Südosten erstrecken und sich um ein Gebäude herumgruppieren. In bezug auf dieses Gebäude ist wohl an den Königspalast von Byblos zu denken.
Alle in dieser Nekropole gefundenen neun Königsgräber sind aufgrund ihrer Anlage als Schachtgräber mit einer Seitenkammer zur Aufnahme der Sarkophage konstruiert. Der Schacht war durch einen ihn überragenden Aufbau abgedeckt. Vielleicht befanden sich auf den ca. 5 m x 5 m messenden Abdeckungen der Grabschächte Vorrichtungen für den Totenkult. Hierbei könnte man an Opferstätten oder kleine Totentempel denken. In den Gräbern II, IV und V fand sich im jeweiligen Schacht eine quadratische Röhre von 2 m Länge, die als Vorrichtung für Totenopfer und Libationen interpretiert wurde.
Der Ablauf des königlichen Totenkultes ist im Unterschied zu Ugarit

nicht durch Texte überliefert. Dennoch gibt es für seinen Vollzug ein wichtiges Indiz. Es handelt sich dabei um das Bildprogramm des Aḥirom-Sarkophags aus der Königsnekropole von Byblos.
Dieser Sarkophag ist in die Spätbronzezeit zu datieren und somit um ca. zwei Jahrhunderte älter als seine Verwendung im Rahmen der Bestattung des Königs Aḥirom, über die die Aufschrift auf dem Sarkophagdeckel (KAI 1) berichtet.[15]
Auf einer der beiden Längsseiten des Sarkophags ist ein König abgebildet, der auf einem Sphingenthron sitzt, die Füße auf einem Schemel hält und als Zeichen seines Status als Verstorbener eine nach unten geneigte Lotusblüte in seiner Linken hält. In seiner Rechten sieht man eine Trinkschale zur Aufnahme von Libationen. Vor dem verstorbenen König steht ein Tisch, auf dem als Opfergabe ein Kalbskopf sowie eine Schale mit Broten und einem runden Kuchen liegen. Auf der anderen Seite des Tisches steht ein Verehrer, vielleicht der älteste Sohn des Verstorbenen und sein Nachfolger. Der von ihm vollzogene Gestus entzieht sich unserem Verständnis, da der Gegenstand in der Rechten des Verehrers nicht eindeutig zu bestimmen ist. Sollte es sich dabei um ein ägyptisches *peseš* handeln, so könnte man an einen Ritus der Mundöffnung denken. Allerdings findet der Gegenstand auch die Deutung als Aspergill zur Segnung der auf dem Tisch befindlichen Gaben oder als Fliegenwedel, wobei dann der Verehrer eher als Diener zu interpretieren ist.
Der göttliche Status des verstorbenen Königs geht aus dem Sphingenthron hervor, auf dem er sitzt, aus den vor ihm aufgebauten Opfergaben und vielleicht aus dem Ritus, den sein Verehrer vor ihm vollzieht. Ergänzt wird die Szene auf dem Sarkophag durch die Abbildung weiterer Verehrer sowie von Klagefrauen.
Bei den Ausgrabungen im Palastbezirk von Kumidi wurde ein zum Palastareal gehörender Gebäudekomplex freigelegt, dessen funktionale Bestimmung lange als »Schatzhaus« angegeben wurde. Es stellte sich allerdings bei der Aufarbeitung der Funde und Befunde heraus, daß der Bau als königliches Mausoleum zu interpretieren ist (Abb. 3).
Der zweistöckige Bau war in den Hang gesetzt, wobei seine Nordseite freistand. Das Erdgeschoß weist keine Türen oder Fenster auf, dafür gibt es aber Indizien, daß von außen eine Treppe zum ersten Stock führte. Das Parterre konnte nur innerhalb des Gebäudes von oben erreicht werden.
Die durch Türen abgeschlossenen Räume S und T des Erdgeschosses dienten als Grabkammern, wie Leichenfunde, Reste eines Sarges, und Grabbeigaben ausweisen. Die auffälligste architektonische Einrichtung birgt Raum T. Es handelt sich dabei um eine Grube von 2,32 m x 1 m und

[15] Vgl. zur Datierung des Sarkophags Chéhab, Observations 114-116; Hachmann, Königsgrab 99-108; E. Gubel, Phoenician Furniture (StPh VII), Leuven 1987, 37f.49-53 und zur Datierung der Inschrift W. Röllig, Die Aḥirōm-Inschrift. Bemerkungen eines Epigraphikers zu einem kontroversen Thema, in: B. von Freytag gen. Löringhoff e.a. (Hg), Praestant Interna. FS U. Hausmann, Tübingen 1982, 367-373.

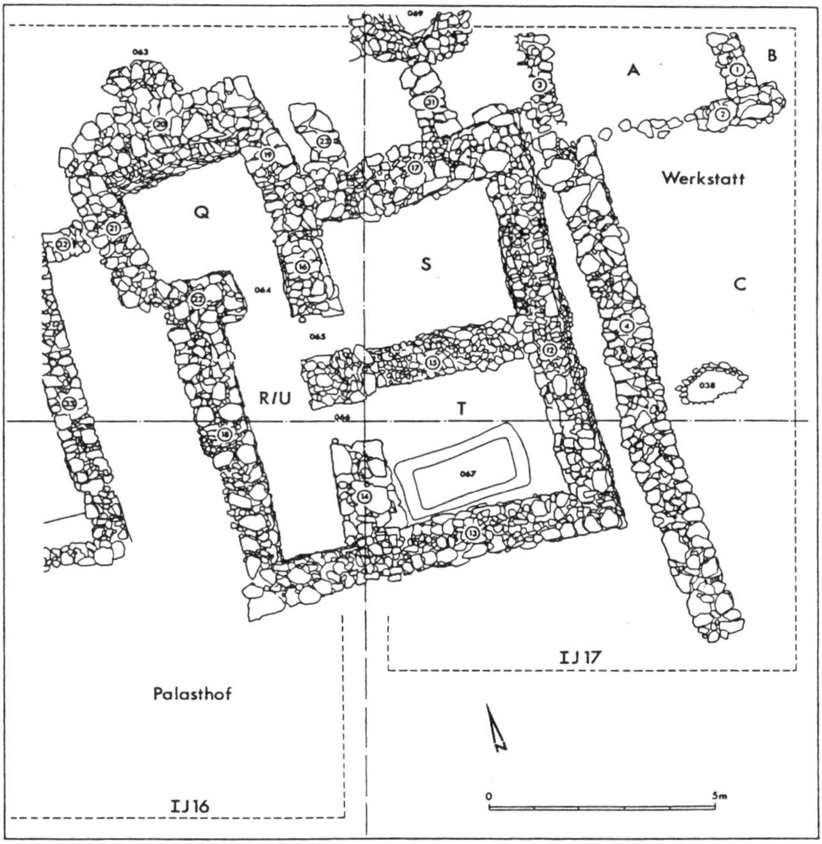

Abb. 3: Das »Schatzhaus« von Kumidi

ca. 1,49 m Tiefe, die als Grablege zu deuten ist. Der umlaufende Rand der Grablege diente der Aufnahme einer Abdeckung aus Bohlen. Bei der Freilegung des Gebäudes war diese Grablege jedoch leer und unbenutzt. Über diesem ebenerdigen Raum erhob sich ein weiteres Stockwerk, welches auf die Grabräume hinabgestürzt war. Hier befand sich der Schacht zu den Gräbern im Erdgeschoß. Die weiteren Räume dienten wohl dem königlichen Totenkult. Dafür sprechen diverse Gefäße, die ins Erdgeschoß hinabgestürzt waren.

Die königliche Begräbnisstätte war bis zum Beginn der ägyptischen Herrschaft in Gebrauch. Seitdem Kumidi in der Amarna-Zeit zur Hauptstadt der Provinz Upu geworden war und ein ägyptischer Gouverneur dort residierte, ist eine Verwendung des Gebäudes als königliche Grablege nicht mehr nachzuweisen. Das Gebäude verfiel und wurde nach Umbauten einem anderen Zweck zugeführt.

C. Palästina: Die Religion der spätbronzezeitlichen Bevölkerung (ca. 1500–1200/1000 v. Chr.)

1. Raum und Zeit

Zum Raum: F.-M. Abel, Géographie de la Palestine I-II, Paris [3]1967. – G.W. Ahlström, The History of Ancient Palestine from the Palaeolithic Period to Alexander's Conquest (JSOTS 146), Sheffield 1993, 56-71. – H. Donner, Einführung in die biblische Landes- und Altertumskunde, Darmstadt 1976, 1-45. – V. Fritz, An Introduction to Biblical Archaeology (JSOTS 172), Sheffield 1994, 17-33. – Y. Karmon, Israel (Wiss. Länderkunden 22), Darmstadt [2]1994, 1-37.133-277. – O. Keel – M. Küchler – C. Uehlinger, Orte und Landschaften der Bibel 1, Zürich – Göttingen 1984, 25-181. – H. Weippert, Palästina in vorhellenistischer Zeit (HdArchVorderasien II/1), München 1988, 3-25.
Zur Geschichte: AA.VV., Der Königsweg, Mainz 1987, 86-116. – G.W. Ahlström, The History of Ancient Palestine from the Palaeolithic Period to Alexander's Conquest (JSOTS 146), Sheffield 1993, 217-333. – K.-H. Bernhardt, Verwaltungspraxis im spätbronzezeitlichen Palästina, in: H. Klengel (Hg), Beiträge zur sozialen Struktur des antiken Vorderasien, Berlin 1971, 133-147. – B. Cifola, Ramses III and the Sea Peoples: Or(NS) 57, 1988, 275-306. – D.O. Edzard, Amarna und die Archive seiner Korrespondenten zwischen Ugarit und Gaza, in: J. Amitai (Hg), Biblical Archaeology Today, Jerusalem 1985, 248-259. – I. Finkelstein, The Territorial-Political System of Canaan in the Late Bronze Age: UF 28, 1996, 221-255. – M. Görg, Die Beziehungen zwischen dem alten Israel und Ägypten: Von den Anfängen bis zum Exil (EdF 290), Darmstadt 1997, 23-71. – R. Hachmann, Die ägyptische Verwaltung in Syrien während der Amarnazeit: ZDPV 98, 1982, 17-49. – G.A. Lehmann, Die mykenisch-frühgriechische Welt und der östliche Mittelmeerraum in der Zeit der »Seevölker«-Invasionen um 1200 v. Chr. (RWAW G 276), Opladen 1985. – N.P. Lemche, Die Vorgeschichte Israels (BE 1), Stuttgart 1996, 74-150. – A. Leonard, The Late Bronze Age: BA 52, 1989, 4-39. – M. Liverani, The collapse of the Near Eastern regional system at the end of the Bronze Age: the case of Syria, in: M. Rowlands e.a. (Hg), Centre and Periphery in the Ancient World, Cambridge 1987, 66-73. – Ders., Antico Oriente. Storia, Società, Economia, Rom 1988, 541-576. – E. Noort, Die Seevölker in Palästina (PA 8), Kampen 1994. – E.J. van der Steen, The Central East Jordan Valley in the Late Bronze and Early Iron Ages: BASOR 302, 1996, 51-74. – Th.L. Thompson, Early History of the Israelite People (SHANE 4), Leiden 1992. – H. Weippert, Palästina in vorhellenistischer Zeit (HdArch Vorderasien II/1), München 1988, 264-269.340-343.

Die Grenzen Palästinas sind im Westen durch das Mittelmeer und im Osten durch die arabische Wüste vorgegeben. Schwieriger ist die Abgrenzung nach Norden, wo für das westliche Palästina der Litani, aber auch der Ras en-Naqura bzw. der Karmel, und für das östliche Palästina der Yarmuk als Grenzen zum Libanon bzw. nach Syrien angegeben wer-

den. Nach Süden hin liegt für das westliche Palästina die Grenze bei Gaza oder beim Wadi el-Ariš, im östlichen Palästina bei Aqaba.
Für den westlich des Jordans gelegenen Teil Palästinas lassen sich folgende Maße festhalten: Die Ausdehnung des bewohnten Landes von Dan bis Beerscheba umfaßt in der Luftlinie 240 km. Die Breite des Landes nimmt von Norden nach Süden zu. Von Akko bis zum See Genezareth sind es 50 km, von Gaza bis zum Südende des Toten Meeres sind es 120 km. Das Ostjordanland ist im Norden zwischen Jordan und Wüste 75 km breit, im Süden zwischen Totem Meer und Wüste ca. 50 km. Die Ausdehnung von Norden nach Süden beträgt wie im Westen ca. 240 km Luftlinie. Man kommt insofern für Palästina auf eine maximale Ausdehnung von 250 km und eine Breite von ca. 180 km.
Von Norden nach Süden wird das Land von vier Zonen durchzogen. Geht man diese vom Mittelmeer aus gesehen durch, so lassen sich unterscheiden: Der Küstenstreifen von unterschiedlicher Breite, das zentrale Bergland mit bis über 1000 m Höhe, der fast immer unter dem Niveau des Mittelmeeres liegende Jordangraben und die transjordanischen Gebirge und Hochebenen, die sich zwischen 1000 und 1700 m Höhe erstrecken und in die arabische Wüste übergehen. Im einzelnen läßt sich zu diesen Bereichen folgendes festhalten:
Die Küstenebene beginnt im Norden bei Ras en-Naqura mit einer Breite von 7–12 km bis zum Karmelgebirge, verengt sich hier auf ca. 200–300 m und mündet südlich vom Karmel in die durchschnittlich 15 km breite Šaron-Ebene. Die Šaron-Ebene erstreckt sich bis zum Fluß Yarkon. Südlich hiervon beginnt die Philisterküste, die sich von Tel Aviv bis Gaza von 18 km auf 40 km kontinuierlich verbreitert. Zwischen der Küstenebene und dem judäischen Bergland liegt die Šefela, ein 15 km breites Hügelland.
Das zentrale Bergland steigt von der Küstenebene allmählich nach Osten an. Es stellt die Wasserscheide zwischen dem Mittelmeer und dem Jordangraben dar. Dies bedeutet, daß die Westabhänge des zentralen Berglandes ausreichend beregnet werden und dementsprechend bewaldet bzw. landwirtschaftlich nutzbar sind. Den nördlichen Abschnitt des zentralen Berglandes bilden die Berge von Ober- und Untergaliläa. Die über 1000 m hohen Berge von Obergaliläa stellen Ausläufer des Hermonmassivs dar. Es folgt südlich als Einschnitt die Jesreel-Ebene. Südlich davon liegt das Bergland von Samaria mit etwas unter 1000 m Höhe. Nördlich von Jerusalem geht das Bergland von Samaria in das Hochland von Benjamin über, und südlich von Jerusalem liegt das judäische Bergland, welches bei Hebron wieder auf eine Höhe von 1000 m ansteigt.
Der Jordangraben gehört zum syrischen Grabenbruch, der in Nordsyrien beim Orontes beginnt, mit der Beqa^{c} den Libanon durchzieht, Palästina zweiteilt, südlich des Toten Meeres als Arabah bis zum Roten Meer durchläuft und bis zu den ostafrikanischen Seen reicht. Der Grabenbruch bietet sich dem Jordan als Bett an. Der Jordan setzt sich aus verschiede-

nen Quellflüssen zusammen, die im Hermonmassiv entspringen. Er durchfließt den See von Genezareth und fließt dann immer tiefer bis in das Tote Meer, in dem er sein Ende findet. Der Jordangraben liegt im Regenschatten des zentralen Berglandes; insofern weist er stellenweise Wüstengebiete auf, welche zur landwirtschaftlichen Nutzung künstlich bewässert werden müssen.

Beim Ostjordanland handelt es sich um ein Tafelland, welches durch vier große Talsysteme in fünf Landschaften gegliedert wird. Die Flüsse und Wassermassen dieser tiefeingeschnittenen Täler fließen in das Jordantal hinab. Von Norden nach Süden sind folgende Landschaften zu unterscheiden:

Hermon und Yarmuk bilden die Nord- und Südgrenze des Landes Bašan. Es handelt sich dabei um eine in 500 – 700 m Höhe gelegene Fläche, die aufgrund ihres verwitterten Basaltbodens sehr fruchtbar ist.

Zwischen Yarmuk und Jabbok/Zerqa schließt sich das Land ᶜAglun an. Dieses ist ein bewaldetes Gebirgsland, welches bis zu einer Höhe von 1260 m ansteigt.

Hierauf folgt zwischen Jabbok/Zerqa und Arnon das Land el-Belqa, welches eine Hochebene von 700-1000 m Höhe darstellt. Aufgrund seiner Fruchtbarkeit war el-Belqa schon in der Antike ein begehrtes Land. »Hier herrscht ein deutlich mediterran beeinflußtes (Steppen-)Klima mit milden, feuchten Wintern und heißen, trockenen Sommern, das nach Osten hin in semi- und vollaride Zonen übergeht.«[1] Ökonomisch gesehen finden sich Landwirtschaft, z.T. auf der Basis von Terrassenackerbau, und Waldwirtschaft.

Beim Land Moab handelt es sich um ein 1000 m hoch gelegenes Plateau, welches vom Wadi Mujjib mit dem Fluß Arnon durchschnitten wird. Der Ackerboden ist dünn; es gibt nur wenige Quellen, und die Flüsse im Wadi Mujjib und Wadi el-Hasa sind unzugänglich. Deshalb muß der Winterregen in Zisternen aufgefangen werden. Der Boden hält darüber hinaus die Feuchtigkeit für Getreideanbau und Weideland für Schafe und Ziegen. Wo eine tiefere Bodendecke vorliegt und Quellen vorhanden sind, gibt es Obstgärten und Weinberge.

Südlich davon zwischen dem Zered und dem Golf von Aqaba liegt das Gebirgsland Edom, welches bis zu 1700 m Höhe ansteigt. Das Land Edom liegt östlich der Arabah und präsentiert sich in der Form von zwei Gebirgsstöcken auf dem transjordanischen Plateau. Am Ras an-Naqb fällt das Land um ca. 500 m zur Wüstensteppe ab, in der kein Regenfeldbau mehr möglich ist. Anhand der Geographie werden auch die Termini Edom und Seir verständlich. Edom ist der von »terra rossa« geprägte ackerbaufähige Streifen. Seir meint die bewaldeten Abhänge. Wirtschaftlich war das Land in der Antike geprägt durch »die Kombination von am-

[1] U. Hübner, Die Ammoniter (ADPV 16), Wiesbaden 1992, 148f.

bulanter Viehzucht mit stationärem oder ambulanten (sic!) Regenfeldbau«.[2] Dazu trat später das Anlegen von Bewässerungssystemen.
Im Unterschied zum Westjordanland gibt es im Ostjordanland keine Wasserscheide. Da das Ostjordanland höher liegt als das Westjordanland, gibt es hier wieder Steigungsregen, der den 50 km breiten ackerbaufähigen Streifen beregnet. Östlich davon versteppt das Land zusehends und geht in die Wüste über.
Das Klima ist geprägt durch den Wechsel von Regen- und Trockenzeit. Es kennt starke Westwinde vom Mittelmeer und heißen Wüstenwind aus dem Osten. Im Winter kann Schnee liegen.
Die politische Abhängigkeit Palästinas von Ägypten während der Spätbronzezeit,[3] welche sich vor allem in Tributen und Dienstleistungen niederschlug, und die permanenten Konflikte zwischen den Stadtfürsten Palästinas hatten vor allem negative Auswirkungen auf die Bevölkerung der Städte und ihrer Umgebung, da die Bevölkerung den Hauptanteil der Belastungen zu tragen hatte. So wurden Abgaben an den Pharao eingetrieben, die Bevölkerung wurde zum Fron- und Militärdienst genötigt. Ebenso brauchte jeder Stadtkönig Truppen, um sich gegen seine Gegner zur Wehr setzen zu können. Aus diesem Grunde entzogen sich ganze Bevölkerungsschichten dem Zugriff der Stadtkönige. Sie zogen aus den Städten und aus den stadtnahen Gebieten fort in weniger dicht besiedeltes und den Stadtkönigen nicht direkt zugängliches Gebiet. Damit setzt die Phase der Deurbanisation Palästinas ein. Als Rückzugsgebiet kam vor allem der Gebirgsbereich in Frage, wo man vor Abgaben, Fron und Militärdienst sicher war. Allerdings konnten die Flüchtlinge auf den Kontakt zu den Städten auch wiederum nicht ganz verzichten. Deshalb ließ man sich gerne von einem gegnerischen Stadtkönig anwerben. Andere wiederum durchzogen als Plünderer und Gelegenheitssoldaten das Land. Diese Banden von Söldnern und Räubern, die sich aus der geflohenen Stadtbevölkerung rekrutierten, treten uns in den Quellen unter dem Sammelbegriff *ᶜapiru* entgegen. Der Terminus ist etymologisch nicht klar: man vermutet wohl zu Recht einen Zusammenhang mit dem späteren hebräischen *ᶜibri* (»Hebräer«).
Daß die ägyptische Dominanz in Palästina allerdings während des 12. Jh. v. Chr. aufhörte, hängt mit internen Schwierigkeiten Ägyptens zusammen. Als der Nachfolger Ramses III. verstarb, konnte sich Ägypten aufgrund innenpolitischer Schwierigkeiten und dynastischer Streitigkeiten nicht mehr ausreichend um seine asiatischen Besitzungen kümmern. Wann genau die ägyptische Dominanz in Palästina zu Ende ging, ist aufgrund fehlender Quellen nicht zu belegen.
Für das 12. Jh. v. Chr. ist für das westliche Palästina folgende Situation

[2] E.A. Knauf, Supplementa Ismaelitica 13. Edom und Arabien: BN 45, 1988, 62-81, hier 64.
[3] → I. B. 1.

festzuhalten: Das Hethiterreich wurde durch die »Seevölker« zerstört und kollabierte aufgrund interner Probleme. Die Ägypter mußten Syrien-Palästina aufgrund innenpolitischer Schwierigkeiten vernachlässigen. Die in der Amarna-Korrespondenz geschilderten Zustände hatten keinen Bestand mehr.

2. Die Quellen

Textausgaben und Übersetzungen: W.F. Albright, A Prince of Taanach in the Fifteenth Century B.C.: BASOR 94, 1994, 12-27. – F. Hrozný, Keilschrifttexte aus Ta^{c}annek, in: E. Sellin (Hg), Tell Ta^{c}annek, Wien 1904, 113-122. – Ders., Die neugefundenen Keilschrifttexte von Ta^{c}annek, in: E. Sellin, Eine Nachlese auf dem Tell Ta^{c}annek in Palästina, Wien 1905, 36-41. – J.A. Knudtzon, Die El-Amarna-Tafeln (VAB 2), Leipzig 1907-1915. – W.L. Moran, Les lettres d'El-Amarna (LAPO 13), Paris 1987. – Ders., The Amarna Letters, Baltimore – London 1992.
Archäologische Quellen: AA.VV., Der Königsweg, Mainz 1987, 86-116. – C. Hermann, Ägyptische Amulette aus Palästina/Israel (OBO 138), Freiburg – Göttingen 1994. – O. Keel – C. Uehlinger, Göttinnen, Götter und Gottessymbole (QD 134), Freiburg 1992, 55-122. – A. Kempinski – R. Reich (Hg), The Architecture of Ancient Israel from the Prehistoric to the Persian Periods, Jerusalem 1992, 97-187. – O. Negbi, Canaanite Gods in Metal, Tel Aviv 1976. – H. Seeden, The Standing Armed Figurines in the Levant (Prähistorische Bronzefunde I/1), München 1980. – H. Weippert, Palästina in vorhellenistischer Zeit (HdArch Vorderasien II/1), München 1988, 293-317. → 4.1; 5.1; 6.1; 6.2.

Was die Quellen der Religionsgeschichte der Spätbronzezeit angeht, so stehen uns an schriftlichen Quellen primär die Amarna-Briefe und dann auch Keilschrifttexte aus Palästina zur Verfügung.[4]
Weitere Quellen für die Religionsgeschichte bilden Kultgeräte, Tonlebermodelle, Siegel, Götter- und Königsfiguren sowie die Reste von Bauten (Palast- und Tempelfundamente, Gräber). Bei diesen Quellen stellt sich das Problem der Interpretation in verstärktem Ausmaß, da epigraphische und literarische Hinweise völlig fehlen.

3. Die Götterwelt

M. Bonechi, Westsemitic Personal Names in the Cuneiform Sources I. Some Remarks on the Amarna Personal Names: SEL 13, 1993, 9-17. – W. Helck, Betrachtungen zur großen Göttin und den ihr verbundenen Gottheiten (RKMW 2), München 1971, 149-212. – C. Hermann, Ägyptische Amulette aus Palästina/Israel (OBO 138), Freiburg – Göttingen 1994. – R.S. Hess, Personal Names from Amarna: Alternative Readings and Interpretations: UF 17, 1985, 157-167. – Ders.,

[4] → I. B. 2 (Lit.). Vgl. zusätzlich die Übersicht zu den Keilschriftarchiven aus dem spätbronzezeitlichen Palästina bei D.O. Edzard, Amarna und die Archive seiner Korrespondenten zwischen Ugarit und Gaza, in: Amitai (Hg), Biblical Archaeology 248-259.

Cultural Aspects of Onomastic Distribution in the Amarna Texts: UF 21, 1989, 209-216. – Ders., Amarna Personal Names (ASOR DS 9), Winona Lake 1993. – O. Keel – C. Uehlinger, Göttinnen, Götter und Gottessymbole (QD 134), Freiburg 1992, 55-122. – N. Na'aman, On Gods and Scribal Traditions in the Amarna Letters: UF 22, 1990, 247-255. – H.O. Thompson, MEKAL. The God of Beth-Shan, Leiden 1970. – H. Weippert, Palästina in vorhellenistischer Zeit (HdArch Vorderasien II/1), München 1988, 293-317.

Aus dem spätbronzezeitlichen Palästina liegen etwa im Unterschied zu Ugarit keine Ritualtexte oder Mythen vor, anhand derer man ein Pantheon der im spätbronzezeitlichen Palästina verehrten Gottheiten zusammenstellen könnte. Noch weniger gelingt es, für bestimmte Städte oder Regionen die hier verehrten Gottheiten auszumachen. Die wichtigste inschriftliche Quelle für Götternamen stellen die theophoren Personennamen der aus Palästina stammenden Amarnabriefe dar.
Für die religionsgeschichtliche Auswertung der theophoren Personennamen sind nun einige Konsequenzen dieser Sachlage, daß man größtenteils nur über Personennamen verfügt, zu bedenken. So erfährt man nichts über die einzelnen Götterpersönlichkeiten; eine Reihenfolge der Götter oder ihr Rang in der Götterhierarchie bleibt uns verborgen. Wie sahen die einzelnen Lokalpanthea aus? Welche theophoren Elemente der Personennamen weisen auf unterschiedliche, welche auf identische Götternamen? Inwieweit sind die mit den Personennamen gegebenen Befunde repräsentativ für die Götterwelt? Gibt es eine schichtenabhängige Verehrung von Göttern; zu welcher Schicht gehören die in den Amarna-Briefen genannten Personen? Desweiteren ist Vorsicht geboten bei einer Zuweisung von Göttern an einzelne Städte allein aufgrund des theophoren Personennamen-Befundes, da mit dem Wechsel einer Person in eine andere Stadt zu rechnen ist. Ebenso ist nicht gesagt, daß Götter gleichen Namens wie Ašera oder Baal, ohne weiteres mit ihren Namensvettern in Ugarit, Phönizien oder anderswo identifiziert werden dürfen, um sie inhaltlich aufzufüllen.
Stellt man die in der Amarna-Korrespondenz erwähnten nordwestsemitischen theophoren Personennamen aus Palästina zusammen, so lassen sich hieraus u.a. folgende Götternamen erkennen: Anat, Ašera, Astarte, Baal, Beltu, Dagan, Haddu, Milku und Ṣidqu. Fraglich ist die Existenz eines Gottes El; das theophore Element *ilu* der Personennamen steht wohl eher appellativisch für »Gott«.
Grundsätzlich ist auch mit der Etablierung ägyptischer Gottheiten in Palästina aufgrund der ägyptischen Oberhoheit zu rechnen. Wieweit diese von der gesamten Bevölkerung verehrt wurden, oder ob ihre Verehrung lediglich auf eine ägyptische oder ägyptisierte Oberschicht beschränkt blieb, ist in diesen Fällen zu fragen. Als eindeutig ägyptische Gottheiten begegnen Amun, Hathor, Ptah, Re-Harachte, Seth-Baal u.a.m. Sie wurden vor allem in Lakiš und in Beth Šean verehrt. Für Beth Šean ist auch die Verehrung des Gottes Mkl gesichert. Dieser stellt vielleicht eine Lokalausprägung des Rašpu unter starker ägyptischer Einwir-

kung dar, worauf seine Ikonographie (ägyptischer Hocker, *anch*-Zeichen, Szepter) deutet.
Neben diesen ägyptischen Gottheiten treten mesopotamische Gottheiten wie Baštu und Marduk sowie hurritische und hethitische Gottheiten wie Teššub und die ursprünglich nordsyrische Hebat auf. Für diese dürfte ebenso wie im Falle der ägyptischen Gottheiten gelten, daß sie vornehmlich von der hurritisch-hethitischen bzw. hurritisierten Oberschicht verehrt wurden.
Hin und wieder sind auch die Ortsnamen aufschlußreich. So treten Ortsnamen wie *bēt šemeš*, *bēt leḥem* oder *bēt ḥoron* auf. Die Konstruktusverbindung *bēt* + Göttername ist zu verstehen als »Tempel des GN«.
Neben den aufgrund der theophoren Elemente erkennbaren Götternamen werden Gottheiten auch durch Artefakte repräsentiert. Ein Rückschluß von den uns erhaltenen Artefakten auf Götternamen oder Göttergestalten ist allerdings kaum möglich. Funde von Siegeln und Bullen verweisen auf die Verehrung von Gestirnsgottheiten. So sind Sonne und Mond, d.h. Sonnengottheit und Mondgottheit, sowie weitere Gestirne abgebildet. Funde von Stieren dürfen wohl auf die Verehrung eines Wettergottes Haddu oder Baal bezogen werden.
Auch nicht eindeutiger sind die Funde von anthropomorphen Figuren, bei denen nicht immer klar ist, ob es sich um Götter- oder Königsdarstellungen handelt. Grundsätzlich sind die Figuren in unterschiedliche Typen einzuteilen: Thronende Gottheiten, auf Postamenttieren (Löwe, Pferd, Stier) stehende Gottheiten, stehende Gottheiten ohne Postamenttiere und schreitende Gottheiten. Letztere tragen Schurz, Helm und Waffe. Eine Namenszuweisung ist bei diesen Figuren aussichtslos, auch wenn sie sich auf den begrenzten Bereich Mittel- und Nordpalästina konzentrieren. Die schreitenden Götter können wohl als Wettergötter bezeichnet werden, was nicht heißt, daß die thronenden keine Wettergötter sein können. Am klarsten dürfte die Zuordnung von Götterfiguren zum Wettergottypus im Fall der auf Stieren stehenden männlichen Götter sein. Bei den Göttinnen ist der sog. *qudšu*-Typ zu nennen. Es handelt sich dabei um eine Fruchtbarkeitsgöttin kanaanäischen Ursprungs. Sie steht häufig auf Postamenttieren wie Löwen oder Pferden. Der Name bzw. die Namen dieser Göttin sind nicht auszumachen. So denkt man gerne an Ašera, Anat oder Astarte. Desweiteren ist auch die ägyptische Hathor, besonders in Timna und Lakiš belegt, sowie etliche ägyptische Amulette und Amulettfragmente, die u.a. Isis, Chnum und Bes repräsentieren.

4. Der Kult

Der Kult des spätbronzezeitlichen Palästina läßt sich anhand der Tempelgrundrisse fünf wichtiger Städte exemplifizieren: Hazor, Megiddo, Beth Šean und Lakiš. Grundsätzlich ist bezeichnend, daß in der Tempelarchitektur der Spätbronzezeit die Traditionen der Mittelbronze-II-Zeit fortleben. Aus dem transjordanischen Palästina sind für diese Zeit keine Tempel identifiziert.

4.1 Tempel und Heiligtümer

A. Ben-Tor – R. Bonfil (Hg), Hazor V, Jerusalem 1997, 85-177. – Th.A. Businck, Der Tempel von Jerusalem I, Leiden 1970, 397-427. – W.G. Dever, The Contribution of Archaeology to the Study of Canaanite and Early Israelite Religion, in: P.D. Miller e.a. (Hg), Ancient Israelite Religion. FS F.M. Cross, Philadelphia 1987, 209-247. – A. Kempinski, Megiddo, A City-State and Royal Centre in North Israel (Materialien zur Allgemeinen und Vergleichenden Archäologie 40), München 1989. – A. Mazar, Temples of the Middle and Late Bronze Ages and the Iron Age, in: A. Kempinski – R. Reich (Hg), The Architecture of Ancient Israel from the Prehistoric to the Persian Periods, Jerusalem 1992, 161-187. – M. Ottosson, Temples and Cult Places in Palestine (USAMNEC 12), Uppsala 1980. – P.M.M. Daviau, Traces of Cultic Behaviour in the Bronze Age Orthostat Temple at Hazor, in: J.-C. Petit e.a. (Hg), «Où demeures-tu» (Jn 1,38). La maison depuis le monde biblique. FS G. Couturier, Montreal 1994, 71-92. – H. Weippert, Palästina in vorhellenistischer Zeit (HdArch Vorderasien II/1), München 1988, 276-293. – Y. Yadin, Hazor I-IV, Jerusalem 1958-89. – Ders., Hazor. The Head of all those Kingdoms, London 1972, 67-105. – W. Zwickel, Der Tempelkult in Kanaan und Israel (FAT 10), Tübingen 1994, 75-203.

Unter diese Rubrik fallen Langhaus- und Breitraumtempel sowie die offenen Kultstätten. Alle diese Heiligtümer bestehen seit der Mittelbronzezeit. Während der Spätbronzezeit wird der Kult an ihnen fortgeführt bzw. es finden mehrfache Umbaumaßnahmen an ihnen statt.

Was die Langhaustempel angeht, so stehen sie auf der Akropolis neben dem Königspalast. Insofern dürften sie spezifisch königlichen Kultbedürfnissen zugeordnet gewesen sein.

Ein erstes Beispiel kommt aus Megiddo VIII und VIIA/VIIB (Abb. 4). Der Tempel hatte die Ausmaße von 16,50 m x 21,50 m und war von Nord nach Süd orientiert. Der Eingangshalle waren zwei Türme vorgeordnet. Deswegen spricht man auch von einem *migdal*-Tempel oder, wenn man zusätzlich die Mauerstärke berücksichtigt, auch von einem Festungstempel. In der der Eingangstür gegenüberliegenden Rückwand des Tempels war die Kultnische eingetieft.

In der Phase VIIB des Tempels ist die Kultnische nicht mehr zu finden. An ihrer Stelle und in ihrer Funktion erhob sich ein Podest von 1,10 m Höhe und 1 m Tiefe. In seiner Spätphase wies der Tempel eine Kombination von Plattform und Kultnische auf. Die Plattform war über Stufen zugänglich und dehnte sich vor der Nische als Vorsprung in das Tempelinnere aus. Nach außen wurde die Nische durch eine Aufschüttung geschützt. Gleichzeitig wurde bei diesem Tempel die Stärke der Außenmauern reduziert.

Ein vergleichbarer, in der Spätbronzezeit noch genutzter Festungstempel

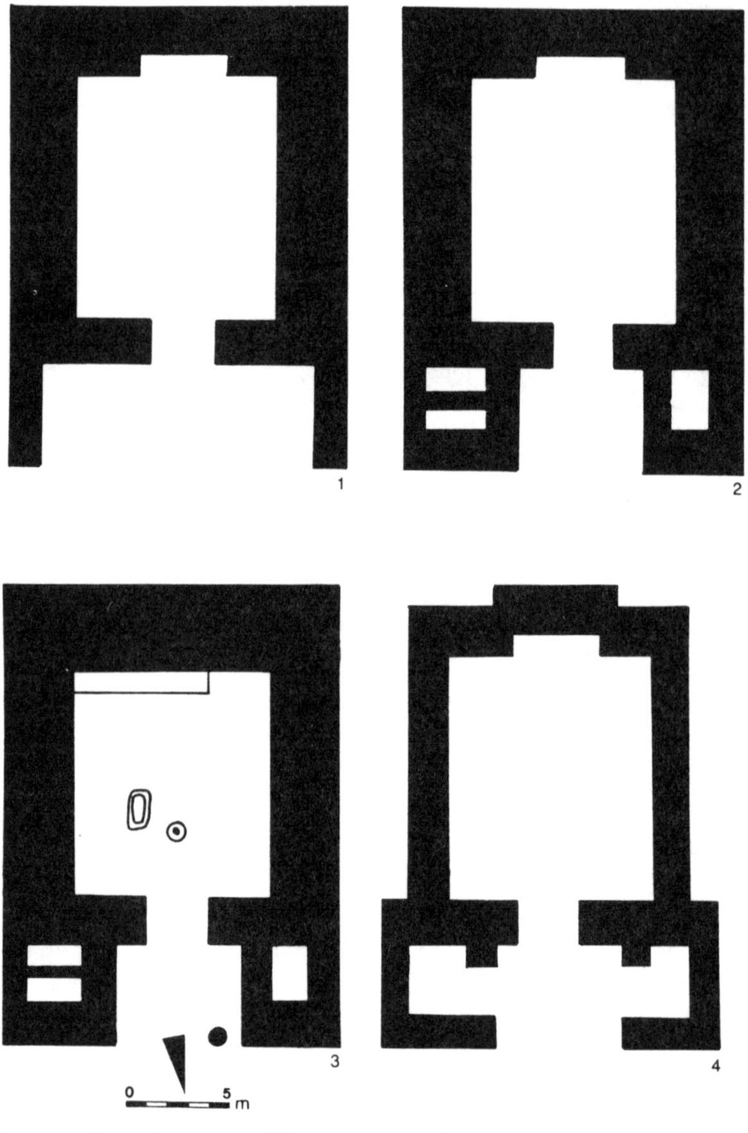

Abb. 4: Der Tempel von Megiddo, Strata X und IX (1), VIII (2), VIIB (3), VIIA (4)

steht in Sichem und weist die Ausmaße 21,20 m x 26,30 m auf. Neue Festungstempel wurden in der Spätbronzezeit nicht mehr erbaut.
Häufiger sind die einfachen Langhaustempel. Diese gehen auch auf die Mittelbronzezeit zurück und waren ursprünglich einräumig, später untergliedert in verschiedene Räume. Der Langhaustempel von Hazor (Areal A Strata XVI und XV) umfaßte nur einen Raum, dessen äußere

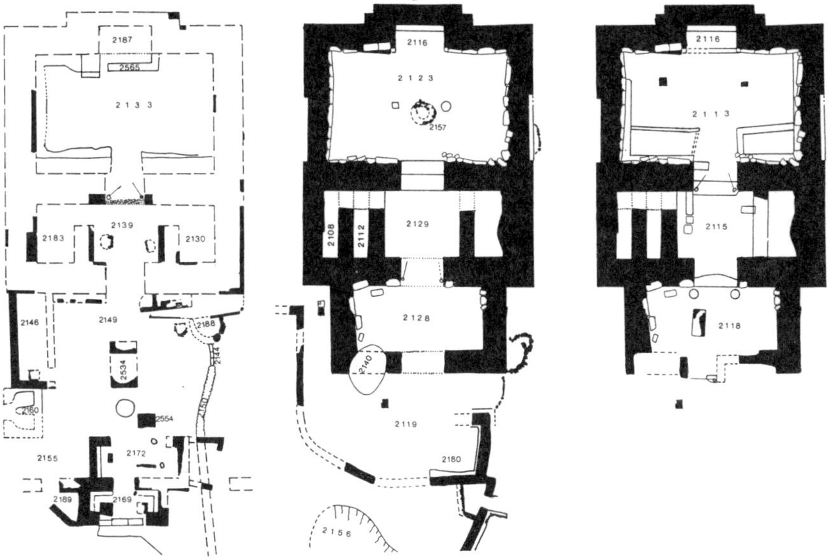

Abb. 5: Tempel von Hazor (Areal H), Strata 2, 1B und 1A

Maße 16,20 m x 11,50 m bei einer Mauerstärke von 2,35 m betragen. Der Tempel war von West nach Ost orientiert, der Eingang lag im Westen. An der östlichen Rückwand des Tempels erhob sich eine Plattform. Diese hat man auf 4,80 m x 1,50 m freigelegt. Ihre Höhe ist unbekannt. Sie war aus Ziegeln gemauert und verputzt. Innerhalb des Tempels fand sich eine reiche Ausstattung, von der besonders die nach Nordsyrien verweisenden Orthostaten zu erwähnen sind. Der Fund einer Säulenbasis deutet auf die Überdachung des Podiums hin. Vielleicht liegt ein Knickachstempel vor.

Ein Breitraumtempel fand sich in Hazor Areal H mit dem Orthostatentempel (Abb. 5). Bei diesem aus der Mittelbronze-II-Zeit stammenden Tempel wurde in der Spätbronzezeit die Kultnische abgeschirmt. Einen Ausgleich hierfür bot ein in der Antecella errichtetes Podium, welches ein Götterbild aufnehmen konnte. In der Antecella fanden sich auch Bänke entlang der Wände, die aufgrund ihrer Abnutzung eher als Sitz- und Liegemöglichkeiten für die Kultteilnehmer denn als Depositbänke anzusehen sind. Der Tempelhof erhielt eine Abgrenzung. Im Tempelhof fanden Schlachtopfer und Mahlzeiten statt. Ein Neubau des Tempels erfolgte in der Spätbronzezeit (Stratum IB). Es lag weiterhin ein Breitraumtempel vor, aber ihm wurde jetzt ein Vorraum, den man als inneren Vorhof verstehen kann, vorgeschaltet. Die 8 m x 13,30 m messende Cella wurde innen von Bänken umgeben. Zwei Säulen trugen das Dach. Zwischen den Basen dieser Säulen befindet sich eine 3,60 m tiefe Grube, die die kopflose Statue eines Mannes (divinisierter König, Gott?) barg. Die

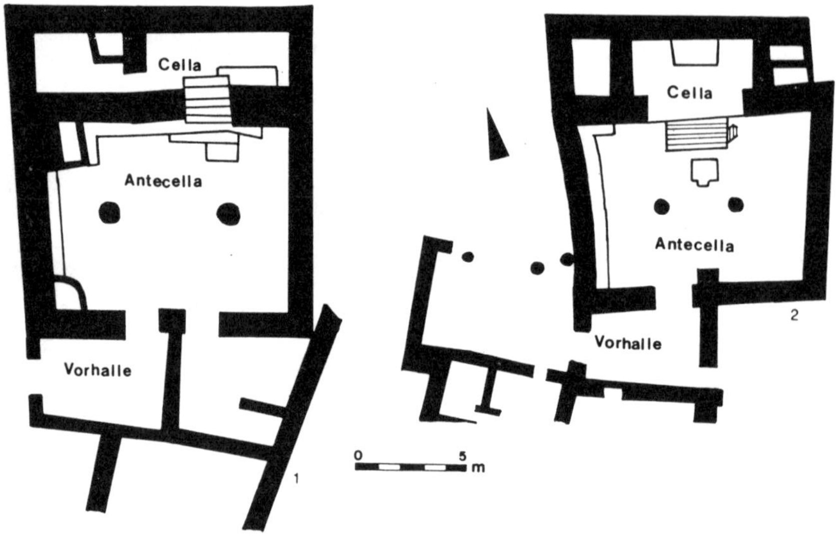

Abb. 6: Der Tempel von Beth Šean, Strata VII und VI

Funktion der Grube ist nicht klar. Aufgrund des Fundes denkt man an eine Favissa, die allerdings innerhalb eines Tempels ungewöhnlich ist. Zudem scheint es sich beim Statuenfund um die rituelle Bestattung einer Kultfigur zu handeln, wozu man zum Vergleich auf die Bestattung des Königs Idrimi im Tempel von Alalach verweisen könnte.[5] Man denkt auch an eine Libationsgrube. Einen erneuten Aufbau des Tempels dokumentiert Schicht IA, in der der Eingang nicht mehr auf der Achse der Kultnische lag. Aus den Funden ist eine Stierfigurine hervorzuheben, die z.T. als Kultbild des Wettergottes gedeutet wird.
In Beth Šean wurde in Schicht VII auf älteren Vorgängerbauten ein Breitraumtempel errichtet, dem in Schicht VI ein neuer Tempel folgte (Abb. 6). Dieser ist auch von allen Vorgängerbauten am besten dokumentiert. Sein Umfang betrug 14,65 x 14,55 m. Er wies einen Hauptraum von 11,20 m x 8,50 m, einen rückwärtigen Raum (Podium?), zwei Nebenräume und einen Vorhof auf. An drei Seiten des Hauptraums fanden sich Depositbänke. Der rückwärtige Raum wies die meisten Funde auf (Tongefäße, Kohlebecken, Basaltschalen, Metall- und Keramikgegenstände). Hier war wohl der Ort des Götterbildes, dessen Schrein verschlossen werden konnte. Es fanden sich als Hinweise auf Gottheiten Fragmente der Figur einer Göttin und eines ägyptischen Gottes. Man geht von einer (Mit-)Benutzung des Tempels durch Ägypter aus.
Völlig aus dem Rahmen von Langhaus- und Breitraumtempeln fällt der sog. Grabentempel von Lakiš. Es handelt sich um einen asymmetrischen

[5] Vgl. dazu R. Mayer-Opificius, Archäologischer Kommentar zur Statue des Idrimi von Alalaḫ: UF 13, 1981, 279-290.

Bau von 16,50 m x 13,20 m, der in einem nicht mehr genutzten Entwässerungsgraben von Lakiš angelegt wurde. Die Deutung dieses Baus schwankt zwischen Tempel und Töpferei.
Als eigener Punkt sind die offenen Kultstätten zu betrachten. Auch diese sind seit der Mittelbronze-II-Zeit in Palästina vorgegeben.
Die mittelbronzezeitliche Kultanlage von Nahariya war bis zum Beginn der Spätbronzezeit in Betrieb. Die Anlage umschloß ein 6 m x 6 m messendes Haus und südlich davon eine Aufschüttung von 6 m im Durchmesser. Diese Aufschüttung dürfte als Altar zu bestimmen sein. Auch der Quadratbau wurde später durch ein größeres rechteckiges Haus ersetzt. Es stellt keine kultische Anlage, sondern Wohnungen und Werkstätten des Tempelpersonals dar.
4 m westlich des Altars lag ein gepflasterter Bereich, der eine in den Boden eingelassene trogähnliche Grube aufwies. Desweiteren war unter dem Pflaster ein Krug mit silbernen und bronzenen Figuren, in denen man wohl Votivgaben zu sehen hat, vergraben. Die Ölschichten auf dem Altar verweisen auf einen Kult unter freiem Himmel.
Eine weitere offene Kultstätte entdeckte man in der Unterstadt von Hazor (Areal F; Strata IB/IA). Hier fand sich an einer Plattform ein rechteckiges Podium und südlich davon eine halbkreisförmige Mauer, die eine Nische bildete. Darin wurden vielleicht Opfergaben deponiert. Ein großer Steinblock (2,50 m x 0,85 m bei 1,20 m Höhe) diente als Opferaltar. Die in ihm angelegten Aushöhlungen von 10 cm und 35 cm Tiefe werden als Vorrichtungen für die Schlachtung angesehen. Die Bestätigung für die Deutung als Altar liefert der in der Nähe gemachte Fund von Rinderknochen. Zusätzlich wurden auf dem Podium Scherben von Kochtöpfen und Backplatten gefunden, was auf die Abhaltung ritueller Mähler hinweist.
In den Kontext der offenen Heiligtümer gehört auch der Stelentempel aus dem Areal C (Stratum II) der Unterstadt von Hazor. Da diesem aber eine wesentliche Funktion im königlichen Totenkult zukommt, soll er auch unter dem entsprechenden Abschnitt referiert werden.[6]

5. Mantik und Magie

5.1 Opferschau

R.D. Biggs, Art. Lebermodelle. A. Philologisch, in: RlA 6, 1980-83, 518-521. – B. Landsberger – H. Tadmor, Fragments of Clay Liver Models from Hazor: IEJ 14, 1964, 201-218. – G. Loud, Megiddo II (OIP 62), Chicago 1948, Tf. 255,1-2. – J.-W. Meyer, Untersuchungen zu den Tonlebermodellen aus dem Alten Orient (AOAT 39), Kevelaer – Neukirchen-Vluyn 1987, 24-32.189f.246-249. – Ders., Art. Lebermodelle. B. Archäologisch, in: RlA 6, 1980-83, 522-527. – Ders., Zur

[6] → 6.2.

Interpretation der Leber- und Lungenmodelle aus Ugarit, in: M. Dietrich – O. Loretz, Mantik in Ugarit (ALASP 3), Münster 1990, 241-280, bes. 242-247. – Y. Yadin, Hazor III-IV, Jerusalem 1961, Tf. CCCXV, 1-3. – W. Zwickel, Der Tempelkult in Kanaan und Israel (FAT 10), Tübingen 1994, 93f.127.

Auf die Praxis der Divination mittels Leberschau, wie sie aus Ugarit bekannt ist,[7] weisen Funde von Tonlebermodellen in Hazor und Megiddo hin.
In Hazor wurden Fragmente von fünf Tonlebermodellen im Vorhof des Orthostatentempels im Areal H in Schicht II gefunden. Datiert werden sie in das 16. Jh. v. Chr. Zwei dieser Fragmente stammen von beschrifteten und drei von unbeschrifteten Lebern. Umstritten ist, ob der Fundort auch der Platz für die Abhaltung der Leberschau gewesen ist, da hier zerbrochene Keramik und Kultgegenstände deponiert worden sind; eine Beziehung zum Kult dürfte sich kaum erschließen lassen.
In Megiddo wurden zwei Tonlebermodelle im Tempel von Stratum VIIA gefunden. Der Fundort der einen Leber über einem Tempelfußboden ist wohl als Indiz einer im Hinblick auf die Errichtung eines Tempels durchgeführten Leberschau zu verstehen. Die andere Leber wurde in einem Nebenraum des Tempels gefunden. Datiert werden die Leberschauprotokolle aus Megiddo in das 14./13. Jh. v. Chr.

6. Der Bereich des Todes

6.1 Bestattungen und Totenpflege

R. Gonen, Burial Patterns and Cultural Diversity in Late Bronze Age Canaan (ASOR DS 7), Winona Lake 1992. – Dies., Structural Tombs in the Second Millennium B.C., in: A. Kempinski – R. Reich (Hg), The Architecture of Ancient Israel from the Prehistoric to the Persian Periods, Jerusalem 1992, 151-160. – H. Weippert, Palästina in vorhellenistischer Zeit (HdArch Vorderasien II/1), München 1988, 241-245.366-373.413-415.

Während der Spätbronzezeit finden sich Gräber in Häusern, Höfen, Städten und außerhalb der Städte. Erst mit der Eisenzeit wurden die Gräber ganz aus den Städten heraus verlagert. Nur die königliche Nekropole von Jerusalem bildete hierzu eine Ausnahme. Als Hauptbestattungstypen lassen sich Grabhöhlen für mehrfache Bestattungen, Gruben für individuelle Bestattungen sowie Grabhöhlen mit Bankett- und Loculibestattungen unterscheiden. Bestattungen wurden z.T. in Sarkophagen und Krügen vorgenommen. Die seit dieser Zeit vorfindbaren anthropoiden Tonsarkophage stammen aus Ägypten und gelangten seit der Amarna-Zeit für die Bestattung der ägyptischen Beamten nach Palästina. Dementsprechend finden sie sich vor allem im südwestlichen Palästina und in

[7] → I.A 5.1.

der Gegend von Beth Šean. Teilweise wurden sie auch von Einheimischen für ihre Bestattung übernommen.

6.2 Königlicher Totenkult

W. Adler, Kāmid el-Lōz 11. Das »Schatzhaus« im Palastbereich. Die Befunde des Königsgrabes (SBA 47), Bonn 1994, 146-149. – K. Galling, Erwägungen zum Stelenheiligtum von Hazor: ZDPV 75, 1959, 1-13. – R. Hachmann, Kumidi und Byblos, in: W. Zwickel (Hg), Biblische Welten. FS M. Metzger (OBO 123), Freiburg – Göttingen 1993, 1-40. – Ders., Das Königsgrab von Kāmid el-Lōz und die Königsgräber der mittleren und späten Bronze- und frühen Eisenzeit im Küstengebiet östlich des Mittelmeers und in Mesopotamien, in: Ders. (Hg), Kāmid el-Lōz 16. »Schatzhaus«-Studien (SBA 59), Bonn 1996, 203-288, bes. 225-227.242-248. – A. Kempinski, Megiddo. A City-State and Royal Centre in North Israel (Materialien zur Allgemeinen und Vergleichenden Archäologie 40), München 1989, 193. – S. Mittmann, Das Symbol der Hand in der altorientalischen Ikonographie, in: R. Kieffer – J. Bergmann (Hg), La Main de Dieu. Die Hand Gottes (WUNT 94), Tübingen 1997, 19-49, bes. 25-30. – S. di Paolo, Per una proposta di interpretazione dell'avorio A 22249 di Megiddo: l'assunzione tra gli antenati regali divinizzati e l'attraversamento del deserto lugubre: UF 28, 1996, 189-220. – G. Schumacher, Tell el-Mutesellim I, Leipzig 1908, 14-16. – C. Watzinger, Tell el-Mutesellim II, Leipzig 1929, 2-4.7-13.117.55f. – Y. Yadin, Hazor I-IV, Jerusalem 1958-89. – Ders., Hazor. The Head of all those Kingdoms, London 1972, 6-74. – W. Zwickel, I Sam 31,12f. und der Quadratbau auf dem Flughafengelände bei Amman: ZAW 105, 1993, 165-174. – Ders., Der Tempelkult in Kanaan und Israel (FAT 10), Tübingen 1994, 77-79.164-171.

Im Areal C der Unterstadt von Hazor fand sich der sog. Stelentempel (Abb. 7). Dieser wies die Ausmaße 6 m x 4,50 m auf. In einer Nische der Rückwand waren 10 Stelen von 22 cm bis 65 cm Höhe so aufgestellt, daß

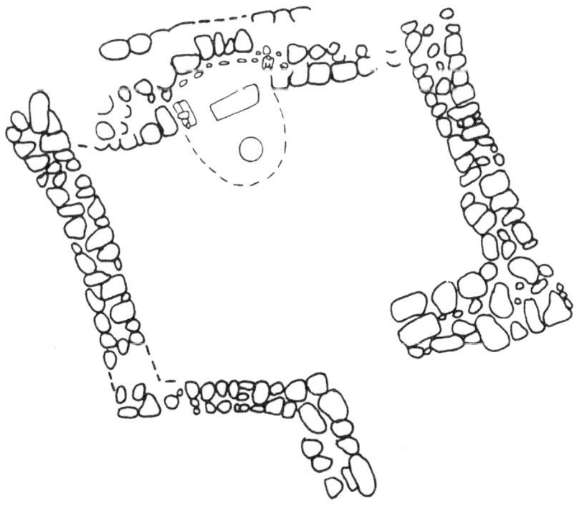

Abb. 7: Der Stelentempel von Hazor (Areal C), Stratum 1A

sie einen Halbkreis bildeten. Auf der linken Seite dieses Halbkreises wurde der Abschluß der Reihe durch die 40 cm hohe Statue eines thronenden Mannes mit einem Mondemblem auf der Brust gebildet. Der Mann ist bekleidet mit einem Wulstsaummantel, er trägt in seiner Rechten eine Schale, die Linke ruht auf seinem Knie. Die Statue hat eine ausführliche Diskussion um die Zuweisung des Tempels an eine Mondgottheit ausgelöst. Es ist allerdings nicht so ohne weiteres gesagt, daß mit dieser Statue ein (Mond-)Gott abgebildet ist, man hat verschiedentlich in der Statue einen divinisierten Herrscher erblicken wollen. Dafür spricht, daß in diesem Tempel drei weitere Sitzfiguren gefunden wurden. Dies würde bedeuten, daß an diesem Heiligtum der Totenkult der Herrscher von Hazor vorgenommen wurde, was aber nicht ausschließt, daß hier ein Tempel für Götter vorliegt.

Auf diesen Sachverhalt verweist eine der mittleren Stelen, die als Bildmotiv zwei im Orantengestus erhobene Hände und darüber eine Mondsichel aufweist. Diese Szene deutet in der Tat auf die Praktizierung eines lunaren Kultes in diesem Heiligtum. Die Bezüge zum Mondsymbol des thronenden Mannes (Mondgott als sein Schutzgott?) sind nicht ganz klar. Aber der Thronende dürfte auch schon deshalb nicht als Mondgott angesehen worden sein, weil dieser durch eine der mittleren Stelen repräsentiert wurde und der Thronende eine bescheidene Position links außen einnahm.

Vor dem durch die Stelen gebildeten Halbkreis lag eine Basaltplatte zur Aufnahme von Opfern und Libationen. Dies zeigt für den Modus der Beopferung, daß Stelen und Figuren als gleichberechtigte Orte der Anwesenheit von Göttern oder divinisierten Ahnen angesehen und behandelt wurden.

Die Ausgrabungen in Megiddo brachten unter dem sog. Mittelpalast eine nicht ausgeraubte Gruft aus dem Übergang von der Mittelbronze-II-Zeit zur Spätbronzezeit zutage. Die Grabkammer I war durch einen Schaft zugänglich, der zu einem mit einem Stein abgeschlossenen Dromos führte. Durch diesen Dromos gelangte man in die mit einem Gewölbe überdachte Grabkammer von 2,60 m x 2,15 m Fläche und einer Höhe von ca. 1,70 m. In dieser Grabkammer lagen sechs Skelette; von ihnen lag das Skelett eines Mannes auf einer 40 cm hohen Bank an der nördlichen Mauer, das einer Frau fand sich neben ihm auf dem Boden. Als Grabbeigaben waren den Toten Schmuck und Vorratskrüge mit Nahrung beigegeben. Aufgrund der Grablege unterhalb des Palastes und der reichen Grabbeigaben hält man das Grab unter der Mittelburg von Megiddo für das Grab eines Stadtkönigs.

Zu erwägen ist die Deutung eines weiteren Gebäudes in Megiddo als königliche Grablege. Der Palast 2041 im Stratum VIIA weist einen aus drei Räumen bestehenden Anbau (3073) auf, der 1,40 m tiefer als der Palast liegt und halb in den Boden versenkt war. Aufgrund der in diesem Haus gemachten Funde von Schalen, Goldschmuck und Elfenbeinschnitzereien deutete man diesen Bau als Schatzhaus. Daß aufgrund der teilweisen Versenkung des Anbaus in den Boden dieser auch als Vorratshaus fungierte, muß angesichts der in ihm gemachten Funde als unwahrscheinlich gelten. Aber auch die Deutung als Schatzhaus erklärt nicht den besonderen architektonischen Status des Anbaus. Insofern hat R. Hachmann nach der Ausgrabung eines vergleichbaren Hauses beim Königspalast von Kumidi, welches sich als königliche Grablege erwies,[8] vorgeschlagen, auch das sog. Schatzhaus (3073) von Palast 2041 in Megiddo als königliche Grablege zu verstehen.

Neben diesen architektonischen Hinweisen auf den königlichen Totenkult sind in diesem Kontext zwei Figuren anzusiedeln. Es handelt sich dabei um thronende Metallfiguren aus Tempel 2048, die aufgrund ihrer Darstellung mit Tiara und Wulstsaummantel als Königsdarstellungen aufzufassen sind.[9]

Dies gilt zunächst für eine aus Stratum IX stammende Figur, die die Rechte zum Gruß erhebt und mit der Linken eine Schale hält. Durch diese Schale wird die kultische Funktion der Figur, die wie bei Götterfiguren auf das Aufnehmen von Libationen verweist, unterstrichen.

Jüngeren Datums ist die zweite Metallfigur eines Thronenden aus Schicht VIIA oder VI desselben Tempels. Die Figur hält in der Linken eine Standarte/Blüte (?). Aufgrund ihrer Höhe von 26 cm wird sie als Kultbild des Tempels gedeutet, wobei nicht zu übersehen ist, daß hier die Darstellung eines altsyrischen Königs vorliegt.

Ein dekorierter Elfenbeinstab aus Megiddo VIIA, der vielleicht anläßlich von Begräbniszeremonien verwendet worden ist, zeigt ebenfalls königliche Ahnen.

Aus dem transjordanischen Palästina ist auf ein östlich von Amman gefundenes, außerhalb jeglicher Siedlung liegendes Gebäude einzugehen. Es hat einen quadratischen Grundriß von 15 m x 15 m und wird in das 13. Jh. v. Chr. datiert. Nördlich dieses Gebäudes liegt eine mit Steinen gepflasterte Fläche von 4 m x 2 m, die Brandspuren aufweist.

Entscheidend für die Deutung des Gebäudes ist der Fund von Tausenden kleiner menschlicher Knochenfragmente, die alle verbrannt worden waren. Die gepflasterte Steinfläche nördlich vor dem Gebäude stellte den hierfür benötigten Einäscherungsplatz dar.

In der Forschung besteht keine Einigkeit über die genaue Bestimmung des Gebäudes im Kontext des Sepulchralwesens. Dennoch deutet der Gesamtbefund auf eine Grabanlage, mit großer Wahrscheinlichkeit auch auf einen Ort des königlichen Totenkultes. Damit wäre das Gebäude als königlicher Totentempel zu bestimmen.

[8] → I.B. 5.2.

[9] → I.A. 5.1 mit Anm. 113.

II. Von der Eisenzeit bis zum Beginn der frühchristlichen Zeit

A. Nord- und Westsyrien: Die Religion der Phönizier (ca. 1100–1. Jh. n. Chr.)

1. Raum und Zeit

C. Baurain – C. Bonnet, Les Phéniciens, Paris 1992, 9-188. – K.-H. Bernhardt, Der alte Libanon, Leipzig 1976; Wien 1977. – M. Botto (Hg), Studi storici sulla Fenicia. L'VIII e il VII secolo a. C. (Quaderni di Orientalistica Pisana 1), Pisa 1990. – F. Briquel-Chatonnet, Les relations entre les cités de la côte phénicienne et les royaumes d'Israël et de Juda (StPh XII), Leuven 1992. – G. Bunnens, L'histoire événementielle *partim* Orient, in: CPhP, 222-236. – J. Elayi, The Phoenician Cities in the Persian Period: JANES 12, 1980, 13-28. – Dies., Sidon, cité autonome de l'empire perse, Paris ²1990. – G. Garbini, I Fenici. Storia e religione, Neapel 1980, 1-150. – N. Jidejian, Tyre through the Ages, Beirut 1969. – Dies., Sidon through the Ages, Beirut 1971. – Dies., Byblos à travers les âges, Beirut 1977. – H.J. Katzenstein, The History of Tyre, Jerusalem 1973. – E. Lipiński – W. Röllig, Art. Phénicie, in: DCPhP, 348-351. – M. Liverani, Antico Oriente, Rom 1988, 693-713. – F. Millar, The Roman Near East. 31 BC – AD 337, Cambridge – London ²1994, 264-295. – S. Moscati, Die Phöniker, Essen 1975. – W. Röllig, Die Phönizier des Mutterlandes zur Zeit der Kolonisierung, in: H.G. Niemeyer (Hg), Phönizier im Westen (MB 8), Mainz 1982, 15-30. – Ders., On the Origin of the Phoenicians: Ber 31, 1983, 79-93. – J.-F. Salles, Phénicie, in: CPhP, 553-582. – J. Sapin, Un domaine de la couronne dans la Trouée de Homs (Syrie): Origines et transformations de Tiglat-Phalazar III à Auguste: Trans 1, 1989, 21-54. – P. Xella, Ugarit et les Phéniciens. Identité culturelle et rapports historiques, in: M. Dietrich – O. Loretz (Hg), Ugarit. (ALASP 7/1), Münster 1995, 239-266.

Trotz des Zusammenbruchs der vorderasiatischen Staatenwelt um 1200 v. Chr. ist für den Libanon die Kontinuität zwischen der Spätbronzezeit und der Eisenzeit zu betonen. Nach 1200 v. Chr. erfolgt kein radikal neuer Anfang, vielmehr läßt sich eine Weiterentwicklung der spätbronzezeitlichen Gegebenheiten beobachten.
Dieser Wandel in der Kontinuität zeigt sich für die Kultur der Phönizier unter drei Aspekten: Die *Archäologie* zeigt eine Fortführung der spätbronzezeitlichen Siedlungen auf. Die schriftliche Überlieferung weist das Phönizische als eine nordwestsemitische *Sprache* aus, die jünger als das Ugaritische und das Kanaanäische der El-Amarna-Glossen ist. Die phönizische *Religion* behält spätbronzezeitliche Götter und Göttinnen bei, teilt ihnen aber andere Ränge innerhalb der Götterwelt zu und bringt gleichzeitig neue Götter und Göttinnen hervor.
Von Phöniziern läßt sich erst ab ca. 1000 v. Chr. sprechen, da sich von dieser Zeit an auf der Küstenebene des Mittelmeeres zwischen Al Mina an der Orontesmündung im Norden und dem Karmel im Süden, später auch bis in die Šaron-Ebene, die phönizischen Stadtstaaten herausbilde-

ten.[1] In diesem geographischen und zeitlichen Rahmen werden die kulturellen Besonderheiten der Phönizier, durch die sie sich von den umgebenden Späthethitern, Aramäern, Israeliten, Judäern und transjordanischen Kulturen unterscheiden, erstmals greifbar.
Das 10. Jh. v. Chr. liegt für uns im Dunkeln, da es kaum Quellen zur phönizischen Geschichte aus dieser Zeit gibt. Die Phönizier und ihr Land begegnen erst ausführlicher in assyrischen Quellen des 9. Jh. v. Chr.
Assurnassirpal II. (883–859 v. Chr.) gelangte um 875 v. Chr. bis an das Mittelmeer und erhielt Tribut u.a. von Tyros, Sidon, Byblos und Arwad, unterwarf aber diese Städte nicht. Dies änderte sich unter Salmanassar III. (858–824 v. Chr.). Gegen seinen Versuch, Syrien bis zum Mittelmeer hin zu unterwerfen, stellte sich eine Koalition unter Führung des Königs von Aram (Damaskus), zu der auch die zwischen Byblos und Arwad liegenden Städte gehörten. 853 v. Chr. wurde Salmanassar III. in der Schlacht von Qarqar zurückgeschlagen. Erst nach mehreren Kämpfen gegen die phönizisch-syrische Koalition konnte Salmanassar III. 841 v. Chr. bis Ras en-Naqura vordringen und Tribut von Tyros, Sidon und Byblos einfordern. Aus der Regierungszeit Adadneraris III. (810–782 v. Chr.) sind ebenfalls Tributlieferungen von Tyros und Arwad sowie die Errichtung eines Bildes des Herrschers in Arwad überliefert.
In die Zeit nach Salmanassar III. fällt die Epoche der Umorientierung Phöniziens. Hatten sich die Phönizier an der Schlacht von Qarqar (853 v. Chr.) noch beteiligt und war ein phönizischer Kultureinfluß bis nach Westkleinasien und Nordsyrien zu bemerken, so änderte sich dies allmählich. Ausgehend vom 9. Jh. v. Chr. dominierten in Syrien immer mehr die Aramäerstaaten, was zu einem Rückzug der Phönizier aus Syrien führte. Die Phönizier richteten dafür ihren Blick nach Westen auf das Meer, wo sie vor allem auf der Suche nach neuen Rohstoffquellen waren. So wurde im 9. Jh. v. Chr. von Tyros aus Zypern besiedelt (Kupfer), und von hier aus erstreckte sich das phönizische Interesse nach Spanien (Silber).[2] Ebenso ist Karthago als tyrenische Filialgründung der zweiten Hälfte des 9. vorchr. Jh. zu nennen.
Ab 745 v. Chr. begann mit Tiglatpilesar III. (746–727 v. Chr.) die Unterwerfung Syriens und Palästinas durch die Assyrer, welche die Annexion der Aramäerstaaten Syriens und dann auch Israels als assyrische Provinzen nach sich zog. Die Phönizier, die sich aus Syrien zurückgezogen hatten, standen nicht in der antiassyrischen Koalition. Bis zum Ende des

[1] Zum Raum → I.B.1.; zur Terminologie vgl. C. Baurain, Portées chronologique et géographique du terme «phénicien», in: C. Bonnet – E. Lipiński – P. Marchetti (Hg), Religio Phoenicia (StPh IV), Namur 1986, 7-28; H. Pastor Borgoñon, Die Phönizier: Eine begriffsgeschichtliche Untersuchung: HBA 15-17, 1988-90, 37-142; Xella, Ugarit 244-253.

[2] Eine Übersicht zu Metallen und Minen im phönizisch-punischen Siedlungsbereich findet sich bei M. Gras – P. Rouillard – J. Teixidor, L'univers phénicien, Paris 1989, 98f. fig. 24.

neuassyrischen Großreiches (612 v. Chr.) wurden sie nicht zu assyrischen Provinzen, sondern erhielten einen Vasallenstatus wie Juda und die transjordanischen Reiche. Für diesen Status der phönizischen Städte war neben ihrer Zurückhaltung von der antiassyrischen Koalition ausschlaggebend, daß ihre Wirtschaftskraft nicht zerschlagen werden sollte.

Allerdings verlief diese Zeit auch nicht ganz ohne Schwierigkeiten mit den Assyrern. So zog Sargon II. (722–705 v. Chr.) auf seinem Feldzug nach Syrien zunächst zur Stadt Tyros, die den Tribut an Assur verweigert hatte. Tyros wurde zwar nicht erobert, aber Sidon untergeordnet, welches Tyros erobern sollte, was jedoch auch nicht gelang. Als später Sidon von den Assyrern abfiel, ließ Asarhaddon (681–669 v. Chr.) 677 v. Chr. die Stadt plündern und zerstören. Diesmal blieb Tyros ein treuer assyrischer Vasall, mit dem Asarhaddon einen Vertrag zur Regelung der gegenseitigen Beziehungen schloß.

Unter Asarhaddon stand Phönizien unter assyrischer Verwaltung. Es wurden drei Provinzen mit Gouverneurssitzen in Simira, in Kar-Asarhaddon bei Sidon[3] und in Ušu auf dem Festland gegenüber von Tyros eingerichtet. Unabhängige Städte waren noch Arwad und Tyros, die aufgrund ihrer Insellage nicht zu erobern waren, und das assurtreue Byblos.

Während des neubabylonischen Reiches soll es um 600 v. Chr. unter Nebukadnezzar (605–562 v. Chr.) zu einer 13jährigen Belagerung von Tyros gekommen sein. Von dieser Belagerung wissen aber nur das Alte Testament (Ez 26,1-28,19) und Flavius Josephus (Ant X 228; c. Ap. I 154-160). Es liegen hierzu weder tyrenische noch neubabylonische Quellen vor.

Nach der Zerstörung Jerusalems 586 v. Chr. und der Vernichtung des Königreichs Juda drangen die Phönizier von Norden und Westen aus in das ehemalige judäische Gebiet vor, siedelten sich dort an und bewirkten eine phönizische Unterwanderung Palästinas.[4]

Die Perserzeit beginnt für den Alten Orient im Jahre 539 v. Chr. mit dem Einzug Kyros II. (559–529 v. Chr.) in Babylon. Sein Sohn und Nachfolger Kambyses (529–522 v. Chr.) eroberte 525 v. Chr. Zypern, Ägypten und Libyen, wobei er von Phöniziern unterstützt wurde. Zum Dank dafür erhielt Tyros das Gebiet von Sarepta bis hin zum Karmel und die Stadt Aškalon. Sidon erhielt die Šaron-Ebene mit den Städten Dor und Jaffa. Das Phönizierland gehörte unter der Perserherrschaft zur Satrapie Abar Nahara (Transeuphratene). Der Satrap saß in Tripolis (vielleicht auch in Damaskus). Die starken phönizischen Städte hatten den Status von Verbündeten, da die Perser auf die phönizische Flotte angewiesen waren.

[3] Vgl. dazu H. Sader, Tell el Burak: an unidentified city of Phoenician Sidon, in: B. Pongratz-Leisten – H. Kühne – P. Xella (Hg), Ana šadî Labnāni lū allik. FS W. Röllig (AOAT 247), Kevelaer – Neukirchen-Vluyn 1997, 363-376, bes. 367-372.

[4] Vgl. H.-P. Müller, Phönizien und Juda in exilisch-nachexilischer Zeit: WO 6, 1971/72, 189-204.

Während der Jahre 333 – 331 v. Chr. eroberte Alexander d. Gr. (336 – 323 v. Chr.) den Vorderen Orient, womit die hellenistische Zeit beginnt. Den Feldzug führte Alexander an der phönizischen Küste entlang bis Tyros. Diese Stadt konnte sich sieben Monate lang widersetzen. Erst durch die Aufschüttung eines Dammes vom Festland zur Insel Tyros konnte diese eingenommen werden.
Nach dem Tode Alexanders gehörte Phönizien zunächst zum Ptolemäerreich, näherhin zu der von Alexandrien aus verwalteten Provinz »Syrien und Phönikien«. Im 3. Jh. v. Chr. wechselte das Land der Phönizier mehrfach zwischen dem ptolemäischen und dem seleukidischen Machtbereich, bis es dann schließlich 198 v. Chr. endgültig in die Macht der Seleukiden überwechselte. Die großen phönizischen Städte wandelten sich in der hellenistischen Zeit zu griechischen Poleis und erreichten auch wieder ihre Unabhängigkeit, so Tyros (126 v. Chr.), Sidon (111 v. Chr.) und Beirut (81 v. Chr.).
Im Winter 64/63 v. Chr. gelangte der römische Feldherr Pompeius nach Syrien, wo er Syrien und Phönizien ohne Schwierigkeiten unterwarf. Den phönizischen Städten wurde die Selbständigkeit zuteil, sie mußten sich aber nach römischem Vorbild eine republikanische Verfassung geben. Die Römerzeit war für Phönizien eine Blütezeit. Dies zeigt sich an der Ausdehnung des phönizischen Handels bis nach Italien (u.a. Rom, Ostia, Puteoli) und dem großzügigen Ausbau der phönizischen Städte, die mit Tempeln, Sportanlagen und Markthallen ausgestattet wurden.
Mit der Herrschaft des Oktavian (31 v. Chr. – 14 n. Chr.) beginnt eine langanhaltende Friedenszeit für Phönizien, da die römischen Kämpfe in Ostsyrien stattfanden und Phönizien nicht berührten. Im 1. Jh. n. Chr. setzt die Christianisierung des Libanon ein. In Tyros und Sidon gab es christliche Gemeinden (Apg 21,3f; 27,3). Im 2. Jh. n. Chr. war Tyros Bischofssitz; viele Tempel wurden in Kirchen umgewandelt. Abgeschlossen wurde die Christianisierung des Libanon im 4. Jh. n. Chr. unter Kaiser Konstantin und seinen Nachfolgern. Das Ende dieser Friedenszeit kam mit dem Einfall der Sassaniden 614 n. Chr.

2. Die Quellen

Textausgaben, Bearbeitungen und Übersetzungen: F. Bron, Recherches sur les inscriptions phéniciennes de Karatepe (Hautes Etudes Orientales 11), Genf 1979. – C. Butterweck – H.-P. Müller – H.P. Roschinski, Phönizische Grab-, Sarg- und Votivinschriften, in: TUAT II, 1986-91, 582-605. – Corpus Inscriptionum Semiticarum I/1-3. Inscriptiones Phoenicias Continens, Paris 1881-1936. – R. Deutsch – M. Heltzer, Forty New Ancient West Semitic Inscriptions, Tel Aviv – Jaffa 1994. – H. Donner – W. Röllig, Kanaanäische und aramäische Inschriften, Wiesbaden [3-4]1973-79. – J.C.L. Gibson, Textbook of Syrian Semitic Inscriptions 3, Oxford 1982. – M.G. Guzzo Amadasi, Le iscrizioni fenicie e puniche delle colonie in occidente (SS 28), Rom 1967. – Dies. – V. Karageorghis, Fouilles de Kition III. Inscriptions phéniciennes, Nicosia 1977. – Inscriptions Grecques et Latines de la Syrie 1-8, Paris 1929-80. – H.-P. Müller, Phönizische historische Inschriften, in: TUAT I, 1982-85, 638-645. – S. Parpola – K. Watanabe, Neo-Assyrian Treaties and Loyalty Oaths (SAA II), Helsinki 1988, 24-27. – Répertoire d'Epigraphie Sémitique I-IV, Paris 1900/1905-1919. – F. Stéphan, Les inscriptions phéniciennes et leur style, Beirut 1985. – E. Weidner, Der Vertrag Asarhaddons mit Ba^{c}al von Tyros: AfO Beih 8, 1932/33, 29-34.

Hilfsmittel: M.G. Amadasi Guzzo, Les inscriptions, in: CPhP, 19-30. – V. Krings, La littérature phénicienne et punique, in: CPhP, 31-38. – F. Mazza – S. Ribichini – P. Xella, Fonti classiche per la civiltà fenicia e punica I, Rom 1988. – S. Ribichini, Les sources gréco-latines, in: CPhP, 73-83. – G. Scandone, Les sources égyptiennes, in: CPhP, 57-63. – I. Schiffmann, Phönizisch-Punische Mythologie und geschichtliche Überlieferung in der Widerspiegelung der antiken Geschichtsschreibung (CSF 17), Rom 1986. – J. Teixidor, Bulletin d'Epigraphie Sémitique (1964-1980) (BAH 127), Paris 1986. – P. Xella, Les sources cunéiformes, in: CPhP, 39-56. – Ders., La Bible, in: CPhP, 64-72.

Archäologische Quellen: N. Avigad – B. Sass, Corpus of West Semitic Stamp Seals, Jerusalem 1997, 264-279. – W. Culican, Opera selecta: From Tyre to Tartessos, Göteborg 1986. – C. Decamps de Mertzenfeld, Inventaire commenté des ivoires phéniciens et apparentés découverts dans le Proche-Orient I–II, Paris 1954. – A. Destrooper-Georgiades, La numismatique *partim* Orient, in: CPhP, 148-165. – E. Gubel, Phoenician Furniture (StPh VII), Leuven 1987. – Ders., Die Phönizische Kunst, in: U. Gehrig – H.G. Niemeyer (Hg), Die Phönizier im Zeitalter Homers, Mainz 1990, 75-86. – Ders., The Iconography of Inscribed Phoenician Glyptic, in: NSIS, 101-129. – Ders., Byblos. L'art de la métropole phénicienne, in: E. Acquaro e.a. (Hg), Biblo. Una città e la sua cultura (CSF 34), Rom 1994, 73-96. – T. Hackens – G. Moucharte (Hg), Numismatique et histoire économique phéniciennes et puniques (StPh IX), Leuven 1992. – C. Jourdain-Annequin, Héraclès – Melqart à Amrith. Recherches iconographiques (BAH 142), Paris 1992. – S. Moscati (Hg), Die Phönizier, Hamburg o.J. [1988]. – A. Nunn, Kontinuität und Wandel im Motivschatz Phöniziens, Syriens und Transjordaniens vom 6. bis zum 4. Jahrhundert v. Chr. (Diss.habil., München), 1996. – A. Parrot – M.H. Chéhab – S. Moscati, Die Phönizier (Universum der Kunst 23), München 1977. – G. Perrot – C. Chipiez, Histoire de l'art dans l'antiquité III. Phénicie-Chypre, Paris 1885, 1-478. – E. Renan, Mission de Phénicie, Paris 1864-1874. – R.A. Stucky, Tribune d'Echmoun. Ein griechischer Reliefzyklus des 4. Jahrhunderts v. Chr. in Sidon (AK Beih 13), Basel 1984. – Ders., Die Skulpturen aus dem Eschmun-Heiligtum bei Sidon (AK Beih 17), Basel 1993. – M. Yon, Les prospections et «surveys» *partim* Orient, in: CPhP, 85-105. – Dies., L'archéologie monumentale *partim* Orient, in: CPhP, 119-131. → 4.2; 6.1; 6.2; 6.3.

Die wichtigsten schriftlichen Quellen zur phönizischen Religion sind mit den phönizischen Inschriften gegeben, die seit dem 11. Jh. v. Chr. vorliegen. Neben mit Personennamen beschrifteten Pfeilspitzen finden sich vor allem Bau-, Sarkophag- und Grabinschriften. Dazu treten noch Votivinschriften. Aufgrund dieser literarischen Genera ist eine relativ hohe Stereotypie der Inschriften festzustellen, so daß im Bereich der Epigraphik alle Einblicke in die Religion einer starken Beschränkung unterworfen sind. Dazu kommt, daß ein Großteil dieser Inschriften aus Königsin-

schriften besteht, wobei generell zu berücksichtigen ist, daß auch die meisten anderen phönizischen Inschriften von Mitgliedern der Oberschicht stammen, was zur Folge hat, daß die Volksreligion für uns nicht erkennbar wird. Der Bereich der Gebete, Rituale und Götterlisten fällt völlig aus. Neben den für die Erschließung der Panthea entscheidenden Götternamen sind auch die Personennamen heranzuziehen.[5]
Phönizische Mythen sind nur fragmentarisch erhalten und erst in christlicher Zeit innerhalb der Werke des Kirchenvaters Eusebius von Caesarea (ca. 260–340 n. Chr.) tradiert.[6]
Einzelerkenntnisse zur phönizischen Religion liefern als Sekundärquellen ägyptische, assyrische, babylonische und alttestamentliche Texte sowie Werke griechischer und lateinischer Autoren.
Was die archäologischen Quellen angeht, so waren die Grabungen im phönizischen Mutterland in den letzten Jahren aufgrund des Bürgerkrieges sehr eingeschränkt bzw. völlig zum Erliegen gekommen. Wichtige Funde aus älteren Grabungen bilden Tempel, Nekropolen, Sarkophage, Stelen und kleinere Objekte (Schmuck, Elfenbein, Metall- und Glaswaren).

3. Die Götterwelt

AA.VV., La religione fenicia (SS 53), Rom 1981. – AA.VV., Adonis. Relazioni del Colloquio in Roma, 22-23 maggio 1981, Rom 1983. – C. Bonnet, Melqart (StPh VIII), Namur – Leuven 1988. – Dies., Le dieu solaire Shamash dans le monde phénico-punique: SEL 6, 1989, 97-115. – Dies., Tinnit, sœur cadette d'Astarté?: WO 22, 1991, 73-84. – Dies., Les dieux de Tyr, in: AA.VV., La conscience européenne et le Liban – Tyr et la formation des civilisations méditerranéennes, Paris 1992, 115-123. – Dies., Existe t-il un *$B^{c}L$ GBL* à Byblos?: UF 25, 1993, 25-34. – Dies., Astarté (CSF 37), Rom 1996, 19-51. – Dies. – E. Lipiński – P. Marchetti (Hg), Religio Phoenicia (StPh IV), Namur 1986. – P. Bordreuil, Le dieu Echmoun dans la région d'Amrit, in: E. Gubel – E. Lipiński (Hg), Phoenicia and its Neighbours (StPh III), Leuven 1985, 221-230. – Ders., A propos de Milkou, Milqart et Milk^{c}ashtart, in: E.M. Cook (Hg), Sopher Mahir. FS St. Segert, Winona Lake 1990, 11-21. – A. Caquot, Horon: revue critique et données nouvelles: AAAS 29-30, 1979-80, 173-180. – R.J. Clifford, Phoenician Religion: BASOR 279, 1990, 55-64. – R. Comte du Mesnil du Buisson, Etudes sur les dieux phéniciens hérités par l'empire romain (EPRO 14), Leiden 1970. – Ders., Nouvelles études sur les dieux et les mythes de Canaan (EPRO 33), Leiden 1973, 32-69. – H. Gese, Die Religionen Altsyriens, in: RAAM, 182-203. – F.O. Hvidberg-Hansen, La déesse TNT, Kopenhagen 1979. – A. Lemaire, Déesses et dieux de Syrie-Palestine d'après les inscriptions (c. 1000-500 av. n.è.), in: W. Dietrich – M.A. Klopfenstein (Hg), Ein Gott allein? (OBO 139), Freiburg – Göttingen 1994, 127-158, bes. 128-135. – E. Lipiński, Eshmun, »Healer«: AION 23, 1973, 161-183. – Ders., Syro-fenicische

[5] Vgl. F.L. Benz, Personal Names in the Phoenician and Punic Inscriptions (StP 8), Rom 1972; K. Jongeling, Names in Neo-Punic Inscriptions, Groningen 1984.

[6] → 7.1.

wortels van de karthaagse religie: Phoenix 28, 1982-83/84, 51-84. – Ders., Tannit et Ba^c^al Hamon: HBA 15-17, 1988-90, 209-249. – Ders., Dieux et déesses de l'univers phénicien et punique (StPh XIV), Leuven 1995. – Ders., Shadday, Shadrapha et le dieu Satrape: ZAH 8, 1995, 247-274. – M.H. Pope – W. Röllig, Syrien. Die Mythologie der Ugariter und Phönizier, in: WdM I, ²1983, 217-312. – E. Puech, Les inscriptions phéniciennes d'Amrit et les dieux guérisseurs du sanctuaire: Syr 63, 1986, 327-342. – S. Ribichini, Glaube und religiöses Leben, in: S. Moscati (Hg), Die Phönizier, Hamburg o.J. [1988], 104-125. – Ders., Poenus advena (CSF 19), Rom 1985. – Ders., Art. Adonis, in: DDD, 12-17. – W. Röllig, El als Gottesbezeichnung im Phönizischen, in: R. von Kienle e.a. (Hg), FS J. Friedrich, Heidelberg 1959, 403-416. – G. Theuer, Der Mondgott in den Religionen Syrien-Palästinas während der Spätbronze- und Eisenzeit (Diss. Tübingen), 1997, 336-339. – M. Weippert, Elemente phönikischer und kilikischer Religion in den Inschriften vom Karatepe: ZDMGS I/1, 1969, 191-217, jetzt in: Ders., Jahwe und die anderen Götter (FAT 18), Tübingen 1997, 109-130. – P. Xella, Studi sulla religione fenicia e punica, 1971-1973: RSF 3, 1975, 227-244. – Ders., Sulla più antica storia di alcune divinità fenicie: ACSF I/2, 1983, 401-407. – Ders., D'Ugarit à la Phénicie: Sur les traces de Rashap, Horon, Eshmun: WO 19, 1988, 45-64. – Ders., Tendenze e prospettive negli studi sulla religione fenicia e punica: ACSF II/1, 1991, 417-429. – Ders., «Divinités doubles» dans le monde phénico-punique: Sem 39, 1990, 167-175. – Ders., Baal Hammon (CSF 32), Rom 1991. – Ders., Eschmun von Sidon, in: M. Dietrich – O. Loretz (Hg), Mesopotamica-Ugaritica-Biblica. FS K. Bergerhof (AOAT 232), Kevelaer – Neukirchen-Vluyn 1993, 481-498. – Ders., Pantheon et culto a Biblo. Aspetti e problemi, in: E. Acquaro e.a. (Hg), Biblo. Una città e la sua cultura (CSF 34), Rom 1994, 195-214. – Ders., La religione fenicia: parametri cronologici e tipologia storica, in: AA.VV., I Fenici: Ieri oggi domani, Rom 1995, 139-149.

Die geographische Zerklüftung des Libanon, die der Bildung größerer Territorialstaaten auf diesem Gebiet entgegenstand,[7] wirkte sich in politischer Hinsicht in Richtung auf eine Regionalisierung des Libanon während der Spätbronzezeit und der Eisenzeit aus. Auch die Religionsgeschichte der Phönizier läßt sich nur auf dem Hintergrund dieser Regionalisierung verstehen. »Jede von den Städten am Libanon hat ihr eigenes, unterschiedlich aufgebautes Pantheon, wenn es auch im Grunde aus den gleichen Göttergestalten besteht. Die kultische Eigenständigkeit war eine notwendige Entsprechung zur politisch-ökonomischen Selbständigkeit der Stadtstaaten.«[8] Daraus ergibt sich, daß man von *der* phönizischen Religion nicht sprechen kann, auch wenn sich eine gewisse Einheit der Religion im phönizischen Mutterland zeigt. Deshalb werden in den folgenden Abschnitten die großen Lokalpanthea nach ihren Orten vorgestellt, wobei sich allerdings mehrfache Wechselbeziehungen der Panthea untereinander erkennen lassen.

Nicht eigens behandelt werden die von den Phöniziern auch verehrten

[7] → I.B.1.

[8] Bernhardt, Libanon 118.

Gottheiten ägyptischer und zyprisch-phönizischer Provenienz, auf deren Existenz hier nur summarisch hingewiesen werden soll.[9]

3.1 Arwad und der Küstenstreifen

Finden sich in der Gegend von Al Mina die nördlichsten Belege für phönizische Ansiedlungen, so kommen als Kultorte erst die südlich davon gelegene Insel Arwad, das Heiligtum von Amrith auf dem Festland und der Tempel von Baitokaike im Gebirge in den Blick. Die inschriftliche Dokumentation von Gottheiten beginnt hier in der Perserzeit und setzt sich bis in das 4. Jh. n. Chr. fort.

Auf der Insel Arwad wurden nach Ausweis griechischer Inschriften die Götter Melqart, Kronos (Baal Hammon), Ešmun (Asklepios) und Astarte (Aphrodite) verehrt. Die Verehrung des Gottes Melqart ist vorher schon belegt für die Gegend um Aleppo und die Stadt Tyros.[10]

Die Götter Melqart, Ešmun und Šadrapa sind die Hauptgötter des Heiligtums von Amrith. Ešmun gehört in die Kategorie der Heilgötter. Sein Name dürfte im Zusammenhang mit dem nordwestsemitischen Wort für Öl *(šmn)* stehen und somit an eines der wichtigsten Heilmittel (Olivenöl) der Antike erinnern. Demnach wäre Ešmun als der »Salber« und somit als der »Heiler« zu verstehen.[11] In seiner Funktion als Heilgott muß er auf dem Hintergrund einer bis nach Ugarit reichenden Vorgeschichte gesehen werden. Erstmals belegt ist Ešmun im Vertrag zwischen Baal von Tyros und Asarhaddon (SAA II, Nr. 5 IV 14') aus dem Jahr 676 v. Chr. in Tyros.[12]

Der Gott Šadrapa, dessen Name etymologisch zurückgeht auf die Bestandteile *šed* »Geist« und die Verbwurzel *rp'* »heilen«, ist als ein »heilender Geist« zu verstehen. Bildlich ist der Gott auf einer Stele aus Amrith (oder Tell Kazel/Simira?) dargestellt, die zwischen dem 8. und 5. Jh. v. Chr. anzusetzen ist. Sie stellt einen auf einem Löwen stehenden Mann dar, der die Rechte erhebt und in der Linken ein Löwenjunges hält. Die ägyptische Krone und das ägyptisches Gewand, welches er trägt, lassen sein ägyptisches Vorbild deutlich erkennen. Die Zuweisung an Šadrapa ist aufgrund der Inschrift erkenntlich.[13]

In dem 30 km östlich von Tartus in einer Höhe von 1000 m im Gebirge gelegenen Baitokaike befindet sich das Bergheiligtum des Ortes Arwad. Der Tempel des Baalšamem stammt aus dem 3. Jh. n. Chr. Die Zuweisung des Tempels an Baalšamem ist aufgrund der sog. großen Inschrift von

[9] Vgl. dazu Lipiński, Dieux 289-350.

[10] → 3.6; II.B. 3.2.1.

[11] Vgl. Lipiński, Eshmun; Xella, Eschmun; philologisch ist Ešmun zu verstehen als *q^etul*-Form mit prosthetischem Aleph zur Auflösung der Doppelkonsonanz am Wortbeginn.

[12] → 3.6.

[13] Vgl. die Abbildung der Stele in Parrot – Chéhab – Moscati, Phönizier 117 Abb. 122; zu zwei verwandten Stelen vgl. M. Yon – A. Caubet, Arouad et Amrit VIIIe - Ier siècles av. J.-C. Documents: Trans 6, 1993, 47-67, bes. 58-60.

Baitokaike (IGLS VII, 4028) gegeben. Diese Inschrift teilt sich auf fünf Dokumente auf, von denen das erste lateinisch und die anderen griechisch verfaßt sind. In diesen Dokumenten wird der heilige Himmelsgott, bzw. der Gott von Baitokaike genannt.

3.2 Byblos

Die El-Amarna-Briefe wiesen bereits für die Spätbronzezeit die »Herrin von Byblos« *(bᶜlt gbl)* als Vorsteherin der Gottheiten von Byblos und somit als höchste Göttin der Stadt aus.[14] Es handelt sich bei ihr um eine Gottheit, deren Namen nicht bekannt ist, da immer nur ihr Titel »Herrin von Byblos« verwendet wird und dieser seit der Amarna-Zeit zum Gottesnamen geworden ist. Die Göttin ist im 1. Jt. v. Chr. auch ikonographisch belegt; ihr bekanntestes Abbild ist mit der Stele des Königs Jeḥaumilk von Byblos im 5. Jh. v. Chr. gegeben.[15] An ihrer Seite wird der »Herr von Byblos« *(bᶜl gbl)* verehrt. Im Vergleich zur »Herrin von Byblos« ist der »Herr von Byblos« nur spärlich dokumentiert, was mit einer größeren Beliebtheit der Göttin erklärt werden kann.
Die Bauinschrift des Jeḥaumilk von Byblos (KAI 4), die das älteste Indiz für die Existenz des »Herrn von Byblos« darstellt, nennt desweiteren einen bis dahin unbekannten Gott, Baalšamem, als einen der hohen Götter von Byblos. Konzipiert auf dem Hintergrund diverser Wettergotttheologien der Spätbronzezeit[16] stellt Baalšamem den Schutzgott des Königtums dar.
In der Inschrift des Sohnes des Šipiṭbaal (KAI 9) wird ein Gott Baal Addir genannt. Dieser erstmals um 500 v. Chr. erwähnte Gott ist wohl als der »mächtige Baal« zu verstehen, ohne daß man über seine Charakteristika etwas Genaues wüßte. Er ist vor allem aus punischen und neupunischen Inschriften aus Nordafrika bekannt.
Der populärste in Byblos verehrte Gott ist Adonis. Sein Kult ist seit dem 2. Jh. v. Chr. aus Byblos bekannt, der Gott selbst aber ist seit dem 5. Jh. v. Chr. in Griechenland belegt. Sein Name weist ihn als semitische Gottheit aus. Mit Adonis verbindet sich eine am Verlauf der Jahreszeiten orientierte Vorstellung von Tod und Auferstehung. Unter kleinasiatisch-griechischem Einfluß wurde diese Vorstellung in einen Jagdmythos eingebunden. »Der jugendliche Jäger Adonis liebt die Göttin Aphrodite, in der leicht die phönikische Aschtart in ihrer byblischen Ausprägung wie-

14 → I.B. 3.1.

15 Vgl. die Abbildung der Stele in Moscati (Hg), Phönizier 305; zu weiteren Darstellungen der Göttin vgl. E. Gubel, Une nouvelle représentation du culte de la Baalat Gebal?, in: C. Bonnet – E. Lipiński – P. Marchetti (Hg), Religio Phoenicia (StPh IV), Namur 1986, 263-276; E. Gubel – P. Bordreuil, Statuette fragmentaire portant le nom de la Baalat Gubal: Sem 35, 1985, 5-11.

16 Vgl. dazu H. Niehr, Zur Herkunft und Vorgeschichte des Gottes Baᶜalšamem, in: IV Congreso Internacional de Estudios Fenicios y Púnicos Cádiz 1995 [im Druck].

derzuerkennen ist. Der kriegerische Gott Ares – zweifellos der byblische Rescheph in griechischem Gewande – beauftragt aus Eifersucht einen wilden Eber, Adonis bei einem seiner Jagdausflüge zu töten. Dieses Vorhaben des Unterweltsgottes gelingt; Adonis wankt schwerverletzt zu der Grotte, in der er sich mit Aphrodite/Aschtart zu treffen pflegte, und stirbt in ihren Armen. Die Göttin eilt in die Unterwelt, um ihren Geliebten wieder ins Leben zurückzuholen; aber Persephone, die Herrin über die Gefilde der Toten, gestattet die Rückkehr nur jeweils für den dritten Teil eines Jahres.«[17]

Das Auffällige an diesem Mythos ist der Bezug zum Gott Baal in Ugarit, der in die Unterwelt muß, nachdem er von Mot besiegt worden war, aber durch seine Schwester und Geliebte Anat wieder heraufgeführt wird (KTU 1.4-6).[18] Wies der Baalmythos Züge eines Vegetationsmythos auf, so ist dies beim Adonismythos nicht anders: Adonis stirbt in der Sommerhitze und wird zur neuen Aussaat im Frühjahr wieder aus der Unterwelt heraufgeholt.

Der Adonismythos ist allerdings nicht einfach in direkter Linie mit dem spätbronzezeitlichen Baalmythos von Ugarit verwandt. Auch in Mesopotamien wird der Tod eines Gottes, der in die Unterwelt hinabsteigt und wieder heraufkommt, gefeiert. Es handelt sich hierbei um den letztlich auf die sumerische Mythologie zurückgehenden Kult des Dumuzi. Dieser Kult dringt von Mesopotamien nach Syrien-Palästina, wo der Gott unter dem Namen Tammuz bekannt wird und ab dem 6. Jh. v. Chr. auch in Jerusalem belegt ist (Ez 8,14). Nach dem Gott Tammuz wurde auch die Hochsommerzeit (Juli/August) benannt.

Über diese einzelnen, namentlich bekannten Göttinnen und Götter hinaus führen die byblischen Inschriften noch die (heiligen) Götter von Byblos bzw. deren Versammlung an (KAI 4,4-5; 9B, 5-6 [erg.]; 10,10.16). Hiermit kann der himmlische Thronrat der Hochgötter gemeint sein, wohl aber eher die Gesamtheit der in Byblos verehrten Göttinnen und Götter.

3.3 Beirut

Unter den ab dem 4./3. Jh. v. Chr. inschriftlich belegten Gottheiten von Beirut und seiner Umgebung begegnet zunächst der Gott Baal Marqod, womit entweder eine bestimmte Baalmanifestation (»Herr des Tanzes«) oder der Gott eines Ortes (»Herr von Marqod«) bezeichnet wird. Hinzu tritt eine Nennung der Göttin Astarte in einer fragmentarischen Inschrift aus hellenistischer Zeit.[19]

[17] Bernhardt, Libanon 127.

[18] → I.A. 8.1.

[19] Mündliche Mitteilung von H. Sader. Die Inschrift soll in der Gedenkschrift für W.A. Ward veröffentlicht werden.

Als Götter in griechischem Gewand treten Poseidon und Pontos auf. Poseidon begegnet auf hellenistischen Münzen als Stadtgott von Beirut. Er dürfte als ursprünglich semitische Gottheit einen Wettergott, der auch für den Seesturm zuständig war, hinter sich haben. Poseidon ist nicht zu verwechseln mit dem personifizierten Meer, denn dieses begegnet nach Ausweis des Philo Byblios im Gott Pontos, der dem semitischen Yam gleichzusetzen ist und welcher als Vater des Poseidon gilt. Nach Philo Byblios wurde Pontos in Beirut kultisch verehrt.

3.4 Sidon

Eine der wichtigsten Göttinnen von Sidon ist Astarte. Dies geht aus sidonischen Texten des 6. und 5. Jh. v. Chr. hervor, näherhin der Inschrift aus dem Sarkophag des Tabnit (KAI 13,1-2.6) und der Inschrift auf dem Sarkophag des Ešmunazor (KAI 14,15-17.18). Die Könige von Sidon übten das Amt der Priester der Astarte aus (KAI 13,1-2; 14,15). Unter den in Sidon verehrten Göttern ragt Ešmun heraus. Er wird genannt in KAI 14,17, wo sein Tempel genannt ist. Desweiteren sind Bauinschriften seines Tempels (KAI 15 und 16) erhalten. In KAI 15 und 16 wird Ešmun als Gott des Königs bezeichnet. Der in diesen Inschriften genannte Tempel des Gottes lag etwas außerhalb der Stadt und bildet ein eigenes Sakralzentrum.[20] Sein Kult ist von Tyros nach Sidon gekommen.
Ešmun geht nicht auf in der in seinem Namen angedeuteten Rolle des Heilgottes, wie sie etwa im Kult von Amrith entscheidend ist. Im Asarhaddon-Vertrag (676 v. Chr.) tritt er parallel zu Melqart von Tyros als einer der Hauptgötter von Sidon auf (SAA II, Nr. 5 IV 14'). In der Sarkophaginschrift des Königs Ešmunazor wird er als »der heilige Fürst« *(śr qdš)* bezeichnet.
Obwohl ein Stadtteil von Sidon nach Rešep benannt ist (KAI 15), ist seine Verehrung im 1. Jt. v. Chr. nur für Karatepe und Zypern belegt.[21]

3.5 Sarepta

Die zwischen Sidon und Tyros gelegene Stadt ist von den Kulten der beiden Schwesterstädte beeinflußt worden. Bezeugt ist auf einem Krugfragment des 5./4. Jh. v. Chr. der Kult des Gottes Šadrapa. Vier griechische Inschriften nennen einen »heiligen Gott von Sarepta«, eine Gottheit, die bis nach Rom bekannt war. Es dürfte sich dabei um den höchsten Gott von Sarepta handeln, der entweder als Ešmun oder als Šadrapa anzusprechen ist.
Eine Inschrift des 7. Jh. v. Chr. nennt die Weihe einer Statue an Tanit-Aštart. Da auch in Sidon beide Göttinnen eng verbunden sind, ist daraus

[20] → 4.2.
[21] Vgl. P. Xella, Art. Resheph, in: DCPhP, 373f; Lipiński, Dieux 179-188.

zu schließen, daß hier eine Doppelgottheit entstanden ist, wie auch immer der Gottesname genau zu verstehen und zu übersetzen ist.[22]

3.6 *Tyros*

Im Unterschied zu Byblos und Sidon entfallen in Tyros Königsinschriften aus der ersten Hälfte des 1. vorchr. Jt. Die älteste Quelle für die Götterwelt von Tyros stellt 676 v. Chr. der Asarhaddon-Vertrag (SAA II Nr. 5 IV 8'-19') dar. In ihm werden die in Tyros verehrten Götter aufgelistet, allerdings läßt sich keine Götterhierarchie erkennen.

Bei den zuerst genannten Wettergöttern steht der Gott Baalšamem an der Spitze. Auf ihn folgen zwei weitere Baal-Gottheiten. Baal Malage ist in seiner Bedeutung nicht ganz deutlich: Ist er als der Gott der (Meeres-) Überfahrten[23] oder als der Gott der Häfen[24] zu verstehen? Baal Ṣaphon weist grundsätzlich denselben Funktionsbereich auf, kann hier aber auch allgemein als Wettergott angesprochen sein.

Die im weiteren Verlauf erwähnten Götter werden angeführt von Melqart. Als seine Paredra tritt die Göttin Astarte auf, zudem ist noch Ešmun als ein weiterer Hauptgott belegt. Aus der Verehrung dieser drei Götter in Tyros sollte man jedoch nicht auf die Existenz einer Triade in Tyros schließen.

Der Gott Melqart ist im 1. Jt. v. Chr. erstmalig belegt; seine Vorgeschichte reicht bis in die Spätbronzezeit. Der Name setzt sich zusammen aus den Elementen »König« *(mlk)* und »Stadt« *(qrt)*. Melqart ist also der »König der Stadt«, so daß ihn schon sein Epitheton, welches zum Götternamen wurde, als höchsten Gott ausweist. Der älteste Beleg des Gottes Melqart ist um 800 v. Chr. mit der aramäischen Bar-Hadad-Stele (KAI 201) aus der Gegend von Aleppo gegeben.[25] Der älteste Melqart-Beleg für Tyros liegt mit dem Asarhaddon-Vertrag 676 v. Chr. vor.

Wendet man sich dem Kult des Melqart in Tyros zu, so liegt dessen Spezifikum in der Feier der Auferweckung des Gottes. Die Zeugnisse hierfür sind allerdings auch erst sehr spät (Jos., c. Ap. I 119; Ant. VIII 146). Flavius Josephus beruft sich auf die Überlieferung des Menander und berichtet, Hiram von Tyros habe die Auferweckung des Herakles (= Melqart) im Monat Peritios (Februar/März) gefeiert. Um den Zeitpunkt des Frühlingsaequinoktiums wurde der schlafende bzw. tote Gott auferweckt. Das Ganze geschah in einem Verbrennungsritus, in dem sich der

[22] Vgl. zur Textgrundlage J.B. Pritchard, The Tanit Inscription from Sarepta, in: H.G. Niemeyer (Hg), Phönizier im Westen (MB 8), Mainz 1982, 83-92 und zur Diskussion Bonnet, Astarté 48f.

[23] So Lipiński, Dieux 243f.

[24] So Bonnet, Dieux de Tyr 121f. Bei H. Niehr, Art. Baal, in: DNP 2, 381 ist irrtümlich an die Basis *hlk* jiph. »opfern« gedacht worden.

[25] Vgl. zur Zuordnung der Stele → II. B. 3.2.1 und das Photo bei W. Orthmann, Der Alte Orient (PKG 18), Frankfurt 1985, Abb. 420.

tote Gott als Feuer manifestierte. In Bezug auf Tod und Auferstehung des Melqart mögen auch Querverbindungen zum Adoniskult vorliegen. Allerdings stellt sich angesichts der späten Bezeugung dieser Überlieferung die Frage, ob hier nicht ein ursprünglicher phönizischer Ritus von fremden Schriftstellern mißverstanden wurde. In der Forschung ist in letzter Zeit dann auch diese gesamte Konzeption einer Auferweckung des Melqart stark in Zweifel gezogen worden.[26]
Bildlich dargestellt ist Melqart auf der Bar-Hadad-Stele aus Aleppo um 800 v. Chr. Der Gott entspricht dem Typ des schreitenden Gottes. Er trägt eine konische Mütze, eine Streitaxt in seiner Linken und ein *anch*-Zeichen (oder Situla, Lotosblüte, Glöckchen?) in seiner Rechten. In anderen Bildwerken wird Melqart aufgrund seiner Identifikation mit Herakles mit Löwenfell und Keule ausgestattet.
Einen Beleg für die phönizische Verehrung der vornehmlich aus punischen Quellen Karthagos bekannten Göttin Tanit liefert die Inschrift einer der bei Tyros gefundenen Stelen.[27] Der Name der Göttin Tanit bezeichnet wohl eine Klagefrau. Mit den Stelenfunden von Tyros ist die Herkunft der Göttin aus dem phönizischen Mutterland geklärt.[28]
Ein weiterer der Götterwelt von Tyros zugehöriger Gott liegt mit Baal Hammon vor. Er begegnet erstmalig in der phönizischen Inschrift des Königs Kulamuwa von Sam'al (KAI 24,16).[29] Der Kult des Gottes in Tyros läßt sich aufgrund eines Textbelegs nachweisen. Es handelt sich dabei um ein 1982 in der Nähe von Tyros gefundenes Amulett, welches die Götter Baal Ṣaphon und Baal Hammon in Parallele nennt und sie bittet, den Träger des Amuletts zu segnen.[30] Von Tyros aus verbreitete sich der Kult des Baal Hammon nach Karthago, die wichtigste tyrenische Filialgründung. In Karthago war Baal Hammon der Hauptgott der Stadt, der vornehmlich auf den Steleninschriften des Tophet erscheint. In den griechischen und lateinischen Quellen wird er mit Kronos und Saturn gleichgesetzt.
Zu Tyros gehört der Ort Hamman (Umm el-Amed), wo neben Astarte der Gott Milkaštart in einem Tempel verehrt wurde (KAI 19).[31] Der Gottesname Milkaštart bezeichnet den »König von Aštarot«, einen seit der Spätbronzezeit aus Ugarit bekannten Unterweltsgott, der auch im Alten

[26] Vgl. H.-P. Müller, Der phönizisch-punische *mqm `lm* im Licht einer althebräischen Isoglosse: Or(NS) 65, 1996, 111-126; ders., Sterbende und auferstehende Vegetationsgötter?: ThZ 53, 1997, 74-82, bes. 79f; ders., Unterweltsfahrt und Tod des Fruchtbarkeitsgottes, in: R. Albertz (Hg), Religion und Gesellschaft (AOAT 248), Münster 1997, 1-13; M.S. Smith, Melqart, Baal of Tyre and Dr. Bonnet: UF 28, 1996, 773-775.
[27] → 6.3.
[28] Vgl. Lipiński, Tanit; ders., Dieux 199-202.
[29] → II. B. 3.2.1.
[30] Vgl. die Publikation bei P. Bordreuil, Attestations inédites de Melqart, Baal Hamon et Baal Ṣaphon à Tyr, in: C. Bonnet – E. Lipiński – P. Marchetti (Hg), Religio Phoenicia (StPh IV), Namur 1986, 77-86.
[31] → 4.2.

Testament als Og, der in Aštarot und Edrei residierende König des Bašan, belegt ist.[32] Inwieweit der phönizische Milkaštart noch diese chthonischen Konnotationen bewahrt hat, läßt sich aufgrund der Quellen nicht mehr erkennen.

3.7 Akko

Als Gottheiten dieser Stadt sind die Göttin Aphrodite (Astarte), der Gott Belos (Baal) und die Dioskuren belegt. Die Hauptquelle für diese Götternamen von Akko stellen die hellenistischen Münzen dieser Stadt dar, was gleichzeitig dazu führt, daß man über die Charakteristika dieser Gottheiten nur wenig aussagen kann. Deutlich ist jedoch auch hier, daß es sich um alte semitische Gottheiten handelt, die im hellenistischen Gewand auftreten. Wohl auch noch zum Pantheon von Akko zu zählen, ist der Baal des Karmelgebirges, d.h. ein Wettergott, der auf diesem Gebirgszug verehrt wurde. In römischer Zeit wirkte sich der Kult von Baalbek dergestalt auf den Karmel aus, daß der Baal vom Karmel mit dem Zeus/Jupiter Heliopolitanus von Baalbek identifiziert wurde. Es entstand damit die Gestalt des Zeus Heliopolitanus vom Karmel.

4. Der Kult

4.1 Sakrale Aspekte des Königtums

M.G. Amadasi Guzzo, Le roi qui fait vivre son peuple dans les inscriptions pheniciennes (sic!): WO 15, 1984, 109-118. – J. Elayi, Le roi et la religion dans les cités phéniciennes à l'époque perse, in: C. Bonnet – E. Lipiński – P. Marchetti (Hg), Religio Phoenicia (StPh IV) Namur 1986, 249-261. – E. Gubel, Notes sur l'iconographie royale sigillaire, in: ACSF II/3, 1991, 913-922.

Was die Stellung des phönizischen Königs zwischen Gott und Mensch angeht, so hat sich diese nach Auskunft der, wenn auch nur spärlichen, Quellen von der entsprechenden Stellung des Königs in Ugarit und Israel nicht unterschieden. Gemäß der vorderasiatischen Ideologie des »roi bâtisseur« betätigten sich die phönizischen Könige als die Erbauer und Restauratoren der Tempel (KAI 4,1-2; 10,3-8; 14,13-18; 15; 16; 19; vgl. 26 II 18-19). Für die Könige von Sidon (KAI 13,1-2) zeigen die Inschriften, daß sie als Priester der Hauptgottheit der Stadt amtierten. Auch konnte die Königin den Titel »Priesterin« tragen (KAI 14,14-15).
Inwieweit hinter der Nennung des Priestertitels für phönizische Könige auch ein tatsächlich ausgeübtes Amt stand, ist aufgrund der Inschriften nicht zu beantworten. Grundsätzlich paßt jedoch eine priesterliche Amtsausübung wie in Ugarit und Israel zum königlichen Rang. Zu-

[32] Vgl. KTU 1.100,41; 1.107,42; 1.108,1-3; Dtn 1,4; Jos 9,10; 12,4; 13,12.31 und die Gestalt des Og aus der Inschrift Byblos 13 (→ 6.2).

gunsten dieser Annahme läßt sich auch die phönizische Ikonographie heranziehen, die den König verschiedentlich libierend vor einer Gottheit zeigt.[33]

Im Unterschied zur Überlieferung Ugarits sind aus Phönizien keine Rituale bekannt, so daß die genaue Stellung der phönizischen Könige im Kult nicht weiter präzisiert werden kann.

Unter ikonographischem Aspekt gewährt die phönizische Glyptik, die ihren Höhepunkt zwischen 800 und 650 v. Chr. erreichte, einen weiteren Einblick in die Stellung des Königs zwischen Gott und Mensch. Auf einigen phönizischen Siegeln ist für die Königsdarstellung charakteristisch, daß der König mit einer bestimmten Darstellung des Hochgottes austauschbar ist.[34]

Dazu paßt die Beziehung zwischen dem Gott Melqart und dem König von Tyros. »Les rois de Tyr ne sont en quelque sorte que les hypostases du roi mythique de la cité, *Milk qart,* de sorte que le dieu, en retour, présente un certain caractère humain en tant qu`ancêtre des rois et fondateur de la cité.«[35] Für Tyros ist im Kontext der Feier der Auferweckung des Melqart auch auf die Praxis des *Hieros Gamos* unter Beteiligung des Königs, der hierbei den Gott Melqart repräsentierte, geschlossen worden. Auch für Sidon ist die Vermutung vorgebracht worden »que le roi local pouvait dans une certaine mesure remplacer le dieu mâle, par exemple en tant que prêtre d'Astarté, à travers le rite et être considéré en quelque sorte comme l'autre pôle (tout simplement «humain»?) de ce couple.«[36]

Weitere grundsätzliche Hinweise auf die Praxis des *Hieros Gamos* bietet der in Sidon belegte Priestertitel für die Königin von Sidon (KAI 14,14-15) und der auf den Stelen von Tyros genannte Personenname Išsatelim (*`št`lm)* »Gattin des Gottes«.[37]

Hinsichtlich der Verhältnisse in Tyros bietet Ez 28 aus der Außenperspektive Judas ebenfalls einen Einblick in die sakralen Dimensionen des Königtums. So hält sich der König von Tyros selbst für einen Gott, der auf dem Götterthron sitzt (Ez 28,1-10.11-19). Hierin sieht der Prophet einen Akt der Hybris, der durch die Eroberung von Tyros bestraft wird. Allerdings ist nicht zu übersehen, daß auf der realen politischen Ebene

[33] Vgl. dazu die Jeḥaumilk-Stele (KAI 10) und die bei E. Gubel, Une nouvelle représentation du culte de la Baalat Gebal?, in: C. Bonnet – E. Lipiński – P. Marchetti (Hg), Religio Phoenicia (StPh IV), Namur 1986, 263-276 edierte Plakette.

[34] Vgl. E. Gubel, An Essay on the Axe-Bearing Astarte and Her Role in A Phoenician «Triad»: RSF 8, 1980, 1-17.

[35] C. Bonnet-Tzavellas, Le dieu Melqart en Phénicie et dans le bassin méditerranéen: Culte national et officiel, in: E. Gubel – E. Lipiński – B. Servais-Soyez (Hg), Histoire Phénicienne/Fenicische Geschiedenis (StPh II), Leuven 1983, 195-207, hier 196.

[36] P. Xella, Le polythéisme phénicien, in: C. Bonnet – E. Lipiński – P. Marchetti (Hg), Religio Phoenicia (StPh IV), Namur 1986, 29-39, hier 36.

[37] Ich danke E. Lipiński für diese Hinweise. Zur Analyse des Personennamens *`št`lm* vgl. G. Garbini, Iscrizioni funerarie da Tiro: RSFS 21, 1993, 3-6, hier 6.

die Macht der phönizischen Könige sehr eingeschränkt war, vor allem durch die Existenz der Volksversammlung.
Die Angelegenheiten des Königs und des Königtums sind den Göttern anvertraut: Ihnen verdankt der König seine Einsetzung (KAI 10,1-2; vgl. 26 A I 2-3), sie verleihen dem König langes Leben (KAI 4,3-6; 5,2; 6,2-3; 7,4-5; 10,8-11; vgl. 25,5-7; 26 AB III 2-7; C III 16-IV 1), sie vernichten die Zerstörer seiner Werke (KAI 10,13-16; vgl. 24,13-16; 26 AB III 12 – IV 1; C IV 13 – V 1-7) sowie die Störer seiner Grabesruhe (KAI 1,2; 2; 9; 13,7-8; 14,9-12.20-22) und erhören seine Gebete (KAI 10,2-3.7-8).

4.2 Tempel und Heiligtümer

Th. A. Busink, Der Tempel von Jerusalem 1, Leiden 1970, 427-473. – J. Briend – J.P. Thalmann, Art. Sarepta, in: DBS XI, 1991, 1414-1420. – C. Grottanelli, Of Gods and Metals. On the Economy of Phoenician Sanctuaries: Scienze dell' Antichità 2, 1988, 244-255. – M. Dunand, La piscine du trône d'Astarté dans le temple d'Echmoun à Sidon: BMB 24, 1971, 19-25. – Ders., Le temple d'Echmoun à Sidon: BMB 26, 1973, 7-25. – Ders., La source d'Ydlal dans le temple d'Echmoun à Sidon: MUSJ 50, 1984, 147-154. – M. Dunand – R. Duru, Oum el-^{c}Amed, Paris 1962, I, 21-80; II, Pl. III- LXX. – M. Dunand – N. Saliby, Le temple d'Amrith dans la Pérée d'Aradus (BAH 121), Paris 1985. – L. Ganzmann – H. van der Meijden – R. Stucky, Das Eschmunheiligtum von Sidon: IM 37, 1987, 81-130. – E. Gubel – M. Yon – S.M. Cecchini, Art. Sanctuaires, in: DCPhP, 387-389. – N. Jidejian, Sidon through the Ages, Beirut 1971, 59-62. – C. Jourdain-Annequin, Héraclès – Melqart à Amrith. Recherches iconographiques (BAH 142), Paris 1992. – E. Lipiński, Dieux et déesses de l'univers phénicien et punique (StPh XIV), Leuven 1995, 417-438. – J.B. Pritchard, Sarepta, Philadelphia 1975, 13-40. – Ders., Recovering Sarepta, a Phoenician City, Princeton 1978, 131-148. – Ders., Sarepta IV. The Objects from Area II, X, Beirut 1988. – E. Renan, Mission de Phénicie, Paris 1864. – P.J. Riis, Sūkās I, Kopenhagen 1970. – Ders., Sūkās VI, Kopenhagen 1979, 33-68. – N. Saliby, ^{c}Amrit, in: J.-M. Dentzer – W. Orthmann (Hg), Archéologie et Histoire de la Syrie 2 (SVA 1), Saarbrücken 1989, 19-30. – P. Wagner, Der ägyptische Einfluß auf die phönizische Architektur (Habelts Dissertationsdrucke. Klass. Archäologie 12), Bonn 1980, 2-89.102-168.182-247. – M. Yon, L'archéologie monumentale *partim* Orient, in: CPhP, 119-131, bes. 122-128. – M. Yon – A. Caubet, Arouad et Amrit VIIIe-Ier siècles av. J.-C. Documents: Trans 6, 1993, 47-67.

In den phönizischen Inschriften werden verschiedentlich Tempel und Heiligtümer der unterschiedlichen Städte genannt. So für Byblos (KAI 4; 10), Sidon (KAI 14,15-18; 15; 16) und Tyros (KAI 18; 19).
Was den archäologischen Zugang angeht, so sind im phönizischen Mutterland aus der Zeit zwischen der Spätbronzezeit und der Römerzeit nur wenige Tempel und Heiligtümer freigelegt. Die bronzezeitlichen Tempel des Libanon aus Byblos und Tyros sowie die römerzeitlichen können nicht als »phönizisch« gelten. Aber es ist auch hier die Kultkontinuität von der Spätbronzezeit zur Eisenzeit sowie das Fortleben phönizischer Tempel in römischen Tempeln und teilweise auch in christlichen Kirchen zu beachten.

Geht man bei der Durchsicht des archäologischen Materials von Nord nach Süd vor, so sind die Tempelanlagen von Tell Sukas, Amrith, Sidon, Sarepta und Umm el-Amed zu besprechen. Die inschriftlich gesicherten Tempel in Tyros sind archäologisch nicht verifizierbar, da der festländische Melqart-Tempel durch Alexander den Großen zur Errichtung des Dammes abgetragen wurde und der insulare Tempel wohl unter der Kreuzfahrerkirche liegt. In Sidon lassen sich Aussagen nur über das Heiligtum des Ešmun treffen, nicht aber über den Tempel der Astarte.
Auf dem Tell Sukas wurde ein von den Ausgräbern als »griechisch-phönizisch« bezeichnetes Heiligtum freigelegt. Hier läßt sich der Kult zwischen 550 und 500 v. Chr. belegen. Es umfaßte einen Platz von 5 x 3 m und enthielt einen Altar. Mangels Inschrift läßt sich das Heiligtum keinem Gott zuweisen.
Bei der in Amrith freigelegten Sakralanlage (Abb. 8) handelt es sich um

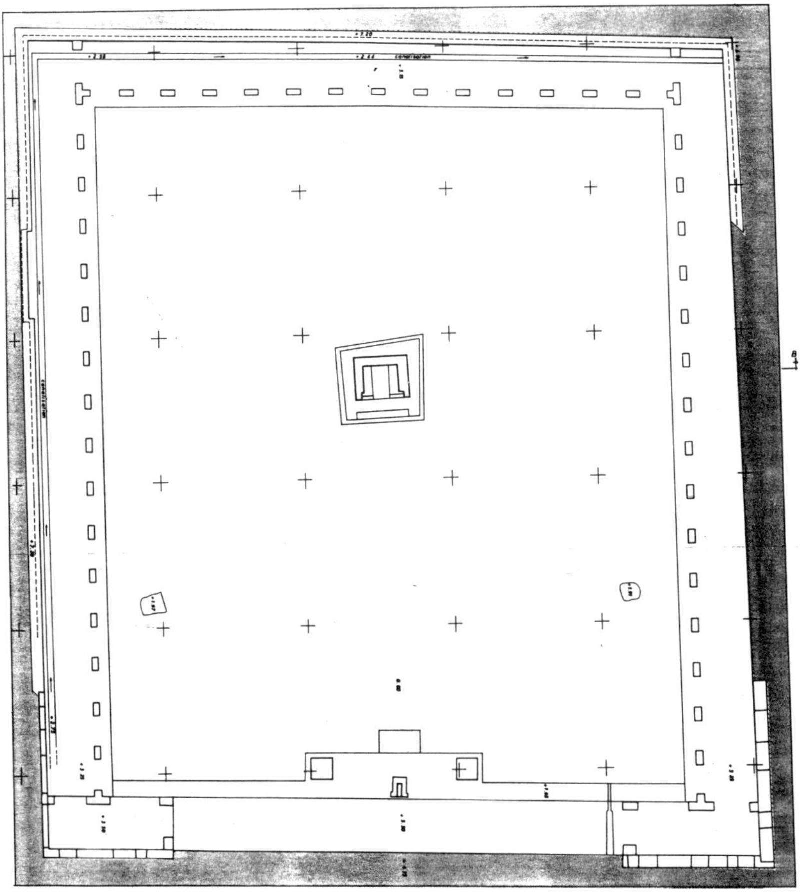

Abb. 8: Der Tempel von Amrith

ein Quellheiligtum. Dieses liegt am Fuße des Tell Amrith, wo es als Bassin aus dem gewachsenen Fels herausgehauen wurde. Das Heiligtum weist die Maße 56,3 m x 49,5 m auf. Auf der Ost-, Süd- und Westseite ist die Anlage von einem Portikus umgeben, d.h. ein bedeckter Umgang führte um das Bassin. Der Eingang, der sich zu dem Bassin hin öffnete, lag im Norden, wo kein Portikus stand, sondern zwei Säulen den Eingangsbereich markierten. Hier zwischen den Säulen stand auch der Altar des Heiligtums.
Das Bassin selbst, welches das Zentrum der Anlage bildet, weist die Maße 46,7 m x 38,5 m auf und hat eine Tiefe von 3 m. Die Wasserzufuhr erfolgte über eine unter dem östlichen Portikus gelegene Quelle. Über einen im Süden gelegenen Kanal konnte das Wasser wieder abfließen bzw. das Bassin geleert werden.
Inmitten des Bassins stand der Naos von 3,75 m x 2,50 m auf einem ca. 5,50 m hohen Felssockel, den man bei der Ausmeißelung des Bassins hatte stehenlassen. Der Naos diente der Aufnahme eines nicht mehr erhaltenen Götterbildes. Der Naos mit seinem Götterbild schaute nach Norden, d.h. zum Eingang mit seinem Altar. Das Heiligtum bestand zwischen dem 6. und der Mitte des 4. Jh. v. Chr.
Über den hier praktizierten Kult lassen sich keine Aussagen treffen. Im Bassin wurde reichlich griechische Keramik zum Schöpfen des heiligen Wassers gefunden sowie Reste von siebähnlichen Töpfen zum Fischen der im Bassin lebenden Fische.
Die in Amrith gefundenen Inschriften, deren Lesung im einzelnen schwierig ist,[38] helfen bei der Zuweisung des Heiligtums nicht weiter. Grundsätzlich denkt man an die Götter Melqart und Ešmun. So wurden in Amrith eine Stele des Šadrapa (vielleicht aus Tell Kazel/Simira), eine Herakles-Melqart-Gruppe und diverse Votivstelen gefunden.
Für Sidon ist zunächst die Aufteilung der Tempel wichtig. In Sidon-Stadt wurde Ešmun als Baal von Sidon und Schutzgott des Königs verehrt. Einige Kilometer nördlich des Stadtzentrums von Sidon auf dem linken Ufer des Nahr Awali liegt in Bostan eš-Šeikh ein perserzeitliches Heiligtum des hier als Heilgott verehrten Ešmun, welches in hellenistischer Zeit wieder aufgebaut wurde (Abb. 9). Die Heiligtumsanlage neigt sich über Terrassen den Bergabhang herunter dem Fluß zu. Von der oberhalb des Heiligtums gelegenen Quelle des Jidlal wird es mit Wasser versorgt.
Wie im Falle des Heiligtums von Amrith liegt auch hier ein außerhalb der Stadt gelegenes Quellheiligtum vor. Der heilige Bezirk mit den Ausmaßen 59 m x 45 m besteht aus zwei Terrassen, die z.T. aus dem Fels gehauen, z.T. aufgeschüttet sind. Die obere Terrasse stellt den eigentlichen

[38] Vgl. dazu J.-P. Rey-Coquais, Arados et régions voisines (IGLS VII), Paris 1970; ders., Arados et sa pérée (BAH 97), Paris 1974; E. Puech, Les inscriptions phéniciennes d'Amrit et les dieux guérisseurs du sanctuaire: Syr 63, 1986, 327-342; P. Bordreuil, Le dieu Echmoun dans la région d'Amrit, in: E. Gubel – E. Lipiński (Hg), Phoenicia and Its Neighbours (StPh III), Leuven 1985, 221-230; Yon – Caubet, Arouad 53-56.

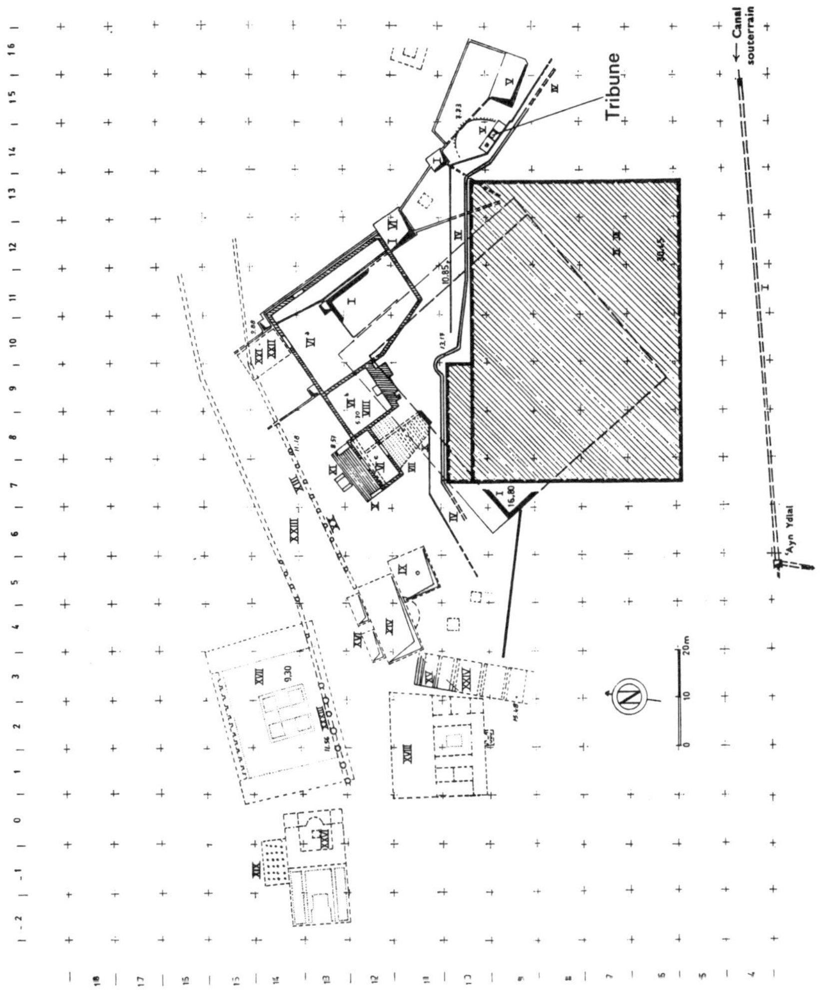

Abb. 9: Der Tempel von Bostan eš-Šeikh

Tempelplatz von 50 m x 70 m dar. Auf dieser Terrasse stand der Naos, dessen Reste noch zu Beginn des 20. Jh. zu sehen waren, jetzt aber völlig verschwunden sind.

Die Verbindungstreppe zur unteren Terrasse ist nicht mehr erhalten. Diese Terrasse von 59 m x 15 m bildet eine Art Vorhof zum Tempelplatz der oberen Terrasse.

Zu Anfang des 5. Jh. v. Chr. berichtet der sidonische König Ešmunazor II. in seiner Sarkophag-Inschrift, er habe dem Gott Ešmun in En Jidlal einen Tempel erbaut und den Gott dort wohnen lassen (KAI 14,17). Letzteres bringt die Überführung der Statue und den Beginn des Kultbetriebes zum Ausdruck.

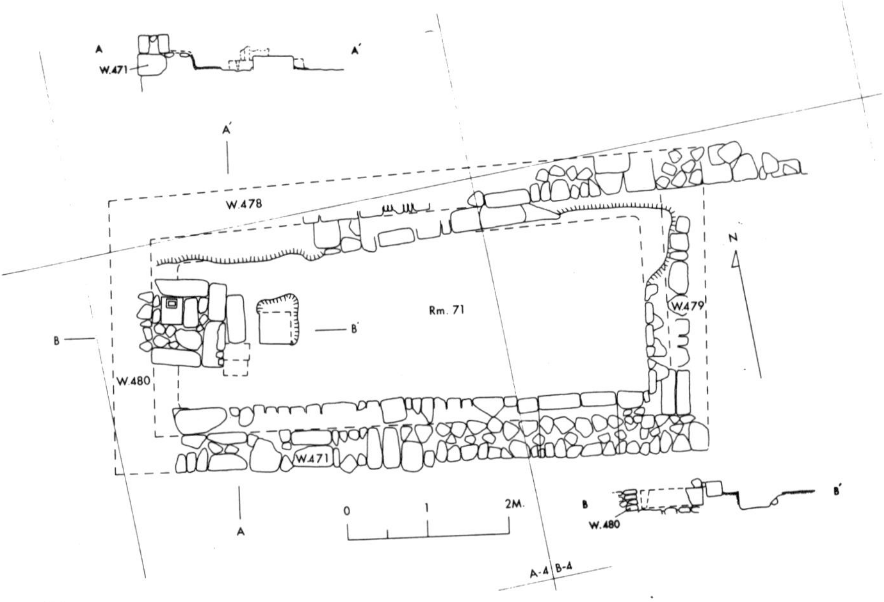

Abb. 10: Der Tempel von Sarepta

Sein Vetter und Nachfolger Bodaštart hinterließ in den Fundamenten des Heiligtums von Bostan eš-Šeikh zwei Bauurkunden. In der ersten berichtet er vom Bau eines Tempels in »Sidon der Flur« (außerhalb der Stadt?) für Ešmun, den »heiligen Fürsten« (KAI 15). Vergleichbar damit ist die zweite Bauinschrift, derzufolge Bodaštart »diesen Tempel seinem Gott Ešmun, dem heiligen Fürsten« erbaut hat (KAI 16).
Da es sich in den Inschriften beider Könige um denselben Tempel handelt, ist das Verb *bny* unterschiedlich zu interpretieren. So kann Ešmunazor das Heiligtum neu erbaut haben, während sein Nachfolger entweder weitere Baumaßnahmen vornahm und die Anlage vollendete oder Restaurierungsarbeiten verrichtete. Daß dagegen Ešmunazor eine ältere Anlage restaurierte *(bny)* und sein Nachfolger sie völlig neu erbaute, ist weniger wahrscheinlich. Dagegen spricht auch das Motiv des Wohnenlassens des Gottes Ešmun in der Inschrift des Ešmunazor. Eine Weihinschrift aus der ersten Hälfte des 2. Jh. v. Chr. nennt Äskulap (= Ešmun) als den hier verehrten Gott. Bei den Kleinfunden fallen besonders Statuen von Kleinkindern (temple boys), wie sie seit dem 6. Jh. v. Chr. auf Zypern erstmals nachweisbar sind, auf, die als Weihegaben gestiftet wurden.
In Sarepta wurde ein rechteckiger Kultbau mit den Ausmaßen von 6,40 m x 2,56 m, wozu noch einige Annexräume kommen, freigelegt (Abb. 10). Der Bau stammt aus dem 8. Jh. v. Chr. und er war bis in das 4. Jh. v. Chr. in Betrieb. An den Wänden des Tempels zogen sich Bänke entlang.

Vor einem für das Götterbild bestimmten Podium ist ein Fundament zu erkennen, auf welchem sich vielleicht der Altar befand. Als Weihegaben fanden sich u.a. Terrakotten von schwangeren, vogelhaltenden und musizierenden Frauen. Hinsichtlich der in diesem Tempel verehrten Göttin denkt man an Tanit-Aštart.
Im Hinterland von Sarepta liegt das Heiligtum von Kharayeb. Hier fanden sich in einer Favissa 1100 Tonfiguren des 4. – 1. vorchr. Jh. Desweiteren wurde ein Sakralbau aus der Perserzeit ausgegraben.[39]
In dem ca. 11 km südlich von Tyros gelegenen Umm el-Amed wurden zwei phönizische Tempel aus hellenistischer Zeit ausgegraben. Der größere Westtempel war dem Gott Milkaštart geweiht, der Osttempel der Göttin Astarte.
Der Westtempel lag auf einem künstlichen erhöhten Temenos. Der Tempelplatz wies die Maße 24 m x 49,50 m auf. Der Tempel stand inmitten des von drei Seiten von unterschiedlichen Gebäuden umgebenen Tempelplatzes auf einem Podium und war ost-westlich orientiert. Sein Langhaus wies ohne den Portikus die Maße 8,50 m x 24 m auf und wurde von Osten durch den genannten Portikus mit sechs Säulen betreten. Vor dem Tempel fand sich im Innenhof ein Altar. Die Zuweisung des Tempels an Milkaštart ist über Inschriften gesichert.
In der nordwestlichen Ecke des Tempelplatzes lag ein als Kapelle gedeuteter Bau. Dieser weist quadratische Ausmaße auf. In ihrer Mitte befanden sich die Reste eines 1,40 m x 1,50 m großen Fundamentes. Hiermit bringt man einen Feueraltar für den Gott Baal Hammon in Verbindung, doch ist diese Interpretation keineswegs gesichert und deshalb in der neueren Forschung auch zurückgewiesen worden.
Der ca. 1600 m östlich davon gelegene Astarte-Tempel war ebenfalls mit unterschiedlichen Gebäuden umbaut. Vom Tempel ist nur noch das Podium von 7,80 m x 15,50 m auf einer Höhe von 50 cm erhalten. Erkennbar ist noch die Cella von 5,60 m x 8,80 m mit zwei rückwärtigen Räumen. Aufgrund einer Vorrichtung am Boden der Cella ist wohl zu schließen, daß das Kultobjekt in der Mitte der Cella stand. Der Cella vorgeordnet war ein Portikus mit vier Säulen als Eingangshalle.
Ein im Nordwesten des Tempelplatzes befindliches Gebäude wird, wie im Falle des Westtempels, als Kapelle gedeutet. In dieser ist noch ein Thronpodest mit Stufen erkennbar und die Reste eines Sockels zur Aufnahme eines Kultbildes. Die Reste des Thrones fanden sich auf dem Boden des Raumes.

4.3 Kultpersonal

M.G. Amadasi Guzzo – E. Lipiński, Art. Clergé, in: DCPhP, 114f. – E. Lipiński, Dieux et déesses de l'univers phénicien et punique (StPh XIV), Leuven 1995, 451-463. – C. Grottanelli, Of Gods and Metalls. On the Economy of Phoenician Sanc-

[39] Vgl. M.H. Chéhab, Les terres cuites de Kharayeb: BMB 10-11, 1951-54.

tuaries: Scienze dell' Antichità 2, 1988, 244-255. – M. Delcor, Le personnel du temple d'Astarté à Kition d'après une tablette phénicienne (CIS 86 A et B), in: Ders., Environnement et Tradition de l'Ancien Testament (AOAT 228), Kevelaer – Neukirchen-Vluyn 1990, 1-18. – A. Maes, Le costume phénicien des stèles d'Umm el-^{c}Amed, in: E. Lipiński (Hg), Phoenicia and the Bible (StPh XI), Leuven 1991, 209-230.

Aufgrund der phönizischen Inschriften ist zwar eine ganze Reihe von Titeln und Berufsbezeichnungen aus dem Bereich des Tempeldienstes bekannt, die genauen Funktionen und Aufgaben der Tempelbediensteten sind jedoch ungeklärt.
Der wichtigste Titel ist mit *khn* zur Bezeichnung der Priester gegeben. Sogar Könige trugen diesen Titel (KAI 13,1-2) und in bezug auf die Mutter Ešmunazors II. ist auch die Form *khnt* »Priesterin« belegt (KAI 14,15).
Aus griechischen Inschriften des phönizischen Mutterlandes geht hervor, daß die an einem Tempel amtierenden Priester in verschiedene Klassen aufgeteilt waren. Für Sidon sind sieben Priesterklassen bekannt.
Aufgrund der Analogie mit Ugarit und Israel kann man den Priestern die Betreuung des Opferbetriebes am Tempel zuschreiben. Ob den Priestern weitere Funktionen im Bereich der Verwaltung, Lehre, Magie, Nekromantie o.ä. zukamen, muß völlig offenbleiben.
In Übereinstimmung mit den Aufgabenverhältnissen an den Tempeln im phönizischen Mutterland standen vielleicht die Verhältnisse in Kition auf Zypern, über die ein Text berichtet, der Zuweisungen an Bedienstete des Astarte-Tempels auflistet (KAI 37). Die philologisch z.T. schwer erklärbaren Titel für das Tempelpersonal sind *`ln ḥdš* (Leiter der Neumondfeierlichkeiten?), *prkm* (Vorhangwächter), *`dmm `š $^{c}$l dl* (Türwächter), *šrm* (Sänger), *zbḥm* (Opferpriester), *b$^{c}$l mym* (Wassermeister?), *`pm* (Bäcker), *glbm* (Barbiere) und *sprm* (Schreiber). Sehr fraglich ist das Verständnis der *klbm* (Hunde ?) und *grm* (Klienten ?), die mit der Tempelprostitution zu tun haben sollen.[40] Außerdem kommen noch Bauleute und Kunsthandwerker zum Tempelpersonal hinzu.
Mit der Nennung dieser diversen Titel, Ämter, Dienste und Funktionen und der Angabe der Geldzuweisung an diese bringt der Text KAI 37 den Bereich der Tempelökonomie zur Sprache. Auch für diesen Bereich lassen sich aus dem phönizischen Mutterland nur wenige Indizien heranziehen. Leider fehlt für das phönizische Mutterland ein Text wie der Opfertarif des Baal-Ṣaphon-Tempels von Karthago (KAI 69; vgl. KAI 74-75).

[40] Vgl. zur Tempelprostitution die Überblicke bei E. Lipiński, Art. Prostitution sacrée, in: DCPhP, 362f; W. Fauth, Sakrale Prostitution im Vorderen Orient und im Mittelmeerraum: JbAC 31, 1988, 24-39, bes. 29f.
Es bleibt allerdings auch zu fragen, ob bei den *klbm* nicht ein Bezug zur Bestattung von Hunden ab dem 5. Jh. v. Chr., wie sie in Aškalon (vgl. L.E. Stager, Why were Hundreds of Dogs Buried at Ashkelon?: BAR 17, 1991, 27-42) sowie in Khalde und Beirut (vgl. H. Sader, Den Ruinen entsteigt die Vergangenheit: AW 5, 1997, 397-406, hier 402 mit Abb. 9) belegt ist, denkbar wäre?

Aus griechisch-lateinischen Quellen ist ersichtlich, daß die Karthager Abgaben an den Melqart-Tempel ihrer Mutterstadt Tyros lieferten. Unter diesen Abgaben befanden sich Goldgeräte und Erstlingsfrüchte. Desweiteren ist die Sitte, Kleidung, Metallgeräte und -schalen an phönizische Tempel zu schenken, bekannt.

4.4 Opfer

M.G. Amadasi-Guzzo, Sacrifici e banchetti: Bibbia ebraica e iscrizioni puniche, in: C. Grottanelli – N.F. Parise (Hg), Sacrificio e società nel mondo antico, Rom 1988, 97-122. – M. Delcor, Le tarif dit de Marseille (CIS I, 165). Aspects du système sacrificiel punique: Sem 38, 1990, 87-94. – E. Lipiński, Rites et sacrifices dans la tradition phénico-punique, in: J. Quaegebeur (Hg), Ritual and Sacrifice in the Ancient Near East (OLA 55), Leuven 1993, 257-281. – Ders., Dieux et déesses de l'univers phénicien et punique (StPh XIV), Leuven 1995, 463-476.

Über die Opfer, ihre Materie und die Arten und Anlässe ihrer Darbringung verraten die phönizischen Texte des Mutterlandes nichts. Aus diesem Grunde behilft man sich in der Forschung damit, daß man in Analogie zu den entsprechenden Verhältnissen in Ugarit, Israel und in den punischen Städten auch für Phönizien auf Tieropfer, die teilweise verbrannt, teilweise verzehrt wurden, sowie auf vegetabile Opfer und Weihrauchopfer schließt.
Ein indirektes Indiz für die Opferpraxis stellt die Nennung von Altären in Bauinschriften dar (KAI 10,4.12), direkte Indizien hierfür bilden die in den Tempeln gefundenen Altäre. So finden sich vor einigen Tempeln im Temenos große Altäre für die Brandopfer und im Inneren der Cella kleine Altäre für die Darbringung von Weihrauchopfern oder kleinen vegetabilen Opfern. Auch über die Opferrituale gibt es keinerlei inschriftlichen Beleg.
Die ausführlichste Opferliste liegt mit dem punischen Opfertarif von Marseille (KAI 69; vgl. KAI 74-75) vor. Hier werden als Opfermaterie genannt: Rind, Kalb, Hammel, Ziege, Lamm, Zicklein, Jungwidder, Vögel, Gebäck, Milch und Fett.

4.5 Kultmähler

W. Ameling, ΚΟΙΝΟΝ ΤΩΝ ΣΙΔΩΝΙΩΝ: ZPE 81, 1990, 189-199. – N. Avigad – J.C. Greenfield, A Bronze *phialē* with a Phoenician Dedicatory Inscription: IEJ 32, 1982, 118-128. – Ph. Bruneau, Recherches sur les cultes de Délos à l'époque hellénistique et à l'époque impériale (Bibliothèque des Ecoles Françaises d'Athènes et de Rome 117), Paris 1970, 621-630. – A. Catastini, Una nuova iscrizione fenicia e la »Coppa di Yahweh«, in: S.F. Bondi e.a. (Hg), Studi in onore di E. Bresciani, Pisa 1985, 111-118. – M.G. Guzzo Amadasi, »Under Western Eyes«: SEL 4, 1987, 121-128.

Die aus Ugarit unter dem Terminus *marziḫu* bekannte Institution des Kultmahles[41] ist auch in der phönizischen Religion belegt.
Der älteste phönizische *mrzḥ*-Beleg findet sich auf einer Bronzeschale des frühen 4. Jahrhunderts. Diese wurde im Handel erworben und stammt entweder aus dem Libanon oder aus Zypern. Es handelt sich um eine flache Trinkschale mit einer phönizischen Inschrift. Diese lautet: *qbᶜm ʾnḥn II ᶜrbt lmrzḥ šmš*. Die in der Literatur vorgeschlagenen Übersetzungen reichen von »2 Schalen weihen wir dem *mrzḥ* des *šmš*«[42] über »Schalen für die Libation. Gabe für den *mrzḥ* des *šmš*«,[43] bis zu »Wir sind die zwei Schalen, wertvolle Gegenstände für den *mrzḥ* des *šmš*«.[44] Dieses zuletzt erzielte Verständnis beruht auf dem Vergleich mit griechischen Weihinschriften und hat wohl die größte Wahrscheinlichkeit für sich.[45]
Wie schon in Ugarit und später bei den Nabatäern und in Palmyra ersichtlich, steht der hier genannte phönizische *mrzḥ* unter dem Patronat einer Schutzgottheit, in diesem Falle unter der des Sonnengottes. Ein Patronat des Sonnengottes über einen *mrzḥ* ist auch in Palmyra belegt. Was genau den Sonnengott zu diesem Patronat prädestiniert, läßt sich nicht sagen, man hat an die chthonischen Funktionen des Sonnengottes gedacht,[46] die sich mit der entsprechenden kultischen Ausrichtung eines *mrzḥ* decken könnten.
Ein zweiter *mrzḥ*-Beleg stammt aus Piräus. Er verweist auf die Sitte der dort ansässigen phönizischen Kolonie von Sidoniern. Der aus dem 3. vorchr. Jh. stammende Text (KAI 60)[47] datiert die Verleihung eines Ehrenkranzes an einen verdienten Bürger auf den »4. Tag des *mrzḥ* im Jahre 14 der Ära von Sidon«. Hierin wird der *mrzḥ* als mehrtägiges Fest phönizischer Bürger in Piräus erkennbar.
Für das 2. vorchr. Jh. ist ein *mrzḥ* der phönizischen Kolonien von Tyros und Beirut auf Delos belegt. Aus den diesbezüglichen delischen Inschriften lassen sich die Beitragserhebung[48] und eigene Gebäude der *mrzḥ*-Vereine erkennen.

4.6 Feste und Feiern

G. Baudy, Adonisgärten, Königstein 1986. – C. Bonnet, Melqart (StPh VIII), Namur – Leuven 1988, bes. 33-40. – M.E. Cohen, The Cultic Calendars of the Ancient Near East, Bethesda 1993, 383-386. – M. Delcor, Le problème des jardins d'Adonis dans Isaïe 17,9-11 à la lumière de la civilisation syro-phénicienne, in:

41 → I.A. 4.6.
42 Vgl. Avigad – Greenfield.
43 Vgl. Catastini, Iscrizione 112.
44 Vgl. Guzzo-Amadasi.
45 Vgl. Grottanelli, Economy 249; Bonnet, Le dieu solaire 100.
46 Vgl. Bonnet, ebd.
47 Vgl. J. Teixidor, L'assemblée législative en Phénicie d'après les inscriptions: Syr 57, 1980, 453-464, bes. 457-460; Ameling, KOINON 190f.
48 Vgl. aus Ugarit KTU 3.9 (→ I.A. 4.6) und das *mrzḥ*-Statut von Palmyra (→ II.B. 4.1.2.4).

Ders., Etudes bibliques et orientales de religions comparées, Leiden 1979, 98-121. – Ders., Le personnel du temple d'Astarté à Kition d'après une tablette phénicienne (CIS 86 A et B), in: Ders., Environnement et Tradition de l'Ancien Testament (AOAT 228), Kevelaer – Neukirchen-Vluyn 1990, 1-18, 3-5. – E. Lipiński, La fête de l'ensevelissement et de la résurrection de Melqart, in: RAI XVII 1970, 30-58. – Ders., Rites et sacrifices dans la tradition phénico-punique, in: J. Quaegebeur (Hg), Ritual and Sacrifice in the Ancient Near East (OLA 55), Leuven 1993, 257-281, bes. 257-261. – B. Soyez, Byblos et la fête des Adonies (EPRO 60), Leiden 1977.

Ein Festkalender der phönizischen Religion ist nicht überliefert. Phönizische Inschriften tradieren Nachrichten über Feste von außerhalb des Mutterlandes, die nicht unbedingt in allen Fällen auch Feste der phönizischen Religion sein müssen.
Die Texte vom Karatepe in Anatolien nennen ein Jahresopfer *(zbḥ ymm;* KAI 26 III, 1), welches wohl zum Neuen Jahr abgehalten wurde, und Opfer anläßlich der Zeit des Pflügens (*ᶜt ḥrš;* KAI 26 III 1; C IV 5) und anläßlich der Weinlese (*ᶜt qṣr;* KAI 26 III 2; C IV 5-6). Aus Zypern sind das Fest des Neumondes *(ḥdš)* und des Vollmondes *(ks`)* bekannt (KAI 37 A,2; B,2; 43,2).
Große Feste aus dem phönizischen Mutterland sind die Feiern des Sterbens und Auflebens des Adonis und das Fest der Auferweckung des Melqart. Die Auferweckung des Melqart beinhaltete, daß der (durch Feuer?) getötete Gott durch eine rituelle Hochzeit mit Astarte wieder zum Leben kam. Durch die Erweckung des Melqart wurde über den Jahreskreislauf hinaus die kosmische und politische Ordnung wiederhergestellt.[49] Adonisfeiern sind von Athen über Phönizien und Palästina bis nach Alexandrien belegt. Man betrauerte den Tod des Adonis und feierte in Byblos auch seine Auferweckung. Ein wichtiges Element dieser Feiern stellten die Adonisgärten dar, die aus mit Erde gefüllten und eingesäten Tonscherben bestanden, welche entweder ins Meer oder in einen Fluß geworfen wurden.
Der in Piräus erwähnte mehrtägige *mrzḥ* (KAI 60) ist auch als phönizisches Fest zu betrachten, da er von einer sidonischen Kolonie begangen wurde.

4.7 Gebet, Tanz und Musik

E. Lipiński, Rites et sacrifices dans la tradition phénico-punique, in: J. Quaegebeur (Hg), Ritual and Sacrifice in the Ancient Near East (OLA 55), Leuven 1993, 257-281, bes. 269-272. – Ders., Dieux et déesses de l'univers phénicien et punique (StPh XIV), Leuven 1995, 483-486. – R.A. Stucky, Tribune d'Echmoun. Ein griechischer Reliefzyklus des 4. Jahrhunderts v. Chr. in Sidon (AK Beih 13), Basel 1984.

[49] Vgl. dazu aber auch die in Anm. 26 genannte Literatur.

Voll ausformulierte Gebete sind innerhalb der phönizischen Inschriften nicht tradiert. Wohl aber gibt es die Gebetsformel »daß er ihn segne« (*ybrk`*; KAI 10,8; 12,4; 18,7; 29,2). König Jeḥaumilk berichtet von einem Gebet zur »Herrin von Byblos« (KAI 10,2-3). Als Gebetsgestus werden entweder beide Hände erhoben oder nur die Rechte, wenn die Linke ein Opfer hält. Aber auch der Gestus der gefalteten Hände ist belegt.
Der Tanz wird in den Texten nicht genannt, aber auf der dem 4. Jh. v. Chr. zuzuschreibenden »Tribüne des Ešmun« in Bostan eš-Šeikh, dem Heiligtum des Ešmun, wird eine kultische Tanzszene dargestellt.

5. Mantik und Magie

5.1 Dämonenbeschwörung

P. Amiet, Observations sur les «Tablettes magiques» d'Arslan Tash: AuOr 1, 1983, 109. – C. Butterweck, Eine phönizische Beschwörung, in: TUAT II, 1986-91, 435-437. – A. Caquot, Observations sur la Première Tablette Magique d'Arslan Tash: JANES 5, 1973, 45-51. – G. Garbini, Gli incantesimi fenici di Arslan Taş: OrAnt 20, 1981, 277-294. – A. Lemaire, Art. Divination, in: DCPhP, 131f. – E. Lipiński, Art. Magie, in: DCPhP, 267f. – S. Ribichini, L'aruspicina fenicio-punicae (sic!) la divinazione a Pafo: UF 21, 1989, 307-317. – W. Röllig, Die Amulette von Arslan Taş: NESE 2, 1974, 17-36. – S.D. Sperling, An Arslan Tash Incantation: Interpretations and Implications: HUCA 53, 1982, 1-10. – J. Teixidor, Les tablettes d'Arslan Tash au Musée d'Alep: AuOr 1, 1983, 105-108.

Es kann grundsätzlich damit gerechnet werden, daß es in der phönizischen Religion mantische Praktiken gegeben hat. Es ist jedoch auch zu sehen, daß im 1. Jt. v. Chr. die aus Ugarit, Hazor und Megiddo bekannte Leber-, Lungen- und Eingeweideschau[50] nicht mehr nachweisbar ist.[51] Aus dem phönizischen Mutterland läßt sich kein direkter Beleg für mantische Praktiken anführen. Vielleicht gehören die beschrifteten phönizischen Pfeilspitzen in diesen Bereich. Zu erinnern ist auch an den im Bericht des Wen-Amun genannten Ekstatiker von Byblos.[52]
Die Amulette aus Arslan Tash sind für die Dämonenbeschwörung ebenfalls wenig aussagekräftig. Es handelt sich bei diesen Amuletten um zwei in mehrfacher Hinsicht problematische Texte. Die Amulette wurden 1933 in Arslan Tash erworben. Es handelt sich um zwei Täfelchen aus Gipsstein, die Reliefs aufweisen und beschriftet sind. Die Publikation von Tafel I erfolgte 1939, die von Tafel II erst 1971.
Datiert werden die Tafeln in das 7. Jh. v. Chr. Die Schrift ist aramäisch,

[50] → I.A. 5.1; C. 5.1.
[51] Vgl. J.-W.Meyer, Die Eingeweideschau im vor- und nachexilischen Israel, in Nordsyrien und Anatolien, in: B. Janowski – K. Koch – G. Wilhelm (Hg), Religionsgeschichtliche Beziehungen zwischen Kleinasien, Nordsyrien und dem Alten Testament (OBO 129), Freiburg – Göttingen 1993, 531-546, bes. 533.
[52] → I.B. 4.2.

die Sprache steht dem Phönizischen nahe. Die Übersetzung der Texte ist sehr fraglich, ihre inhaltliche Deutung noch mehr. Die Echtheit der Texte ist sehr umstritten, so daß keine Überlegungen für die Praxis der Dämonenbeschwörung in der phönizischen Religion hierauf basiert werden sollten.

Als Belege für die Existenz von Magie läßt sich auf die Flüche in den Grab- und Sarkophaginschriften (KAI 1,2; 2; 13,5-8; 14,4-12.20-22; Byblos 13,2), desweiteren auf Amulette als Grabbeigaben und die Tanitzeichen hinweisen. Ebenso sind die in den Bauinschriften versammelten Flüche zu nennen (KAI 10,13-16; vgl. 24,13-16; 26 AB III 12 – IV 1; IV 13 – V 1-7). Akte sympathetischer (Wasser-)Magie sind vielleicht bei einigen Heiligtümern aufgrund der dortigen Quellen anzunehmen.[53]

6. Der Bereich des Todes

6.1 Bestattungen und Totenpflege

C. Doumet, Art. Nécropoles 1. Phénicie: DCPhP, 311f. – J. Elayi, Les sarcophages phéniciens d'époque perse: IrAnt 23, 1988, 275-322. – Dies. – M.R. Haykal, Nouvelles découvertes sur les usages funéraires des Phéniciens d'Arwad (Trans Suppl. 4), Paris 1996. – J. Ferron, Art. Sarcophages: DCPhP, 391-393. – M. Gras – P. Rouillard – J. Teixidor, L'univers phénicien, Paris 1989, 148-197. – N. Jidejian, Sidon through the Ages, Beirut 1971, 120-142. – Dies., Byblos à travers les âges, Beirut 1977, 28-27. – I. Kleemann, Der Satrapen-Sarkophag aus Sidon (IF 20), Berlin 1958. – S. Moscati, Sarkophage, in: Ders. (Hg), Die Phönizier, Hamburg o.J. [1988], 292-299. – R. Poppa, Kāmid el-Lōz 2. Der eisenzeitliche Friedhof. Befunde und Funde (SBA 18), Bonn 1978. – M.W. Prausnitz, Die Nekropolen von Akhziv und die Entwicklung der Keramik vom 10. bis zum 7. Jahrhundert v. Chr. in Akhziv, Samaria und Ashdod, in: H.G. Niemeyer (Hg), Phönizier im Westen (MB 8), Mainz 1982, 31-44. – J.-F. Salles, La nécropole »K« de Byblos, Paris 1980. – Ders., La mort à Byblos: Les nécropoles, in: E. Acquaro e.a. (Hg), Biblo. Una città e la sua cultura (CSF 34), Rom 1994, 49-71. – P. Wagner, Der ägyptische Einfluß auf die phönizische Architektur (Habelts Dissertationsdrucke. Klass. Archäologie 12), Bonn 1980, 94-96.169-176.248-256.

Phönizische Friedhöfe liegen im Libanon vor allem in der Küstenebene, in den westlichen Ausläufern des Antilibanon und in der Beqa^{c}. Im einzelnen sind die Nekropolen von Amrith, Tartus, Byblos, Sidon, Sarepta, Tyros und Kāmid el-Lōz zu nennen.[54] Außerhalb des Libanon finden sich im palästinensischen Küstengebiet phönizische Nekropolen in Akhziv und Atlit.

Die Nekropolen der Küstenebene liegen außerhalb der Städte; hier sind Bestattungen im Sand bzw. mittels Sarkophagen in der Erde belegt. In den letzten Ausläufern des Antilibanon finden sich Grabhöhlen, die in

[53] Vgl. M. Yon, Art. Eau, in: DCPhP, 139f.

[54] Vgl. die Übersichtskarte bei Salles, Mort 71 fig. 6.

den Felsen geschlagen sind. Als Bestattungssitte ist neben der Erdbestattung die Verbrennung von Leichnamen belegt.
Eigens anzuführen sind aus persischer Zeit die Grabtürme aus Amrith, unter denen sich Grabkammern im Boden verbergen, die durch Dromoi zugänglich sind.
Bestattungen in Sarkophagen waren auf die Oberschicht beschränkt. Als Typen der im phönizischen Mutterland verwendeten Sarkophage begegnen rechteckige Kisten, anthropoide Sarkophage, Architektursarkophage mit szenischen Darstellungen und Holzsarkophage.

6.2 Königlicher Totenkult

J. Chr. Assmann, Zur Baugeschichte der Königsgruft von Sidon: AA 1963, 690-716. – M.-L. Buhl, Anfang, Verbreitung und Dauer der phönikischen anthropoiden Steinsarkophage: Acta Archaeologica 35, 1964, 61-80. – Dies., L'origine des sarcophages anthropoïdes phéniciens en pierre: ACSF I/1, 1983, 199-202. – M. Chéhab, Observations au sujet du sarcophage d'Ahiram: MUSJ 46, 1970/71, 107-117. – J. Elayi, Les sarcophages phéniciens d'époque perse: IrAnt 23, 1988, 275-322. – R. Fleischer, Der Klagefrauensarkophag aus Sidon (IF 34), Tübingen 1983. – H. Gabelmann, Zur Chronologie der Königsnekropole von Sidon: AA 1979, 163-177. – M. Gras – P. Rouillard – J. Teixidor, L'univers phénicien, Paris 1989, 148-197. – R. Hachmann, Das Königsgrab V von Jebeil (Byblos): IM 17, 1967, 93-114. – Ders., Kumidi und Byblos, in: W. Zwickel (Hg), Biblische Welten. FS M. Metzger (OBO 123), Freiburg – Göttingen 1993, 1-40. – Ders., Das Königsgrab von Kāmid el-Lōz und die Königsgräber der mittleren und späten Bronze- und frühen Eisenzeit im Küstengebiet östlich des Mittelmeers und in Mesopotamien, in: Ders. (Hg), Kāmid el-Lōz 16. »Schatzhaus«-Studien (SBA 59), Bonn 1996, 203-288. – O. Hamdy Bey – Th. Reinach, Une nécropole royale à Sidon, Paris 1892. – N. Jidejian, Sidon through the Ages, Beirut 1971, 120-137. – Dies., Byblos à travers les âges, Beirut 1977, 28-37. – P. Montet, Byblos et l'Egypte (BAH 11), Paris 1928/29, 143-238. – S. Moscati, Sarkophage, in: Ders. (Hg), Die Phönizier, Hamburg o.J. [1988], 292-299. – E. Porada, Notes on the Sarcophagus of Ahiram: JANES 5, 1973, 355-372. – M.W. Prausnitz, Die Nekropolen von Akhziv und die Entwicklung der Keramik vom 10. bis zum 7. Jahrhundert v. Chr. in Akhziv, Samaria und Ashdod, in: H.G. Niemeyer (Hg), Phönizier im Westen (MB 8), Mainz 1982, 31-44. – J.-F. Salles, La mort à Byblos: Les nécropoles, in: E. Acquaro e.a. (Hg), Biblo. Una città et la sua cultura (CSF 34), Rom 1994, 49-71.

In diesem Abschnitt ist man ausschließlich auf Angaben aus archäologischen Grabungen angewiesen, da sich die wenigen epigraphischen Texte nicht zum Thema der königlichen Grablege äußern. Mit der Existenz von Königsgräbern ist grundsätzlich in jeder phönizischen Königsstadt zu rechnen. Da aber einige dieser Städte kontinuierlich besiedelt sind, ist an eine Freilegung der königlichen Nekropolen nicht zu denken. Ausgrabungen von phönizischen Königsgräbern sind in Byblos, Sidon und Akhziv erfolgt. Diese Nekropolen decken unterschiedliche Jahrhunderte der phönizischen Geschichte ab.

Die Königsnekropole von Byblos ist seit der Mittelbronzezeit als Grabstätte für die verstorbenen Könige von Byblos in Gebrauch.[55] Nur das Grab V aus dieser Anlage birgt das Grab eines als »phönizisch« zu bezeichnenden Königs, des Aḥirom. Die Tatsache seiner Benutzung zeigt die Kontinuität von der Spätbronze- zur Eisenzeit im königlichen Totenkult von Byblos auf. Hinzu tritt eine weitere Besonderheit: Das Grab ist das einzige Grab der Nekropole von Byblos, in dem drei Sarkophage standen.

Nicht mehr nachweisen läßt sich für Grab V die Abdeckung des Grabschachtes und eine darauf befindliche Totenkapelle. Aus diesem archäologischen Befund kann jedoch nicht einfach geschlossen werden, daß eine solche nie existierte.

Die Kontinuität im königlichen Totenkult von Byblos zeigt sich auch in einem Befund des Grabschachtes. In diesem fand sich wie schon in den Gräbern III und IV eine Röhre, die als Vorrichtung für Totenopfer und Libationen zu interpretieren ist.

Für das Grab V der Nekropole von Byblos ist durch die Inschrift auf dem Deckel des in ihm gefundenen Sarkophages des Aḥirom (KAI 1) gesichert, daß hier ein König von Byblos beigesetzt war. Ob die beiden anderen Sarkophage aus Grab V dem Vater und dem Sohn des Aḥirom zuzuweisen sind, ist nicht mehr zu klären.

Grab V mit den genannten Sarkophagen ist das jüngste Grab der Nekropole von Byblos, so daß mit der Dynastie des Aḥirom die Grabtradition in dieser Nekropole beendet wurde. Der Sarkophag ist auf ca. 1200 v. Chr., die auf die Bestattung des Aḥirom verweisende Inschrift (KAI 1) auf. ca. 1000 v. Chr. zu datieren.

Die Nekropolen von Akhziv schließen sich chronologisch an die Königsnekropole von Byblos an, da sie der frühen Eisenzeit zuzuweisen sind. Von den drei Nekropolen von Akhziv kommt aufgrund der Funde die am östlichen Abhang in der Nähe der Stadtbefestigung von Akhziv gelegene Nekropole für die Deutung als Königsnekropole in Frage. Hier wurden die frühesten Gräber der Eisenzeit aus Akhziv in der Form von Steinkistengräbern greifbar. »Diese ›Kistengräber‹ sind aus großen, langen Steinen gebaut, die teilweise von innen behauen wurden, um eine Kiste von etwa 3,15 m Länge und 1,80 m Breite herzustellen. Die Kisten waren mit langen Steinplatten zugedeckt. Es hat den Anschein, als ob die Platten in der Mitte schräg gestellt wurden und vielleicht einen Giebel formten. Im Innern der Steinkisten wurden zwei Personen, ein Mann und eine Frau, nebeneinander liegend gefunden. Die Schädel lagen am Südende, und auch die persönlichen Dinge und Beigaben sind entweder neben dem Kopf oder auf der Brust oder nahe den Füßen gefunden worden. Es handelt sich hier um die Gräber von hochstehenden Würdenträgern, vielleicht der Herrscher des früheisenzeitlichen Akhziv. Auf den Gräbern

[55] → I.B.5.2

lag eine große Menge von Lehmziegeln. Eine weitere Untersuchung führte zu der Vermutung, daß ein Bauwerk die Gräber umfaßt hat.«[56]
Die bereits 1887 von O. Hamdy ausgegrabene Königsnekropole von Sidon liegt wie die Königsnekropole von Akhziv außerhalb der Stadt. Sie besteht aus einer Grabanlage. Um einen zentralen Schacht herum waren in der ersten Bauphase zwei Grabkammern angelegt, die durch sukzessive Erweiterungen auf insgesamt sieben Grabkammern erweitert wurden. In diesen Grabkammern fanden sich 17 Sarkophage aus der Zeit des 6. bis 4. Jh. v. Chr. Aufgrund ihrer Inschriften ist ersichtlich, daß sieben von den 17 Sarkophagen der Beisetzung von Königen und Königinnen aus Sidon dienten. Im Unterschied zur Nekropole von Byblos lassen sich in den Nekropolen von Sidon und Akhziv keinerlei Vorrichtungen für einen königlichen Totenkult erkennen. Dieser Tatbestand hängt damit zusammen, daß die verstorbenen Könige nicht als vergöttlicht betrachtet wurden, somit ein Opferkult für die verstorbenen Könige nicht stattfand.
Eigens anzusprechen sind die Sarkophage. Die Königsnekropole von Byblos weist vorphönizische Sarkophage auf. Dazu gehören der auf die Zeit um 1200 v. Chr. zu datierende Sarkophag des Aḥirom aus Byblos[57] und die weiteren Sarkophage aus Grab V. Wenig jünger sind die Steinkistengräber aus Akhziv, die ebenfalls Sarkophage darstellen.
Weitere phönizische Sarkophage sind erst wieder vom 6. Jh. v. Chr. an belegt. Bei den Sarkophagen der Könige Tabnit und Ešmunazor von Sidon läßt sich im Vergleich mit den älteren Sarkophagen ein wichtiger Unterschied festhalten. Waren die älteren Sarkophage der Spätbronzezeit und der frühen Eisenzeit als Kisten konstruiert (Alalach VII; Kumidi; Aḥirom-Sarkophag; Kistengräber aus Akhziv), so liegen mit den Sarkophagen des 6. Jh. v. Chr. anthropoide Sarkophage ägyptischen Ursprungs vor, die ursprünglich als Handelsobjekte von Ägypten nach Phönizien gelangt waren, dann aber auch im Libanon z.T. in gräzisierendem Stil aus Stein und aus Ton nachgeahmt wurden.
Desweiteren läßt sich im 5. und 4. Jh. v. Chr. in Sidon ein griechischer Einfluß auf die Sarkophaggestaltung nachweisen, wobei hier die Reihe der Architektursarkophage (lykischer Sarkophag, Satrapen-, Alexander- und Klagefrauensarkophag) zu nennen ist.
Hinsichtlich des Themas der Grabesruhe und ihrer Störung lassen sich folgende Einsichten gewinnen. So wird in der Inschrift des Aḥirom, formuliert:

`rn. zp^{c}*l. [’]tb*^{c}*l.*	Sarkophag, den machte Ittobaal,
bn `ḥrm. mlk gbl.	Sohn des Aḥirom, König von Byblos,
l`ḥrm. `bh. kšth. b^{c}*lm.*	für Aḥirom, seinen Vater, als er ihn
	in das Grab[58] legte. (KAI 1,1)

[56] Prausnitz, Nekropolen 31f.
[57] → I.B.5.2.
[58] Vgl. dazu H. Niehr, Zur Semantik von nordwestsemitisch ^{c}*lm* als »Unterwelt« und

Das Aufdecken *(glh)* des Sarkophags durch einen feindlichen Machthaber wird mit einem Fluch bedacht, der die Herrschaft des Gegners vernichten, die Ruhe von Byblos fliehen lassen und den Frevler vernichten soll (KAI 1,2). Der Sarkophag gilt somit als Garant der Ruhe des Toten. Das Thema der Totenruhe begegnet wiederholt auf der Inschrift eines Königssarkophags.

König Tabnit aus Sidon weist in seiner Sarkophaginschrift (KAI 13) aus dem 6. Jh. v. Chr. darauf hin, daß sich kein Silber und Gold, nur sein Leichnam im Sarkophag befände. Deshalb soll auch niemand den Sarkophag öffnen.

Auf ähnliche Weise argumentiert die etwas jüngere Inschrift auf dem Sarkophag des Königs Ešmunazor von Sidon (KAI 14,5). In dieser Inschrift wird der Sarkophag als die Ruhestätte *(mškb)* des Toten bezeichnet (KAI 14,5.6-8.10.21) und auch sein Wegtragen aus der Gruft gilt als Frevel (KAI 14,5-21).

Bei der dritten hier zu nennenden Inschrift handelt es sich um die 1969/70 erstmals publizierte Inschrift »Byblos 13«.[59] Zeitlich wird sie dem Ende des 6. bzw. dem Beginn des 5. Jh. v. Chr. zugeordnet. Aufgrund ihres fragmentarischen Zustandes läßt die Inschrift nicht erkennen, welche Persönlichkeit in dem mit ihr versehenen Sarkophag bestattet wurde. Auf eine höhergestellte Persönlichkeit kann wohl auf jeden Fall geschlossen werden; daß es sich dabei um einen König von Byblos handelt, läßt sich nur vermuten, aber nicht beweisen.

Hinsichtlich der Totenruhe besagt der Text:

... lpṭḥ ᶜ]lt `rn zn wlrgz ᶜṣmy...	zu öffnen ü]ber diesem Sarkophag und zu stören meine Gebeine ... (Byblos 13,2)

Hierauf erfolgt ein z.T. schwer verständlicher Fluch, der den mächtigen Og, der vielleicht ein Unterweltsgott oder ein Totendämon ist,[60] als Rächer der Totenruhe nennt.

Über den Bereich der Totenruhe hinaus hat die Bestattung in einem Sarkophag auch eine Relevanz für den Modus der Grablegung. Dies wird in zwei Inschriften angesprochen, die zumindest in den Umkreis des königlichen Totenkultes gehören.

»Grab«, in: B. Pongratz-Leisten – H. Kühne – P. Xella (Hg), Ana šadî Labnāni lū allik. FS W. Röllig (AOAT 247), Kevelaer – Neukirchen-Vluyn 1997, 295-305.

59 Vgl. J. Starcky, Une inscription phénicienne de Byblos: MUSJ 45, 1969, 259-273; W. Röllig, Eine neue phönizische Inschrift aus Byblos: NESE 2, 1974, 1-15; I. Schiffmann, Studien zur Interpretation der neuen phönizischen Inschrift aus Byblos (Byblos 13): RSF 4, 1976, 171-177; F.M. Cross, A Recently Published Phoenician Inscription of the Persian Period from Byblos: IEJ 29, 1979, 40-44.

60 Vgl. damit die alttestamentliche Nennung des Og als König der Rephaim und als ihres letzten Vertreters in Num 21,33; 32,33; Dtn 1,4; 3,1.3.4.10f.13; 4,47; 29,6; 31,4; Jos 2,10; 9,10; 12,4; 13,12.30.31; 1 Kön 4,19, Neh 9,22; Ps 135,11; 136,20.

In der der Mitte des 4. Jh. v. Chr. entstammenden Inschrift der Batnoam, der Mutter des Königs Ozbaal von Byblos, die selber nicht Königin war, da erst ihr Sohn eine Dynastie begründete, sagt diese über sich aus:

b`rn zn `nk btn^{c}m ... škbt	In diesem Sarkophag ruhe ich, Batnoam ...
bswt wmr`š ^{c}ly	in einem Gewand und einer Haube auf mir
wmḥsm ḥrṣ lpy ...	und einem goldenen Lippenblech an meinem Mund ... (KAI 11)

Zu diesem Textzeugnis über die Ausstattung einer Toten in ihrem Sarkophag ist die bereits zitierte Inschrift aus Byblos (Byblos 13) zu stellen, die einen weiteren Aspekt im Kontext des königlichen Totenkultes eröffnet.

... wkn hn `nk škb b`rn zn	... Und siehe, so liege ich in diesem Sarko-
`sp bmr wbbdl[ḥ...	phag, »eingesammelt« in Myrrhe und Bdellium ... (Byblos 13,1)

Mit dem Verb *`sp* »einsammeln« ist möglicherweise eine Einbalsamierung des Leichnams angesprochen. Eine derartige Praxis ist für einen phönizischen König archäologisch durch den Fund der Mumie des Königs Tabnit von Sidon gesichert. Nicht ganz abzuweisen ist jedoch für die in der Inschrift Byblos 13 angedeuteten Bestattungsverhältnisse die Sicht, derzufolge der Leichnam in oder auf Aromata in den Sarkophag gebettet wird, eine Bestattungssitte, die sich in Syrien-Palästina mehrfach nachweisen läßt.[61]

6.3 Kinderopfer

M.G. Amadasi Guzzo, Osservazioni sulle stele iscritte di Tiro: RSF 21, 1993, 157-163. – P. Bartoloni, Considerazioni sul «tofet» di Tiro: RSF 21, 1993, 153-156. – S. Brown, Late Carthaginian Child Sacrifice (JSOT/ASOR MS 3), Sheffield 1991. – O. Eissfeldt, Molk als Opferbegriff im Punischen und Hebräischen und das Ende des Gottes Moloch (BRA 3), Halle 1935. – G. Garbini, Iscrizioni funerarie da Tiro: RSFS 21, 1993, 3-6. – Ders., Il sacrificio dei bambini, in: Ders., La religione dei fenici in occidente (SS NS 12), Rom 1994, 67-81. – M. Gras – P. Rouillard – J. Teixidor, L'univers phénicien, Paris 1989, 170-197. – G.C. Heider, The Cult of Molek (JSOTS 43), Sheffield 1985, 174-222. – E. Lipiński, Syro-fenicische wortels van de karthaagse religie: Phoenix 28, 1982-1983/84, 51-84, bes. 76-84. – Ders., Sacrifices d'enfants à Carthage et dans le monde sémitique oriental, in: Ders. (Hg), Carthago (StPh VI), Leuven 1988, 151-185. – Ders., Tannit et Ba^{c}al Hamon: HBA 15-17, 1988-90, 209-249, bes. 238-248. – Ders., Rites et sacrifices dans la tradition phénico-punique, in: J. Quaegebeur (Hg), Ritual and Sacrifice in the Ancient Near East (OLA 55), Leuven 1993, 257-281, bes. 275-281. – Ders.,

[61] Vgl. W. Zwickel, Über das angebliche Verbrennen von Räucherwerk bei der Bestattung eines Königs: ZAW 101, 1989, 266-277.

Dieux et déesses de l'univers phénicien et punique (StPh XIV), Leuven 1995, 438-450.476-483. – H.-P. Müller, Art. molaek, in: ThWAT 4, 1982-84, 957-968. – Ders., Genesis 22 und das *mlk*-Opfer: BZ 41, 1997, 237-246. – S. Ribichini, Il tofet e il sacrificio dei fanciulli (Sardo 2), Sassari 1987. – Ders., Sacrifici umani a Tiro?. La testimonianza di Q. Curzio Rufo, in: B. Pongratz-Leisten – H. Kühne – P. Xella (Hg), Ana šadî Labnāni lū allik. FS W. Röllig (AOAT 247), Kevelaer – Neukirchen-Vluyn 1997, 355-361. – H. Sader, Phoenician Stelae from Tyre: Ber 39, 1991, 101-126. – Dies., Phoenician Stelae from Tyre (continued): SEL 9, 1992, 53-79. – H. Seeden, A *tophet* in Tyre?: Ber 39, 1991, 39-82. – A. Simonetti, Sacrifici umani e uccisioni rituali nel mondo fenicio-punico: RSF 11, 1983, 91-111. – E. Stager – S.R. Wolff, Child Sacrifice at Carthage: Religious Rite or Population Control: BAR 10, 1984, 30-51.

Mit den Kinderopfern betritt man einen in der Forschung stark umstrittenen Sektor des phönizischen Totenkultes.
Bis vor wenigen Jahren ging man zwar davon aus, daß das Kinderopfer eine phönizisch-punische Institution sei, für die Karthago vom 8. Jh. bis zum 2. Jh. n. Chr. die meisten Belege lieferte, aber man konnte keine Belege aus dem Mutterland selbst beibringen. Diese Situation änderte sich durch einen Stelenfund in der Nähe von Tyros im Jahre 1990. Es fanden sich hier ca. 200 Stelen, mehrere Dutzend Urnen und eisenzeitliche Töpferwaren. Alle Inschriften auf den Stelen stellen Personennamen dar. Die Symbole (Halbmond, Betyl, Ädikula, Menschenkopf, Pflanze, Naos, Uräen, kleine Sonnenscheibe, *anch*-Zeichen) sind aus punischen Tophets bereits bekannt, dürften aber in Tyros älter sein. Aus paläographischen Gründen werden die Stelen zwischen das späte 9. und das 6. Jh. v. Chr. datiert.
Worum es sich bei den Kinderopfern genau handelt, ist bis heute unklar, da phönizisch-punische Texte hierüber keinerlei Aufschluß geben. Von einem Kinderopfer sprechen explizit nur hebräische, griechische und lateinische Texte, denen man allerdings eine gewisse Tendenz zur Verketzerung von Fremden zuschreiben muß. Insofern ist in der Forschung sowohl die Existenz von Kinderopfern als auch ihr Zweck, so es sie überhaupt gab, umstritten. Als konkurrierende Erklärungen werden derzeit vertreten:
– Säuglinge und Kinder vor dem Alter von 4 Jahren, die vor ihrem Eintritt in die Gesellschaft starben, wurden verbrannt und im Tophet einer Gottheit geweiht. Daneben treten seltene Fälle von Kinderopfern auf.[62]
– Es handelt sich um eine Maßnahme der Bevölkerungsregulation, die der Abtreibung vorgezogen worden sei, da man so auf das Geschlecht der Kinder und ihren sozialen Status Rücksicht nehmen konnte.[63]
– Nur Föten, Totgeburten und kleine verstorbene Kinder wurden im Tophet der Gottheit geopfert. Lebende Kinder sind nicht getötet worden.

[62] Vgl. H. Bénichou-Safar, Sur l'incinération des enfants aux tophet de Carthage et de Sousse: RHR 205, 1988, 57-68.
[63] Vgl. Stager – Wolff, Child-Sacrifice; Brown, Child Sacrifice.

Somit ist ein Tophet ein Kinderfriedhof und eine Opferstätte von Tieren.[64]
– Es liegt ein semitisches Erstgeborenenopfer aufgrund von Gelübden vor. Das Erstgeborenenopfer basiert auf der Tatsache, daß die erstgeborenen Kinder aufgrund der frühen Mutterschaft sehr schwach waren. Man rechnet auch mit einer Auslösung der Erstgeburt.[65]
– Kinderopfer sind außergewöhnliche Maßnahmen in Notzeiten, um Götter zu besänftigen, bzw. zur Erfüllung von Gelübden.[66]
Einen weiteren strittigen Punkt in der Diskussion bildet das Nebeneinander von Kinder- und Tieropfern. Waren Kinder und Lämmer gleichwertig, oder konnten Kinder durch Tiere ausgelöst werden? Der archäologische Befund erlaubt auch hier keine Klärung. Deutlich ist jedenfalls, daß Kinderbestattung und Tieropfer koexistierten, nicht also ein archaisches Kinderopfer irgendwann einmal durch Tieropfer abgelöst wurde.

7. Die mythische Literatur

7.1 Die »Phönizische Geschichte« des Philo Byblios

Textausgaben, Bearbeitungen und Übersetzungen: H.W. Attridge – R.A. Oden, Philo of Byblos. The Phoenician History (CBQ MS 9), Washington 1981. – A.I. Baumgarten, The *Phoenician History* of Philo of Byblos (EPRO 89), Leiden 1981. – F. Jacoby, Die Fragmente der Griechischen Historiker III C 2, Leiden, 1958, Nr. 790. – K. Mras (Hg), Eusebius Werke 8. Die Praeparatio evangelica (GCS 43), Berlin 1954-56.
Sekundärliteratur: J. Barr, Philo of Byblos and his Phoenician History: BJRL 57, 1974, 17-68. – C. Clemen, Die Phönikische Religion nach Philo von Byblos (MVÄG 42/3), Leipzig 1939. – J. Ebach, Weltentstehung und Kulturentwicklung bei Philo von Byblos (BWANT 108), Stuttgart 1979. – M.J. Edwards, Philo or Sanchuniaton? A Phoenician Cosmogony: CQ 41, 1991, 213-220. – O. Eissfeldt, Sanchunjaton von Berut und Ilimilku von Ugarit (BRA 5), Halle 1952. – E. Lipiński, The ›Phoenician History‹ of Philo of Byblos: BO 40, 1983, 305-310. – R.A. Oden, Philo of Byblos and Hellenistic Historiography: PEQ 110, 1978, 115-126. – S. Ribichini, Poenus advena (CSF 19), Rom 1985. – Ders., Questions de mythologie phénicienne d'après Philon de Byblos, in: C. Bonnet – E. Lipiński – P. Marchetti (Hg), Religio Phoenicia (StPh IV) Namur 1986, 41-52. – I. Schiffmann, Phönizisch-Punische Mythologie und geschichtliche Überlieferung in der Widerspiegelung der antiken Geschichtsschreibung (CSF 17), Rom 1986. – L. Troiani, L'opera storiografica di Filone da Byblos, Pisa 1974. – M.L. West, Ab ovo. Orpheus, Sanchuniathon and the origins of the Ionian world model: CQ 44, 1994, 289-307.

[64] Vgl. Gras – Rouillard – Teixidor, L'univers.
[65] Vgl. E. Lipiński, Sacrifices; ders., Tannit 238-248; ders., Dieux 476-483.
[66] Vgl. Lipiński, Dieux 476-483; Müller, Art. molaek 993f.

Die »Phönizische Geschichte« des Philo Byblios ist nur fragmentarisch in griechischer Sprache im Werke »Praeparatio evangelii« des Kirchenvaters Eusebius von Caesarea (ca. 260–340 n. Chr.) erhalten. Sie erhebt den Anspruch, auf ein phönizisches Original eines Sanchunjaton von Beirut aus der Zeit vor dem trojanischen Krieg zurückzugehen und durch Philo Byblios in frühchristlicher Zeit ins Griechische übersetzt worden zu sein. Von den einstmals acht Büchern werden bei Eusebius von Caesarea nur Fragmente überliefert.

Inhaltlich beschäftigt sich die »Phönizische Geschichte« mit der Kosmogonie und der Entstehung der Kultur, der Geschichte der Göttergenerationen (Theogonie), den Opfern der Menschen und den Schlangen. Im einzelnen haben diese Abschnitte folgende Inhalte:

Die Kosmogonie: Am Anfang standen Gase und Chaos. Durch einen Wind kam eine Mischung auf, die Begierde genannt wurde. Durch denselben Wind kam es zur Entstehung des Mot. Dieser ist als Schlamm zu verstehen, aus dem das Leben kam. Es entstanden die Lebewesen, aus denen sich dann später männliche und weibliche Wesen entwickelten. Diese erfanden die Kultur. Einige von diesen Erfindern wurden nach ihrem Tod als Götter verehrt.

Die Theogonie: Elioun und seine Frau Beirut wohnten bei Byblos. Ihre Kinder waren Ouranos und Ge. Nach dem Tode und der Vergöttlichung des Elioun erbte Ouranos die Herrschaft seines Vaters und heiratete Ge. Mit ihr hatte er vier Kinder: El (= Chronos), Baitylos, Dagan und Atlas. Chronos führte Krieg gegen seinen Vater, vertrieb ihn dann aus seinem Herrschaftsbereich und übernahm sein Königtum.

Die menschlichen Opfer: Der Abschnitt beschreibt das Opfer von Els einzigem Sohn in einer Gefahrensituation.

Die Schlangen: In diesem kurzen Fragment, dessen Zugehörigkeit zur »Phönizischen Geschichte« fraglich ist, geht es um die Natur und die mythischen Konnotationen von Schlangen.

Der gesamte Text geht auf einen phönizischen Priester des 2. oder 1. Jh. v. Chr. zurück. Insgesamt kann der Text hellenistische Einflüsse (Euhemerismus) nicht verleugnen, ungeachtet der Tatsache, daß er semitische Traditionen, insbesondere hinsichtlich einzelner Götter und der Theogonie, aufnimmt. Versuche, die »Phönizische Geschichte« mit den Mythen von Ugarit in eine unmittelbare Verbindung zu bringen oder hieraus einen phönizischen Mythos der ersten Hälfte des 1. vorchr. Jt. zu rekonstruieren, müssen als gescheitert betrachtet werden. Es dominiert in der »Phönizischen Geschichte« die griechische Darstellungsweise unter Einbeziehung semitischer Inhalte.

B. Nord- und Mittelsyrien: Die Religion der Aramäer (ca. 1000 v. Chr. – 4. Jh. n. Chr.)

1. Raum und Zeit

Zum Raum: H. Klengel, Geschichte Syriens im 2. Jahrtausend v.u.Z. 3, Berlin 1970, 80-112. – E. Wirth, Syrien (Wiss. Länderkunden 4/5), Darmstadt 1971, 41-136.361-449.

Zur Geschichte: G.W. Ahlström, The History of Ancient Palestine from the Palaeolithic Period to Alexander's Conquest (JSOTS 146), Sheffield 1993, 607-638. – P. Bordreuil, Les royaumes araméens de Syrie, in: Syrie, mémoire et civilisation, Paris 1993, 250-257. – G.W. Bowersock, Roman Arabia, Cambridge, Mass. 1983. – J.A. Brinkman, A Political History of Post-Kassite Babylonia 1158-722 B.C. (AnOr 43), Rom 1968, 260-288. – Ders., Notes on Arameans and Chaldeans in Southern Babylonia in the Early Seventh Century B.C.: Or(NS) 46, 1977, 304-325. – M. Dietrich, Die Aramäer Südbabyloniens in der Sargonidenzeit (AOAT 7), Kevelaer – Neukirchen-Vluyn 1970. – P.-E. Dion, Les Araméens du Moyen-Euphrate au VIIIe siècle à la lumière des inscriptions des maîtres de Suhu et Mari: VTS 61, 1995, 53-73. – Ders., Les Araméens à l'âge du fer: Histoire politique et structures sociales (EB NS 34), Paris 1997. – M. Gawlikowski, Les Arabes en Palmyrène, in: H. Lozachmeuer (Hg), Présence arabe dans le Croissant fertile avant l'Hégire, Paris 1995, 103-108. – A.M. Jasink, Gli stati neo-ittiti (SM 10), Pavia 1995, 85-115. – H. Klengel, Syria 3000 to 300 B.C., Berlin 1992. – R. Lamprichs, Die Westexpansion des neuassyrischen Reiches (AOAT 239), Kevelaer – Neukirchen-Vluyn 1995. – B. Landsberger, Sam`al (Veröffentlichungen der Türkischen Historischen Gesellschaft 7. Serie Nr. 16), Ankara 1948. – A. Lemaire, Hazaël de Damas, roi d'Aram, in: D. Charpin – F. Joannès (Hg), Marchands, diplomates et empereurs. FS P. Garelli, Paris 1991, 91-108. – A. Lemaire – J.-M. Durand, Les inscriptions araméennes de Sfiré et l'Assyrie de Shamshi-Ilu (Hautes Etudes Orientales 20), Genf – Paris 1984. – E. Lipiński, Aram et Israël du Xe au VIIIe siècle av.n.è.: AAASH 27, 1979, 49-102. – Ders., »Mon père était un araméen errant«. L'histoire, carrefour des sciences bibliques et orientales: OLP 20, 1989, 23-47. – M. Liverani, Antico Oriente, Rom 1988, 714-735. – W. Mayer, Politik und Kriegskunst der Assyrer (ALASPM 9), Münster 1995. – F. Millar, The Roman Near East. 31 BC – AD 337, Cambridge – London ^{2}1994, 296-336. – M. Noth, La`asch und Hazrak, in: ABLAK 2, 1971, 135-147. – Ders., Das Reich von Hamath als Grenznachbar des Reiches Israel, in: ABLAK 2, 1971, 148-160. – Ders., Der historische Hintergrund der Inschriften von sefīre, in: ABLAK 2, 1971, 161-210. – W.T. Pitard, Ancient Damascus, Winona Lake 1987. – S. Ponchia, L'Assiria e gli stati transeufratici nella prima età dell` VIII sec. a.C. (History of the Ancient Near East/Studies VIIbis), Padua 1991. – E. Puech, La stèle de Bar-Hadad à Melqart et les rois d'Arpad: RB 99, 1992, 311-334. – G.G.G. Reinhold, Die Beziehungen Altisraels zu den aramäischen Staaten in der israelitisch-judäischen Königszeit, Frankfurt 1989. – E.M. Ruprechtsberger (Hg), Syrien: von den Aposteln zu den Kalifen, Mainz 1993. – H.S. Sader, Les états araméens de Syrie depuis leur fondation jusqu`à leur transformation en provinces assyriennes (BTS

36), Beirut 1987. – M. Sartre, L'Orient romain, Paris 1991. – K. Schippmann, Grundzüge der parthischen Geschichte (Grundzüge 39), Darmstadt 1980. – R. Stoneman, Palmyra and Its Empire, Ann Arbor 1992. – J. Teixidor, Un port Romain du désert (Sem 34), Paris 1984. – J. Tropper, Die Inschriften von Zincirli (ALASP 6), Münster 1993, 9-19. – J. Tubach, Im Schatten des Sonnengottes, Wiesbaden 1986, 213-227. – F. Vattioni, Hatra (SAION 54), Neapel 1994. – M. Weippert, Zur Syrienpolitik Tiglathpilesers III., in: H.-J. Nissen – J. Renger (Hg), Mesopotamien und seine Nachbarn (BBVO 1/2), Berlin 1982, 395-408. – Ders., Die Feldzüge Adadneraris III. nach Syrien. Voraussetzungen, Verlauf, Folgen: ZDPV 108, 1992, 42-67.

Das Kernland der Aramäer liegt im Gebiet zwischen dem westlichen Euphratufer und dem Khabur. Dieser Landstrich tritt erstmals in den Annalen Tiglatpilesers I. (1116-1077 v. Chr.) als »Land der Aramäer« auf und die hierin lebende nordwestsemitische Bevölkerung in den Quellen des 11. Jh. v. Chr. als »Aramäer«. Die fortschreitende Aramaisierung Nord- und Mittelsyriens wurde möglich durch den Zusammenbruch des Hethiterreiches um 1200 v. Chr. Das syrische Erbe der Hethiter teilten sich in enger Verbindung miteinander späthethitische und aramäische Königreiche.

In den neuassyrischen Quellen trifft man seit Adadnerari III. (810-782 v. Chr.) auf das Syntagma *bīt* + Eigenname, womit aramäische Königreiche bezeichnet werden. Hierin wird der Bezug dieser Staaten zur gründenden Königsdynastie noch ersichtlich. Mit der Existenz dieser Aramäerreiche in Obermesopotamien und Syrien ist seit der zweiten Hälfte des 10. vorchr. Jh. zu rechnen. Neben diesen durch die Nennung der Dynastie gekennzeichneten Aramäerreichen begegnen auch andere Reichsnamen in den Fällen, in denen sich ein Aramäerreich auf dem Territorium eines vorausgehenden Reiches etablierte.

Wie ein Blick auf die Karte Syriens[1] zeigt, erstrecken sich die Aramäerreiche von Obermesopotamien (Bit Baḫiani; Nasibina; Bit Zamani) über Südanatolien/Nordsyrien (Bit Adini; Bit Gabbari; Unqi; Bit Agusi; Hamath) bis nach Mittelsyrien (Ṣobah in der nördlichen Beqa^{c} und Beth Rehob in der südlichen Beqa^{c}; Damaskus) und Südsyrien (Ma^{c}akah; Gešur). Eigens zu nennen sind die Aramäerreiche Mittelmesopotamiens (Laqe; Utuate; Puqulu; Gubulu) und Südmesopotamiens (Bit Dakkuri; Bit Yabiri; Bit Ammukani; Bit Ša`alli). Die Aramäerreiche Syriens, von denen hier nur die wichtigsten genannt sind, entwickelten sich von lockeren Ansiedlungen von Aramäern bzw. einer aramäischen Oberschicht zu zentralistischen Stadtstaaten, die von einer Hauptstadt aus regiert wurden. An der Spitze des Reiches stand ein König, der sein Amt weitervererbte, bisweilen aber auch durch einen Usurpator abgelöst wurde. Über die Verwaltungsstrukturen und das Militär dieser Königreiche ist bis auf wenige Einzelfälle so gut wie nichts bekannt.

[1] Vgl. die Karten bei Sader, Etats 289; Pitard, Damascus 83 fig. 4; 127 fig 5; 157 fig 7; TAVO B IV 10; B IV 13; Dion, Araméens, Carte 2 und 3.

Der große und mächtige Gegner der Aramäerreiche war das assyrische Reich. Dieses verlangte nach Zugang zum Westen, um seine Handelswege zu schützen, sich der Rohstoffe Syriens und Anatoliens bemächtigen zu können und sich nach Westen hin militärisch abzusichern. Einige Aramäerreiche einigten sich friedlich mit Assur und akzeptierten die Hegemonie der Assyrer. Andere riefen Assur zu Hilfe, um sich gegen ihre aramäischen Nachbarn zu wehren, wieder andere gingen Koalitionen miteinander ein, um sich vereint Assur entgegenzustellen. Derartige Koalitionen wurden in Nordsyrien zwischen späthethitischen und aramäischen Königreichen und in Mittelsyrien zwischen aramäischen Königreichen und phönizischen und israelitischen Partnern eingegangen.
Bestand hatten die Aramäerreiche Syriens bis zu ihrer sukzessiven Eroberung durch das assyrische Reich und ihrer Eingliederung als Provinzen. Dieser Vorgang war um 730 v. Chr. abgeschlossen. War damit auch die politische Souveränität verloren, so blieben doch die aramäische Sprache und die aramäischen Lokalkulte erhalten. Desweiteren führte die Eingliederung der Aramäerreiche Syriens zu einer Aramaisierung des Assyrerreiches und später auch Palästinas.
Syrien wechselte in der Folgezeit noch mehrfach seine Oberherrschaft: So ging es ab 610 v. Chr. in das neubabylonische Reich ein, ab 530 v. Chr. gehörte es zum Achämenidenreich und wurde nach dem Alexanderzug 332 v. Chr. hellenisiert. Während der Zeit der Diadochen gehörte Syrien zum Seleukidenreich, welches ab 300 v. Chr. von der Hauptstadt Antiochia am Orontes aus regiert wurde. Ab dem Winter 64/3 v. Chr. eroberte Pompeius Syrien, welches bis zur byzantinischen Zeit im 4. Jh. n. Chr. unter römischer Herrschaft blieb. Östlich des Euphrat wurde das Land parthisch; parthischer Einfluß zeigt sich auch in der Kunst Syriens westlich des Euphrats, z.B. in Palmyra. Die Christianisierung Syriens setzte schon in der ersten Hälfte des 1. Jh. n. Chr. ein. In dieser Zeit wiesen Damaskus (Apg 9) und Antiochien (Apg 11) bereits bedeutende christliche Gemeinden auf.
Die aramäische Religion ist in einem halbmondförmigen Gebiet von Obermesopotamien/Nordostsyrien im Nordosten über Südanatolien/Nordsyrien im Norden, Hamath, die Beqa^{c} und den Antilibanon bis nach Damaskus und Palmyra in Mittelsyrien hin belegt. Somit ist Syrien das Hauptverbreitungsgebiet der aramäischen Religion. Nicht zu übersehen sind zudem die Aramäer am mittleren Euphrat und in Südbabylonien und die in Ägypten angesiedelten Aramäer sowie die Aramaisierung Israels nach 723/720 v. Chr. Aufgrund des im Unterschied zur ugaritischen und phönizischen Religion geographisch bedeutend umfangreicheren Verbreitungsraums der aramäischen Religion machen sich bei ihr regionale Unterschiede und Einflüsse besonders deutlich bemerkbar.
Insofern ist es nicht gerechtfertigt, von *der* aramäischen Religion zu sprechen. Entsprechend der Vielzahl der aramäischen Königreiche Syriens geht man von der Existenz unterschiedlicher Lokalkulte aus. Diese wer-

den dadurch zusammengehalten, daß ein Wettergott (meistens Hadad) an ihrer Spitze steht und sie von einer aramäischsprachigen Bevölkerung praktiziert werden. Diesem Sachverhalt versucht die hier gebotene Darstellung dadurch Rechnung zu tragen, daß sie primär regional vorgeht.
Die regionale Aufteilung Syriens ist zudem in Verbindung mit diversen historischen Umständen für die Auswirkung unterschiedlicher Kultureinflüsse auf die Aramäerreiche Syriens während des 1. Jt. v. Chr. verantwortlich. Diese sind ebenfalls eigens im Rahmen des regionalen Vorgehens bei der Darstellung der aramäischen Lokalkulte anzusprechen.
In Nordsyrien koexistierte die aramäische Religion mit der späthethitischen Religion. Beide waren die Erben der spätbronzezeitlichen hethitischen Religion und übten auch gegenseitige Einflüsse aufeinander aus. Gleichfalls nachweisbar sind phönizische Einflüsse auf die aramäische Religion aufgrund der phönizischen Präsenz in Nordsyrien während des 9. Jh. v. Chr. Desweiteren lassen sich in Nord- und Nordostsyrien bzw. in Obermesopotamien auch Einflüsse der assyrischen Religion nachweisen. Das in der syrischen Wüstensteppe gelegene Palmyra steht wie der Hauran im Einflußbereich von nabatäischen und arabischen Stämmen. Dieser arabische Einfluß macht sich auch in dem zwischen Euphrat und Tigris gelegenen Hatra bemerkbar.
Neben den sich auf die Religion auswirkenden geographischen Faktor der Regionalisierung tritt der zeitliche Faktor. Fallen die ältesten Belege für die aramäische Religion in das 9. Jh. v. Chr. (Statueninschrift von Tell Fekherye), so reichen die jüngsten bis in die christliche Zeit (Emesa; Palmyra; Dura Europos; Hatra). Die somit über ein Jahrtausend hinweg greifbaren aramäischen Lokalkulte und -traditionen sind gleichfalls verantwortlich für eine beträchtliche Entwicklung religiöser Praktiken und Vorstellungen, so daß auch unter chronologischem Aspekt nicht einfach von der aramäischen Religion gesprochen werden kann.
Da sich unsere Einblicke in die Lokalausprägungen der aramäischen Religion Zufallsfunden verdanken, läßt sich eine kontinuierliche Entwicklung von religiösen Vorstellungen, Göttergestalten oder Kultpraktiken nicht nachzeichnen. Chronologisch gesehen verteilen sich die für die Religionsgeschichte relevanten Funde auf die Zeit der aramäischen Eigenstaatlichkeit zwischen ca. 950 und 730 v. Chr. (sog. altaramäische Zeit) und setzen dann in größerem Ausmaß, vor allem in Palmyra und Hatra, wieder in römischer Zeit ein.

2. Die Quellen

Textausgaben, Bearbeitungen und Übersetzungen: A. Abou-Assaf – P. Bordreuil – A.R. Millard, La statue de Tell Fekherye et son inscription bilingue assyro-araméenne (ERC 7), Paris 1982. – B. Aggoula, Inventaire des inscriptions hatréennes (BAH 139), Paris 1991. – A. Bounni – J. Teixidor, Inventaire des inscriptions de Palmyre XII (Publications de la Direction Générale des Antiquités

et des Musées de la République Arabe Syrienne), Damaskus 1975. – J. Cantineau, Inventaire des inscriptions de Palmyre I-IX, Damaskus – Beirut 1930-36. – R. Comte du Mesnil du Buisson, Inventaire des inscriptions palmyréniennes de Doura-Europos, Paris ^{2}1939. – Corpus Inscriptionum Semiticarum II/1-3. Inscriptiones Aramaicas Continens, Paris 1889-1976. – W. C. Delsman, Aramäische historische Inschriften, in: TUAT I, 1981-85, 625-637. – P.-E. Dion, La langue de Yao`udi, Waterloo, Ontario 1974. – H. Donner – W. Röllig, Kanaanäische und aramäische Inschriften, Wiesbaden $^{3-4}$1973-79. – Chr. Dunant, Le sanctuaire de Baalshamîn à Palmyre 3. Les inscriptions (BHR 10/3), Rom 1971. – J.A. Fitzmyer, The Aramaic Inscriptions of Sefîre (BeO 19/A), Rom ^{2}1995. – J. Friedrich e.a., Die Inschriften vom Tell Halaf (AfO Beih 6), Berlin 1940 (= Osnabrück 1967). – M. Gawlikowski, Inscriptions de Palmyre: Syr 48, 1971, 407-426. – Ders., Recueil d'inscriptions palmyréniennes provenant de fouilles Syriennes et Polonaises récentes à Palmyre (Extraits des mémoires présentés par divers savants à l'Académie des Inscriptions et Belles-Lettres XVI), Paris 1974. – J.C.L. Gibson, Textbook of Syrian Semitic Inscriptions 2, Oxford 1975. – D.R. Hillers – E. Cussini, Palmyrene Aramaic Texts, Baltimore – London 1996. – V. Hug, Altaramäische Grammatik der Texte des 7. und 6. Jh.s v. Chr. (HSAO 4), Heidelberg 1993. – H. Ingholt – J. Starcky, Recueil épigraphique, in: D. Schlumberger (Hg), La Palmyrène du Nord-Ouest (BAH 49), Paris 1951, 143-187. – H. Ingholt – H. Seyrig – J. Starcky, Recueil des tessères de Palmyre (BAH 58), Paris 1955. – Inscriptions Grecques et Latines de la Syrié 1-8, Paris 1929-80. – I. Kottsieper, Die Sprache der Aḥiqarsprüche (BZAW 194), Berlin 1990. – A. Lemaire – J.-M. Durand, Les inscriptions araméennes de Sfiré et l'Assyrie de Shamshi-Ilu (Hautes Etudes Orientales 20), Genf – Paris 1984. – J.M. Lindenberger, The Aramaic Proverbs of Achiqar, Baltimore – London 1983. – Ders., Ahiqar, in: J.H. Charlesworth (Hg), The Old Testament Pseudepigrapha 2, London 1985, 479-507. – E. Lipiński, Studies in Aramaic Inscriptions and Onomastics I (OLA 1), Leuven 1975. – Ders., Studies in Aramaic Inscriptions and Onomastics II (OLA 57), Leuven 1994. – B. Margalit, Studies in NWSemitic Inscriptions III. Samaliana: UF 26, 1994, 303-315; UF 27, 1995, 177-199. – J.T. Milik, Dédicaces faites par des dieux (Palmyre, Hatra, Tyr) et des thiases sémitiques à l'époque romaine (BAH 92), Paris 1972. – B. Otzen, The Aramaic Inscriptions, in: P.J. Riis – M.L. Buhl (Hg), Hama II/2, Kopenhagen 1990, 266-318. – Répertoire d'Epigraphie Sémitique I-IV, Paris 1900/1905-1919. – O. Rössler, Aramäische Staatsverträge, in: TUAT I, 1981-85, 178-189. – H. Sader, Les états araméens de Syrie depuis leur fondation jusqu`à leur transformation en provinces assyriennes (BTS 36), Beirut 1987. – J. Starcky, Inventaire des inscriptions de Palmyre X, Damaskus 1949. – J. Teixidor, Inventaire des inscriptions de Palmyre XI, Damaskus – Beirut 1965. – Ders., Le thiase de Bêlastor et de Beelshamên d`après une inscription récemment découverte à Palmyre: CRAIBL, 1981, 306-314. – Ders., Bulletin d'épigraphie sémitique (1964-1980) (BAH 127), Paris 1986. – J. Tropper, Die semitischen Inschriften von Zincirli (ALASP 6), Münster 1993. – F. Vattioni, Le iscrizioni di Hatra (SAION 28), Neapel 1981. – Ders., Hatra (SAION 81), Neapel 1994. – J.W. Wesselius, Het standbeeld van de arameese vorst Hada-yiṯ^{c}ī, in: K.R.Veenhof (Hg), Schrijvend verleden (MEOL), Leiden – Zutphen 1983, 55-59.
Hilfsmittel: J. Teixidor, Bulletin d'Epigraphie Sémitique (1964-1980) (BAH 127), Paris 1986. – J. A. Fitzmyer – St. A. Kaufman, An Aramaic Bibliography 1, Baltimore – London 1992.

Archäologische Quellen: N. Avigad – B. Sass, Corpus of West Semitic Stamp Seals, Jerusalem 1997, 280-319. – P. Bordreuil, Le répertoire iconographique des sceaux araméens inscrits et son évolution, in: NSIS, 74-100. – H.J.W. Drijvers, The Religion of Palmyra (IR XV/15), Leiden 1976. – H. Genge, Nordsyrisch-südanatolische Reliefs, Kopenhagen 1979. – W. Orthmann, Untersuchungen zur späthethitischen Kunst (SBA 8), Bonn 1971. – A. Schmidt-Colinet, Palmyra – Kulturbegegnung im Grenzbereich, Mainz [2]1997. – K. Tanabe (Hg), Sculptures of Palmyra I (Memoirs of the Ancient Orient Museum 1), Tokyo 1986. → 3.1.2.1; 3.1.3.1; 3.2.2.1; 3.3.2.1; 4.1.2.1; 4.1.3.1; 4.2.2.1; 4.3.2.1.

Die wichtigsten Quellen für die aramäische Religion stellen die aramäischen Inschriften aus Syrien dar. Literarische Texte sind mit Ausnahme des Aḥiqarromans nicht belegt. Desweiteren gibt es keine Rituale und Gebete sowie nur wenige Texte aus dem Bereich der Mantik. Einzelaspekte der aramäischen Religion lassen sich neben den aramäischen Inschriften vor allem luwischen und akkadischen Quellen sowie dem Alten Testament entnehmen. Von nicht zu unterschätzender Relevanz für die Religionsgeschichte sind die griechischen und lateinischen Inschriften aus Syrien. Neben den Inschriften sind als wichtigste Quellen für die Existenz von Gottheiten die Personennamen mit ihren theophoren Elementen auszuwerten. Hierzu stehen Untersuchungen zur alt- und reichsaramäischen Zeit,[2] zu Ägypten,[3] Mesopotamien,[4] Palmyra[5] und Hatra[6] zur Verfügung.

3. Die aramäische Religion in altaramäischer Zeit

3.1 Obermesopotamien

Die Ausgrabungsstätten von Sikan (Tell Fekherye) und Guzana (Tell Halaf) liefern Erkenntnisse über die religiösen Verhältnisse im obermesopotamischen Königreich Bit Baḫiani während des 9. und 8. Jh. v. Chr.

[2] Vgl. F.M. Fales, On Aramaic Onomastics in the Neo-Assyrian Period: OrAnt 16, 1977, 41-68; M. Maraqten, Die semitischen Personennamen in den alt- und reichsaramäischen Inschriften aus Vorderasien (TStO 5), Hildesheim 1988.

[3] Vgl. W. Kornfeld, Onomastica aramaica aus Ägypten (SÖAW. PH 333), Wien 1978. Zu Einzelfragen s. auch M.H. Silverman, Religious Values in the Jewish Proper Names at Elephantine (AOAT 217), Kevelaer – Neukirchen-Vluyn 1985.

[4] Vgl. R. Zadok, On West Semites in Babylonia during the Chaldean and Achaemenian Periods, Jerusalem [2]1978.

[5] Vgl. A. Caquot, Sur l'onomastique religieuse de Palmyre: Syr 39, 1962, 231-256; J.K. Stark, Personal Names in Palmyrene Inscriptions, Oxford 1971 (vgl. dazu R. Degen, BO 29, 1972, 210-216); J. Teixidor, Remarques sur l'onomastique palmyrénienne: SEL 8, 1991, 213-223.

[6] Vgl. S. Abbadi, Die Personennamen der Inschriften aus Hatra (TStO 1), Hildesheim 1983.

3.1.1 Die Götterwelt

A. Abou-Assaf – P. Bordreuil – A.R. Millard, La statue de Tell Fekherye et son inscription bilingue assyro-araméene (ERC 7), Paris 1982. – P. Bordreuil, Statue masculine à inscription bilingue assyro-araméenne au nom d'un personnage de Guzanna, in: Syrie, mémoire et civilisation, Paris 1993, 260-263. – P.-E. Dion, La bilingue de Tell Fekherye: Le roi de Gozan et son dieu, in: A. Caquot – H. Cazelles (Hg), Mélanges bibliques et orientaux en l'honneur de M. Mathias Delcor (AOAT 215), Kevelaer – Neukirchen-Vluyn 1985, 139-147. – M. Gawlikowski, Hadad, in: LIMC IV/1, 1988, 365-367; IV/2, 1988, 209f. – J.C. Greenfield, The Aramean God Hadad: EI 24, 1993, 54-61. – Ders., Art. Hadad, in: DDD, 716-726. – E. Lipiński, Studies in Aramaic Inscriptions and Onomastics II (OLA 57), Leuven 1994, 30-33.213-233. – Ch. Müller-Kessler – K. Kessler, Zum Kult des Wettergottes von Guzana, in: A. Erkanal e.a. (Hg), Eski yakın doğu kültürleri üzerine incelemeler. GS I. Metin Akyurt Bahattin Devam Anı Kitabi, Istanbul 1995, 239-244.

Den bislang ältesten aramäischen Text bietet die aramäisch-assyrische Bilingue auf der 1979 gefundenen Statue von Sikan (Tell Fekherye), die von den Herausgebern in die Zeit zwischen 850 und 800 v. Chr. datiert wird. Als namentlich genannte Gottheiten begegnen in dieser Inschrift Hadad (ZZ. 1.5-6.12.15-17), Šala (Z. 18) und Nergal (Z. 23) sowie kollektiv »alle Götter« (Z. 4; vgl. Z. 14). Es ist offensichtlich, daß Hadad in dieser Inschrift als Wettergott gezeichnet wird, der die Stellung des höchsten Gottes einnimmt. Hadad tritt hier in seiner Lokalmanifestation als »Hadad (von) Sikan« (ZZ. 1.5-6.15-16) auf. Der Ort Sikan (Tell Fekherye) scheint damit einen besonderen Kultort des Gottes Hadad im Königreich Bit Baḫiani darzustellen. Älter ist die im assyrischen Text bezeugte Version, die Hadad (als Stadtgott) in Guzana (Tell Halaf) lokalisiert (Z. 7; vgl. aber auch die assyrischen ZZ. 24-25). Somit ist Sikan (Tell Fekherye) erst sekundär bei einer Ausweitung des Reiches nach Osten unter die Herrschaft von Hadad gekommen. Hadad wird in Z. 16 zusätzlich als »Herr des Khabur« bezeichnet, so daß dem »Hadad von Sikan« die Khabur-Region unterstellt ist. Als Wettergott ist er zuständig für die Wasser des Himmels und der Erde, er verschafft Weideland, Nahrung und Opferrationen für alle Götter, und er läßt alle Länder erblühen (ZZ. 1-5). Ein kriegerischer Zug des Gottes Hadad kommt in seinem Epitheton *gbr* »Held« (Z. 12; vgl. *qardu* »kriegerisch, heldenhaft« im assyrischen Text Z. 18). Der Wettergott von Guzana findet sich noch in christlicher Zeit in syrischen und in mandäischen Quellen belegt. Die Göttin Šala ist bereits seit altbabylonischer Zeit in Mesopotamien und Nordsyrien als Paredra der Götter Addu, Kumarbi und Dagan belegt.[7] Über ihre Charakteristika läßt die Inschrift nichts verlauten; sie wird als »Herrin« bezeichnet, weil sie die Paredra des Hadad ist.
Der dritte in der Inschrift namentlich genannte Gott ist Nergal (Z. 23),

[7] Vgl. A. Archi, Šalaš consort of Dagan and Kumarbi, in: Th. P. J. van den Hout – J. de Roos (Hg), Studio historiae ardens. FS Ph.H.J. Houwink ten Cate (UNHAII LXXIV), Istanbul 1995, 1-6.

der Unheil bringt, da die Pest als Geißel des Nergal in der Fluchreihe des Textes angedroht wird.
Mit den in Z. 4 kollektiv genannten Göttern ist der Rest der Götterwelt von Sikan (Tell Fekherye) angesprochen. Da diese Götter wie der Wettergott einen göttlichen Status einnehmen, werden sie als »Brüder« des Hadad benannt. Der Rangunterschied zwischen ihnen und Hadad, dem höchsten Gott, ist daran ersichtlich, daß Hadad ihnen die Opferrationen zuweist.
Was die Stadt Guzana (Tell Halaf) angeht, so ist die Verehrung des Wettergottes Hadad grundsätzlich erkennbar aufgrund des assyrischen Textes der Statue vom Tell Fekherye, der Hadad in Guzana residieren läßt (Z. 7) sowie aufgrund des Fundes einer Götterstatue in einem für den königlichen Totenkult bestimmten Heiligtum der Stadt.[8] Explizit nennen den Gott Hadad noch Prozeßurkunden und Rechtsdokumente, welche von Rechtsstreitigkeiten vor Hadad in assyrischer Sprache berichten. Diese Prozesse fanden z.T. vor Hadad im Tempel von Guzana (Tell Halaf) statt.[9]

3.1.2 Der Kult

3.1.2.1 Tempel und Heiligtümer

A. Abou-Assaf – P. Bordreuil – A.R. Millard, La statue de Tell Fekherye et son inscription bilingue assyro-araméenne (ERC 7), Paris 1982. – R. Naumann, Kritische Betrachtung der Architektur, in: M. Freiherr von Oppenheim, Tell Halaf II. Die Bauwerke, Berlin 1950, 367-403. – P. Werner, Die Entwicklung der Sakralarchitektur in Nordsyrien und Südostkleinasien (MVS XV), München 1994, 90f.

Die Steleninschrift aus Sikan (Tell Fekherye) läßt einige Aspekte des Kultes der Stadt erkennen.
So wird von Hadad ausgesagt, daß er in Sikan (Tell Fekherye) wohne. Dies bedeutet in der Sprache des altorientalischen Kultes, daß seine Götterstatue in einem Tempel der Stadt stand. Da der Wettergott in der Gestalt des »Hadad von Sikan« auftritt, dürfte darauf zu schließen sein, daß der Haupttempel der Stadt Sikan (Tell Fekherye) dem Gott Hadad geweiht war. Nach Ausweis der Inschrift stand die Statue des Gouverneurs Hadadyiši vor Hadad (ZZ. 1.15-16), d.h. sie fungierte als Beterstatue in seinem Tempel.[10]
Das Aufstellen der Statue bildet ein Zeugnis für den vom König getragenen Kult des höchsten Gottes. Der König bezeichnet Hadad und seine Paredra als seinen Herrn bzw. seine Herrin (ZZ. 6.17.18). Vom Aufstel-

8 → 3.1.3.1.
9 Vgl. Text und Übersetzung bei Friedrich e.a., Inschriften, Nr. 103; 106; 107; Lipiński, Studies II, 218-220.
10 Vgl. dazu U. Magen, Assyrische Königsdarstellungen – Aspekte der Herrschaft (BaF 9), Mainz 1986, 42f.

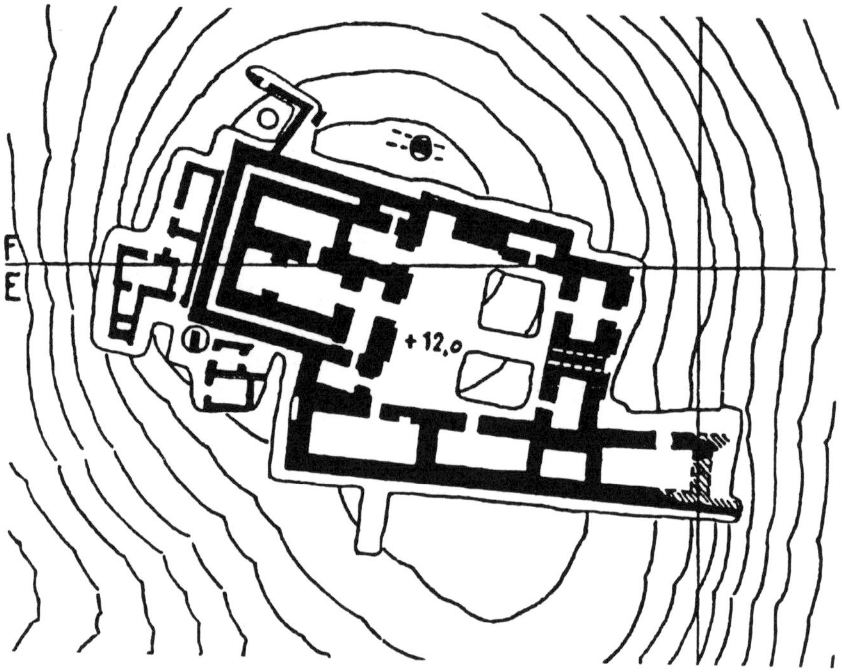

Abb. 11: Der Stadttempel vom Tell Halaf

len seiner Statue vor Hadad erhofft er sich, Hadad geneigt zu machen, damit dieser ihm und seiner Dynastie langes Leben und Ausbleiben von Krankheit sowie Akzeptanz bei Göttern und Menschen verschaffe (ZZ. 7-10.13-14). Eigens zu erwähnen ist der Fluch der Götter über die Feinde des Königs (ZZ. 10-13.16-23).
Aus der assyrischen Fassung der Inschrift vom Tell Fekherye und den o.g. Prozeßprotokollen geht das Wohnen des Hadad in Guzana (Tell Halaf), d.h. die Existenz seines dortigen Tempels hervor (Z. 7). Ob dieser Tempel mit dem sog. Stadttempel vom Tell Halaf identisch ist, muß offenbleiben. Dieser bildet einen 27,70 m x 24 m großen Komplex von Sakralräumen, die eine Cella, einen fast ebenso großen, parallel angeordneten Nebenraum und weitere Annexräume umfassen (Abb. 11). Der sog. Kultraum vom Tell Halaf diente dem königlichen Totenkult und wird deshalb in diesem Kontext besprochen.[11]

3.1.2.2 Opfer

A. Abou-Assaf – P. Bordreuil – A.R. Millard, La statue de Tell Fekherye et son inscription bilingue assyro-araméenne (ERC 7), Paris 1982.

[11] → 3.1.3.1.

Der Kult des Gottes Hadad wurde der Statueninschrift vom Tell Fekherye zufolge über Gebete (ZZ. 5.9-10), und die Gabe von Opferspeisen und Libationen (ZZ. 17-18.19) praktiziert. Mit Opferspeisen und Libationen wurde auch seine Paredra, Šala, versorgt (Z. 18). Man ging davon aus, daß Hadad von den ihm dargebrachten Gaben auch die ihm untergeordneten Götter des Pantheons der Stadt versorgte (ZZ. 3-4).
Einen Einblick in den Hadadkult von Guzana (Tell Halaf) bietet ein königlicher Erlaß, der angesichts einer Notsituation vorschreibt, vor Hadad drei Tage lang zu weinen, zu beten, das Land und das Feld zu reinigen, Brandopfer zu verbrennen und einen bestimmten Reinigungsritus durchzuführen.[12]

3.1.3 Der Bereich des Todes

3.1.3.1 Königlicher Totenkult

F. Langenegger, Die Bauten und Schichten des Burghügels, in: M. Freiherr von Oppenheim, Tell Halaf II. Die Bauwerke, Berlin 1950, 1-324, bes. 100-104.159-167. – K. Müller, Das Stadtgebiet, in: ibid. 327-366, bes. 357-360. – J. Voos, Studien zur Rolle von Statuen und Reliefs im syrohethitischen Totenkult während der frühen Eisenzeit (ca. 10.-7. Jh. v.u.Z.) (Diss. Akademie der Wissenschaften der DDR, Berlin), 1986, 47.158-160. – P. Werner, Die Entwicklung der Sakralarchitektur in Nordsyrien und Südostkleinasien (MVS XV), München 1994, 92.

Über diesen Punkt informieren nur Ausgrabungen aus Guzana (Tell Halaf), während aus Sikan (Tell Fekherye) hierzu keine Funde vorliegen. Aber auch die Ausgrabungen von Guzana (Tell Halaf) sind nur für den Bereich des Königshauses aussagekräftig, da hier kein Friedhof, sondern zwei Königsgräber auf der Palastterrasse und ein Heiligtum für den königlichen Totenkult freigelegt wurden.
Aus der aramäischen Besiedlungszeit der Stadt Guzana (Tell Halaf) konnten zwei als Königsgrüfte identifizierbare Grablegen entdeckt werden. Beide Grüfte befinden sich auf der Burg der Stadt, näherhin auf der westlichen Seite der Terrasse. Die ältere der beiden Grüfte ist die südliche. Die mit einem Tonnengewölbe versehene Grabkammer hatte die Innenausmaße von 3,90 m x 2,50 m und eine Scheitelhöhe von 2,12 m. Die Anlage überragte ursprünglich mit ihrem Oberteil die Terrasse und wurde später (Bauphase des Kapara) durch eine Erhöhung der umliegenden Terrasse eingeebnet. Dadurch brach die Tradition des Ahnenkults an dieser Anlage zwar ab, aber es geriet die Anlage auch in Vergessenheit und blieb so mit der Nachwelt erhalten. Der Zugang zur Anlage erfolgte durch eine Pforte in der östlichen Schmalseite.
In der Gruft waren Funde von Gold, Silber, Bronze und Elfenbein sowie Reste eines Leichnams zu verzeichnen. 30 cm oberhalb der Schwelle des vermauerten Grabzugangs befand sich eine 2,40 m x 4 m messende Platt-

[12] Text und Übersetzung bei Friedrich e.a., Inschriften 13f.

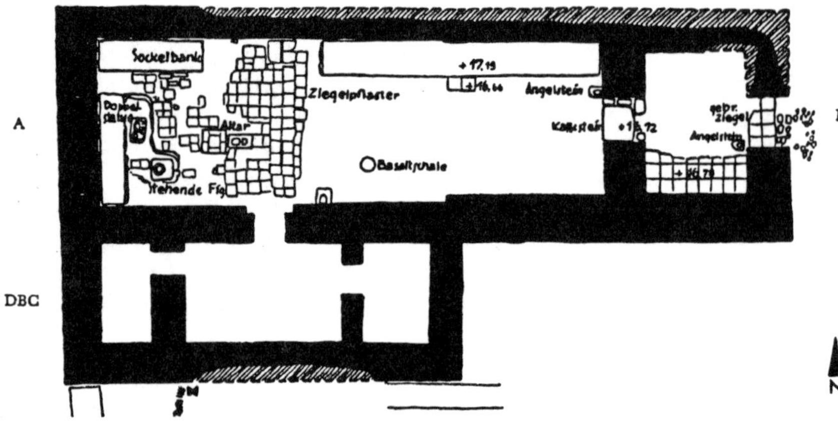

Abb. 12: Der Kultraum von Tell Halaf

form aus gestampftem Lehm. Diese bildete den unmittelbar vor der Gruft gelegenen Platz für die Abhaltung des königlichen Totenkultes.
Die nördliche Gruft auf der Palastterrasse ist größer als die südliche. Sie stellt eine Doppelanlage dar, in der zwei Grabkammern in einem Gruftgebäude durch eine Mittelmauer getrennt liegen. Die nördliche dieser beiden Kammern weist die Maße 5,62 m x 2,12 m, die südliche 5,62 m x 2 m auf. Die Innenhöhe betrug um die 2 m. Betreten wurde die nördliche Gruft durch eine Tür an der Nordwestecke, die südliche Gruft war nur indirekt von der nördlichen durch eine Tür in der Mittelwand zugänglich. Beide Grabkammern waren ausgeraubt. In der nördlichen fanden sich die Reste einer Tonwanne, deren Zugehörigkeit zur Gruft allerdings fraglich ist.
Einen weiteren Einblick in den königlichen Totenkult von Guzana (Tell Halaf) bietet der sog. Kultraum (Abb. 12). An einem kleinen Platz in der Stadt fanden die Ausgräber eine Cella mit östlichem Eingang und drei kleinen Nebenräumen an der westlichen Südseite. Den östlichen Eingangsbereich bildet ein Vorraum von 4 m x 3 m. Dieser führt in die 4,50 m – 4,80 m breite und 15 m tiefe Cella. Von der Cella aus waren die Nebenräume zugänglich, deren Deutung als Schatzräume oder Grüfte umstritten ist.
In der Cella wurden u.a. ein Altar und zwei Basaltstatuen gefunden. Die eine 1 m hohe Statue stellt einen stehenden Gott dar, in dem man den Wettergott von Guzana (Tell Halaf) erblicken kann. Die andere Basaltstatue stellt ein Doppelsitzbild dar, welches ein thronendes Paar in einer Größe von 83 cm abbildet. Hierin ist entweder ein verstorbenes Königspaar von Guzana (Tell Halaf) oder ein verstorbener König mit seiner Schutzgöttin zu sehen.
Beide Figuren standen auf einem Podest, auf dem sich Reste von weiteren, allerdings zerbrochenen Figuren fanden. Vor dem Podest mit seinen Figuren stand ein Altar, der noch die Brandreste von Opfern erkennen

ließ. Vor dem Altar lag eine Basaltplatte, die vielleicht zur Aufnahme von Libationen diente.
Was die Interpretation dieser Anlage betrifft, so ist die durch diese Anordnung deutlich werdende parallele Verehrung beider Statuen zu berücksichtigen. Da sich beide auf dem Podest erhoben und vor diesem Podest der Altar und die Platte lagen, ist hiermit die gleiche kultische Verehrung beider Statuen ersichtlich.

3.2 Nordsyrien

Für Nordsyrien geben Ausgrabungen und Textfunde Aufschluß über die religiösen und kultischen Verhältnisse in den Königreichen Bit Gabbari (Sam`al), Bit Agusi und Hamath vom 9. bis Ende des 8. Jh. v. Chr.

3.2.1 Die Götterwelt

A. Abu Assaf, Ein Relief der kriegerischen Göttin Ischtar: DaM 1, 1983, 7f. – R.D. Barnett, The Gods of Zincirli: CRRA 11, 1964, 59-87. – P.-E. Dion, Les Araméens à l'âge du fer: Histoire politique et structures sociales (EB NS 34), Paris 1997, 247-253. – W.J. Fulco, The Canaanite God Rešep (AOS, Essay 8), New Haven 1976. – H. Gese, Die Religionen Altsyriens, in: RAAM, 216-220. – J. Hoftijzer, Religio Aramaica (MEOL 16), Leiden 1968, 9-15. – M. Hutter, Das Ineinanderfließen von luwischen und aramäischen religiösen Vorstellungen in Nordsyrien, in: P. Haider – M. Hutter – S. Kreuzer (Hg), Religionsgeschichte Syriens, Stuttgart 1996, 116-122. – H. Klengel, Der Wettergott von Ḫalab: JCS 19, 1965, 87-95. – B. Landsberger, Sam`al (Veröffentlichungen der Türkischen Historischen Gesellschaft 7. Serie Nr. 16), Ankara 1948, 45-50. – A. Lemaire, Déesses et dieux de Syrie-Palestine d'après les inscriptions, in: W. Dietrich – M.A. Klopfenstein (Hg), Ein Gott allein? (OBO 139), Freiburg – Göttingen 1994, 127-158, bes. 135-142. – E. Lipiński, The God `Arqû-Rashap in the Samallian Hadad Inscription, in: M. Sokoloff (Hg), Arameans, Aramaic and the Aramaic Literary Tradition (Bar-Ilan Studies in Near Eastern Languages and Cultures), Ramat-Gan 1983, 15-21. – Ders., Studies in Aramaic Inscriptions and Onomastics II (OLA 57), Leuven 1994, 171-211. – A. Moriya, The Function of the Gods in the Aramaic Inscriptions of Sfire: Oriento 25, 1980, 38-54. – M. Mulder, Der Gott Hadad im nordwestsemitischen Raum, in: J.G.P. Best – N.M.W. de Vries (Hg), Interaction and Acculturation in the Mediterranean 1, Amsterdam 1980, 69-83. – J. Tropper, Die Inschriften von Zincirli (ALASP 6), Münster 1993, 20-26. – P. Xella, Baal Hammon (CSF 32), Rom 1991, 34-42.

Die ältesten Belege für aramäische Gottheiten aus Nordsyrien sind mit den Inschriften der Stadt Sam`al im Königreich Bit Gabbari gegeben. Es läßt sich in Sam`al eine Unterscheidung treffen zwischen den Göttern des Königshauses von Sam`al und der umfassenderen Götterwelt des Königreiches.
Als Götter des Königshauses treten Baal Ṣmd, Baal Hammon und Rakib`el (KAI 24,15-16.25; vgl. 214,2-3.11; 215,22; 216,5; 217,7-8) auf.

Von diesen Göttern läßt sich der Gott Baal Hammon als der »Herr des Amanus« verstehen, d.h. als der lokale Wettergott der Gegend von Sam`al. Die beiden anderen Götter, Baal Ṣmd (Baal des [Wagen-]Joches?; Baal der Keule?) und Rakib`el (Reiter des El?), sind philologisch umstritten und religionsgeschichtlich in ihrer spezifischen Charakteristik nicht weiter einzuordnen.
Die Götter von Sam`al werden, wie schon in Obermesopotamien feststellbar, vom Wettergott Hadad angeführt (KAI 214,2-3.11.18; 215,22). Weitere namentlich genannte Götter sind El, Rešep, Arq-Rešep und Šamaš (KAI 214,2-3.11.18; 215,22). Diese bilden unter Führung des Hadad die Hauptgötter von Sam`al. Als ikonographische Symbole für diese Gottheiten sind belegt Hörner und Bukranion für Hadad, der Januskopf für El, das Joch für Rakib`el, die Flügelsonne für Šamaš, die Mondsichel für den namentlich nicht genannten Mondgott und der fünfstrahlige Stern für Rešep und Arq-Rešep.[13] Desweiteren ist noch der Kreis der nicht namentlich genannten Götter von Sam`al zu nennen (KAI 215,22). Hier ist etwa die Göttin Kubaba anzusetzen, die allerdings bislang in den phönizischen und aramäischen Königsinschriften von Sam`al noch nicht belegt ist, so daß nur mit einer sehr eingeschränkten Rezeption des Kultes dieser hethitisch-luwischen Göttin zu rechnen ist. Daneben kann aufgrund des Fundes von zwei Goldmedaillons mit der Abbildung einer Göttin aus dem 9./8. Jh. v. Chr. auf die Verehrung der Göttin Ištar geschlossen werden.[14]
Für die Könige Panamuwa I. und Panamuwa II. nahm Hadad, der höchste Gott des Pantheons, auch die Stellung des persönlichen Gottes ein (KAI 214; 215). Ihr Nachfolger Barrakib nennt wieder den Dynastiegott Rakib`el seinen Herrn (KAI 216,5; vgl. 217,7-8), womit sich die Nennung des Rakib`el als »Herr des Hauses« in der älteren Kulamuwa-Inschrift (KAI 24,16) vergleichen läßt.
König Barrakib von Sam`al läßt in einer Orthostateninschrift (KAI 218) auch eine Rezeption des Mondkultes von Harran erkennen. In dieser zwischen 733/32 und 727 v. Chr. zu datierenden Inschrift nennt Barrakib, der sonst Rakib`el, einen Dynastiegott von Sam`al, als seinen Herrn bezeichnet, den »Herrn von Harran« seinen Herrn. Daß mit dem »Herrn von Harran« der Mondgott Sin gemeint ist, zeigt die auf dem Orthostaten noch abgebildete Mondsichelstandarte und generell die Tatsache, daß Harran seit dem 2. Jt. v. Chr. der heilige Ort des Mondgottes Sin ist. Somit hat Barrakib den Mondgott von Sam`al mit dem Mondgott von Harran gleichgesetzt.[15] Der Einfluß des Mondgottkultes von Harran reichte

[13] Vgl. die Übersicht der Göttersymbole bei Tropper, Inschriften 24-26 und zum Bukranion als Göttersymbol des Hadad vgl. M. Krebernik – U. Seidl, Ein Schildbeschlag mit Bukranion und alphabetischer Inschrift: ZA 87, 1997, 101-111.
[14] Vgl. dazu das Photo bei Haider – Hutter – Kreuzer, Religionsgeschichte 110 Abb. 45.
[15] Es liegt somit keine Gleichsetzung des Sin von Harran mit Rakib`el vor; vgl. Tropper, Inschriften 146; siehe auch Lipiński, Studies II, 188f.

im 1. Jt. v. Chr. über Nordsyrien bis nach Babylon und nach Palästina.[16] Einen ersten Einblick in die Götterwelt von Bit Agusi gibt um 800 v. Chr. die Steleninschrift des Königs Bar-Hadad, die lange Zeit fälschlicherweise mit dem Königreich Aram-Damaskus in Verbindung gebracht wurde (KAI 201), de facto aber aus Aleppo stammt und deshalb auch für diese Gegend ausgewertet werden muß.[17] König Bar-Hadad widmete diese Stele zum Dank dem Melqart, seinem Herrn, der seine Bitte erhört hatte. Der phönizische Gott Melqart ist der persönliche Gott dieses aramäischen Königs. Die Verehrung des Melqart, des Hauptgottes von Tyros,[18] gelangte entweder im Rahmen der Kultur- und Wirtschaftskontakte Phöniziens während des 9. Jh. v. Chr. nach Nordsyrien oder aber es verdankt sich seine Verehrung durch Bar-Hadad einer besonderen Beziehung militärischer oder politischer Art zwischen Arpad und Tyros.

Daß in dieser persönlichen Dankinschrift KAI 201 nicht die offizielle Götterwelt des Königreichs Bit Agusi genannt ist, zeigen um 750 v. Chr. die Vertragsstelen von Sfire (KAI 222-224). In diesem Vertrag zwischen dem König Matiel von Bit Agusi und dem König Bargaya von Ktk werden die Götter beider Königreiche genannt. Als Götter von Bit Agusi treten Hadad von Aleppo, das Siebengestirn, El und Elyan, sowie Himmel und Erde, Meeresgrund und Quellen, Tag und Nacht (KAI 222 A, 10-12) auf.

Mit der Nennung des »Hadad von Aleppo« begegnet der aus dem 2. Jt. v. Chr. bekannte Wettergott von Aleppo, welcher der bedeutendste Wettergott Nordsyriens seit altbabylonischer Zeit ist.[19] Sein Auftreten als Anführer des Pantheons von Bit Agusi ist insofern nicht verwunderlich, als Aleppo, wenn auch nicht als Hauptstadt, zu diesem Königreich gehört. Der Kult des Wettergottes von Aleppo hat sich somit über ein Jahrtausend gehalten. Ein wichtiges Indiz für seinen Kult stellt der Fund seines Tempels in Aleppo dar.[20]

Die anderen Gottheiten von Bit Agusi sind nicht so deutlich profiliert. Mit dem Siebengestirn liegt eine Rezeption der Pleiaden aus dem mesopotamischen Pantheon vor. »El und Elyan« bleiben rätselhaft, sind aber

[16] Vgl. zu Harran Tubach, Sonnengott 129-142; T. Green, The City of the Moon God (RGRW 114), Leiden 1992; Ş. Gündüz, The Knowledge of Life (JSSS 3), Oxford 1994; O. Keel, Das Mondemblem von Harran auf Stelen und Siegelamuletten und der Kult der nächtlichen Gestirne bei den Aramäern, in: Ders., Studien zu den Stempelsiegeln aus Palästina/Israel IV (OBO 135), Freiburg – Göttingen 1994, 135-202; Lipiński, Studies II, 171-192; St. W. Holloway, Harran: Cultic Geography in the Neo-Assyrian Empire and its Implications for Sennacherib's ›Letter to Hezekiah‹ in 2 Kings, in: St.W. Holloway – L.K. Handy (Hg), The Pitcher is Broken. Memorial Essays for G.W. Ahlström (JSOTS 190), Sheffield 1995, 276-314; G. Theuer, Der Mondgott in den Religionen Syrien-Palästinas während der Spätbronze- und Eisenzeit (Diss. Tübingen), 1997, 342-369.

[17] Vgl. dazu Pitard, Damascus 138-144; Puech, Stèle de Bar-Hadad und die Abbildung bei W. Orthmann, Der alte Orient (PKG 18), Berlin 1985, Abb. 420.

[18] → II. A. 3.6.

[19] Vgl. dazu Klengel, Wettergott.

[20] → 3.2.2.1.

nicht an ugaritische Verhältnisse anzuschließen. Mit der Aufzählung von »Himmel und Erde (Unterwelt?)« bis »Tag und Nacht« sind kosmische Größen genannt. Daß diese auch divinisiert sind, ergibt sich aufgrund der zusammenfassenden Unterschrift »... und die Götter von Arpad« (ZZ. 12-13), die die kosmischen Phänomene unter die Götter des Reiches subsumiert. Vorbild hierfür dürften vergleichbare Aufzählungen in hethitischen Staatsverträgen sein.[21]

Einen weiteren Beleg für die Rezeption des Mondkultes von Harran in der aramäische Religion Nordsyriens bieten zwei beschriftete Grabstelen aus dem im Königreich Bit Agusi gelegenen Nerab (KAI 225; 226).

Die Stelen gehören in das 7. Jh. v. Chr. und standen über den Gräbern von Priestern des Mondgottes. Als Götter von Nerab werden der Mondgott Šahar, der Sonnengott Šamaš, die Mondgöttin Nikkal und der Feuergott Nusku (KAI 225,9) aufgelistet. Bei der Nennung dieser Gottheiten zeigt sich ein Pantheon sumerisch-babylonischer Provenienz, welches in die aramäische Religion übernommen wurde. Dabei kam es in der Steleninschrift KAI 225 zur Parallelisierung von Mond- und Sonnengott und damit zur Trennung des Mondgottes von der Mondgöttin. In der anderen der beiden Inschriften (KAI 226) ist hingegen der Sonnengott nicht genannt.

Zum Königreich Bit Agusi gehört auch das nördlich von Aleppo gelegene Ain Dara. Aufgrund der Tempelausgrabung[22] läßt sich hier auf einen Kult der Göttin Ištar schließen.

Nur hypothetisch an einem bestimmten Kultort im Königreich Bit Agusi lassen sich die Götter Bethel und Anat-Bethel verorten. Der älteste Beleg für die beiden Götter liegt mit dem Vertrag Asarhaddons mit Baal II. von Tyros aus dem Jahre 676 v. Chr. vor.[23] Bethel und Anat-Bethel sind hierin unter die Götter von Eber Nari (SAA II, Nr. 5, 8`-9`) eingeordnet. Vielleicht kann man sogar den Gott Bethel mit dem Namen des Ortes Bethel 30 km westlich von Aleppo in Verbindung bringen, zumal in Sfire im 6. Jh. v. Chr. auch eine Reihe von Personennamen, die mit Bethel als theophorem Element gebildet sind, belegt sind.

Der Gottesname Bethel scheint ursprünglich die divinisierte Kultstele zu bezeichnen. Die Göttin Anat-Bethel ist seine Paredra. Über das Nordreich Israel, in dem die Götter Bethel und Anat-Bethel von Aramäern und Israeliten rezipiert wurden, gelangten sie bis nach Oberägypten. In Elephantine wurde Jahu nach den Quellen des 5. vorchr. Jh. als Bethel bezeichnet und die Göttin Anat-Jahu trat als seine Paredra auf.[24]

Die dritte für uns erkennbare nordsyrische Götterwelt ist die des Königreiches Hamath. Hierüber informiert um 800 v. Chr. die Inschrift des

[21] Vgl. V. Haas, Geschichte der hethitischen Religion (HdO I/XV), Leiden 1994, 460-467.

[22] → 3.2.2.1.

[23] → II. A. 3.6.

[24] Vgl. dazu K. van der Toorn, Anat-Yahu, some other Deities, and the Jews of Elephantine: Numen 39, 1992, 80-101.

Königs Zakkur von Hamath und La^{c}aš (KAI 202). Dieser Inschrift zufolge tritt als höchster Gott, der sich um die Angelegenheiten des Königtums kümmert (KAI 202 A, 3-4.11-15) und den Kreis der Götter anführt (KAI 202 B, 23-27), der bislang nur aus phönizischen Texten bekannte Gott Baalšamin auf. Dieser ist der Landesgott von La^{c}aš, der in der Hauptstadt Hazrak verehrt wurde.[25] Deutlich ist der mit der Regierung des Zakkur einsetzende Umbruch von der späthethitischen zur aramäischen Kultur in Hamath.[26]
Die Stele mit der Inschrift des Zakkur ist dem Gott Iluwer gewidmet (KAI 202 A, 1; B, 13-14.19-20), der allerdings dem Gott Baalšamin in der Reihenfolge der Götter nachgeordnet ist (KAI 202 B, 23-24). Mit Iluwer tritt ein mesopotamischer Wettergott auf. Iluwer ist der persönliche Gott des Königs Zakkur, den er vielleicht aus seiner Heimat, der Stadt Anat (KAI 202 A, 2),[27] im mittleren Euphratgebiet mitgebracht hat.
Weitere in Hamath auftretende Gottheiten sind der Sonnen- und der Mondgott (KAI 202 B, 24) und kollektiv die Götter des Himmels und der Unterwelt (KAI 202 B, 25-26). Daneben ist noch eine Baalsgestalt aus einer fragmentarischen Zeile ersichtlich (KAI 202 B, 26). Aus weiteren Inschriften aus Hamath kann auf die Existenz einer Göttin Baalat (KAI 204), vielleicht auch des Gottes El und einer Göttin Elat geschlossen werden.[28] Problematisch ist die Annahme der Verehrung einer Göttin Ašima in Hamath aufgrund des Alten Testaments (2 Kön 17,30) und der Inschriften von Taima, da diese Texte wohl eher eine in Babylonien gelegene Stadt voraussetzen.[29]

3.2.2 Der Kult

3.2.2.1 Tempel und Heiligtümer

A. Abū ^{c}Assāf, Der Tempel von ^{c}Ain Dārā in Nordsyrien: AW 24, 1993, 155-171. – Ders., Der Tempel von ^{c}Ain Dārā (DaF 3), Mainz 1990. – Ders., Die Kleinfunde aus ^{c}Ain Dārā, in: DaM 9, 1996, 47-111. – Th.A. Busink, Der Tempel von Jerusalem I, Leiden 1970, 537-565. – E. Fugmann, L'architecture des périodes préhellénistiques (Hama II/1), Kopenhagen 1958. – P. Werner, Die Entwicklung der Sakralarchitektur in Nordsyrien und Südostkleinasien (MVS XV), München 1994, 110-113.114f.141.

In Nordsyrien haben Ausgrabungen von Tempeln in Sam`al, Ain Dara, Tell Taynat und Hamath stattgefunden. Der Tempel des Wettergottes von

[25] Vgl. M. Noth, ABLAK II, 138 Anm. 12; anders jetzt Dion, Araméens 251f.
[26] Vgl. D. Hawkins, Art. Hamath, in: RlA 4, 1972-75, 67-70, bes. 68.
[27] Vgl. dazu A.R. Millard, The Homeland of Zakkur: Sem 39, 1990, 47-52; Dion, Araméens 62f mit Anm. 177.147-149.
[28] Vgl. Lemaire, Déesses 139f.
[29] Vgl. zur Göttin M.D. Coogan, Art. Ashima, in: DDD, 195-197 und zur Frage der Lokalisierung ihres Kultes A. Lemaire, Les inscriptions araméennes anciennes de Teima, in: H. Lozachmeur (Hg), Présence arabe dans le Croissant fertile avant l'Hégire, Paris 1995, 59-72, hier 70.

Aleppo wird seit 1996 auf der Zitadelle von Aleppo ausgegraben und kann hier noch nicht vorgestellt werden.
Was Sam`al angeht, so fanden sich bei den Ausgrabungen nur Häuser des *bīt ḫilāni*-Typs, die zumeist als Paläste verstanden werden. Eine eigenständige Tempelarchitektur ist nicht auszumachen. Da allerdings ein altorientalischer Königssitz ohne Heiligtümer und Tempel nicht denkbar ist, muß man wohl davon ausgehen, daß diese in die Paläste integriert waren und architektonisch nicht mehr verifiziert werden können. Auf der Burg von Sam`al werden die Bauten Hilani I, II und III als Tempel gedeutet. Die Gebäude sind architektonisch dreigeteilt in eine breite Vorhalle, einen quergelagerten Hauptraum und ein Nebengemach. Dazu kommen kleinere rückwärtige Räume. Allerdings ist die Deutung der Hilanibauten I-III nicht unwidersprochen geblieben; so werden sie in der Forschung nach wie vor als Paläste diskutiert.
Textliche Indizien für Kultvollzüge gibt es in den Texten aus Sam`al nur in bezug auf den königlichen Totenkult.[30] Über andere Kultvollzüge lassen die Texte aus Sam`al nichts erkennen.
In Ain Dara ist der 32 m x 38 m messende Tempel, an dem zwischen 1300 und 740 v. Chr. in unterschiedlichen Phasen gebaut wurde, dreigeteilt in Vorraum, Vorhalle und Adyton mit einem Podium zur Aufnahme des Götterbildes. Umgeben ist das Tempelgebäude von einem Korridor, der die Sakralität des eigentlichen Tempelgebäudes schützen soll (Abb. 13). Auf dem schon genannten Podium erhob sich ein Götterbild, welches als Statue an der Rückwand lehnte. Die Außenwände des Tempels sind mit Orthostaten geschmückt. Der Tempel wird der Göttin Ištar zugewiesen. Nicht mehr rekonstruierbar ist der Tempelvorhof mit seinem Brunnen und den Becken. Bemerkenswert sind noch die überlebensgroßen Fußspuren auf den Eingangsstufen zum Tempelgebäude und aus den Kleinfunden die Terrakotten, die Frauen und Reiterfiguren darstellen.
Tell Taynat bildete die Hauptstadt des Reiches von Unqi. Hier wurde ein Langraumtempel von 25,35 m x 11,75 m gefunden, dreigeteilt in Vorhalle, Halle und Götternische. Diese ist durch zwei vorspringende Pfeiler baulich aus der Halle ausgegrenzt. Es fanden sich in ihr ein Altar und ein Podium.
Die Grabungen auf der Zitadelle von Hamath haben zwei Gebäude (III, IV) aus dem 9. und 8. Jh. v. Chr., die als Tempel identifiziert wurden, zutage gebracht. Diese Deutung ist besonders für das Gebäude IV plausibel. Es umfaßt einen 18 m x 11,40 m großen dreigeteilten Bau mit einer Außenmauerstärke von 2,20 m.
Was den Kult von Hamath angeht, so findet sich in der Inschrift des Königs Zakkur nur der Hinweis auf die Errichtung einer (Beter-)Statue durch den König vor dem Gott Iluwer (KAI 201 A, 1; B, 13). Desweiteren gibt es einen Hinweis auf die Gebetspraxis mit erhobenen Händen (KAI 201 A, 11).

[30] → 3.2.3.1.

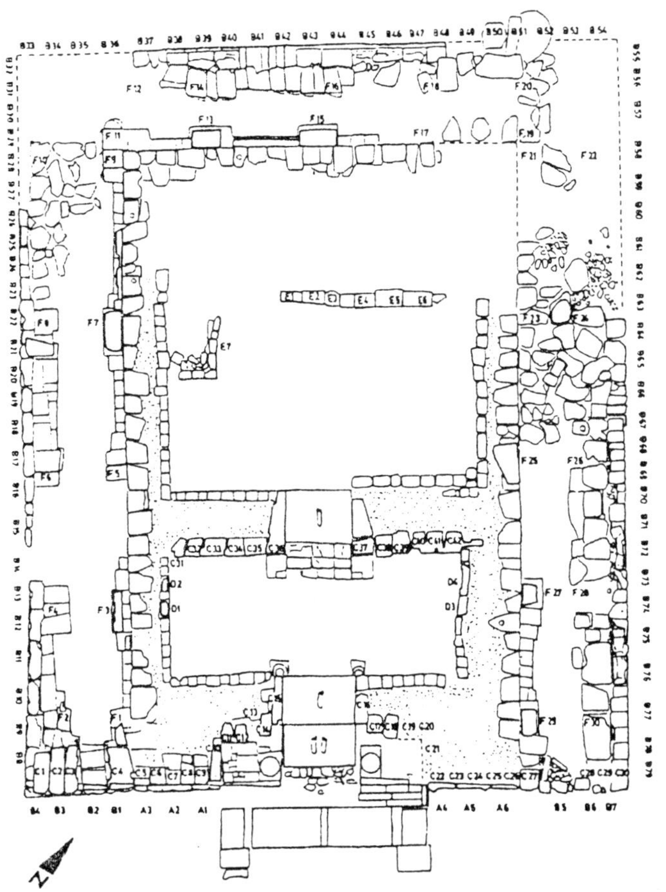

Abb. 13: Der Tempel von Ain Dara

3.2.2.2 Kultpersonal

K. Euler, Königtum und Götterwelt in den altaramäischen Inschriften Nordsyriens: ZAW 56, 1938, 272-313. – S. Kaufman, Si`gabbar, Priest of Sahr in Nerab: JAOS 90, 1970, 270f. – A. Lemaire, Oracles, politique et littérature dans les royaumes araméens et transjordanéens, in: J.G. Heintz (Hg), Oracles et prophéties dans l'antiquité, Paris 1997, 171-193, bes. 172-175. – S. Parpola, Si`gabbar of Nerab Resurrected: OLP 16, 1985, 273-275. – M. Weippert, Aspekte israelitischer Prophetie im Lichte verwandter Erscheinungen des Alten Orients, in: G. Mauer – U. Magen (Hg), Ad bene et fideliter seminandum. FS K. Deller (AOAT 220), Kevelaer – Neukirchen-Vluyn 1988, 287-319, bes. 300f.

Im Unterschied zum zeitgenössischen Phönizien läßt sich eine priesterliche Rolle der aramäischen Könige etwa ausweislich ihres Priestertitels nicht erkennen. Allerdings dürfte, wie aus der Inschrift vom Tell Fekherye ersichtlich, der Reichskult vom König getragen worden sein. So hat

König Zakkur von Hamath Tempel gebaut (KAI 202 B, 9-10; vgl. KAI 214,19). König Panamuwa I. von Sam`al spricht im Kontext des königlichen Totenkultes von den Opfern für den Gott Hadad (KAI 214,15-21; vgl. KAI 219,2).
Die Steleninschrift des Königs Zakkur von Hamath (KAI 202) berichtet von der Belagerung der Hauptstadt durch die Feinde. Der Gott Baalšamin sagt König Zakkur »durch die Vermittlung von Sehern und durch die Vermittlung von Orakelgebern« (KAI 202 A, 12) Hilfe zu. Hiermit ist das Divinationspersonal angesprochen, über das sich allerdings aufgrund der Knappheit der Quellen keinerlei weitere Aussagen treffen lassen.

3.2.3 Der Bereich des Todes

3.2.3.1 Königlicher Totenkult

P.-E. Dion, Les Araméens à l'âge du fer: Histoire politique et structures sociales (EB NS 34), Paris 1997, 265-270. – F. von Luschan, Ausgrabungen in Sendschirli 1 (Mittheilungen aus den orientalischen Sammlungen 11), Berlin 1893. – H. Niehr, Zum Totenkult der Könige von Sam`al im 9. und 8. Jh. v. Chr.: SEL 11, 1994, 57-73. – W. Orthmann, Untersuchungen zur späthethitischen Kunst (SBA 8), Bonn 1971. – K. van der Toorn, Family Religion in Babylonia, Syria and Israel (SHCANE 7), Leiden 1996, 165-168. – J. Voos, Zur kultischen Funktion von Toranlagen nach hethitischen und aramäischen Quellen, in: B. Brentjes (Hg), Probleme der Architektur des Orients (MLU Halle-Wittenberg Wiss. Beiträge 1983/26 [I 21], Halle (Saale) 1983, 149-157. – Ders., Zu einigen späthethitischen Reliefs aus den Beständen des Vorderasiatischen Museums Berlin: AoF 12, 1985, 65-86. – Ders., Bemerkungen zum syrohethitischen Totenkult der frühen Eisenzeit, in: P. Vavroušek – V. Souček (Hg), Šulmu. Papers on the Ancient Near East Presented at (sic!) International Conference of Socialist Countries, Prague, Sept. 30 – Oct. 3, 1986, Prag 1988, 349-360. – Ders., Studien zur Rolle von Statuen und Reliefs im syrohethitischen Totenkult während der frühen Eisenzeit (ca. 10.–7. Jh. v.u.Z.) (Diss. Akademie der Wissenschaften der DDR, Berlin), 1986.

Über diesen Bereich sind wir am ausführlichsten aus Sam`al informiert. Auf die Vergöttlichung des verstorbenen Herrschers verweist eine Königsstatue des 9. Jh. v. Chr., die auf einer Löwenbasis steht, wobei in die Köpfe der Löwen Opferschalen eingelassen sind. Ein weiteres Indiz für die Divinisierung des verstorbenen Herrschers stellt der Umstand dar, daß sich die Statue rituell bestattet fand.
Das nächste Zeugnis für den königlichen Totenkult stellt die Inschrift auf der Hadad-Statue Panamuwas I. (KAI 214) aus der 1. Hälfte des 8. Jh. v. Chr. dar.
In dieser Inschrift ergeht an den Nachkommen Panamuwas, der ihm auf den Thron folgt, die Aufforderung, den königlichen Ahnenkult zu vollziehen. Bei einem Opfer an der Hadad-Statue soll der Opfermandant den verstorbenen König Panamuwa vor Hadad in Erinnerung bringen, um ihn zur Opferfeier einzuladen (ZZ. 15-17.21-22). Daraufhin bittet der

Opfermandant den Gott Hadad, die *nbš* des Panamuwa am Opfer teilnehmen zu lassen, dergestalt, daß sie vom Opfer und von der Libation essen und trinken soll (ZZ. 17.21-22).

Hadad als höchster Gott des Pantheons von Sam`al hat wie in der Inschrift der Statue von Sikan (Tell Fekherye) die Aufgabe, die Opferrationen zuzuweisen. Insofern erfolgt das Opfer an Hadad, der die *nbš* des Panamuwa zur Opferteilnahme einladen soll. Bei der Nennung der *nbš* des Panamuwa ist nicht an die Seele o.ä. zu denken, vielmehr an eine Statue des verstorbenen Königs. Der kultische Sachverhalt ist derselbe wie im sog. Kultraum von Guzana (Tell Halaf), wo der Statue des verstorbenen Königs(-paares) zusammen mit dem Wettergott geopfert wurde.[31] Das gemeinsame Mahl zwischen Hadad und dem verstorbenen König, welches über die Teilnahme des Verstorbenen am Opfer der Gottheit zustande kommt, bringt die Divinisierung des verstorbenen Königs deutlich zum Ausdruck. Hiermit liegt eine Parallele zur Divinisierung des verstorbenen Königs in Guzana (Tell Halaf) vor.[32]

Die Statue des Hadad mit ihrer für den königlichen Totenkult von Sam`al wichtigen Inschrift (KAI 214) wurde 7 km nordöstlich von Sam`al in Gerçin entdeckt. Hier fanden sich Reste von insgesamt fünf Statuen. Man kann nur vermuten, daß in Gerçin ein Kultplatz für die Abhaltung von Riten für die verstorbenen Könige von Sam`al lag. Daß allerdings in Gerçin auch die Grablege der Könige von Sam`al sei, ist jedoch trotz vielfacher Annahme unwahrscheinlich. Dies zeigt die Inschrift auf der Gedenkstatue Panamuwas II. (KAI 215). Der Aufstellungsort dieser den toten Herrscher abbildenden Statue befand sich wohl in einem der Stadttore, wo ihr an exponierter Stelle kultische Ehren zuteil wurden. Die Statueninschrift besagt, daß der Leichnam des in der Nähe von Damaskus bei einem Feldzug verstorbenen Königs »an [diesen] Ort« (KAI 215,18),[33] d.h. nach Sam`al, wohin die Statue ursprünglich gehörte, verbracht wurde. Desweiteren spricht die Inschrift noch von den Opfern, die dem verstorbenen König dargebracht wurden, woraus auch wieder auf seine Divinisierung geschlossen werden kann.

Ein königliches Grab ist an der Südwestecke des Hilani I in Sam`al freigelegt worden. Es handelt sich dabei um einen 2,36 m x 1,39 m messenden Bau aus Steinblöcken, der eine unterirdische Grabkammer bildet. Bei dieser Grabkammer fand sich die dazugehörige Grabstele mit einer Speisetischszene. Diese Szene bildet einen jungen Mann ab, der als Prinz interpretiert werden kann.

31 → 3.1.3.1.
32 → 3.1.3.1.
33 Vgl. zu dieser Lesung Niehr, Totenkult 71 mit Anm. 87 und 88.

3.3 *Mittelsyrien*

3.3.1 Die Götterwelt

F. Bron – A. Lemaire, Les inscriptions araméennes de Hazaël: RA 83, 1989, 35-44. – I. Eph^{c}al – J. Naveh, Hazael's Booty Inscriptions: IEJ 39, 1989, 192-200 – H. Gese, Die Religionen Altsyriens, in: RAAM, 220-223. – J.C. Greenfield, The Aramean God Rammān/Rimmōn: IEJ 26, 1976, 195-198. – H. Kyrieleis – W. Röllig, Ein altorientalischer Pferdeschmuck aus dem Heraion von Samos: AM 103, 1988, 37-75, bes. 62-75. – A. Lemaire, Hazaël de Damas, roi d'Aram, in: D. Charpin – F. Joannès (Hg), Marchands, diplomates et empereurs. FS P. Garelli, Paris 1991, 91-108. – Ders., Oracles, politique et littérature dans les royaumes araméens et transjordanéens, in: J.-G. Heintz (Hg), Oracles et prophéties dans l'antiquité, Paris 1997, 171-193, bes. 175-180.

Die aramäische Religion wurde in Mittelsyrien in den Königreichen Ṣobah in der nördlichen Beqa^{c}, Bet Rehob in der südlichen Beqa^{c} und in Damaskus praktiziert. Allerdings ist in allen drei Königreichen die Beleglage äußerst dürftig.
Was Damaskus angeht, so nennt die akkadische Version des Vertrags zwischen Assurnerari V. und Matiel von Arpad in einer allerdings unsicheren Lesung »Hadad ... und Ramman von (Damaskus)« (SAA II, Nr. 2 VI 24-25). In Babylonien und Assyrien war Ramman ein Epitheton des Gottes Amurru/Martu. Bei Hadad und Ramman handelt es sich um zwei verschiedene Gottheiten. Im Alten Testament werden sie miteinander identifiziert; ob dies tatsächlich auch für Damaskus zutrifft, muß offenbleiben. In 2 Kön 5,18 ist ein Tempel des Gottes Rimmon, d.h. des Hadad Ramman genannt.
Ein im Heraion von Samos gefundener beschrifteter Pferdeschmuck erwähnt die Beute, die König Hazael in Unqi gemacht hat und die ihm der Gott Hadad zum Geschenk machte. Diese Inschrift aus der zweiten Hälfte des 9. Jh. v. Chr. ist identisch mit einer aramäischen Inschrift auf einer Pferdescheuklappe aus Eretria in Euböa.
Weitere Indizien für das Pantheon der Stadt Damaskus liefert das 1993 gefundene aramäische Stelenfragment vom Tell Dan, zu dem 1994 zwei weitere Fragmente ergänzt werden konnten.[34] Die Fragmente gehören zur Siegesinschrift eines aramäischen Königs, der die Gegend um den Tell Dan zeitweilig unter seine Macht gebracht hatte. Z. 4 der Inschrift besagt, daß der Gott Hadad den Verfasser der Inschrift zum König gemacht hatte. Der Text fährt dann fort in Z. 5: »Und Hadad ging vor mir her [...].« Die anschließenden ZZ. 6-13 berichten über kriegerische Vorgänge. Das Vorangehen des Gottes Hadad läßt sich als ein Vorantragen einer Standarte mit einem Gottessymbol verstehen.[35] Der Gott Hadad ist somit der Gott des Königs und des Königreiches.

[34] Erstpublikation A. Biran – J. Naveh, An Aramaic Stele Fragment from Tel Dan: IEJ 43, 1993, 81-98; dies., The Tel Dan Inscription: A New Fragment: IEJ 45, 1995, 1-18.
[35] Vgl. H.-P. Müller, Die aramäische Inschrift von Tel Dan: ZAH 8, 1995, 121-139, hier 137.

Hinsichtlich der Herkunft des Verfassers der Inschrift hat man an einen König aus Damaskus zu denken, da nur hier die in der Inschrift genannte Reiterei anzunehmen ist. Somit ist wohl entweder Hazael oder Hadadezer (Ben-Hadad II.) von Damaskus der Verfasser.[36]

3.3.2 Der Kult

3.3.2.1 Tempel und Heiligtümer

D. Abd el-Kader, Un orthostate du temple de Hadad à Damas: Syr 26, 1949, 191-195. – A. Caubet, Sphinx, in: Syrie, mémoire et civilisation, Paris 1993, 264f. – M. Trokay, Le bas-relief au sphinx de Damas, in: C. Bonnet – E. Lipiński – P. Marchetti (Hg), Religio Phoenicia (StPh IV), Namur 1986, 99-118. – I.J. Winter, Is there a South Syrian Style of Ivory Carving in the Early First Millenium B.C.?: Iraq 43, 1981, 101-130.

Ein archäologisches Relikt aus dem Tempel von Damaskus stellt ein 80 x 70 cm großes Basaltrelief mit der Abbildung eines Sphinx dar. Das Relief stammt aus dem 8. Jh. v. Chr. Es war in die Nordmauer des Tempels aus hellenistischer Zeit eingebaut und somit nicht mehr in situ. Der Sphinx gehörte wohl ursprünglich zu einem Orthostatenpaar, welches eine Tür oder ein Zentralrelief rahmte.
Das Alte Testament nennt in 2Kön 5,18 einen Tempel des Hadad Rimmon in Damaskus, zu dem das Basaltrelief mit dem Sphinx gehört haben wird. Zum Tempel von Damaskus aus vorrömischer Zeit lassen sich hinsichtlich seiner Lage und Größe nicht einmal Vermutungen anstellen, da der mehrfache totale Umbau des Temenos von ihm nichts mehr übriggelassen hat.

4. Die aramäische Religion in römischer Zeit

P. Haider – M. Hutter – S. Kreuzer (Hg), Religionsgeschichte Syriens, Stuttgart 1996, 145-241.

In den alten nordsyrischen Zentren wird die Beleglage für die aramaische Religion nach der neuassyrischen Eroberung und dem Wechsel in die neubabylonische, achämenidische und seleukidische Herrschaft schwieriger. Die aramäische Religion war in Nordsyrien keineswegs erloschen, jedoch reichen die inschriftlichen und archäologischen Quellen nicht zur Erstellung eines Bildes für die einzelnen Zentren aus. Die umfangreichste Dokumentation läßt sich im nordmesopotamischen Hatra erheben. Äußerungen der aramäischen Religion liegen demgegenüber in geringerem Ausmaß aus Mittelsyrien (Emesa, Damaskus, Städte der Beqa^{c}) und wieder in größerem Ausmaß aus den östlichen Städten Palmyra und Dura Europos vor.

[36] Vgl. M. Dijkstra, An Epigraphic and Historical Note on the Stela of Tel Dan: BN 74, 1994, 10-14, hier 14; Biran – Naveh, Inscription 17f; Lipiński, Studies II, 83-89; Dion, Araméens 192-194.

4.1 *Palmyra*

4.1.1 Die Götterwelt

P. Collart, Aspects du culte de Baalshamîn à Palmyre, in: Mélanges offerts à K. Michalowski, Warschau 1966, 325-337. – R. Comte du Mesnil du Buisson, Les tessères et les monnaies de Palmyre, Paris 1962, 167-439. – H.J.W. Drijvers, Ba^{c}al Shamîn de heer van de hemel, Assen 1971. – Ders., The Religion of Palmyra (IR XV 15), Leiden 1976. – Ders., Hatra, Palmyra und Edessa, in: ANRW II 8, Berlin – New York 1977, 799-906. – Ders., De Matre inter leones sedente, in: M.B. de Boer – T.A. Edridge (Hg), Hommages à M.J. Vermaseren I (EPRO 68), Leiden 1978, 331-351. – A. Feldtkeller, Synkretismus und Pluralismus am Beispiel von Palmyra: ZRGG 48, 1996, 20-38. – M. Gawlikowski, Aus dem syrischen Götterhimmel. Zur Ikonographie der palmyrenischen Götter, in: G. Grimm (Hg), Trierer Winckelmannsprogramme 1/2, 1979/80, Mainz 1981, 19-26. – Ders., Les dieux de Palmyre: ANRW II 18.4, Berlin – New York 1990, 2605-2658. – H. Gese, Die Religionen Altsyriens, in: RAAM, 225-229. – J. Hoftijzer, Religio Aramaica (MEOL 16), Leiden 1968, 25-50. – S. Krone, Die altarabische Göttin al-Lāt (HOS 23), Frankfurt 1992. – H. Ingholt – H. Seyrig – J. Starcky, Recueil des Tessères de Palmyre (BAH 58), Paris 1955. – P. Linant de Bellefonds, Les divinités »bédouines« du désert syrien et leur iconographie, in: Petra, 169-183. — J.T. Milik, Dédicaces faites par des dieux (Palmyre, Hatra, Tyr) et des thiases sémitiques à l'époque romaine (BAH 92), Paris 1972, 1-106. – H. Niehr, Ba^{c}alšamin-Studien. I. Ba^{c}alšamin und Duraḫlun in Palmyra: SEL 13, 1996, 59-66. – J. Starcky, Le dieu suprême à Palmyre, in: Petra, 153-156. – J. Starcky – M. Gawlikowski, Palmyre, Paris 1985, 89-106. – J. Teixidor, The Pagan God, Princeton 1977. – Ders., The Pantheon of Palmyra (EPRO 79), Leiden 1979. – Ders., Religion und Kult in Palmyra, in: E.M. Ruprechtberger (Hg), Palmyra (LAF 16), Linz 1987, 32-43. – G. Theuer, Der Mondgott in den Religionen Syrien-Palästinas während der Spätbronze- und Eisenzeit (Diss. Tübingen), 1997, 342-369.

Den ältesten Haftpunkt der palmyrenischen Religion bietet die Efca-Quelle mit dem an diesem Ort verehrten Gott Yarḥibol. An diesem Gottesnamen sind gleich zwei Elemente aufschlußreich: Das Element *yrḥ* »Mond« deutet auf einen ursprünglich lunaren Gott; das Element *bol* entspricht nordwestsemitisch *ba^{c}al* »Herr« und unterscheidet sich als archaische Form in Palmyra von der jüngeren Form *bel,* die unter Einfluß des mesopotamischen *bēlu* (= Marduk) zustandegekommen ist.
Der Bereich um die Efca-Quelle ist nicht ausgegraben, so daß man über den hier praktizierten Kult nichts sagen kann. Auch kann man über den alten Yarḥibol-Kult vor der Blütezeit Palmyras vom 1. vorchr. bis zum 3. nachchr. Jh. nur Spekulationen anstellen.
Yarḥibol ist der alte Gott der Oase Palmyra, der unter nordsyrischem Einfluß lunare Aspekte auf sich gezogen hatte. Als Mondgott wird er auch auf einer Stele aus Dura Europos dargestellt.[37]
In der Blütezeit der palmyrenischen Religion hatte Yarḥibol mit rechtlichen Angelegenheiten und mit Orakeln zu tun. Im erstgenannten Bereich

[37] Vgl. Drijvers, Religion of Palmyra Pl. XXI.

mag eine solare Konnotation mitschwingen. Hieraufkann auch die Ikonographie des Gottes verweisen, die ihn mit einem Halbmond auf den Schultern und einem Strahlennimbus versieht.[38] Die Relevanz des Yarḥibol ist auch daran ablesbar, daß er in die Triade des Bel, des einflußreichsten Gottes von Palmyra aufgenommen wurde. In dieser Triade hatte er die Stellung des Sonnengottes inne, während die Stellung des Mondgottes von Aglibol eingenommen wurde.

Die ursprüngliche Dominanz des Yarḥibol trat jedoch zeitweilig zurück, um dann in der Spätzeit Palmyras im Kult des anonymen Gottes ein beträchtliches Revival zu erleben. Die Religion Palmyras wurde in ihrer klassischen Ausprägung durch die Triade des Gottes Bel beherrscht.

Aus den Inschriften des Bel-Tempels läßt sich erkennen, daß die Verehrung des Bel zunächst ohne Triade stattgefunden hatte und ihm dann sukzessiv die Götter Yarḥibol als Sonnengott und Aglibol als Mondgott assoziiert wurden. Die Sukzession in der Triadenbildung des Bel läßt sich noch rekonstruieren: Nach der ältesten palmyrenischen Inschrift aus dem Jahre 44 v. Chr. wird Bel allein genannt. Eine Inschrift aus Dura Europos aus dem Jahre 33 v. Chr. erwähnt die gemeinsame Verehrung der Götter Bel und Yarḥibol in Dura Europos. Der Tempel des Bel in Palmyra aus dem Jahre 32 n. Chr. ist dann laut der Weihinschrift einer Triade, bestehend aus den Göttern Bel, Yarḥibol und Aglibol, geweiht. Die Triade des Bel ist zurecht als »das Ergebnis eines langsamen Prozesses der Aufnahme, die die göttlichen Schutzherren spezifischer Gruppen einband«,[39] beurteilt worden. Angesichts diverser koexistierender Kulte in Palmyra, die aufgeteilt waren auf verschiedene Bevölkerungselemente der Stadt, verstanden es die Priester des Bel-Tempels, die Hauptgötter und damit auch ihre Verehrergruppen dem Kult des Bel zu unterstellen. Dies zeigt auch der nördliche Thalamos der Tempelcella, in dessen Deckenrelief Bel als kosmischer Gott in Gestalt des Adlers und Yarḥibol und Aglibol als astrale Gottheiten abgebildet sind.

Im Tempel des Bel wurden zusätzlich zu dieser Triade weitere Götter mitverehrt, so etwa Manot, Gad, Herta, Nanai, Rešep und Baaltak. Deshalb hieß der Bel-Tempel auch »das Haus der Götter«.

Der Gott Bel ist in seiner Eigentümlichkeit für uns nicht gut greifbar. Deutlich ist, daß er seinen Namen aufgrund mesopotamischen Einflusses des Bel Marduk von Bol zu Bel veränderte, was ein Indiz dafür ist, daß er der Hauptgott von Palmyra war. Die palmyrenische Ikonographie läßt ihn z.T. als Adler auftreten.[40] Das ikonographische Programm des Bel-Tempels zeichnet ihn als den Herrscher über den Weltenlauf und die von den Gestirnen abhängigen Menschengeschicke, d.h. als Kosmokrator.

Eine zweite Triade in der palmyrenischen Religion bildete sich um Baalšamin als Hauptgott. Die Träger des Baalšamin-Kultes können in

[38] Vgl. Drijvers, Religion of Palmyra Pl. VII; XXI; XXII,1; XXII,2 (?); XXIII,1 (?); L,2 (?).
[39] Teixidor, Religion 35.
[40] Vgl. seine Darstellung im Nordthalamos des Bel-Tempels.

arabischen Kreisen gesucht werden. Da Baalšamin dem Namen und Wesen nach ein Himmelsgott war, kam es zu einem Nebeneinander der Verehrung beider Hochgötter Bel und Baalšamin. Damit war in Palmyra eine gewisse Ambivalenz in der Verehrung des Baalšamin gegeben. Diese wird daran ersichtlich, daß Baalšamin einerseits unter Einfluß der Triade des Bel ebenfalls mit einer Triade ausgestattet wurde. Zur Triade des Baalšamin gehörten der Mondgott Aglibol, der auch zur Triade des Bel gehörte, und der Sonnengott Malakbel, dessen mit *bel* gebildeter Gottesname nicht auf die alte vorklassische palmyrenische Religion zurückgeht. Er ist vielleicht als Hypostase des Bel entstanden. Allerdings ist die Triade des Baalšamin in theologischer Hinsicht auch wieder nicht zu überschätzen, da sie textlich nicht belegt ist, sondern nur ikonographisch auftritt.[41]

Ein weiterer Aspekt des Kultes des Baalšamin in Palmyra ergibt sich durch die Tatsache, daß Baalšamin nur in einem relativ kleinen, ursprünglich außerhalb der Stadt gelegenen Tempel verehrt wurde und auch sonst hinter Bel zurückstand. So war auch der Tempel des Baalšamin immer ein Heiligtum arabischer Stämme, während der Tempel des Bel der Stadttempel von Palmyra war.

In den palmyrenischen Texten wird Baalšamin als »Herr der Welt«, »guter und belohnender Gott« sowie als »groß und barmherzig« bezeichnet. Die griechischen Wiedergaben dieser Titel in den Bilinguen von Palmyra stellen keine wörtliche Übersetzung dar, sondern interpretieren Baalšamin auf Zeus hin. Über die Verwendung des griechischen Gottesnamen »Zeus« als Wiedergabe von Baalšamin ist dieser auch mit Bel verbunden, der ebenfalls bisweilen als Zeus bezeichnet wird. Die hier in zum Ausdruck kommende Angleichung beider Götter zeigt sich ikonographisch auf einem Relief aus al-Maqata^{c} in der nördlichen Palmyrene. Dieses zeigt Bel und Baalšamin eingerahmt von Yarḥibol und Aglibol.[42] Das Bildprogramm des Baalšamin-Tempels läßt auch Baalšamin als Kosmokrator auftreten.

Eng an den Gott Baalšamin angeschlossen und auch nur zusammen mit ihm verehrt ist der Gott Duraḥlun, der ursprünglich aus einem Kultort des Libanon stammt und in Palmyra als *theos synnaos* im Tempel des Baalšamin mitverehrt wurde, aber auch auf ein Epitheton dieses Gottes reduziert werden konnte.

In den späten palmyrenischen Inschriften tritt eine allem Anschein nach wichtige und einflußreiche Gottheit auf, deren Namen uns nicht bekannt ist. Deshalb hat sich in der Forschung die Rede vom »anonymen Gott« eingebürgert. Vom 2. nachchr. Jh. an wurden diesem Gott unter seinem Epitheton »der, dessen Name gepriesen ist in Ewigkeit« Hunderte von Altären geweiht.

[41] Vgl. Drijvers, Religion of Palmyra Pl. X,1; XXXIV; XXXV; XXXVII,1.
[42] Vgl. Drijvers, Religion of Palmyra Pl. X,1.

Die Identität des »anonymen Gottes« wird in der Forschung auf unterschiedliche Weise bestimmt. So dachte man an einen jüdischen Einfluß, da ein derartiges Epitheton an alttestamentliche Texte denken ließ. Es solle sich über die in Palmyra anwesenden Juden der Monotheismus in Palmyra durchgesetzt haben. Diese Argumentation verkennt allerdings die Gebetssprache Syrien-Palästinas in hellenistisch-römischer Zeit. Vor allem aber ist fraglich, ob den Juden ein derart großer Einfluß auf den Kult Palmyras zugeschrieben werden darf.
Daneben besteht die Auffassung, daß die Verehrung des »anonymen Gottes« mit einer wachsenden Popularität des Baalšamin in Verbindung gesetzt werden könne, der somit unter einer neuen Bezeichnung zum Hauptgott Palmyras avanciert sei. In einer Inschrift erscheint der »anonyme Gott« in einer Triade mit Aglibol und Malakbel, d. h. mit der Triade des Baalšamin. Aber auch dieses Argument bereitet einige Schwierigkeiten. So ist es nicht mehr berechtigt zu sagen, daß das Auftreten der Verehrung des »anonymen Gottes« mit einem Verschwinden der Verehrung des Namens des Baalšamin einherging. Ebensowenig wurde einer der dem »anonymen Gott« geweihten Altäre im Tempel des Baalšamin gefunden. Dazu kommt, daß Triaden grundsätzlich austauschbar sind und die beiden inferioren Götter über das Haupt einer Triade eo ipso nichts aussagen.
Für die Bestimmung der Identität des »anonymen Gottes« ist hingegen die Einsicht maßgeblich, daß sich die diesem Gott geweihten Altäre fast alle im Bereich der Efca-Quelle, d.h. im Verehrungsbereich des alten Oasengottes Yarḥibol fanden. Insofern hat es die größte Plausibilität, in Yarḥibol den »anonymen Gott« zu sehen, so daß in der Spätzeit Palmyras eine dritte, aus Yarḥibol, Aglibol und Malakbel gebildete Triade verehrt wurde.
Neben diesen Hauptgöttern Palmyras läßt sich die Verehrung weiterer Gottheiten phönizischer (z.B. Astarte; Bel Hammon; Šadrapa), mesopotamischer (z.B. Apladad; Duanat; Herta; Nabu; Nergal) und arabischer (z.B. Abgal; Allat; Arṣu; Gad; Manot; Raḥim; Šamš) Provenienz festhalten. Insgesamt geht man von einer Anzahl von sechzig in Palmyra verehrten Gottheiten aus.
Eigens zu nennen ist zunächst der Gott Bel Hammon. Seine Verehrung in Palmyra verdankt er Gruppen, die aus dem Antilibanon bzw. aus dem Hauran hierhin kamen und den Kult dieser phönizischen Gottheit mit sich brachten. Sein Wesen scheint er in Palmyra nicht verändert zu haben, da er als Schutzgott und insofern vielleicht auch als Ahnherr eines bestimmten Stammes, der Bene Agrud, auftritt. In einigen Inschriften wird er in enge Beziehung zu Bel gesetzt; auch hat sich sein Name unter Einfluß des Bel zu Bel Hammon geändert.
Der Gott Nabu wurde in Palmyra in einem nicht weit vom Bel-Tempel gelegenen Tempel verehrt. Der Kult dieses mesopotamischen Gottes geht auf die Tatsache zurück, daß Nabu in Babylon in neubabylonischer Zeit immer mehr aus dem Schatten seines Vaters Marduk heraustrat und zeit-

weilig in Babylon die erste Rolle in der Götterhierarchie spielte. Der Marduk-Kult, der sich in Palmyra auf die Transformierung des alten Gottesnamens Bol zu Bel auswirkte, zog auch eine Verehrung des Nabu in Palmyra nach sich, es ist insofern auch kein Zufall, daß der Nabu-Tempel der dem Bel-Tempel nächstgelegene Tempel ist.

Als wichtigste Göttin von Palmyra ist auf Allat einzugehen. Ihr Name ist abgeleitet aus *al-(i)lāt* und bedeutet »die Göttin«. Ihr Tempel war ebenfalls ein Heiligtum der arabischen Stämme von Palmyra. Zusätzlich wurden in ihrem Tempel die arabischen Götter Šamš und Raḥim verehrt, die Göttin Allat führte dabei den Titel »Herrin des Tempels« (*mrt byt*`; RSP 132; 143), d.h. sie war die Hauptgöttin des Tempels. Außerdem wurde sie mit der Göttin Astarte ineins gesetzt. Ikonographisch tritt sie vor allem mit Löwen auf.[43]

Die Inschriften und vor allem die Tesserae verweisen auf die Verehrung etlicher anderer Gottheiten in Palmyra,[44] deren Eigenarten allerdings weder textlich noch ikonographisch durch palmyrenische Zeugnisse greifbar werden. Diese Gottheiten verfügten wohl nicht über eigene Tempel in Palmyra, sondern wurden als kleinere Gottheiten an den andern Tempeln in Palmyra oder in der Palmyrene mitverehrt.

Eigens zu nennen ist der Kult der palmyrenischen Götter in Dura Europos. Außerhalb der Stadtmauern lag ein dem Bel und dem Yarḥibol geweihter Tempel. Der »Tempel der palmyrenischen Götter« in der Stadt beherbergte auch etliche andere nichtpalmyrenische Gottheiten.[45]

4.1.2 Der Kult

Wenn uns auch keine Ritualtexte aus Palmyra erhalten sind, so läßt sich aufgrund von Inschriften, Tesserae, Abbildungen und Tempelbauten ein umfassendes Bild vom Kult in Palmyra gewinnen.

4.1.2.1 Tempel und Heiligtümer

A. Bounni, Le sanctuaire de Nabû à Palmyre, in: Petra, 157-167. – P. Collart – J. Vicari, Le sanctuaire de Baalshamin à Palmyre 1-2 (BHR 10/1-2), Rom 1969. – H.J.W. Drijvers, Das Heiligtum der arabischen Göttin Allât im westlichen Stadtteil von Palmyra: AW 7, 1976, 28-38. – O. Eissfeldt, Tempel und Kulte syrischer Städte in hellenistisch-römischer Zeit (AO 40), Leipzig 1941. – K. St. Freyberger, Die frühkaiserzeitlichen Heiligtümer der Karawanenstationen im hellenisierten Osten (DaF 6), Mainz 1998, 74-88. – M. Gawlikowski, Le temple palmyrénien (Palmyre 6), Warschau 1973. – Ders., Le temple d'Allat à Palmyre: RevArch 1977, 253-274. – Ders., Aus dem syrischen Götterhimmel. Zur Ikonographie der palmyrenischen Götter, in: G. Grimm (Hg), Trierer Winckelmannsprogramme 1/2, 1979/80, Mainz 1981, 19-26. – Ders., Réflexions sur la chronologie du sanctuaire

[43] Vgl. Drijvers, Religion of Palmyra Pl. LV; LVII,1; LVIII.

[44] Vgl. zu Überblicken die Indizes bei Ingholt – Seyrig – Starcky, Recueil des Tessères de Palmyre.

[45] Vgl. dazu die Inschriften bei Comte du Mesnil du Buisson, Inventaire des inscriptions palmyréniennes de Doura-Europos.

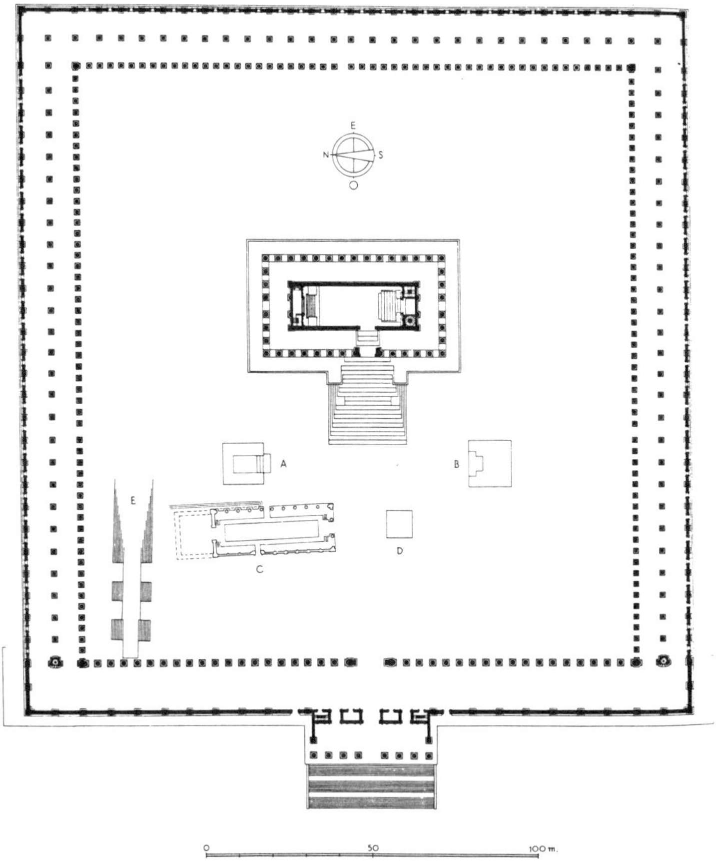

Abb. 14: Der Tempel des Bel in Palmyra

d'Allat à Palmyre: DaM 1, 1983, 59-67. – Ders., Le sanctuaire d'Allat à Palmyre. Aperçu préliminaire: AAAS 33, 1983, 179-198. – Ders., Le premier temple d'Allat, in: P. Matthiae e.a. (Hg), Resurrecting the Past. FS A. Bounni (UNHAII LXVII), Istanbul 1990, 101-108. – D. Schlumberger, La Palmyrène du Nord-Ouest (BAH 49), Paris 1951. – H. Seyrig – R. Amy – E. Will, Le temple de Bel à Palmyre 1-2 (BAH 83), Paris 1975. – J. Starcky – M. Gawlikowski, Palmyre, Paris 1985, 89-124. – Th. Staubli, Das Image der Nomaden im Alten Israel und in der Ikonographie seiner seßhaften Nachbarn (OBO 107), Freiburg – Göttingen 1991, 116-138. – P. Xella, Baal Hammon (CSF 32), Rom 1991, 204-217.

Von den verschiedenen in Palmyra ausgegrabenen bzw. in Inschriften genannten Tempeln und Heiligtümern ist als wichtigstes Kultzentrum der Tempel des Bel zu nennen (Abb. 14). Daß es sich beim Bel-Tempel um das wichtigste Heiligtum Palmyras handelt, zeigen neben einem Blick auf seine Ausmaße einige in ihm erhaltene Inschriften.
Sondierungen im Tempelareal haben gezeigt, daß unterhalb des heutigen

Temenos ältere Vorgängerbauten standen, die von der Kontinuität des heiligen Ortes an dieser Stelle zeugen. Unmittelbarer Vorgänger des heutigen Tempels war ein Tempel aus hellenistischer Zeit. Teile von ihm fanden sich verbaut in einem Temenosmauerfundament. Der heutige Bel-Tempel wurde 32 n. Chr. geweiht.

Die Mitte des 200 x 220 m großen Temenos nimmt ein Podium von 64 x 39 m mit der 40 m x 14 m messenden Cella ein. Die 14 m aufragende Cella weist auf beiden Längsseiten je vier Fenster auf, die der Beleuchtung des Baues dienten. Zugänglich war er durch ein Portal an der westlichen Breitseite. Dieses Portal stand nicht im Zentrum der Mauer, sondern war nach Süden versetzt. Dies war wohl deshalb der Fall, weil im nördlichen der beiden Thalamoi sich das Kultbild des Bel befand. Desweiteren könnten hier auch die Bilder der Götter Yarḫibol und Aglibol gestanden haben, die mit Bel als Triade verehrt wurden. Die Funktion des Südthalamos ist nicht klar; vielleicht standen hier ein für Prozessionen tragbares Kultsymbol des Bel oder auch die Statuen von Germanicus, Tiberius und Drusus, deren beschrifteter Sockel in der Cella gefunden wurde. Neben dem Nordthalamos führte eine Treppe und neben dem Südthalamos zwei Treppen auf das Dach des Tempels, welchem nach semitischer Sitte eine Relevanz für den Kult zukam. Sind die Kultbilder der Triade auch nicht mehr erhalten, so sind Bel und seine Triade doch noch bildlich im Tempel bewahrt. Sie sind abgebildet auf dem Sturz des nördlichen Thalamos, auf dem Bel als Adler von zwei Göttergestalten umgeben ist. Die Decke dieses Thalamos zeigt ihn auch als Bel-Jupiter umgeben von den sechs anderen Planeten und dem Zodiak.[46]

Der Temenos des Bel-Tempels war von Westen durch Propyläen zugänglich, die auf der Achse des Zugangs zur Cella lagen. Innerhalb des von Kolonnaden gesäumten Temenos befanden sich außer der erhöht stehenden Cella mehrere Gebäude und Kulteinrichtungen: so der große Brandopferaltar (A), das Reinigungsbecken (B), das Kultmahlgebäude für die Priester des Bel (C) und ein mit Nischen versehenes Gebäude (D), welches mittlerweile als *ḥamman* gedeutet werden konnte, ohne daß damit über seinen Zweck Klarheit erlangt worden wäre.[47] In der nordwestlichen Temenosmauer befand sich ein tiefgelegter Zugangsweg (E), auf dem das Vieh für die Opfer herangetrieben wurde.

Eine Besonderheit des Temenos beruht auf dem Fund von mit Bildern versehenen Architraven, die mythische Motive aufweisen. So ist der Kampf des Marduk gegen Tiamat dargestellt, womit sich zeigt, daß im Rahmen der Marduk-Bel-Rezeption und des *akītu*-Festes auch der babylonische Marduk-Mythos Eingang nach Palmyra gefunden hat.[48]

Der zweitwichtigste Tempel Palmyras ist der des Baalšamin (Abb. 15). Er

[46] Vgl. Drijvers, Religion of Palmyra Pl. II.

[47] Vgl. K.St. Freyberger, Zur Funktion der Ḥamānā im Kontext lokaler Heiligtümer in Syrien und Palästina: DaM 9, 1996, 143-161, hier 160.

[48] → 4.1.2.5.

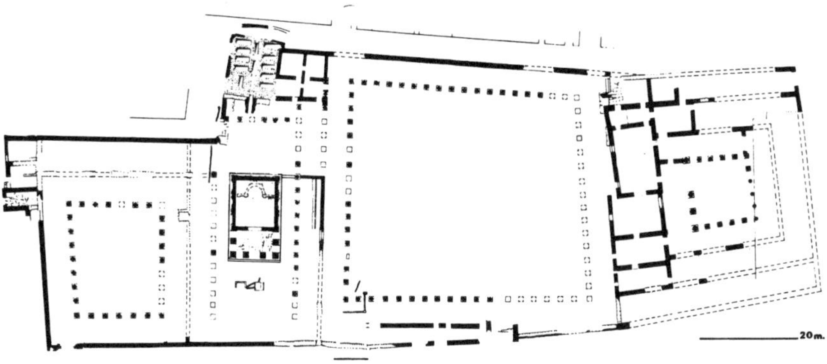

Abb. 15: Der Tempel des Baalšamin in Palmyra

befand sich ursprünglich außerhalb der Stadtmauer bei einer älteren Grabanlage des Stammes der Bene Maᶜazin, welche aus der ersten Hälfte des 2. vorchr. Jh. stammt. Dieser Stamm dürfte das Heiligtum des Baalšamin als sein Stammesheiligtum erbaut haben. Die Baugeschichte der gesamten Anlage zog sich über einige Jahrzehnte hin. Die älteste Spur bildet eine Säulentrommel mit dem Datum 23 n. Chr. Die Portici des großen nördlichen Hofes waren 67 n. Chr. fertig. Die Cella wurde 130/131 n. Chr. eingeweiht und der südliche Peristylhof war um 149 n. Chr. fertig.

Der Temenos dieses Tempels bildet ein Vieleck, welches man auf ein Rechteck von 160 m x 60 m reduzieren kann. Dieser Temenos ist nicht so einheitlich wie der des Bel-Tempels, vielmehr wird er von vier Peristyl-Höfen gebildet. Im Norden liegt ein kleinerer Hof, dann folgt der größte der Höfe; auf dem nächstfolgenden liegen ein Kultmahl-Raum und die 15 m x 10 m messende Cella des Baalšamin-Tempels mit einer Höhe von 13 m, und nach Süden folgt der vierte Hof.

Mit der Cella vereinigt ist ein durch sechs Säulen gebildeter Pronaos. Vor dem Pronaos ist der Rest eines Altares zu sehen. Wie im Falle der Cella des Bel-Tempels wird auch sie durch je ein Fenster auf den Längsseiten erhellt. Besonders hervorgehoben ist der Thalamos. »Es handelt sich um eine Art Bühnenarchitektur im Geiste des antiken Barocks, die an der Hinterwand der Cella angebaut wurde. Die Flügel werden durch korinthische Säulen gerahmt und sind mit Reliefschmuck verziert; dazwischen erkennt man eine halbrunde Exedra, deren seitliche Türen sich auf zwei kleine Eckräume öffnen; darüber erscheinen dekorative, mit Konchen bekrönte Nischen. In der Mitte blieb der Rahmen einer großen Nische fast völlig erhalten. Diese war offensichtlich zur Aufnahme eines 1.82 m breiten und 2.41 m hohen Reliefs bestimmt. Das Gesims ist oben flach, aber darüber sind Zapfenlöcher erhalten, die vermutlich zur Aufnahme von Akroterien bestimmt waren.«[49] Darüber befand sich ein Nischensturz, der die sieben Planeten zwischen zwei Adlern als Himmels-

[49] Gawlikowski, Götterhimmel 20f.

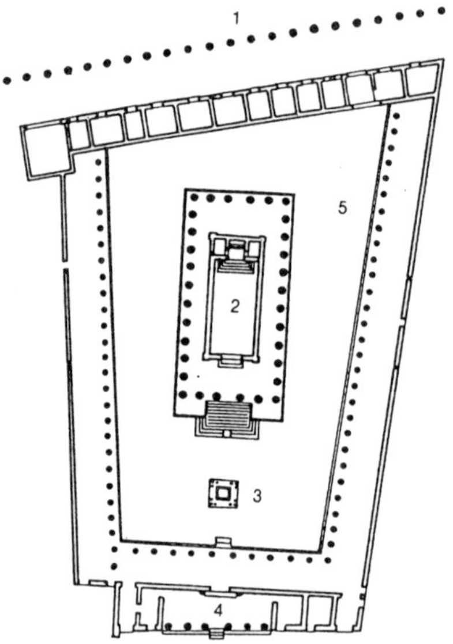

Abb. 16: Der Tempel des Nabu in Palmyra

symbolen zeigte. Dieser ersetzte einen älteren Sturz, der Baalšamin als Adler und seitlich Aglibol und Malakbel als Mond- und Sonnengott abbildete und das Relief des Baalšamin rahmte.

Der Tempel des Nabu (Abb. 16) liegt dem Bel-Tempel am nächsten, womit auch topographisch die engen Verbindungen zwischen den Göttern Bel und Nabu verdeutlicht werden. Architektonisch unterscheidet sich der Nabu-Tempel jedoch vom Bel-Tempel dadurch, daß er stärker der römischen Tempelbautradition Syriens verhaftet ist (Cella auf Podium; Axialität von Propyläen, Aedicula, Pronaos und Cella). Vollendet war der Bau um 150 n. Chr.

Der von Säulen umstandene trapezförmige Temenos wird auf der westlichen Nordseite durch die große Kolonnade der Stadt nach Süden hin eingeengt. Dies zeigt, daß der Temenos älter als die Anlage der Kolonnaden ist. Der Zugang zum Temenos erfolgt jedoch nicht von den Kolonnaden aus, sondern von der Südseite durch Propyläen. Zwischen den Propyläen und dem Pronaos der Tempelcella steht ein *ḥamman,* der als Altar fungierte (3). Dieser erhebt sich auf einem quadratischen Fundament und weist eine von zwölf Säulen getragene Mensa auf. Vergleichbare Einrichtungen weisen in Palmyra der Tempel des Bel, desweiteren die Tempel von Qalaat Faqra und Mašnaqa im Libanon auf. Ebenso ist auf den kleinen Altar von Baalbek zu verweisen.[50] Auf die Altarfunktion verweist auch ein noch erhaltenes Relief mit einer Opferszene.

Die Cella erhebt sich als Peripterostempel auf einem Podium (2). Sechs

[50] Vgl. Starcky – Gawlikowski, Palmyre 121; E. Will, A propos de quelques monuments sacrés de la Syrie et de l'Arabie Romaines, in: Petra, 197-205; Freyberger, Funktion. Zu Baalbek → 4.3.2.1.

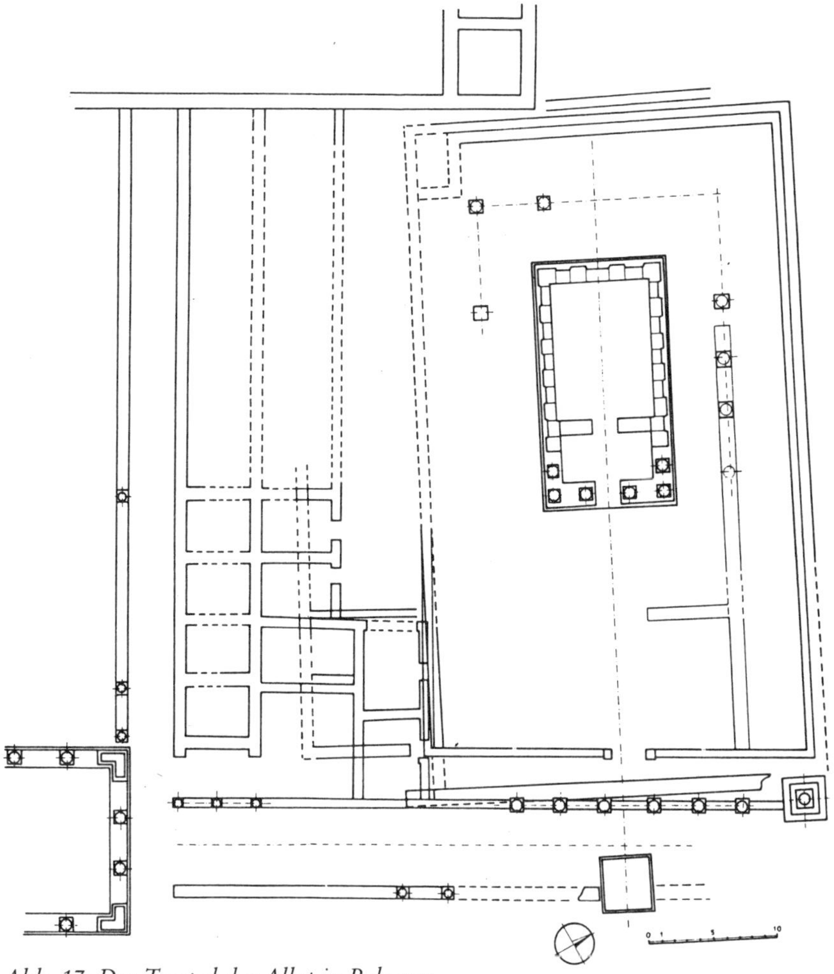

Abb. 17: Der Tempel der Allat in Palmyra

mal zwölf Säulen bilden den Umgang, der über zwölf Stufen vom Temenos aus betreten wird. Fünf Stufen führen vom Niveau der Cella zum Thalamos empor. Von diesem Thalamos geht ein Nebenraum und eine Treppe zum Dach ab. Vergleichbar ist diese Anlage mit dem Nordthalamos des Bel-Tempels. In diesem Thalamos stand das als Relief gestaltete Götterbild.

Der Tempel der Allat liegt im Westen der Stadt (Abb. 17). Ursprünglich handelte es sich hierbei um eine kleine rechteckige Kapelle, die inmitten eines rechteckigen Temenos stand. Dieser Temenos wurde später erweitert und durch Portiken umgeben. Anschließend wurde die alte Cella, die in der Weihinschrift des Nachfolgebaus als *ḥmn* bezeichnet wird, zwischen 143 n. Chr. und 163 n. Chr. durch eine größere ersetzt. Diese wies

an den Längsseiten Bänke für das Aufstellen von Dankes- und Opfergaben auf. Ein Gang zwischen den Bänken führte zur westlichen Kultnische, in der die noch erhaltene Statue der Allat stand. Auch nach der Plünderung Palmyras 273 n. Chr. wurde durch die römischen Soldaten des Diokletianslagers noch am Tempel der Allat weitergebaut.
Der Tempel des Bel Hammon stand westlich der Stadt auf dem Gebel Muntar. Nach Ausweis einer auf einer Tessera (RTP 214) gefundenen Abbildung handelte es sich bei ihm um ein turmförmiges Gebäude mit einem Annexbau zur Linken. Es wurde 89 n. Chr. innerhalb einer nicht mehr benutzten Verteidigungsanlage erbaut.
Als ein Heiligtum ohne Tempel ist die Efca-Quelle anzusprechen. Bei ihr wurde der Gott Yarḥibol, der alte Ortsgott Palmyras verehrt. Hier fanden sich auch die meisten Altäre mit der Widmung an den »anonymen Gott«.
Die Grundmauern des Arṣu-Tempels befinden sich an der vom Tetrapylon nach Süden abzweigenden Transversalkolonnade jenseits der Umfassungsmauer des Diokletian.
In den palmyrenischen Inschriften werden weitere Tempel und Heiligtümer genannt, die allerdings archäologisch noch nicht verifiziert sind, so der Hain der heiligen Brüder, Aglibol und Malakbel, und der Tempel der Atargatis.
Weitere Tempel für palmyrenische Götter finden sich außer in Dura Europos in der nordwestlichen Palmyrene. Die Tempel aus der Palmyrene sind schlichter als die Tempel Palmyras und weisen nur einen oder zwei Räume auf. Wie die Tempel des Bel und des Baalšamin sind sie von Bankettträumen umgeben.
Da es aus Palmyra keine Funde von Ritualtexten gibt, kann der Kult in den Tempeln der Stadt nur aufgrund der archäologischen Reste in Grundzügen rekonstruiert werden.
So weisen die Brandopferaltäre in den Temenoi der Tempel des Bel, des Nabu und des Baalšamin auf die Darbringung größerer Opfer hin. Die vielen kleinen Altäre stehen im Zusammenhang mit der Verbrennung von Weihrauch.
Die architektonische Einbindung von Kultmahl-Räumen in die Temenoi der Tempel des Bel und des Baalšamin sowie der Tempel in der nordwestlichen Palmyrene zeigen die kultische Relevanz des Kultmahles *(mrzḥ)*. Der Konnex dieses Mahles mit dem Opferkult wird zudem über die Tesserae verdeutlicht.
Ein zentraler Aspekt der altorientalischen Kulte ist mit den Götterbildern gegeben, die als Statuen oder Kultsymbole in den Tempeln standen. Hierzu haben sich Rituale und Theologien entwickelt, welche die Versorgung der Götter zum Thema haben. In Palmyra läßt sich ein Umschwung in der altorientalischen Theologie der Götterbilder feststellen. Wie bereits bei der Vorstellung der palmyrenischen Tempel betont, standen in diesen Tempeln mit Ausnahme des Tempels der Allat keine Göt-

terstatuen, sondern Reliefs. Dies wird angenommen für die Thalamoi des Bel-, des Baalšamin- und des Nabu-Tempels sowie für den Vorgängerbau des Allat-Tempels. Damit ist ein Unterschied zur Verwendung von Statuen im Kult angezeigt, da die Statue kultisch anders als ein Relief versorgt wird. »Das Flachbild erfordert jedoch ganz andere kultische Vorgänge. Zur Andacht bestimmt, stellt es die Gottheit und ihr Wesen vor Augen, erlaubt aber keine Besorgung: Es ist vom Idol zur Ikone geworden. ... Der Gottesdienst beschäftigt sich nicht mehr mit dem Gottesbild, sondern wird im Angesicht desselben gehalten.«[51]
Es gibt desweiteren epigraphische Hinweise auf die Existenz des *Hieros Gamos*. So ist in den Texten die Rede vom Bett des Bel, bzw. von den Kissen, die man diesem Bett als Weihegeschenk darbringt. Auch wird ein Bett, welches dem Gott Baalšamin geweiht wird, genannt. Diskutiert wird auch der *Hieros Gamos* zwischen den Gottheiten Bel Hammon und Manot.
Zum Kult in Palmyra gehörten auch Prozessionen. In diesen wurden keine Götterbilder umhergetragen, da diese größtenteils Reliefs waren, sondern es wurden Kultsymbole dazu verwendet. Den deutlichsten Beleg für diesen Brauch liefert ein im Temenos des Bel-Tempels gefundenes Relief. Auf einem Kamel wird eine *qubba,* d.h. ein aus den präislamischen Religionen Arabiens bekannter heiliger Behälter in einer Prozession getragen. Dieser konnte z.B. heilige Steine – Betyle – enthalten.[52]
Man nimmt auch an, daß die große Kolonnade als Prozessionsweg aufzufassen ist; ebenso die Transversalkolonnade, die am Tempel der Allat vorbeiführt.

4.1.2.2 Kultpersonal

R. Comte du Mesnil du Buisson, Les tessères et les monnaies de Palmyre, Paris 1962, 501-525. – M. Gawlikowski, Liturges et custodes sur quelques inscriptions palmyréniennes: Sem 23, 1973, 113-124. – J.T. Milik, Dédicaces faites par des dieux (Palmyre, Hatra, Tyr) et des thiases sémitiques à l'époque romaine (BAH 92), Paris 1972, 219-322. – R. Stucky, Prêtres syriens I: Syr 50, 1973, 163-180.

Das Kultpersonal an den Heiligtümern und Tempeln Palmyras wurde angeführt durch die Priester. Diese trugen den Titel *kmr* und waren in Priesterkollegien organisiert. So finden sich die Kollegien der Priester des Bel(-Tempels) und des Baalšamin(-Tempels) belegt.
An der Spitze eines jeden Priesterkollegiums stand ein Oberpriester *(rb kmry`)*. Der Oberpriester des Bel-Tempels war auch gleichzeitig Vorsteher des am Bel-Tempel installierten Kultmahlvereins *(mrzḥ)* der Priester des Bel. Außerdem wird vermutet, daß er der Vorsteher aller Priester(-kollegien) von Palmyra gewesen sei.
Der leitende Priester der Efca-Quelle *(rb ᶜyn ᶜl `pq`)* wurde von Yarḥibol,

[51] Gawlikowski, Götterhimmel 20.
[52] Vgl. hierzu J.-M. Dentzer, Naiskoi du Hauran et Qubbah Arabe, in: Petra, 207-219.

dem Gott der Quelle, durch einen Losentscheid (?) bestimmt. Er selber zog weitere untergeordnete Priester zum Dienst am Heiligtum des Yarḥibol heran, von denen uns einer dem Titel nach bekannt ist. Dies ist der *`pkl.* Diesem Titel liegt akkadisch *apkallu* »Weiser« im Sinne von »Orakelpriester« zugrunde. Die Relevanz der Efca-Quelle und des Gottes Yarḥibol für den Bereich der Mantik ist gut bezeugt.
Eine untergeordnete und nicht unbedingt priesterliche Stellung nahmen die *`ḥydyn* »Erwählte« ein. Es handelt sich dabei um einen Personenkreis, der bestimmte Aufgaben in der Liturgie der Tempel übernahm. Als deren Vorsteher sind *rbnyn* belegt, und als Leiter des untergeordneten Tempelpersonals tritt am Tempel des Baalšamin ein *`rkwn* (Archont) auf. Für den Tempel des Bel lassen sich zudem Kustoden nachweisen *(mdnyn).* Diese waren Vorsteher bestimmter Teile des Heiligtums bzw. des diensttuenden Personals.
Diese untergeordneten Dienstämter wurden jeweils für ein Jahr vergeben. Die Übernahme und der Wechsel der Ämter wurden durch die Stämme Palmyras, denen die Tempel unterstanden, geregelt.

4.1.2.3 Opfer und Dedikationen

R. Comte du Mesnil du Buisson, Les tessères et les monnaies de Palmyre, Paris 1962, 475-500. – K. Dijkstra, Life and Loyalty (RGRW 128), Leiden 1995, 81-170.322-343. – M. G. Mariotti, Il sacrificio a Palmira, in: F. Vattioni (Hg), Sangue e antropologia nella teologia 1, Rom 1989, 25-40. – J.T. Milik, Dédicaces faites par des dieux (Palmyre, Hatra, Tyr) et des thiases sémitiques à l'époque romaine (BAH 92), Paris 1972, 1-106.

Es gibt aus Palmyra keine Rituale, die über die Opferpraxis in der Stadt berichten. Unter archäologischem Aspekt ist auf die Funde von Altären in den Temenoi der Tempel zu verweisen, die für die Darbringung der Brandopfer konzipiert waren. Im Temenos des Bel-Tempels ist zudem der Prozessionsweg für das Herbeitreiben des Viehs zum Opfer nachgewiesen.
Desweiteren sind Hunderte von Weihrauchaltären zu nennen, mittels derer den Gottheiten Rauchopfer dargebracht werden konnten. Diese Altäre finden sich überall in der Stadt und sind in ihrem Vorkommen nicht auf die Tempel beschränkt.
Über die Opfermaterie informieren die Tesserae. Diese nennen die Lebensmittel, die bei den Kultmählern verteilt bzw. verzehrt wurden, und sie lassen insofern auch auf die Opferpraxis schließen. Es werden Speise- und Trankopfer genannt. Als Materie der Speiseopfer begegnen Brot, Korn, Salz, Honig und Fett. Als Materie der Trankopfer werden Wein und Öl genannt. Auf einem dem Götterpaar Aglibol und Malakbel geweihten Relief erblickt man Obst als Opfergabe auf ihrem Altar.[53]

[53] Vgl. Drijvers, Religion of Palmyra Pl. IV,1.

In den Inschriften aus Palmyra begegnen im Griechischen wie im Palmyrenischen diverse Termini für die Brandopfer.
Eine inhaltliche Deutung der Opfertheologie läßt sich aufgrund dieses spärlichen Materials nicht geben. Man sollte auch vorsichtig sein, von einem Opfer als Götterspeisung auszugehen. Dagegen spricht der oben schon hervorgehobene Wandel vom Götterbild zur Ikone in Palmyra. Damit stellt sich auch die Frage der Götterversorgung anders, da der Aspekt der physischen Versorgung trotz der Praxis der Opfer sekundär wird.
Das Opfer als Götterspeisung wird also zur Dedikation von Gegenständen zu Ehren der Götter transformiert. Hiervon erhofft sich der Mensch Leben und Ehre. Es zeigt sich somit innerhalb der palmyrenischen Religion ein Wandel hin zur Votivreligion, wie er sich auch in Hatra[54] und bei den Nabatäern[55] beobachten läßt. Objekte der Dedikation sind Tempel(teile), Portiken, Säulen, Altäre, Statuen und Reliefs. In diesen Kontext gehören auch die Naiskoi (Votivnischen) in den Tempeln, die Götterreliefs enthalten und Zeugnis von der Frömmigkeit der Dedikanten ablegen.
Der Kontext des Opferkultes wird durch die Verben der Dedikation *(qrb* = opfern, darbringen) und durch die Nennung von Gottheiten als Adressaten von Dedikationen noch wachgerufen. Es ist allerdings nicht zu übersehen, daß die Öffentlichkeit z.T. auch von diesen Dedikationen profitierte. Desweiteren verspricht man sich göttlichen Beistand für das eigene Leben und das seiner Familie.
Eine erstmals in Palmyra und in Hatra[56] belegte Eigentümlichkeit des Dedikationswesens besteht in dem Umstand, daß auch Götter zusammen mit Menschen als Dedikanten einer Ehrenstatue für Menschen auftreten können.

4.1.2.4 Kultmähler

R. Comte du Mesnil du Buisson, Les tessères et les monnaies de Palmyre, Paris 1962, 443-617. – J.-M. Dentzer, Le motif du banquet couché dans le Proche-Orient et le monde grec du VIIe au IVe siècle avant J.C. (Bibliothèque des Ecoles Françaises d'Athènes et de Rome 246), Rom 1982. – Chr. Dunant, Nouvelles tessères de Palmyre: Syr 36, 1957, 102-110. – J.T. Milik, Dédicaces faites par des dieux (Palmyre, Hatra, Tyr) et des thiases sémitiques à l'époque romaine (BAH 92), Paris 1972, 107-281. – H. Ingholt – H. Seyrig – J. Starcky, Recueil des tessères de Palmyre (BAH 58), Paris 1955. – D. Schlumberger, La Palmyrène du Nord-Ouest (BAH 49), Paris 1951. – J. Starcky – M. Gawlikowski, Palmyre, Paris 1985, 107-112. – J. Teixidor, Le thiase de Bêlastor et de Beelshamên d'après une inscription récemment découverte à Palmyre: CRAIBL 1981, 306-314.

[54] → 4.2.2.3.
[55] → E. 7.2.3.
[56] → 4.2.2.3.

Die unter der Bezeichnung *mrzḥ* bekannten Kultmähler sind nirgends so extensiv belegt wie in der palmyrenischen Religion. Auf ihre Existenz verweisen textliche und archäologische Indizien. Einen guten Einblick in die Praxis der Kultmähler vermittelt der 1978 in sekundärer Verbauung gefundene Text eines *mrzḥ*-Vereines aus der ersten Hälfte des 1. Jh. v. Chr. Der Text zeigt, daß der *mrzḥ*-Verein nach bestimmten Regeln verfaßt war. Seine Leitung lag bei einem Priester. Der Verein unterstand dem Gott Belaštor und einer weiterer Baal-Gottheit, deren Name nicht mehr lesbar ist, als Patronen. Im einzelnen erfährt man von einem Zusammenhang von Bankett und Opfer (ZZ. 3-4), von Vorstehern und Mitgliedern (ZZ. 4-5), von Abgaben (Z. 6), einem Schatzmeister (ZZ. 9-10), Eidesleistung und Geldstrafen (Z. 11) und von Nahrungslieferungen (Z. 11).
Die archäologischen Indizien, die auf die Existenz von Kultmahlvereinen in Palmyra verweisen, sind doppelter Art. Zum einen ist auf die entsprechenden baulichen Anlagen in den Temenoi der wichtigen Tempel Palmyras (Bel-, Baalšamin-Tempel) und der nordwestlichen Palmyrene sowie einiger öffentlicher Gebäude (südwestlicher Annexraum der Agora; zwischen Caesareum und Theater) hinzuweisen. Es handelt sich in diesen Fällen um Banketträume mit Bi- oder Triklinien. Da aber nicht alle Banketträume gemauerte Bi- oder Triklinien hatten, sondern Matten den Zweck des Lagers erfüllten, heißt dies, daß die Anzahl der Banketträume in Palmyra und der Palmyrene bedeutend höher lag.
Zum anderen sind die Tesserae zu nennen. Es handelt sich dabei um Ausweismarken aus Ton, seltener aus Metall, die als Eintrittskarten für ein Bankett gelten. Die begüterten Mitglieder eines *mrzḥ*-Vereins luden Teile der Bevölkerung Palmyras zu den Kultmählern ein. Die Tesserae bilden eine Quelle ersten Ranges für Einsichten in die Struktur und das Funktionieren eines *mrzḥ*-Vereines. Sie nennen die Schutzgottheiten der Vereine, die Vereine selbst (z.B. *mrzḥ* der Priester des Bel), machen Angaben über die Speisen und Getränke, die bei den Mählern verzehrt bzw. ausgeteilt wurden und tragen Bilder aus dem Leben eines *mrzḥ*-Vereines. Aufgrund der Existenz von ca. 1100 bekannten Tesseratypen läßt sich ein Mosaik zu unterschiedlichen Aspekten der palmyrenischen Kultmahlvereine zusammensetzen.
Die Kultmahlvereine waren Zusammenschlüsse der Oberschicht, vielfach auf der Ebene der Stämme bzw. der Berufsgruppen. Man nimmt an, daß ein solcher Verein ca. zwölf Mitglieder umfaßte, wozu sich ein bestimmtes Personal gesellte (Köche, Diener, Schlachter, Sänger).
Was Sinn und Zweck der palmyrenischen Kultmahlvereine angeht, so ist auf eine spezifisch palmyrenische Entwicklung zu verweisen. Es wurde schon gesehen, daß es in Palmyra einen Wandel der Götterbilder zur Ikone gegeben hat. Die damit verschwundene Theologie der Versorgung der Götter bewirkt eine verstärkte Distanz der Götter zu den Menschen. Umgekehrt läßt sich beobachten, daß die unter dem Patronat einer Gottheit stehenden *mrzḥ*-Vereine, die laut archäologischem Ausweis zumeist

in den Temenoi der Tempel angesiedelt waren, den Kontakt zwischen Göttern und Menschen mittels eines Kultmahles etablieren wollten.
Vom *mrzḥ* zu unterscheiden sind die Mähler im Totenkult, wie sie in den Hypogäen abgehalten wurden. Diese Mähler, die dem Totengedenken dienten, werden im Unterschied zu Ugarit und dem Alten Testament nicht als *mrzḥ* bezeichnet.

4.1.2.5 Feste

R. Comte du Mesnil du Buisson, Les tessères et les monnaies de Palmyre, Paris 1962, 443-617. – Ders., Le bas-relief du combat de Bêl contre Tiamat dans le temple de Bêl à Palmyre: AAAS 26, 1976, 83-100. – M.J. Geller, The Last Wedge: ZA 87, 1997, 43-95, bes. 53-56.

Der Bel-Tempel wurde am 6. Nisan (April) des Jahres 32 n. Chr. eingeweiht. Dieser Termin fällt auf das babylonische *akītu*-Fest, d.h. das Neujahrsfest. Hieran, wie auch schon am Namen Bel und an der Verehrung von Göttern mesopotamischen Ursprungs, wird ein mesopotamischer Einfluß auf die Feste der Stadt ersichtlich. Die Feier des *akītu*-Festes in Palmyra zeigt sich noch an einem Relief des Bel-Tempels, welches eine Kampfszene zwischen Göttern aufweist.[57] Diese Szene wird auf den Kampf zwischen Marduk und Tiamat bezogen, somit auf das babylonische Schöpfungsepos *Enūma eliš*, welches beim *akītu*-Fest verlesen wurde.
Weitere Reste (Fest der Krönung der Verstorbenen, Fest der Zweige, Klage über Nabu, jahreszeitlich bedingte Feste u.a.m.) sind aus den Abbildungen der Tesserae und ihren Inschriften erschlossen und angesichts des Fehlens einer größeren textlichen Basis entsprechend hypothetisch.

4.1.3 Der Bereich des Todes

4.1.3.1 Bestattungen und Totenpflege

R. Comte du Mesnil du Buisson, Les tessères et les monnaies de Palmyre, Paris 1962, 543-556. – H.J.W. Drijvers, After Life and Funerary Symbolism in Palmyrene Religion, in: U. Bianchi – M.J. Vermaseren (Hg), La soteriologia dei culti orientali nell' impero romano (EPRO 92), Leiden 1982, 709-733. – M. Gawlikowski, Monuments funéraires de Palmyre, Warschau 1970. – K. Parlasca, Beobachtungen zur palmyrenischen Grabarchitektur: DaM 4, 1989, 181-190. – A. Schmidt-Colinet, Palmyrenische Grabarchitektur, in: E.M. Ruprechtsberger (Hg), Palmyra (LAF 16), Linz 1987, 214-227. – Ders., L'architecture funéraire de Palmyre, in: J.-M. Dentzer – W. Orthmann (Hg), Archéologie et Histoire de la Syrie 2 (SVA 1), Saarbrücken 1989, 447-456. – Ders., Das Tempelgrab einer Aristokratenfamilie, in: ibid. 228-243. – Ders., Das Tempelgrab Nr. 36 von Palmyra (DaF 4), Mainz 1992.

Palmyra ist im Süden, Westen und Norden von Nekropolen umgeben. Diese umfassen Familiengräber, die z.T. über 300 Grabplätze aufweisen.

[57] Vgl. Drijvers, Religion of Palmyra Pl. IV/2.

Es lassen sich in den Nekropolen von Palmyra drei Typen von Bestattungsstätten unterscheiden: Hypogäen, Grabtürme und Haus- bzw. Tempelgräber. In der Forschung wird eine Sukzession dieser Bestattungsarten erwogen, die ab dem 2. Jh. v. Chr. ihren Ausgang von den Erdgräbern mit Loculi nimmt, zu den Hypogäen in der zweiten Hälfte des 1. Jh. n. Chr. bis 232 n. Chr. weiterführt und dann über die Turmgräber (ab 9 v. Chr. bis 128 n. Chr.; im Gebrauch bis ins 3. Jh. n. Chr.) zu den Tempelgräbern (zwischen 143 und 253 n. Chr.) verläuft. Bei der Erklärung dieses Phänomens sind soziale Gesichtspunkte nicht zu übersehen: Konnten die Loculi in den Hypogäen vermietet werden, so stellen Tempelgräber die aufwendigsten Grabbauten von Palmyra dar, die der Bestattung nur einer Familie dienten. Die Grabtürme stellen palmyrenische Spezifika dar; die beiden anderen Bestattungsarten, Hypogäen, bzw. Haus- und Tempelgräber, sind aus anderen Kulturen vorgegeben.
In den Hypogäen und den Tempelgräbern fanden sich Grabreliefs mit Mahlszenen, auf denen Lebende und Verstorbene gemeinsam auftreten. Die Loculi der Turmgräber und der Hypogäen waren mit Reliefplatten verschlossen, die die Toten porträtierten. Die Hypogäen waren mit ihren Exedren für die Abhaltung von Totenmählern an den Gräbern eingerichtet. Auch die Tempelgräber boten Platz für derartige Mähler. Dies war in den Grabtürmen nur im Erdgeschoß möglich.
Die in der Forschung z.T. vorgenommene Rekonstruktion der Bestattungsfeierlichkeiten ist weitestgehend hypothetisch und soll deshalb hier außer acht bleiben.

4.2 Hatra

4.2.1 Die Götterwelt

B. Aggoula, La divinité `šrbl à Hatra, in: Petra, 221-226. – W. al-Salihi, Allat-Nemesis. Iconographical Analysis of Two Religious Reliefs from Hatra: Mes 20, 1985, 131-146. – Ders., Stela of *Brmryn* from Hatra: Mes 24, 1989, 177-180. – H.J.W. Drijvers, Monotheismus und Polytheismus in der haträischen Religion, in: G.J. Bleeker e.a. (Hg), Proceedings of the XIIth International Congress of the I.A.H.R., Leiden 1975, 240-249. – Ders., Hatra, Palmyra und Edessa, in: ANRW II/8, Berlin – New York 1977, 799-906, bes. 828-836. – J. Hoftijzer, Religio Aramaica (MEOL 16), Leiden 1968, 51-61. – S. Krone, Die altarabische Göttin al-Lāt (HOS 23), Frankfurt 1992, 146-148. – J.T. Milik, Dédicaces faites par des dieux (Palmyre, Hatra, Tyr) et des thiases sémitiques à l'époque romaine (BAH 92), Paris 1972, 324-408. – H. Niehr, Ba^{c}alšamin-Studien. II. Ba^{c}alšamin im Kult von Hatra: SEL 13, 1996, 67-73. – G. Theuer, Der Mondgott in den Religionen Syrien-Palästinas während der Spätbronze- und Eisenzeit (Diss. Tübingen), 1997, 370-375. – J. Tubach, Im Schatten des Sonnengottes, Wiesbaden 1986, 255-458. – F. Vattioni, Hatra (SAION 54), Neapel 1994, 12-16.

Die Götterwelt von Hatra wurde dominiert durch die aus den Göttern Maran (»Unser Herr«), Martan (»Unsere Herrin«) und Barmaren (»Sohn

unserer Herren«) bestehende Triade. Dabei standen Maran und Barmaren deutlich im Vordergrund des gesamten religiösen Lebens von Hatra. Die Göttin Martan tritt in den Inschriften nur selten alleine auf. Maran war der höchste Gott von Hatra; er ist ursprünglich der Sonnengott, was daran deutlich wird, daß Barmaren in zwei Inschriften als Sohn des Šamaš bezeichnet wird. Auf haträischen Münzen sowie auf Abbildungen wird er als Helios abgebildet. Im Falle des Barmaren ist seine semitische Identifikation dagegen nicht klar. Es finden sich Identifikationen mit den Göttern Dionysos und Apoll. Ikonographisch wird er in Hatra als Gott mit Hörnern, Mondsichel und Strahlenkrone abgebildet. Daraus läßt sich ein lunarer Charakter des Barmaren ableiten, der somit als Mondgott von Hatra zu bestimmen ist. Aus der semitischen Mondgott-Theologie hat er auch den Titel *mr`lh`* (»Herr der Götter«) übernommen. Wenn Barmaren alleine dargestellt wird, erhält er solare Aspekte und ist als Kosmokrator charakterisiert. Martan wird als Göttin mit turmartiger Frisur dargestellt. Sie weist lunare Züge auf, worin sich die Zugehörigkeit dieser Göttin zum solarisierten Hauptgott spiegelt. Belege für die Verehrung der Triade liegen auch aus Assur vor.[58]
Als weitere wichtige Gottheiten aus Hatra sind Allat, Atargatis, Assurbel, Herakles-Nergal und Baalšamin aufzulisten. Herakles-Nergal galt als Beschützer der Stadt Hatra. Zahlreiche Statuen dokumentieren seine Allgegenwart in den Tempeln Hatras. Aus seinen Darstellungen zusammen mit einem Hund lassen sich seine chthonischen Züge erkennen. Baalšamin kam vermutlich mit Kaufleuten aus Palmyra nach Hatra. Baalšamin präsidiert einem in seinem Tempel lokalisierten Pantheon verschiedener Götter. Gleichzeitig wird aus den Inschriften seines Tempels deutlich, daß er sich der Triade von Hatra unterordnen mußte.
Desweiteren treten in den Inschriften von Hatra noch der Mondgott Sḥr, der Glücks- oder Schicksalsgott G(n)d` und der Totengeist Zqyq` auf.

4.2.2 Der Kult

4.2.2.1 Tempel und Heiligtümer

W. al-Salihi, The Excavations of Shrine XIII at Hatra: Mes 25, 1990, 27-35. – R. Bertolino, La Cronologia di Hatra (SAION 83), Neapel 1995. – S.B. Downey, Mesopotamian Religious Architecture, Princeton 1988, 159-173. – W. Andrae, Hatra I (WVDOG 9), Leipzig 1908 = Osnabrück 1964; Hatra II (WVDOG 21), Leipzig 1912 = Osnabrück 1975. – H.J.W. Drijvers, Hatra, Palmyra und Edessa, in: ANRW II 8, Berlin – New York 1977, 799-906, bes. 803-813. – K. St. Freyberger, Die frühkaiserzeitlichen Heiligtümer der Karawanenstationen im hellenisierten Osten (DaF 6), Mainz 1998, 89-102. – H.J. Lenzen, Gedanken über den grossen Tempel in Hatra: Sumer 11, 1955, 93-106. – Ders., Ausgrabungen in Hatra: AA 70, 1955, 334-375. – J.T. Milik, Dédicaces faites par des dieux (Palmyre,

[58] Vgl. B. Aggoula, Inscriptions et graffiti araméens d'Assour (SAION 43), Neapel 1985, 16 22.

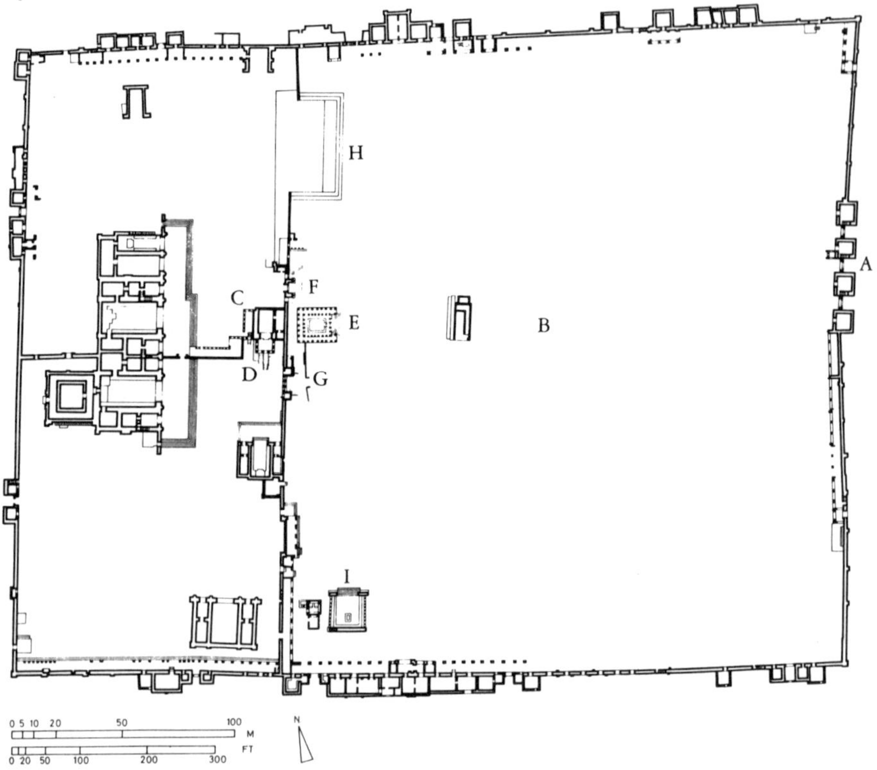

Abb. 18: Der Tempelbezirk in Hatra

Hatra, Tyr) et des thiases sémitiques à l'époque romaine (BAH 92), Paris 1972, 377-408.

In Hatra begegnet die Vorstellung, daß der Plan zum Tempelbau den Menschen durch die Götter im Traum zugeflüstert wurde[59] oder daß die Menschen den Göttern beim Tempelbau halfen.
Mitten in der kreisförmigen Stadt Hatra, der große Bedeutung als militärischer Festung und als Heiligtum des Sonnengottes zukam, liegt ein 437 m x 322 m umfassender Temenos. Dieser ist zweigeteilt in einen größeren östlichen und einen kleineren westlichen Teil. Insgesamt lassen sich in diesem Temenos 11 Tempel ausmachen. Datiert werden die Tempel in das 2. Jh. n. Chr. (Abb. 18).
Man betritt diese Anlage durch das Osttor des großen Temenos (A). Dem Tor westlich gegenüber liegt der sogenannte »hellenistische Tempel«, der Maran zugeeignet war (E). An ihm vorbei gelangt man durch zwei Tore (F; G) in den kleineren westlichen Temenos. Dieser enthält acht Iwane, die dem Kult der Triade geweiht sind. Durch den großen südlichen Iwan

[59] → 4.2.3.1.

bestand der Zugang zum Šamaš-Tempel, der um seine Cella herum einen Umgang aufweist. In den Iwanen befinden sich Altäre und Bänke. Aus diesem Grund werden sie als Triklinien für die Abhaltung von Kultmählern gedeutet. Die anderen Tempel Hatras außerhalb des großen Temenos weisen zumeist einen T-förmigen Grundriß und eine breitgelagerte Cella mit einer Kultnische und einem Altar auf. Hier wurde das Kultsymbol verehrt. Annexräume wiesen auch Götterstatuen auf. An allen vier Wänden der Cella waren z.T. niedrige Bänke angebracht.

4.2.2.2 Kultpersonal

B. Aggoula, Remarques sur les inscriptions hatréennes III: Syr 52, 1975, 181-206, bes. 204-206. – Ders., L'institution royale à Hatra: Sem 43/44, 1995, 164-168. – F. Vattioni, Hatra (SAION 81), Neapel 1994, 9-12.

Aufgrund der Stereotypie der haträischen Inschriften läßt sich das Kultpersonal nur über die belegten Titel ermitteln. Somit muß die Funktion der Kultbediensteten zum großen Teil offenbleiben.
Belegt sind der Priestertitel *kmr* und der Titel des *kmr rb* als des Oberpriesters. Auch der weibliche Titel *kmrt* ist belegt. Als weitere Ämter an den Tempeln begegnen Apotheker *(mdk)*, Schreiber *(spr)*, Orakelgeber *(`pkl)*, Tänzer *(mrqdm)*, Sänger *(zmr)*, Sängerin *(zmrt)*, Rechnungsführer *(ḥšbn)*, Wahrsager *(ptwr)* und Tempelvorsteher *(rbyt)*. Ebenfalls im Dienste der Tempel sind die Ämter des Architekten *(`rdkl)* und des Schatzmeisters *(mhymn)* zu verorten.

4.2.2.3 Opfer und Dedikationen

K. Dijkstra, Life and Loyalty (RGRW 128), Leiden 1995, 171-244. – S.B. Downey, A Preliminary Corpus of the Standards of Hatra: Sumer 26, 1970, 195-225. – J. Hoftijzer, Religio Aramaica (MEOL 16), Leiden 1968, 56f. – J.T. Milik, Dédicaces faites par des dieux (Palmyre, Hatra, Tyr) et des thiases sémitiques à l'époque romaine (BAH 92), Paris 1972, 323-375. – J. Tubach, Im Schatten des Sonnengottes, Wiesbaden 1986, 190-193.205-209.

Über die an den Tempeln von Hatra praktizierten Rituale läßt sich aus den inschriftlichen Quellen nichts ermitteln.
Ein für den Bereich Opfer und Dedikationen zentraler Aspekt ist mit der Beschaffenheit der Götterbilder gegeben. Ließ sich in Palmyra ein Wandel vom vollplastischen Götterbild zum Relief aufzeigen,[60] so treten in Hatra neben vollplastischen Götterstatuen Standarten oder Zeichen *(smy`)* der Götter auf. Letztere sind in Palmyra nur selten belegt. Die Standarten, die auf Reliefs abgebildet und in Inschriften genannt sind, repräsentierten die Götter genauso wie die Bilder, haben aber dabei den Vorteil, daß man sie in Prozessionen leichter mitführen konnte. Ähnlich wie beim Relief liegt eine Ikone vor, so daß die kultische Versorgung des

[60] → 4.1.2.1.

Götterbildes entfällt und dieses als Ikone auf die fernen Götter verweist. Ikonographischer Hauptbestandteil der Standarten sind Adlerdarstellungen in der Mondsichel. Darunter findet sich das Bild der Gottheit. Hiermit und vor allem aufgrund der Inschriften läßt sich wie schon in Palmyra und auch bei den Nabatäern eine Verschiebung von der Opfer- zur Votivreligion erkennen.[61] Ebenso konnten wie in Palmyra Götter Dedikationen für Menschen vornehmen.

4.2.3 Mantik und Magie

4.2.3.1 Träume

J.T. Milik, Dédicaces faites par des dieux (Palmyre, Hatra, Tyr) et des thiases sémitiques à l'époque romaine (BAH 92), Paris 1972, 377-399. – J. Tubach, Im Schatten des Sonnengottes, Wiesbaden 1986, 272-277.

Der Traum als Offenbarungsmedium kann als Inkubationstraum verstanden werden. In drei Inschriften aus Hatra ist die Rede davon, daß ein Mensch in einem Traum von einer Gottheit über etwas belehrt wird, daß ein Mensch einen Tempelplan gesehen hat bzw. daß ein Dieb von Baugeräten gesteinigt werden soll.[62]

4.3 Mittelsyrien

4.3.1 Die Götterwelt

M. Frey, Untersuchungen zur Religion und zur Religionspolitik des Kaisers Elagabal (Historia Einzelschriften 62), Stuttgart 1989, 45-63. – H. Gese, Die Religionen Altsyriens, in: RAAM, 220-223. – P. Haider – M. Hutter – S. Kreuzer (Hg), Religionsgeschichte Syriens, Stuttgart 1996, 198-210. – Y. Hajjar, La triade d'Héliopolis-Baalbek (EPRO 59), Leiden 1977. – Ders., Jupiter Heliopolitanus, in: M.J. Vermaseren (Hg), Die orientalischen Religionen im Römerreich (EPRO 93), Leiden 1981, 213-240. – Ders., La triade d'Héliopolis-Baalbek, Montreal 1985. – Ders., Art. Heliopolitani Dei, in: LIMC IV/1, 1988, 573-592; IV/2, 1988, 360-365. – Ders., Baalbek, grand centre religieux sous l'Empire, in: ANRW II 18.4, Berlin – New York 1990, 2458-2508. – Ders., Dieux et cultes non-héliopolitains de la Béqa^{c}, de l'Hermon et de l'Abilène à l'époque romaine, in: ANRW II 18.4, Berlin – New York 1990, 2509-2604. – G.H. Halsberghe, The Cult of Sol Invictus (ERPO 23), Leiden 1972. – S. Krone, Die altarabische Göttin al-Lāt (HOS 23), Frankfurt 1992, 150-154. – F. Millar, The Roman Near East. 31 BC – AD 337, Cambridge – London ^{2}1994, 281-285. – R. Mouterde, Cultes antiques de la Coelésyrie et de l'Hermon: MUSJ 36, 1959, 53-87. – H. Niehr, Art. Elagabal, in: DNP 3, 1997, 955f. – H. Seyrig, Antiquités Syriennes: 95. Le culte du soleil en Syrie à l'époque romaine: Syr 48, 1971, 338-373. – J. Starcky, Stèle d'Elahagabal: MUSJ 49, 1975/76, 503-520. – R. Turcan, Héliogabale et le sacre du soleil, Paris 1985.

[61] → 4.1.2.3; E 7.2.3.

[62] Vgl. die Texte bei Aggoula, Inscriptions hatréennes Nr. 106b; 281; App. Nr. 5.

Im Unterschied zu Palmyra und Hatra läßt sich für die mittelsyrischen Städte aufgrund der schlechten textlichen und archäologischen Überlieferungslage die Götterwelt nur fragmentarisch ausmachen.
Aus Emesa (Homs) ist Elagabal als Hauptgott belegt. Der Name *`lh`gbl* bedeutet »der göttliche Berg«. Mit dem entsprechenden Berg ist der Zitadellenhügel von Emesa gemeint, auf dem sich der Tempel des Elagabal erhob. Da die Oberschicht von Emesa seit vorchr. Zeit arabisch war, denkt man an einen arabischen Ursprung des Gottes Elagabal. Allerdings ist der Gottesname aramäisch. Zudem ist die Divinisierung von Bergen seit dem 2. vorchr. Jt. in Anatolien, Syrien und Palästina belegt, so daß es sich bei Elagabal wohl eher um den Hauptgott der aramäischen Bevölkerung von Emesa handelt. Verehrt wurde der Gott in der Gestalt eines Betyls, welches den divinisierten Berg darstellt. Hierzu gesellt sich häufig ein Adler zur Unterstreichung des Himmelsbezugs des Elagabal. Als Paredra des Elagabal begegnet im Kult von Emesa die Göttin Allat. Weitere in Emesa verehrte Gottheiten sind Azizos und Monimos und Atargatis. Es gibt auch Indizien für die Existenz von Götterstandarten wie sie schon aus Hatra bekannt sind.[63]
Überregionale Bedeutung erhielt der Gott Elagabal als sein Priester Varius Avitus im Jahre 218 n. Chr. zum Kaiser proklamiert wurde. Er verbrachte den Kultstein des Elagabal aus Emesa nach Rom, wo Elagabal an die Spitze des Pantheons gesetzt wurde und einen Tempel auf dem Palatin erhielt. Seine Paredren in Rom waren Juno/Pallas Athene/Allat und Urania/Dea Caelestis/Tanit. Elagabal selbst wurde mit Jupiter gleichgesetzt und unter dem Namen Deus Sol Elagabalus und Invictus Sol Elagabalus angerufen. Auf der Basis des Namens Elagabal entstand die gräzisierende Form Heliogabalus, die die schon in Emesa belegte Solarisierung des Gottes anzeigt.
Nach dem Tode des Kaisers (222 n. Chr.) wurde der Kultstein des Elagabal wieder nach Emesa verbracht, wo seine Verehrung bis in die byzantinische Zeit hinein belegt ist.
In der Beqa^c hatte sich seit dem 2. vorchr. Jh. das arabische Reich der Ituräer konstituiert.[64] Der Hauptgott dieser Gegend war seit vorarabischer Zeit der »Herr der Beqa^c« (*b^{c}l bq^c*). Sein Haupttempel wurde in römischer Zeit in Baalbek auf älteren Vorgängerbauten errichtet, wo der Gott unter dem Namen Zeus Helios oder Jupiter (Optimus Maximus) Heliopolitanus verehrt wurde. Seine Solarisierung dürfte sich ptolemäischem Einfluß verdanken. Der ikonographisch und inschriftlich gut bezeugte Gott tritt als Wettergott, Regenspender, Herr der Quellen, höch-

63 → 4.2.2.3; vgl. Frey, Untersuchungen 59-63.
64 Vgl. dazu G. Schmitt, Zum Königreich Chalkis: ZDPV 98, 1982, 110-124; W. Schottroff, Die Ituräer: ZDPV 98, 1982, 125-152; ders., Art. Ituräer, in: NBL 2, 1992, 251f; E. Will, Un vieux problème de la topographie de la Beqā^c antique: Chalcis du Liban: ZDPV 99, 1983, 141-146. Zu den Tempeln der Ituräer vgl. W. Röllig, Art. Hermon, in: DDD, 783-785.

ster Gott und Kosmokrator auf. Seine Statue, welche vielfach abgebildet ist, zeigt ihn als jungen Mann, der auf einem von zwei Stieren flankierten Sockel steht, in der Rechten ein Ährenbündel und in der Linken eine Peitsche hält. Auf dem z.T. von einem Strahlenkranz umgebenen Kopf trägt er einen Kalathos oder eine ägyptische Krone. Sein Gewand ist mit Astralsymbolen verziert.

Als seine Paredra tritt die Göttin Atargatis oder Venus Heliopolitana auf. Sie wird als Göttin der Natur und Fruchtbarkeit sowie der Liebe angesehen. Ihr noch erhaltenes Kultbild zeigt sie auf einem Sphingenthron mit segnender Rechten und Ähren in der Linken. Sie wird unter dem Einfluß der Isis auch als stillende Mutter abgebildet. Der Gott Hermes oder Mercur Heliopolitanus, dem eine semitische Baalsgestalt zugrunde liegt, ist ein Sonnen- und Himmelsgott. Auch er wird als Kosmokrator verehrt. Er ist der Gott der Vegetation, der Schützer der Hirten und Herden. Dargestellt wird er als Götterbote oder als Gott mit Strahlenkranz.

Die drei Götter wurden nach gängiger Forschungsmeinung als Triade von Baalbek/Heliopolis weit verehrt. Allerdings hat sich gegen die Existenz einer Triade in Baalbek auch Widerspruch erhoben. Daneben finden sich Kulte etlicher anderer nichtheliopolitanischer Götter in der Beqa^{c}. Diese sind syro-phönizischer (z.B. diverse Lokaltriaden; Hadad; Atargatis; Baal Marqod), arabischer (z.B. Allat), ägyptischer (z.B. Serapis; Apis), anatolischer (z.B. Jupiter Dolichenus) und griechischer (z.B. Demeter; Aphrodite; Herakles) Herkunft. Dazu treten weitere anonyme Gottheiten.

Für Damaskus ist der Kult des Jupiter Damascenus belegt. Hinter diesem Gott verbirgt sich ursprünglich Hadad, der Hauptgott des aramäischen Pantheons von Damaskus.

4.3.2 Der Kult

4.3.2.1 Tempel und Heiligtümer

Th.A. Busink, Der Tempel von Jerusalem 2, Leiden 1980, 1320-1358. – P. Collart – P. Coupel, L'autel monumental de Baalbek (BAH 52), Paris 1951. – Dies., Le petit autel de Baalbek (BAH 98), Paris 1977. – R. Dussaud, Le temple de Jupiter Damascénien et ses transformations aux époques chrétienne et musulmane: Syr 3, 1903, 219-250. – Ders., Temples et cultes de la triade héliopolitaine à Ba^{c}albeck: Syr 23, 1942/43, 33-77. – O. Eissfeldt, Tempel und Kulte syrischer Städte in hellenistisch-römischer Zeit (AO 40), Leipzig 1941. – K.St. Freyberger, Untersuchungen zur Baugeschichte des Jupiter-Heiligtums in Damaskus: DaM 4, 1989, 61-86. – Ders., Die frühkaiserzeitlichen Heiligtümer der Karawanenstationen im hellenisierten Osten (DaF 6), Mainz 1998, 62-70. – Y. Hajjar, La triade d'Héliopolis-Baalbek (EPRO 59), Leiden 1977. – Ders., La triade d'Héliopolis-Baalbek, Montreal 1985. – Ders., Baalbek, grand centre religieux sous l'Empire, in: ANRW II 18.4, Berlin – New York 1990, 2458-2508. – N. Jidejian, Baalbek. Heliopolis »City of the Sun«, Beirut 1975. – D. Krencker – W. Zschietschmann, Römische Tempel in Syrien (Denkmäler Antiker Architektur 5), Berlin – Leipzig 1938. – F. Ragette, Baalbek, London 1980. – C.

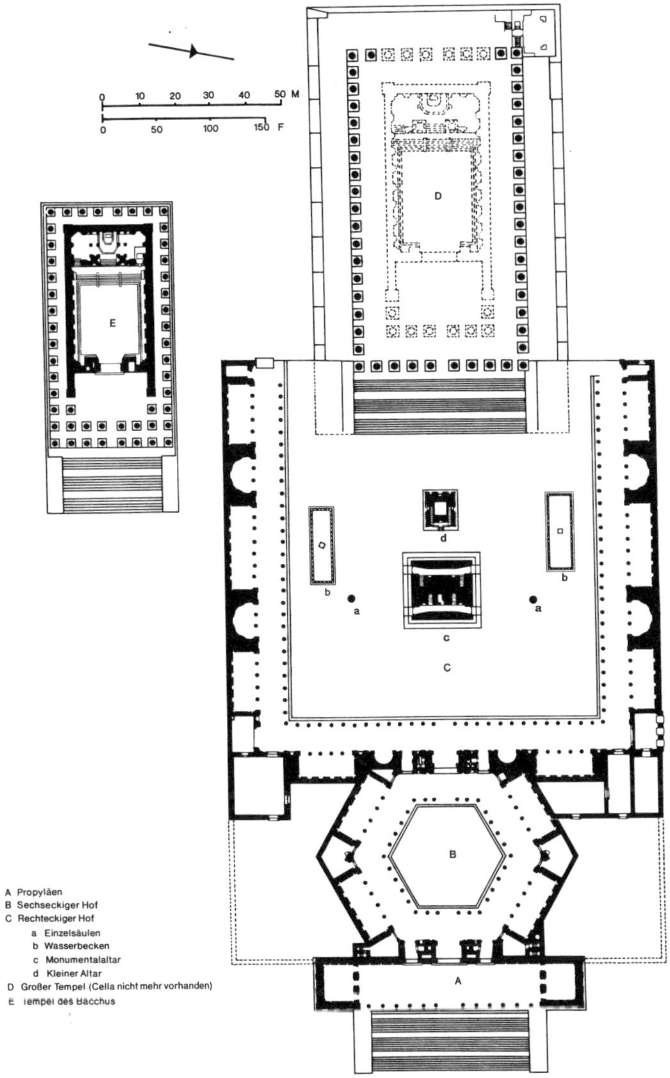

Abb. 19: Tempel des Jupiter und des Bacchus in Baalbek

Watzinger – K. Wulzinger, Damaskus. Die antike Stadt (Wissenschaftliche Veröffentlichungen des deutsch-türkischen Denkmalschutz-Kommandos 4), Berlin – Leipzig 1921, 3-41. – T. Wiegand (Hg), Baalbek, Berlin 1921-25.

In Emesa (Homs) fanden sich Spuren eines Tempels auf dem Zitadellenhügel. Ein hier gefundener Altar trägt die griechische Widmung »Dem Gott Helios Elagabalos«.[65]

[65] Vgl. M. Moussli, Griechische Inschriften aus Emesa und Laodicea ad Libanum: Philologus 127, 1983, 254-261; ders., Tell Ḥomṣ (Qal^{c}at Ḥomṣ): ZDPV 100, 1984, 9-11.

Kultisches und religiöses Zentrum der Beqa^{c} war das Heiligtum von Baalbek (Abb. 19). Das Heiligtum des Jupiter und seiner Triade stellt einen der größten Tempel Vorderasiens in der Antike dar. Durch Propyläen (A) gelangte man in einen hexagonalen Hof (B), der in einen rechteckigen Hof mit Säulenhallen an drei Seiten (C) weiterführte. In diesem letztgenannten Hof fanden sich rechts und links zwei Becken für die Waschungen (b; b). Im Zentrum stand ein großer 18 m hoher Altar für das Darbringen der Brandopfer (c). Dieser Altar wurde über ein Treppensystem von innen bestiegen. Ein weiterer kleiner Altar (d) war ausweislich seiner Kanalisation für das Darbringen von Libationen konzipiert. Im Hintergrund dieses Hofes erreichte man über eine weitere Treppenanlage die Tempelcella (D). Diese stand auf einem säulenbesetzten Podium und war dreigeteilt in Vorhalle, Halle und Allerheiligstes.
Südlich neben dieser Anlage stand der kleine Tempel des Bacchus (E). Dieser weist nur einen Treppenaufgang und eine Cella auf einem säulenbesetzten Podium vor, hat aber nicht das System zweier vorgeschalteter Höfe wie der Tempel des Jupiter und der Triade.
In Damaskus ist vom Tempel des Jupiter Damascenus nur noch der Temenos, der den Platz der heutigen Omayyadenmoschee bildet, erhalten.[66] Man rechnet mit der Existenz eines in augusteischer Zeit renovierten Tempels, der eine relativ kleine Cella und einen 385 m x 305 m messenden äußeren und einen 150 m x 100 m großen inneren Hof umfaßte. Im äußeren Hof war der Markt von Damaskus angesiedelt, der innere Hof barg als eigentlicher Temenos die Cella. Diese wird im Hof der heutigen Omayyadenmoschee vermutet und ist nicht ausgegraben. Die Mauern des inneren Hofes finden sich heute noch an der Südwestmauer der Omayyadenmoschee verbaut. Gegen Ende des 4. Jh. n. Chr. wurde der Tempel abgerissen und eine Kirche zu Ehren Johannes des Täufers errichtet.

[66] Zu dem Sphinxrelief aus einem älteren Tempel → 3.3.2.1.

C. Südsyrien: Die Religion der safaitischen Bevölkerung (ca. 300 v. Chr. – 4. Jh. n. Chr.)

1. Raum und Zeit

Zum Raum: J.-M. Dentzer (Hg), Hauran I/1-2 (BAH 124), Paris 1985/86. – E. Wirth, Syrien (Wiss. Länderkunden 4/5), Darmstadt 1971, 408-421.
Zur Geschichte: G.W. Bowersock, Roman Arabia, Cambridge – London 1983, 90-109. – R. Dussaud, La pénétration des Arabes en Syrie avant l'Islam (BAH 59), Paris 1955, 119-161. – E.A. Knauf, »Als die Meder nach Bosra kamen«: ZDMG 134, 1984, 219-225. – Ders., More Notes on *Ǧebal Qurman,* Minaeans and Safaites: ZDPV 107, 1991, 92-101. – M.C.A. Macdonald, Nomads and the Ḥawrān in the Late Hellenistic and Roman Periods: A Reassessment of the Epigraphic Evidence: Syr 70, 1993, 303-413. – F. Millar, The Roman Near East. 31 BC – AD 337, Cambridge – London ²1994, 408-436. – J. Ryckmans, Art. Safaïtique, in: DBS XI, 2f. – D. Sourdel, Les cultes du Hauran à l'époque romaine (BAH 53), Paris 1952, 1-18.

Der hier zu behandelnde Raum ist das syrisch-nordjordanische Gebiet südöstlich des Antilibanon, welches als Hauran bekannt ist. Im Westen wird dieses Gebiet begrenzt durch das Jordantal, im Osten durch die syrische Wüste. »Bei einer regionalen Untergliederung Südsyriens kann man die drei altüberlieferten Landschaften Djolan im Westen, Hauran in der Mitte und Jebel Drouz im Osten unterscheiden. Auf den 700 bis 1000 m hochgelegenen Basaltplateaus des *Djolan* überwiegen flachgründige, steinige Böden; sie sind deshalb trotz hoher Niederschläge wenig fruchtbar. Weidewirtschaft hat größeres Gewicht als der Anbau. Die 500 bis 700 m über dem Meeresspiegel liegenden Ackerebenen des *Hauran* haben meist bessere Böden. Sie waren nicht nur zur Römerzeit, sondern auch in den jüngst vergangenen 100 Jahren die Kornkammer Syriens. Der weitgespannte, schildförmige Basaltdom des *Jebel Drouz* schließlich erreicht Meereshöhen von bis zu 1800 m ... .«[1]
In vorrömischer Zeit wurde der Hauran vom Königreich Damaskus beherrscht. Anschließend geriet er von der aramäischen in die assyrische Oberhoheit. Nach Persern und Seleukiden übten die Ituräer die Vorherrschaft über den Hauran aus. Diese wiederum mußten den Nabatäern die Herrschaft über den Hauran überlassen. Ab dem Jahre 66 v. Chr. wurde der Hauran römisch. Der nabatäische Einfluß blieb auf das Gebiet um Bosra beschränkt; große Teile des Haurans übergaben die Römer ab 23 v. Chr. an Herodes.
Seit persischer Zeit (vielleicht seit dem 5. Jh. v. Chr.) wurde der Hauran von nordarabischen Stämmen besiedelt, deren Streifgebiet die Gegend

[1] Wirth, Syrien 408.

zwischen Duma und Damaskus umfaßt. Als zwei große Stammesverbände begegnen die Dēf und die ^{c}Awīd; deren zusammenfassende Bezeichnung als ›Safaiten‹ ein Produkt der modernen Forschung darstellt. Die safaitischen Inschriften sind nach dem Ṣafā-Gebirge benannt, welches südöstlich von Damaskus die südsyrische Basaltwüste dominiert. Safaitische Inschriften finden sich über den Hauran hinaus bis in die Gegend von Palmyra, bis nach Südjordanien und nach Nordwest-Saudi-Arabien.

2. Die Quellen

Textausgaben, Bearbeitungen und Übersetzungen safaitischer Inschriften: V.A. Clark, A Study of New Safaitic Inscriptions from Jordan (Ph. Diss., Melbourne), 1980. – Corpus Inscriptionum Semiticarum V/I, fasc. 1, Paris 1950. – E. Littmann, Thamūd und Ṣafā (AKM XXV/1), Leipzig 1940, 92-143. – Ders., Safaitic Inscriptions (PPUAES IV,C), Leiden 1943. – Répertoire d'Epigraphie Sémitique I, Paris 1900-1905; V, Paris 1929. – W.G. Oxtoby, Some Inscriptions of the Safaitic Bedouin (AOS 50), New Haven 1968. – F.V. Winnett, Safaitic Inscriptions from Jordan, Toronto 1957. – F.V. Winnett – G.L. Harding, Inscriptions from Fifty Safaitic Cairns, Toronto 1978.
Archäologische Quellen: J.-M. Dentzer (Hg), Hauran I/1-2 (BAH 124), Paris 1985/86. → 4.1; 5.1.

Als Textquellen für die Religion der Safaiten sind ca. 18000 Felsinschriften mit der Nennung von Götternamen zu nennen. Als wichtigste archäologische Quelle für den Kult der Safaiten ist die Tempelanlage von Si^{c} zu betrachten.

3. Die Götterwelt

F. Bron, Los dioses y el culto de los Arabes preislámicos, in: MROA II/2, 412-448, bes. 439-441. – R. Dussaud, La pénétration des Arabes en Syrie avant l'Islam (BAH 59), Paris 1955, 140-147. – H. Grimme, Texte und Untersuchungen zur ṣafatenisch-arabischen Religion (SGKA 16), Paderborn 1929, 131-150. – M. Höfner, Die vorislamischen Religionen Arabiens, in: RAAM, 233-402, bes. 354-388. – E.A. Knauf, Nomadischer Henotheismus? Bemerkungen zu altnordarabischen Stammesgöttern: ZDMGS 6, 1985, 124-132. – S. Krone, Die altarabische Gottheit al-Lāt (HOS 23), Frankfurt 1992, 102-111.441-491 – E. Littmann, Thamūd und Ṣafā (AKM XXV/1), Leipzig 1940, 105-108. – G. Ryckmans, Les religions arabes préislamiques (BibMus 26), Leuven ^{2}1951, 21-24. – J. Ryckmans, Art. Safaïtique, in: DBS XI, 1991, 2f. – D. Sourdel, Les cultes du Hauran à l'époque romaine (BAH 53), Paris 1952, 19-118.

Aufgrund der Inschriften lassen sich bei den Safaiten die Anrufung und Verehrung verschiedener Gottheiten nachweisen. Als genuin safaïtische Gottheiten sind die Schutzgottheiten der beiden großen Stammesverbände, Gad^{c}awîd und Gaddêf, anzusehen, bei denen die Bedeutung des

Elementes Gad als »Glück« oder »Ahnherr« offenbleiben muß. Wie auch sonst im arabischen Sprachraum bezeichnen `Ilâh (bzw. Lâh) und `Ilât (bzw. Lât) den höchsten Gott und die höchste Göttin. Die dem Nabatäerreich untertanen bzw. assoziierten Safaiten werden diese beiden Gottheiten mit Dušara und Allat *(al ᶜUzza)* geglichen haben, die seltener unter diesen Namen belegt sind. Syrischer Herkunft, vielleicht über nabatäische Vermittlung, verdankt sich die Verehrung des Gottes Baalšamin. Häufig genannt wird Rudâ, wobei nicht klar ist, ob es sich um einen Gott (vgl. in Palmyra Arṣu) oder eine Göttin handelt. Gemeinsam ist den Safaiten und den Nabatäern die Verehrung des Gottes Šaiᶜ al-Qaum, der ausweislich seines Namens der Beschützer der Karawanen und des Kriegsvolkes ist.
Die Inschriften lassen sich in Bitt- und Invokationsinschriften, die Bitten um Hilfe sowie Rache oder Flüche aufweisen, desweiteren in erzählende Inschriften und Gedenkinschriften aufteilen. Auf der Ebene der Bitten sind die Götternamen austauschbar, so daß man von allen Göttern dasselbe erwartet.

4. Der Kult

4.1 Tempel und Heiligtümer

Th.A. Busink, Der Tempel von Jerusalem II, Leiden 1980, 1282-1294.1317f. – H.C. Butler, Sîᶜ (Seeia) (PPUAES II/A), Leiden 1916, 365-402. – J.-M. Dentzer, Six campagnes de fouilles à Sîᶜ: Développement et culture indigène en Syrie méridionale: DaM 2, 1985, 65-83. – K. St. Freyberger, Die frühkaiserzeitlichen Heiligtümer der Karawanenstationen im hellenisierten Osten (DaF 6), Mainz 1998, 46-55. – R. Wenning, Die Nabatäer – Denkmäler und Geschichte (NTOA 3), Freiburg – Göttingen 1987, 31-38.

Der Tempel von Siᶜ (Abb. 20) diente der ländlichen, im Hauran ansässigen Bevölkerung, die griechisch, nabatäisch und safaitisch schrieb, als Wallfahrtsheiligtum. Dadurch ist klar, daß es sich bei diesem Heiligtum nicht um einen königlichen Tempel handelt. Ebensowenig liegt hier ein nabatäisches Heiligtum vor.
Der Tempel von Siᶜ wurde ca. 33/32 v. Chr. außerhalb der Städte Kanatha und Soueida als Zentralheiligtum für die im Hauran ansässigen Stämme der Safaiten gegründet. Eine nabatäische Teilnahme an den Kulten des Tempels von Siᶜ darf dabei als gesichert gelten. Der Tempel wird betreten über eine 300 m lange *via sacra,* die zu drei Temenoi führt. Der untere Temenos weist den sog. Südtempel auf, der mittlere Temenos den sog. Dušara-Tempel, der aber eher der Ortsgöttin Seiaa zuzuweisen ist, während der obere Temenos den Tempel des Baalšamin aufweist. Dieser Tempel ist quadratisch und besteht aus einer Cella mit einem korridorähnlichen Raum auf drei Seiten. Das Tempelgebäude ist dreigeteilt in

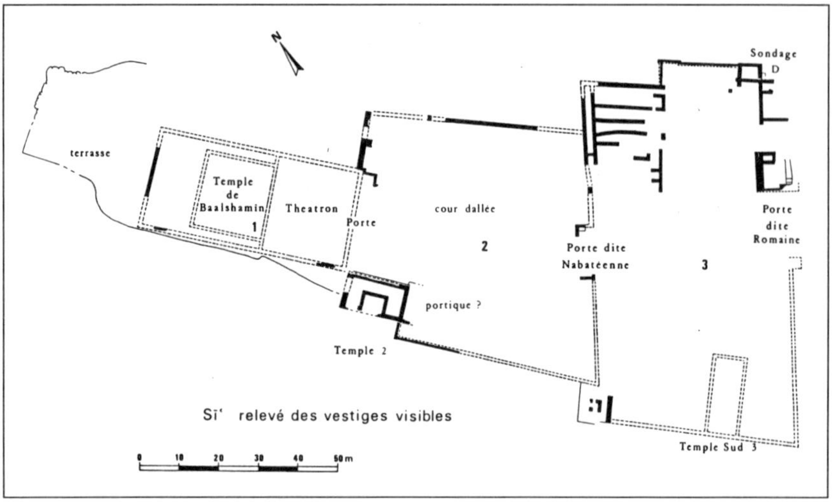

Abb. 20: Der Tempelbezirk von Si^{c}

Pronaos, Naos und Adyton. Es sind noch Reste von vier Säulen zu sehen, die vermutlich das Dach trugen. Die ganze Anlage war dem Kult des Baalšamin gewidmet. Andere Gottheiten, wie die Göttin Seiaa, und vielleicht auch der Gott Dušara, wurden hier mitverehrt.

4.2 Opfer

G. Ryckmans, Le sacrifice *dbḫ* dans les inscriptions ṣafaïtiques: HUCA 23/1, 1950/51, 431-438.

Auf die Praxis von Opfern deutet die Nennung von *dbḫ*-Opfern in den safaitischen Inschriften. Diese Schlachtopfer wurden nicht an Kultstätten dargebracht, sondern hatten ihren Ort im Privatkult der Familien. Hier wurden sie zu besonderen Gelegenheiten praktiziert.

5. Der Bereich des Todes

5.1 Bestattungen und Totenpflege

H. Grimme, Texte und Untersuchungen zur ṣafatenisch-arabischen Religion (SGKA 16), Paderborn 1929, 150-171. – E. Littmann, Thamūd und Ṣafā (AKM XXV/1), Leipzig 1940, 134-138.

Dieser Bereich ist zugänglich über die Existenz von Grabtumuli. Charakteristisch für das Totengedenken ist die Deposition von Steinen, wovon in den Inschriften berichtet wird. Es gibt in den Inschriften auch Indizien hinsichtlich des Weintrinkens und des Abhaltens der Totenklage an den Gräbern.

D. Westliches Palästina: Die Religion der Philister (ca. 1200 – 6. Jh. v. Chr.)

1. Raum und Zeit

Zum Raum: → I.C.1.
Zur Geschichte: G.W. Ahlström, The History of Ancient Palestine from the Palaeolithic Period to Alexander's Conquest (JSOTS 146), Sheffield 1993, 306-333. – T. Dothan, The Philistines and Their Material Culture, New Haven – London – Jerusalem 1982. – C.S. Ehrlich, Coalition Politics in Eighth Century B.C.E. Palestine: The Philistines and the Syro-Ephraimite War: ZDPV 107, 1991, 48-58. – Ders., The Philistines in Transition: A History from ca. 1000 – 730 B.C.E. (SHCANE 10), Leiden 1996. – M. Görg, Die Beziehungen zwischen dem alten Israel und Ägypten: Von den Anfängen bis zum Exil (EdF 290), Darmstadt 1997, 67-71. – H.J. Katzenstein, Philistines. History, in: ABD 5, 1992, 326-328. – O. Margalith, The Sea Peoples in the Bible, Wiesbaden 1994. – E. Noort, Die Seevölker in Palästina (PA 8), Kampen 1994. – J.-J. Prado, L'invasion de la Méditerranée par les peuples de l'océan, Paris 1992.

Die Grenzen des Philisterlandes sind mit dem Fluß Yarkon im Norden, dem Wadi el-Ariš im Süden, dem Mittelmeer im Westen und dem Aufstieg zum judäischen Gebirge im Osten gegeben. Die neuere Philisterforschung betont für die Philister nicht mehr deren mutmaßliche Herkunft aus der Ägäis bzw. aus Gegenden nördlich der Ägäis, sondern sieht sie als indigenes Bevölkerungselement des südwestlichen Palästina, zu dem fremde Gruppen stießen, die sich assimilierten. Insofern gehören sie zu den hier zu behandelnden nordwestsemitischen Völkern.
Eine Geschichte der Philister ist nur in groben Umrissen erstellbar. Ab dem 12. Jh. v. Chr. wuchs im südwestlichen Palästina ein neues Machtgebilde heran, welches vielleicht zunächst mit Ägypten koalierte, sich später dagegen auflehnte und sogar Ägypten bekämpfte.
In der Folgezeit etablierte sich im südwestlichen Palästina die philistäische Pentapolis mit den Hauptorten Gaza, Aškalon, Ašdod, Ekron und Gat. Gegen diese konnten sich die Könige David und Salomo nicht zur Wehr setzen. Tangiert wurden die Philisterstädte vom Angriff Pharao Šešonks (ca. 945-924 v. Chr.) gegen Palästina. Für das Jahr 806 v. Chr. sind Tributzahlungen an Adadnerari III. von Assur (810-782 v. Chr.) belegt. Ab 734 v. Chr. kamen die Philisterstädte unter die assyrische Herrschaft, unter Sargon II. wurde das Philisterland 713/712 v. Chr. zur assyrischen Provinz, die 605/604 v. Chr. von den Neubabyloniern eingenommen wurde.Während der Perserzeit gehörten die Philisterstädte zur Provinz Ašdudu (6.–4. Jh. v. Chr.), anschließend wechselten sie von der ptolemäischen über die seleukidische und judäische in die römische Vorherrschaft.

2. Die Quellen

T. Dothan, The Philistines and Their Material Culture, New Haven – London – Jerusalem 1982. → 4.1; 5.1.

Bis auf wenige Ostraka und einen Papyrus (KAI 266) gibt es keine schriftlichen Quellen der Philister. Über die Philister berichten aus der Fremdperspektive ägyptische, assyrische und hebräische Texte. Als archäologische Quellen sind grundsätzlich die Reliefs von Medinet Habu in Ägypten heranzuziehen; zur Religionsgeschichte der Philister treten die Ausgrabungen von Tempeln und Gräbern mit ihren Einzelbefunden sowie einige Siegel[1] hinzu. Was die Personennamen angeht, so sind diese grundsätzlich nordwestsemitisch, teilweise erinnern sie an das Luwische.[2]

3. Die Götterwelt

C. Bonnet, Melqart (StPh VIII), Leuven – Namur 1988, 129-131. – Dies., Astarté (CSF 37), Rom 1996, 45-47. – M. Delcor, De l'Astarté cananéenne des textes bibliques à l'Aphrodite de Gaza, in: Ders., Environnement et Tradition de l'Ancien Testament (AOAT 228), Kevelaer – Neukirchen-Vluyn 1990, 19-27. – H. Gese, Die Religionen Altsyriens, in: RAAM, 212-215. – A. Lemaire, Déesses et dieux de Syrie-Palestine d'après les inscriptions (c. 1000 – 500 av. n.è.), in: W. Dietrich – M.A. Klopfenstein, Ein Gott allein? (OBO 139), Freiburg – Göttingen 1994, 127-158, bes. 145f. – E. Noort, Die Seevölker in Palästina (PA 8), Kampen 1994, 169-178. – A. Rainey, The »Lord of Heaven« at Tel Michal, in: Z. Herzog – G. Rapp, Jr. – O. Negbi (Hg), Excavations at Tel Michal, Israel (Publications of the Institute of Archaeology 8), Minneapolis – Tel Aviv 1989, 381f. – I. Singer, Towards the Image of Dagon the God of the Philistines: Syr 69, 1992, 431-450. – C. Uehlinger, Der Amuntempel Ramses` III. in *p3-Kn^{c}n,* seine südpalästinensischen Tempelgüter und der Übergang von der Ägypter- zur Philisterherrschaft: ein Hinweis auf einige wenig beachtete Skarabäen: ZDPV 104, 1988, 6-25.

In den Städten der philistäischen Pentapolis ist mit der Existenz unterschiedlicher Lokalpanthea zu rechnen. Die hierzu verfügbaren Angaben reichen jedoch nicht aus, um alle hier verehrten Gottheiten zu benennen oder ein Pantheon zu etablieren.
Bezeugt sind unterschiedliche Gottheiten. So Dagon für Ašdod (1Sam

[1] Vgl. G. Garbini, Philistine Seals, in: L.T. Geraty – L.G. Herr (Hg), The Archaeology of Jordan and Other Studies Presented to S.H. Horn, Berrien Springs 1986, 443-448 und dazu C. Uehlinger, Introduction: The Status of Iconography in the Study of Northwest Semitic Inscribed Seals, in: NSIS, XI-XXIII, hier XX mit Anm. 42; Noort, Seevölker 137-141. Zu Siegeln aus Aškalon und Ašdod vgl. O. Keel, Corpus der Stempelsiegel-Amulette aus Palästina/Israel (OBO SA 13), Freiburg – Göttingen 1997, 662-735.

[2] Vgl. dazu A. Kempinski, Some Philistine Names from the Kingdom of Gaza: IEJ 37, 1987, 20-24; F. Israel, Note di onomastica semitica 7/1: Rassegna critica-bibliografica ed epigrafica su alcune onomastiche palestinensi: Israele e Giuda, la regione filistea: SEL 8, 1991, 119-140, bes. 134-138.

5,1f; Jes 46,1LXX; 1Chr 10,10; 1Makk 10,84) und Gaza (Ri 16,23). Die Relevanz dieses Gottes wird erhellt durch die Inschrift auf dem Sarkophag des Königs Ešmunazor von Sidon vom Beginn des 5. Jh. v. Chr. (KAI 14,19). Diese Inschrift bezeichnet die Šaron-Ebene als »alle Länder des Dagon«. Die Verehrung der Götter Melqart und Horon ist für Jamnia nachgewiesen.
Es sind mehrere Ausprägungen des Gottes Baal belegt. In 2Kön 1,1-18 wird dem Baal Zebul von Ekron eine besondere Heilkraft zugeschrieben. Die Inschrift eines in Ekron gefundenen Ostrakons läßt sich zum Gottesnamen Baalšamem ergänzen. Die Verehrung dieses Gottes wird auch anhand des Adon-Papyrus um 600 v. Chr. (KAI 266) ersichtlich, der ihn als höchsten Gott von Ekron erkennen läßt. In Gaza hat sich vielleicht der aus ägyptischer Zeit stammende Kult des Gottes Amun auch bei den Philistern gehalten.
Als Göttinnen sind auf den Weihinschriften von Ekron Ašera und vielleicht Qudšu belegt. Die Ašera wird nach 1Sam 31,9f auch in Beth Šean von den Philistern verehrt. Für Aškalon und Gaza ist der Kult der Astarte bezeugt. Herodot kennt die Astarte von Gaza als Aphrodite Ourania. In hellenistisch-römischer Zeit ist sie als Atargatis bekannt.
Im Kontext des Hauskultes ist archäologisch eine Muttergöttin, die sog. Ašdoda, belegt. Ihre Verehrung ist nur für das Philisterland bekannt; namentlich läßt sie sich nicht greifen.
Der Adon-Papyrus nennt summarisch »die (Götter) des Himmels und der Erde« (KAI 266,1-2). Hiermit sind vielleicht Anfänge einer Pantheonskonzeption greifbar.

4. Der Kult

4.1 Tempel und Heiligtümer

T. Dothan, The Philistines and Their Material Culture, New Haven – London – Jerusalem 1982, 25-93.219-251. – Dies., Art. Philistines. Archaeology, in: ABD 5, 1992, 328-333. – C.S. Ehrlich, The Philistines in Transition: A History from ca. 1000 – 730 B.C.E. (SHCANE 10), Leiden 1996, 14-17. – A. Mazar, Excavations at Tell Qasile 1. The Philistine Sanctuary: Architecture and Cult Objects (Qedem 12), Jerusalem 1980. – Ders., Excavations at Tell Qasile 2. The Philistine Sanctuary: Various Finds, the Pottery, Conclusions, Appendixes (Qedem 20), Jerusalem 1985. – E. Noort, Die Seevölker in Palästina (PA 8), Kampen 1994, 141-167.169-178. – M. Ottosson, Temples and Cultplaces in Palestine (USAMNEC 12), Uppsala 1980, 76-78. – U. Poplutz, Tell Miqne/Ekron: BN 87, 1997, 69-99. – W. Zwickel, Der Tempelkult in Kanaan und Israel (FAT 10), Tübingen 1994, 210f.215-239.253.

Philistäische Heiligtümer wurden in Ekron und Tell Qasile freigelegt. Die Anlage von Ašdod ist in ihrer Deutung als Tempel umstritten. Einen

ersten Einblick in den Kult gewähren Funde von Kalksteinaltären, Vorratskrügen mit Weihinschriften, Kultständern und Kultmasken.
In Ekron wurden drei Schichten einer Tempelanlage aus dem 12. – 10. Jh. v. Chr. ausgegraben. Ein 8 m x 10 m großer Hauptraum wies in seiner Südwestecke ein gestuftes Podium auf.
Der Nachfolgebau beinhaltet wieder einen Hauptraum mit drei östlichen Nebenräumen. Im Hauptraum fanden sich drei runde Herde aus Kieselsteinen übereinander. Eine mögliche Altarfunktion muß noch offenbleiben. Im mittleren Nebenraum war eine Plattform mit umlaufender Bank; dieser Raum hatte später zwei Podien. Eine trichterförmige Öffnung im Boden diente vermutlich der Aufnahme von Libationen. Von den Einzelfunden im Tempelbezirk sind Reste eines fahrbaren Kultgegenstandes (Kesselwagen?) erwähnenswert.
Der Tempel von Tell Qasile datiert in die zweite Hälfte des 12. Jh. v. Chr. und hatte bis zum Anfang des 10. Jh. v. Chr. Bestand. Das 6,40 m x 6,60 m umfassende Tempelgebäude weist auf drei Seiten umlaufende Bänke und auf der vierten Seite eine Plattform auf, die über Stufen zugänglich war. Die auf dem Podium gefundenen Schalen, Krüge und Flaschen dienten dem Opferkult. Östlich von diesem Gebäude lag ein 300 m² großer Hof. Reste von Schalen und Kochtöpfen sowie Asche und Knochenfunde weisen auf eine kultische Funktion dieses Hofes hin. Es gibt mehrere Nachfolgebauten, in denen das Podium und die Anlage verändert wurden.
Eine Terrakottaplatte aus dem Stratum X kann als Rest des Kultbildes gedeutet werden, welches zwei Göttinnen abbildet, von denen jedoch nur noch die Beine erhalten sind.

5. Der Bereich des Todes

5.1 Bestattungen und Totenpflege

G.W. Ahlström, The History of Ancient Palestine from the Palaeolithic Period to Alexander's Conquest (JSOTS 146), Sheffield 1993, 320-324. – J.F. Brug, A Literary and Archaeological Study of the Philistines (BAR IS 265), Oxford 1985. – T. Dothan, The Philistines and Their Material Culture, New Haven – London – Jerusalem 1982, 252-288. – E. Noort, Die Seevölker in Palästina (PA 8), Kampen 1994, 128-131.

Als charakteristisch für die Bestattungen bei den Philistern galt lange die Verwendung von anthropoiden Tonsarkophagen. Allerdings geht deren Verwendung im südwestlichen Palästina und u.a. in der Gegend von Beth Šean auf ägyptische Offiziere und Söldner zurück, die in diesen Gegenden stationiert waren. Von den Philistern der Oberschicht wurde dieser Bestattungsmodus dann übernommen. Aber nicht überall, wo sich Philister nachweisen lassen, wurden auch anthropoide Sarkophage gefunden. Dies gilt z.B. für die Städte der philistäischen Pentapolis.

E. Transjordanisches Palästina: Die Religionen der Gileaditer, Ammoniter, Moabiter, Edomiter und Nabatäer (ca. 1000 v. Chr. – 4. Jh. n. Chr.)

1. Raum und Zeit

Zum Raum: → I.C.1.
Zur Geschichte: AA.VV., Der Königsweg, Mainz 1987, 117-306. – G.W. Ahlström, The History of Ancient Palestine from the Palaeolithic Period to Alexander's Conquest (JSOTS 146), Sheffield 1993, 391-420.639-664. – J. Bartlett, Edom and the Edomites (JSOTS 77), Sheffield 1989, 55-174. – P.-A. Beaulieu, The Reign of Nabonidus King of Babylon 556-539 B.C., New Haven 1989. – P. Bienkowski (Hg), Early Edom and Moab (SAM 7), Sheffield 1992. – G.W. Bowersock, Roman Arabia, Cambridge, Mass. 1983. – J.A. Dearman, Historical Reconstruction and the Mesha^c Inscription, in: SMIM, 155-210. – D.V. Edelman (Hg), You shall not abhor an Edomite for he is your Brother (ABS 3), Atlanta 1995. – I. Eph^cal, The Ancient Arabs, Jerusalem – Leiden 1982. – D.F. Graf, The Origin of the Nabataeans: ARAM 2, 1990, 45-75. – P. Högemann, Alexander der Große und Arabien (Zetemata 82), München 1985. – U. Hübner, Die Ammoniter (ADPV 16), Wiesbaden 1992, 159-228. – A. Kasher, Jews, Idumaeans, and Ancient Arabs (TStAJ 18), Tübingen 1988. – E.A. Knauf, Die Herkunft der Nabatäer, in: M. Lindner (Hg), Petra. Neue Ausgrabungen und Entdeckungen, München 1986, 74-86. – Ders., Supplementa Ismaelitica 13. Edom und Arabien: BN 45, 1988, 62-81. – Ders., Ismael (ADPV 7), Wiesbaden ²1989, 92-111. – Ders., Nabataean Origins, in: M.M. Ibrahim (Hg), Arabian Studies in Honour of M. Ghul (Yarmouk University Publications 2), Wiesbaden 1989, 56-61. – Ders., Art. Nabatäer, in: RlA 9 [im Druck]. – A. Lemaire, Les inscriptions sur plâtre de Deir ^cAlla et leur signification historique et culturelle, in: J. Hoftijzer – G. van der Kooij (Hg), The Balaam Text from Deir ^cAlla Re-Evaluated, Leiden 1991, 33-57. – B.A. Levine, The Balaam Inscription from Deir ^cAlla: Historical Aspects, in: J. Amitai e.a. (Hg), Biblical Archaeology Today, Jerusalem 1985, 326-339. – B. MacDonald, Ammon, Moab and Edom, Amman 1994. – M.C.A. Macdonald, Was the Nabataean Kingdom a »Bedouin State«?. ZDPV 107, 1991, 102-119. – J.M. Miller, Moab and the Moabites, in: SMIM, 1-40. – N. Na'aman, Rezin of Damascus and the Land of Gilead: ZDPV 111, 1995, 105-117. – A. Negev, The Nabateans and the Provincia Arabia: ANRW II 8, Berlin – New York 1977, 520-686. – M. Noth, Das Land Gilead als Siedlungsgebiet israelitischer Sippen, in: ABLAK 1, 1971, 347-390. – Ders., Die Nachbarn der israelitischen Stämme im Ostjordanlande, in: ABLAK 1, 434-475. – Ders., Gilead und Gad, in: ABLAK 1, 489-543. – M.-J. Roche, Remarques sur les Nabatéens en Méditerranée: Sem 45, 1996, 73-99. – H.P. Roschinski, Geschichte der Nabatäer, in: Die Nabatäer (Kunst und Altertum am Rhein 106), Bonn 1981, 1-26. – M. Sartre, L'Orient romain, Paris 1991. – J.A. Sauer, Ammon, Moab and Edom, in: J. Amitai (Hg), Biblical Archaeology Today,

Jerusalem 1985, 206-214. – J.F.A. Sawyer – D.J.A. Clines, Midian, Moab and Edom (JSOTS 24), Sheffield 1983. – G. Schmitt, Siedlungen Palästinas in griechisch-römischer Zeit (BTAVO 93), Wiesbaden 1995. – J. Starcky, Pétra et la Nabatène, in: DBS VII, 1966, 886-1017. – S. Timm, Moab zwischen den Mächten (ÄAT 17), Wiesbaden 1989. – K. van Wyk, Squatters in Moab, Berrien Center 1993, 138-193. – A.H. van Zijl, The Moabites (POS 3), Leiden 1960. – M. Weippert, Edom. Studien und Materialien zur Geschichte der Edomiter aufgrund schriftlicher und archäologischer Quellen (Diss. Tübingen), 1971. – Ders., Art. Edom und Israel, in: TRE 9, 1982, 291-299. – Ders., Remarks on the History of Settlement in Southern Jordan during the Early Iron Age: SHAJ 1, 1982, 153-162. – Ders., The Relations of the States East of the Jordan with the Mesopotamian Powers during the First Millennium B.C.: SHAJ 3, 1987, 97-105. – Ders., Moab: RlA 8, 1993-97, 318-325. – Ders., Israélites, Araméens et Assyriens dans la Transjordanie septentrionale: ZDPV 113, 1997, 19-38. – R. Wenning, Eine neuerstellte Liste der nabatäischen Dynastie: Bor 16, 1993, 25-38. – Ders., Das Ende des Nabatäischen Königreichs, in: A. Invernizzi – J.-F. Salles (Hg), Arabia Antiqua (Serie Orientale Roma LXX,2), Rom 1993, 81-103. – Ders., Die Dekapolis und die Nabatäer: ZDPV 110, 1994, 1-35. – U.Worschech, Die Beziehungen Moabs zu Israel und Ägypten in der Eisenzeit (ÄAT 18), Wiesbaden 1990.

Das mehrfach gegliederte transjordanische Palästina[1] war im 1. vorchr. Jt. der Siedlungsbereich verschiedener Völker. Zwischen Yarmuk und Jabbok/Zerqa siedelten die Gileaditer, vom Jabbok/Zerqa bis nördlich von Hesbon die Ammoniter, nördlich und südlich des Arnon die Moabiter und südlich vom Zered bzw. im Negev die Edomiter und später auch die Nabatäer, die ihren Machtbereich von hier aus bis nach Damaskus ausdehnen konnten.

Wenn auch das Ostjordanland seit dem Paläolithikum (ca. 500 000 v. Chr.) besiedelt war, so tritt es doch erst während der Spätbronzezeit in das Licht der Geschichte. In dieser Zeit (1500–1200 v. Chr.) stand das Ostjordanland unter dem Einfluß Ägyptens der Amarna-Zeit.

Ab dem 9. Jh. v. Chr. läßt sich neben Gilead, welches immer unter israelitischer bzw. aramäischer Vorherrschaft stand, die Ausbildung zentraler Reiche auf der Basis der autochthonen Bevölkerung erkennen. Von Nord nach Süd sind Ammon, Moab und Edom zu nennen. Diese Reiche haben je eine Hauptstadt (Rabbat Ammon, Dhiban und Sela/Bostra) und an ihrer Spitze jeweils einen König. In diesen drei Reichen ist mit einem großen Anteil nichtseßhafter Bevölkerung zu rechnen. Auch waren die Reichsgrenzen nicht fest. So konnte etwa Moab sein Territorium auf Kosten der Israeliten und der Ammoniter beträchtlich nach Norden ausdehnen.

Aufgrund der sehr lückenhaften Quellensituation sind wir nicht in der Lage, die Geschichte des Ostjordanlandes für Gilead und seinen drei bzw. nach Aufkommen des Nabatäerreiches vier Reichen durchgängig darzustellen.

[1] → I. C. 1.

Die Gileaditer. Das Land der Gileaditer war in der Eisenzeit nie selbständig, sondern Israel und Damaskus unterworfen.

Die Ammoniter. Über sie berichten aus der Fremdperspektive neuassyrische, alttestamentliche und später griechische und lateinische Quellen. Daneben treten ammonitische Inschriften und Siegel.

Ammon war flächenmäßig gesehen »ein Klein- oder Zwergstaat, der sich in Nord-Süd-Richtung auf kaum mehr als ca. 40-50 km ausdehnte und sich von West nach Ost auf einen Streifen von ca. 25-35 km Tiefe seßhaft besiedelten Landes beschränkte. ... Die geographische Lage und die Kleinräumigkeit der Ammonitis brachten ihren Einwohnern und Einwohnerinnen alle damit verbundenen Vor- und Nachteile: Auf der einen Seite zahlreiche Handelsverbindungen, eine die Region stabilisierende Pufferfunktion und eine gewisse, zum Überleben wichtige politische und materielle Unauffälligkeit, auf der anderen Seite eine permanente Gefährdung durch die mächtigeren Nachbarn und den steten Zwang, die eigenen Interessen mit denen anderer realpolitisch in Einklang zu bringen.«[2] Was die verkehrstechnische Einbindung betrifft, so lag die Hauptstadt Rabbat Ammon an der Route der Weihrauchstraße, die von Süden nach Damaskus führte, und ebenso konnte man von dort aus nach Samaria und Jerusalem gelangen.

Während der Spätbronzezeit wurde die Ammonitis von miteinander konkurrierenden politischen Zentren aus beherrscht. Aus dem Zusammenbruch der spätbronzezeitlichen Welt um 1200 v. Chr. resultiert für die Ammonitis eine dörflich strukturierte Gesellschaft. Im Laufe der Eisenzeit konzentrierte sich die politische Macht über das Land auf die Stadt Rabbat Ammon, und die Ammonitis wurde zu einem Territorialreich. Von der Staatlichkeit war man noch weit entfernt. Indizien für den Beginn der Staatlichkeit sind erst mit dem Auftreten von Inschriftenfunden ab der Mitte des 9. Jh. v. Chr. gegeben.

Über die ersten beiden Jahrhunderte des 1. vorchr. Jt. lassen sich nur Spekulationen anstellen. Man kann jedoch begründet vermuten, daß sich die Beziehungen zwischen Israel und Damaskus auf der einen und der Ammonitis auf der anderen Seite nicht nur freundschaftlich gestalteten. So könnte die Ammonitis unter den Omriden als Vasallengebiet zu Israel gehört haben, ohne daß sie sich anschließend an der Revolte des Meša beteiligt hätte.

Die Mitte des 9. Jh. v. Chr. stellt wohl den Beginn der Staatlichkeit dar. In diese Zeit datieren die ersten ammonitischen Inschriften und Statuen. Zu dieser Zeit waren Israel und Aram in kriegerische Auseinandersetzungen verwickelt und Moab war mit der Eroberung israelitischer Gebiete beschäftigt. Ammon konnte sich als kleiner Pufferstaat zwischen Israel und Moab bzw. Moab und Damaskus etablieren.

Über die Königsfolge in Rabbat Ammon informieren die ammonitischen

[2] Hübner, Ammoniter 146.

Inschriften und das Alte Testament. Diese Informationen reichen von der ersten Hälfte des 8. Jh. bis zur ersten Hälfte des 6. Jh. v. Chr.
Die erste Erwähnung Ammons findet sich 729 v. Chr. in einer neuassyrischen Liste von Tributzahlenden aus Nimrud. Der hierin erwähnte König Šanipu ist wohl identisch mit dem auf der Sockelinschrift einer ammonitischen Statue, der sog. Zitadelleninschrift von Amman, genannten Šanip. Demnach war Ammon mit Moab und Edom Tributär Assurs und auf dem Weg, seine Eigenstaatlichkeit zu verlieren. In dieser Zeit nahm der ökonomische, kulturelle und religiöse Einfluß Assurs auf Ammon zu. Von einer Beteiligung Ammons an den diversen antiassyrischen Koalitionen im letzten Viertel des 8. Jh. v. Chr. ist nichts überliefert. Umgekehrt ist man gut über die Bezahlung der jährlichen Tribute an Assur informiert. Dieser loyalen Haltung gemäß wurde Ammon nie zur assyrischen Provinz.
Aus der Zeit nach 750 v. Chr. stammen die meisten ammonitischen Inschriften und Siegel. Nach 700 v. Chr. setzt die Aramaisierung Ammons ein. Der Übergang von der assyrischen in die neubabylonische Vasallität läßt sich für Ammon nicht verfolgen; er dürfte sich völlig undramatisch vollzogen haben. Der letzte aus der ammonitischen Königsliste bekannte König mit Namen Baalyiṯa^{c} war vielleicht auch der letzte ammonitische König überhaupt. Nach der 586 v. Chr. erfolgten Zerstörung Jerusalems wurde 582 v. Chr. auch die Ammonitis durch Nebukadnezzar II. (605-562 v. Chr.) dem neubabylonischen Reich einverleibt.
Von der Mitte des 5. Jh. v. Chr. ist Ammon als persische Subprovinz belegt. Im 3. Jh. v. Chr. wurde es als Bestandteil des Diadochenreiches der Ptolemäer hellenisiert. Später wechselte es mehrfach die Oberherrschaft zwischen Ptolemäern und Seleukiden, bevor es an die Römer fiel.
Die Moabiter. Als Primärquellen informieren über sie zwei moabitische Königsinschriften, beschriftete und unbeschriftete Siegel sowie archäologische Funde. Die neuassyrischen Texte und das Alte Testament bieten Quellen aus der Fremdperspektive. Das Kernland der Moabiter liegt nördlich und südlich des Arnon. Westlich ist Moab durch das Tote Meer, östlich durch die Wüste begrenzt.
Die Anfänge des moabitischen Königreichs liefen vermutlich mit denen des ammonitischen parallel, d.h. aus einer spätbronzezeitlichen Dorfbesiedelung des Landes erwuchs nach 1000 v. Chr. eine Zentralwirtschaft mit Dhiban als Hauptort, wo sich die Macht konzentrierte. In der Auseinandersetzung mit Omri von Israel wurde Moab zum Staat, der von einem König regiert wurde. Namentlich bekannt sind als erste die Könige Kemošyat und Meša, die in der zweiten Hälfte des 9. Jh. v. Chr. regierten. In neuassyrischen Texten begegnet nach 734 v. Chr. ein König Šalam von Moab als Tributgeber. Um 713 v. Chr. wird Moab unter den Teilnehmern einer antiassyrischen Revolte unter der Führung von Ašdod aufgelistet. Anläßlich des Sanherib-Feldzuges in das Philisterland und nach Juda 701 v. Chr. eilte der moabitische König Kammušunadbi dem neuassyrischen Eroberer mit Geschenken entgegen. Aus der Zeit des Asarhaddon wird

zusammen mit Manasse von Juda (696-642 v. Chr.) und Qausgabar von Edom ein König Musur von Moab genannt. Diese Könige lieferten Baumaterial als Tributleistung nach Ninive. Ebenso wurden die drei zusammen mit anderen palästinensischen Herrschern als Geschenkgeber für Assurbanipal (669-627 v. Chr.) und Unterstützer seiner Feldzüge nach Ägypten genannt. Durch weitere Texte aus der Zeit des Assurbanipal läßt sich zeigen, wie Moab durch die assyrischen Oberherrn vor den nomadisierenden Qedaritern und anderen arabischen Stämmen geschützt wurde. Hierbei wird ein weiterer moabitischer König, Kamošattu, genannt.

Auch für Moab ist ein Übergang in die neubabylonische Herrschaftszone und die Beendigung der Staatlichkeit unter Nebukadnezzar nach 586 v. Chr. anzunehmen. Der weitere Übergang in das Perserreich und seine Hellenisierung unter den Diadochen sind nicht dokumentierbar. Um 100 v. Chr. wurde Moab Bestandteil des Nabatäerreiches.

Die Edomiter. Das edomitische Stammland erstreckt sich vom Fluß Zered bis zum Ras en-Naqb. Pharaoneninschriften des 14. – 11. Jh. v. Chr. belegen die Existenz von Šasu-Sippen in Edom. Sie züchteten Kleinvieh, lebten in Zelten und waren in Familien oder Sippen organisiert. Es handelte sich um Lokalnomaden mit begrenztem Streifgebiet.

Hierauf folgte im 11. Jh. v. Chr. eine Phase der dörflichen Besiedlung Edoms. Es resultierte hieraus eine tribale Klassengesellschaft. Der Prozeß der Staatenbildung setzte später als in Ammon und Moab ein und dauerte vom 9. bis zum Ende des 8. Jh. v. Chr., d.h. bis zur assyrischen Machtübernahme. Im 9. und 8. Jh. v. Chr. ist Edom als *chiefdom* mit einem Stammesfürsten an der Spitze zu klassifizieren. Erstmals wird Edom 796 v. Chr. in einer neuassyrischen Orthostateninschrift als Lieferant von Tributen genannt. Edom war vielleicht Vasall von Damaskus. Als Könige von Edom werden in den neuassyrischen Inschriften Qausmalak, Hairan (Agara) und Qausgabar genannt. Erst von der Wende des 8. zum 7. Jh. v. Chr. an gab es eine Architektur. Hauptort der Machtkonzentration ist zunächst die Fliehburg Sela, dann im 7. und 6. Jh. v. Chr. Bostra, welches die einzige Stadt Edoms war.

Ein wirtschaftlicher Aufschwung Edoms ist im 7. und 6. Jh. v. Chr. aufgrund der Tatsache zu verzeichnen, daß die Edomiter das nördliche Ende der Weihrauchstraße unter ihrer Kontrolle hatten. Dazu kam der Kupferexport aus den Minen von Fenan. Edom expandierte nach Westen, so daß in der Mitte des 6. Jh. v. Chr. der Negev bis nach Hebron im Norden und nach Elat im Süden unter edomitischer Kontrolle stand. Dies wurde begünstigt durch den Untergang Judas 586 v. Chr.

Über den Wechsel Edoms vom assyrischen in den neubabylonischen Machtbereich ist nichts bekannt. Die Staatlichkeit Edoms endete mit König Nabonids (555-539 v. Chr.) Marsch nach Arabien. Der Grund für die Eroberung Edoms lag in seinem Reichtum seit dem 7./6. Jh. v. Chr. Das Perserreich kennt eine Hyparchie Idumäa. Im Ostjordanland wurden die

Edomiter während der Perserherrschaft durch die Nabatäer überlagert. Im Negev hingegen blieben sie bis zu ihrer Unterwerfung und Judaisierung durch Johannes Hyrkan 127 v. Chr. selbständig.

Die Nabatäer. Als um 400 v. Chr. Arabien und das ihm zugehörige Edom den Persern verlorenging, entstand ein Machtvakuum, welches die Nabatäer ausfüllten. Im Laufe des 4. Jh. v. Chr. gründeten die Nabatäer ihr Reich im Gebiet von Edom. Die Nabatäer entstanden aus dem nordarabischen Stamm der Qedrener und sie überlagerten als Herrenschicht die ehemalige persische Hyparchie Edom. Die qedrenische Sippe der Nabatäer war seit dem Ende des 6. Jh. v. Chr. im Gebiet von Petra ansässig. Nachdem der edomitische Staat durch Nabonids Feldzug nach Arabien untergegangen war, kontrollierten die Nabatäer den Weihrauchhandel. Vom 4. Jh. v. Chr. an war el-Gi` (Wadi Musa) das politische Zentrum der Nabatäer. Von hier aus wurde unter Obodas III. (30 – 9 v. Chr.)[3] und Aretas IV. (9/8 v. Chr. – 39/40 n. Chr.) die Urbanisierung Petras vorangetrieben, und Petra wurde zum administrativen und religiösen Mittelpunkt des Nabatäerreiches. Dieses hatte Karawanenstationen im Negev (Elusa, Nizzana, Kurnub, Avdat), im Süden dominierte es Nordarabien, und im Norden reichte sein Einfluß bis in den Hauran, wo Bosra die wichtigste Nabatäerstadt war.

Das Nabatäerreich hatte bis nach dem Tode Rabbels II. (70/71 – 106 n. Chr.) Bestand. Dann wurde es dem römischen Reich einverleibt.

2. Die Quellen

Textausgaben, Bearbeitungen und Übersetzungen gileaditischer, ammonitischer, moabitischer, edomitischer und nabatäischer Inschriften: S.A.R. al-Theeb, Aramaic and Nabataean Inscriptions from North-West Saudi Arabia, Riyadh 1993, 68-200. – W.E. Aufrecht, A Corpus of Ammonite Inscriptions (Ancient Near Eastern Texts and Studies 4), Lewiston 1989. – J. Bartlett, Edom and the Edomites (JSOTS 77), Sheffield 1989, 209-228. – Corpus Inscriptionum Semiticarum II/1-3. Inscriptiones Nabataeae, Paris 1907. – I. Eph^{c}al – J. Naveh, Aramaic Ostraca of the Fourth Century BC from Idumaea, Jerusalem 1996. – P.-L. Gatier, Inscriptions de la Jordanie 2. IGLS 21 (BAH 114), Paris 1986. – C.H.J. de Geus, Koningsinscripties uit Moab uit de 9^{e} eeuw v. Chr. in: K. Veenhof (Hg), Schrijvend Verleden (MEOL), Leiden – Zutphen 1983, 25-31. – J.F. Healey, The Nabataean Tomb Inscriptions of Mada`in Salih (JSSS 1), Oxford 1993. – J. Hoftijzer – G. van der Kooij (Hg), Aramaic Texts from Deir ^{c}Alla (DMOA 19), Leiden 1976. – U. Hübner, Die Ammoniter (ADPV 16), Wiesbaden 1992, 15-129. – F. Israel, Miscellanea Idumea: RivBibIt 27, 1979, 171-203. – Ders., Supplementum Idumeum I: RivBibIt 35, 1987, 337-356. – K.P. Jackson, The Language of the Mesha^{c} Inscription, in: SMIM, 96-130. – K.P. Jackson – J.A. Dearman, The Text of the Mesha^{c} Inscription, in: SMIM, 93-95. – A. Lemaire, Nouvelles inscriptions araméennes d'Idumée du Musée d'Israël (Trans Suppl. 3), Paris 1996. – E. Lipiński, Studies in

[3] Vgl. zur Datierung der nabatäischen Könige und ihrer Regierungszeiten Wenning, Liste, bes. 38; Weber – Wenning, Petra 15.

Aramaic Inscriptions and Onomastics II (OLA 57), Leuven 1994, 103-170. – B. Margalit, Studies in NWSemitic Inscriptions: UF 26, 1994, 271-315, bes. 271-302; UF 27, 1995, 177-214, bes, 200-214. – A. Negev, Nabatean Inscriptions from ᶜAvdat (Oboda): IEJ 11, 1961, 127-138. – Répertoire d'Epigraphie Sémitique I-IV, Paris 1900-1905. – M. Sartre, Inscriptions de la Jordanie 4. IGLS 21 (BAH 115), Paris 1993. – H. Weippert – M. Weippert, Die »Bileam-«Inschrift von *Tell Dēr ᶜAllā*: ZDPV 98, 1982, 77-103. – M. Weippert, The Balaam Text from Deir Allāand the Study of the Old Testament, in: J. Hoftijzer – G. van der Kooij (Hg), The Balaam Text from Deir ᶜAlla Re-Evaluated, Leiden 1991, 151-184.
Archäologische Quellen: AA.VV., Der Königsweg, Mainz 1987, 117-306. – N. Avigad – B. Sass, Corpus of West Semitic Stamp Seals, Jerusalem 1997, 320-424. – R.E. Brünnow – A. Domaszewski, Die Provincia Arabia auf grund zweier in den Jahren 1897 und 1898 unternommenen Reisen und der Berichte früherer Reisender I-III, Straßburg 1904-1909. – R.H. Dornemann, The Archaeology of Transjordan in the Bronze and Iron Ages, Milwaukee 1983. – U. Hübner, Das ikonographische Repertoire der ammonitischen Siegel und seine Entwicklung, in: NSIS, 130-160. – F. Israel, Les sceaux ammonites: Syr 64, 1987, 141-146. – J. McKenzie, The Architecture of Petra, Oxford 1990. – Y. Meshorer, Nabataean Coins (Qedem 3), Jerusalem 1975. – J. Patrich, The Formation of Nabatean Art, Jerusalem – Leiden 1990. – S. Timm, Das ikonographische Repertoire der moabitischen Siegel und seine Entwicklung: Vom Maximalismus zum Minimalismus, in: NSIS, 161-193. – K. van Wyk, Squatters in Moab, Berrien Center 1993, 14-97. – Th. Weber – R. Wenning, Petra. Antike Felsstadt in arabischer Tradition und griechischer Norm, Mainz 1997. – R. Wenning, Die Nabatäer – Denkmäler und Geschichte (NTOA 3), Freiburg – Göttingen 1987. – Ders., Das Nabatäerreich: Seine archäologischen und historischen Hinterlassenschaften, in: H.-P. Kuhnen, Palästina in griechisch-römischer Zeit (HdArch Vorderasien II/2), München 1990, 367-415. – M. Wüst, Untersuchungen zu den siedlungsgeographischen Texten des Alten Testaments I. Das Ostjordanland (BTAVO 9), Wiesbaden 1975. – W. Zwickel, Eisenzeitliche Ortslagen im Ostjordanland (BTAVO 81), Wiesbaden 1990. → 4.2.1; 4.3.1; 4.3.2; 5.3.1; 6.2; 7.2.1; 7.2.2; 7.3.1; 7.3.2.2.

Als Quellen für die transjordanischen Religionen fungieren in erster Linie Inschriften. Literarische Texte, Rituale, Gebete und Mythen fehlen vollständig. Hinsichtlich der religionsgeschichtlich wichtigen Personennamen liegen Analysen zum ammonitischen,[4] moabitischen,[5] edomitischen[6] und nabatäischen[7] Onomastikon vor.

[4] Vgl. Hübner, Ammoniter 125-129; K.P. Jackson, Ammonite Personal Names in the Context of the West Semitic Onomasticon, in: C.L. Meyers – M. O'Connor (Hg), The Word of the Lord Shall Go Forth. FS D.N. Freedman, Winona Lake 1983, 507-521; M. O' Connor, The Ammonite Onomasticon: Semantic Problems: AUSS 25, 1987, 51-64; F. Israel, Note Ammonite II: La religione degli Ammoniti attraverso le fonti epigrafiche: SMSR 56, 1990, 307-337, bes. 325-335; ders., Note di onomastica semitica 7/2: Rassegna critico-bibliografica ed epigrafica su alcune onomastiche palestinesi: La Transgiordania: SEL 9, 1992, 95-114, bes. 96-105.

[5] Vgl. Israel, Note di onomastica 105-110.

[6] Vgl. Bartlett, Edom 204-207; Israel, Miscellanea 184-191; ders., Supplementum 348f.354-356; Ders., Note di onomastica 110-114.

[7] Vgl. F. al-Khraysheh, Die Personennamen in den nabatäischen Inschriften des Corpus Inscriptionum Semiticarum (Diss. Marburg 1986); A. Negev, Personal Names in the Nabatean Realm (Qedem 32), Jerusalem 1991.

Weitere Quellen für die Religionsgeschichte stellen Statuen, Reliefs und Siegel sowie die Funde von Tempeln und Grabanlagen dar.

3. Gileaditische Religion

3.1 Die Götterwelt

E.A. Knauf, Art. Shadday, in: DDD, 1416-1423. – H.-P. Müller, Die aramäische Inschrift von Deir ᶜAllā und die älteren Bileamsprüche: ZAW 94, 1982, 214-244. – H. Niehr, Art. *šaddaj* I, in: ThWAT 7, 1990-93, 1078-1083. – G. Theuer, Der Mondgott in den Religionen Syrien-Palästinas während der Spätbronze- und Eisenzeit (Diss. Tübingen), 1997, 385-389. – K. van der Toorn, Art. Sheger, in: DDD, 1437-1440. – H. Weippert – M. Weippert, Die »Bileam-« Inschrift von Tell *Dēr ᶜAllā*: ZDPV 98, 1982, 77-103.

Die Götterwelt der Religion Gileads[8] ist nur in der Inschrift vom Tell Deir ᶜAlla belegt. Es treten auf die Götter El, Šadday, Šamš (»Sonnengott«), Šagar (»Vollmond«?) und Aštar (»Morgenstern«), deren Rolle aufgrund der fragmentarischen Texte aber nicht recht deutlich wird. Die in *šdyn* und *'lhn* differenzierte Götterwelt ist nicht ganz durchsichtig; so wird etwa diskutiert, die *šdyn* als Götterrat und somit als Untergruppe der *'lhn* zu verstehen.

3.2 Der Kult

3.2.1 Tempel und Heiligtümer

R. Wenning – E. Zenger, Heiligtum ohne Stadt – Stadt ohne Heiligtum?: ZAH 4, 1991, 171-193.

Für das eisenzeitliche Tell Deir ᶜAlla ist kein Heiligtum belegt. Der Raum mit den Inschriften stellt den Versammlungsraum einer örtlichen Prophetengruppe und kein Heiligtum dar.

3.2.2 Kultpersonal

B.A. Levine, The Plaster Inscriptions from Deir ᶜAlla: General Interpretation, in: J. Hoftijzer – G. van der Kooij (Hg), The Balaam Text from Deir ᶜAllā Re-Evaluated, Leiden 1991, 58-72, bes. 67f. – E. Lipiński, Studies in Aramaic Inscriptions and Onomastics II (OLA 57), Leuven 1994, 103-170, bes. 135f. – H.-P. Müller, Die aramäische Inschrift von Deir ᶜAllā und die älteren Bileamsprüche: ZAW 94, 1982, 214-244, bes. 228f.

[8] Zur Zuweisung der Texte vom Tell Deir ᶜAlla an die gileaditische, einheimische Bevölkerung und nicht an eine aramäische Religion von Nordsyrien bzw. Damaskus vgl. Hübner, Ammoniter 42-44; Lipiński, Studies II, 104-110. Zur weiteren Klassifikation vgl. die Übersicht in: AA.VV., Bibliographische Dokumentation: ZAH 8, 1995, 149-246, bes. 237-240.

In der ersten Kolumne der Inschrift vom Tell Deir ᶜAlla werden in Z. 13 eine *ᶜnyh* »Wahrsagerin«, eine *rqḥt mr* »Myrrhenbereiterin« und eine *khnh* »Priesterin« erwähnt. Aufgrund des stark fragmentarischen Textcharakters sind keinerlei Angaben über die Tätigkeiten des Kultpersonal möglich.

3.3 Mantik und Magie

3.3.1 Träume

J.-M. Husser, Le songe et la parole (BZAW 210), Berlin – New York 1994, 172-200. – A. Lemaire, Oracles, politique et littérature dans les royaumes araméens et transjordanéens (IXe-VIIIe s.av. n.è), in: J.G. Heintz (Hg), Oracles et prophéties dans l'antiquité, Paris 1997, 171-193, bes. 188-193.

Der in der Inschrift vom Tell Deir ᶜAlla genannte Bileam fungiert als Seher der Götter (Z. 1). Hiermit ist ein Akt der Divination angesprochen, über dessen technische Realisierung die Inschrift nichts verlauten läßt, wenn auch Fasten und Klagen in diesem Zusammenhang eine Rolle spielen. Die Offenbarung findet in der Nacht statt, was auf eine Traumoffenbarung bzw. auf einen Inkubationstraum deuten könnte.

4. Ammonitische Religion

4.1 Die Götterwelt

U. Hübner, Die Ammoniter (ADPV 16), Wiesbaden 1992, 247-269. – Ders., Das ikonographische Repertoire der ammonitischen Siegel und seine Entwicklung, in: NSIS, 130-160. – F. Israel, Note Ammonite II: La religione degli Ammoniti attraverso le fonti epigrafiche: SMSR 56, 1990, 307-337. – A. Lemaire, Essais sur les religions ammonite, moabite et édomite (X-VIe s. av. n. è.), in: Revue de la société Ernest-Renan NS 41, 1993, 41-67, bes. 48-53. – E. Puech, Art. Milcom, in: DDD, 1076-1080. – G. Theuer, Der Mondgott in den Religionen Syrien-Palästinas während der Spätbronze- und Eisenzeit (Diss. Tübingen), 1997, 383f.

An der Spitze der ammonitischen Religion stand der Gott Milkom. Diesen Sachverhalt belegen ammonitische Quellen und das Alte Testament. In den Wechsel vom 9. zum 8. Jh. v. Chr. gehört die Zitadelleninschrift aus Amman. Es handelt sich dabei um eine Bauinschrift, in der der Gott Milkom den König der Ammoniter auffordert, einen Bau (Tempel?) unter dem Schutz der Gottheit zu errichten.
Daß Milkom den höchsten Gott der Ammoniter darstellte, zeigt sich daran, daß er sich an den König wendet. Ihre Bestätigung findet diese Annahme primär durch den Gottesnamen Milkom »König«, der ihn als Haupt eines Pantheons ausweist, und dann sekundär durch Texte des Alten Testaments, die von Milkom als »dem Gott der Ammoniter« reden (1Kön 11,5.7.33; 2Kön 23,13).

Hinsichtlich des Gottesnamens Milkom verweist die Mimation auf eine bronzezeitliche Herkunft des Gottesnamens. Sonst ist Milkom nur noch als theophores Element in Personennamen und auf zwei Siegeln erwähnt. Das ammonitische Pantheon ist auf der Basis der verfügbaren Quellen nicht rekonstruierbar. In den ammonitischen Personennamen treten die Elemente *ʾl* und *bʿl* auf, wobei nicht entscheidbar ist, ob es sich hierbei um Appellative (Gott; Herr) oder um die Gottesnamen El und Baal handelt. Außerhalb der Personennamen sind jedoch El oder Baal nicht belegt, so daß man diese Götter besser nicht in das ammonitische Pantheon aufnimmt.[9] Dann ist in den Personennamen noch das theophore Element *yrḥ* belegt, welches auf die Existenz eines Mondgottes verweist.
Desweiteren läßt sich eine Paredra des Milkom annehmen. In ihr erkennt man gerne die Göttin Astarte. Darauf können auch die Siegel mit Abbildungen einer *dea nutrix* sowie Doppelköpfe und Terrakotten verweisen. Die Ikonographie der Siegel und Terrakotten sowie hellenistisch – römische Götterdarstellungen lassen erkennen, daß neben der Paredra des Milkom auch weitere weibliche Gottheiten verehrt wurden. Ebenso deuten Siegel mit der Nennung JHWHs und Ninurtas die Verehrung dieser Götter in der Ammonitis an. Allerdings gehören beide Götter nicht in das ammonitische Pantheon, sondern sind mit ihren Verehrern in neuassyrischer bzw. neubabylonischer Zeit in die Ammonitis gelangt.

4.2 Der Kult

4.2.1 Tempel und Heiligtümer

U. Hübner, Die Ammoniter (ADPV 16), Wiesbaden 1992, 275-281. – C. Kanellopoulos, The Great Temple of Amman, Amman 1994.

Grundsätzlich ist von der Existenz von Tempeln in der ammonitischen Religion auszugehen. Hierauf scheint auch die Zitadelleninschrift von Amman hinzuweisen mit der Aufforderung des Gottes Milkom an den König, ein Gebäude mit Säulenhallen (?) und Hallen zu errichten. Dabei kann es sich um einen Tempel, bzw. um das Ensemble von Palast und Tempel handeln. Der sog. »Herakles«-Tempel auf der Zitadelle von Amman könnte im Rahmen der Kontinuität des heiligen Ortes am Platz eines älteren Vorgängerbaues stehen.
Desweiteren ist auf den noch nicht publizierten Tempel von Ruǧm el-Kursi zu verweisen, der als ammonitischer Tempel anzusehen ist.[10]

[9] Gegen P.M.M. Daviau – P.E. Dion, El, the God of the Ammonites? The *Atef*-Crowned Head from Tell-Jawa, Jordan: ZDPV 110, 1994, 158-167, die diese Frage nicht berücksichtigen und nur aufgrund der Ikonographie unsichere Schlüsse für die ammonitische Religion ziehen.

[10] Ich danke Herrn E.A. Knauf für diesen Hinweis.

4.3 Der Bereich des Todes

4.3.1 Bestattungen und Totenpflege

U. Hübner, Die Ammoniter (ADPV 16), Wiesbaden 1992, 270-274.

Zu diesem Bereich fehlen die textlichen Zeugnisse vollständig, so daß nur archäologisches Material zum Sprechen gebracht werden kann.
Was die Bestattungen angeht, so kennt man einige Gräber der Oberschicht der ammonitischen Gesellschaft. Belegt sind Felsgräber, die als Familien- und Sippengräber dienten. Bei zwei dieser Gräber ist ein Schacht zu erkennen, der vielleicht als Libationsvorrichtung für die Abhaltung der Totenpflege zu verstehen ist. Desweiteren ist bei den Ammonitern der Oberschicht die Bestattung in anthropoiden Tonsarkophagen belegt. Daneben gibt es auch Bestattungen in Holz- und Wannensarkophagen, sowie Bestattungen in Pithoi.
Als Grabbeigaben treten Terrakotten auf, die Götter und Göttinnen darstellen, sowie Astragale, Naiskoi, Räuchertassen und ein Räucherkästchen. Dieses Inventar verweist grundsätzlich auf die Praxis der Totenpflege.

4.3.2 Königlicher Totenkult

A. Abou Assaf, Untersuchungen zur ammonitischen Rundbildkunst: UF 12, 1980, 7-102. – A.-J.ᶜAmr, Four Ammonite Sculptures from Jordan: ZDPV 106, 1990, 114-118.

Die Existenz eines königlichen Totenkultes ist über die Existenz mehrerer Steinstatuetten zu greifen, die Männer und Frauen repräsentieren. Diese stellen Könige und Vertreter der Oberschicht dar. Einige dieser Statuetten tragen *atef*-Kronen zum Zeichen ihrer göttlichen Würde. Vergleichbar mit den Verhältnissen in Nordsyrien und in Hazor kommt diesen Statuen eine wesentliche Rolle im königlichen Totenkult zu. Als Aufstellungs- und Verehrungsorte dieser Statuen kann man wie in Nordsyrien Tore und Totenkapellen annehmen.[11] Die Gräber der ammonitischen Könige sind nicht bekannt.

5. Moabitische Religion

5.1 Die Götterwelt

U. Hübner, Die erste grossformatige Rundplastik aus dem eisenzeitlichen Moab: UF 21, 1989, 227-231. – F. Israel, Studi Moabiti I: Rassegna di epigrafia moabita e i sigilli, in: G. Bernini – V. Brugnatelli, Atti della 4ª Giornata di Studi Camito Semitici ed Indoeuropei, Bergamao Istituto Universitario 29 Novembre 1985, Mailand 1987, 101-138. – Ders., Studi Moabiti II: Da Kamiš a Kᶜmôš: SMSR 53,

[11] › II. B. 3.1.3.1; 3.2.3.1.

1987, 5-39. – Ders., ṭṭ wkmṯ: les avatars de l'énigmatique dieu ṭṭ: Sem 41/42, 1993, 59-62. – A. Lemaire, Essai sur les religions ammonite, moabite et édomite (X-VIe s. av. n. è.): Revue de la société Ernest-Renan NS 41, 1993, 41-67, bes. 41-48. – Ders., Oracles, politique et littérature dans les royaumes araméens et transjordaniens (IXe-VIIIe av. n.è.), in: J.-G. Heintz (Hg), Oracles et propheties dans l'antiquité, Paris 1997, 171-193, bes. 181-193. – G.L. Mattingly, Moabite Religion and the Mesha^{c} Inscription, in: SMIM, 211-238. – W.H. Morton, A Summary of the 1955, 1956 and 1965 Excavations at Dhiban, in: SMIM, 239-246, bes. 245f. – H.-P. Müller, Art. Chemosh, in: DDD, 356-362. – Ders., König Mêša^{c} von Moab und der Gott der Geschichte: UF 26, 1994, 373-395. – M.-L. Mussel, The Seal Impression from Dhiban, in: SMIM, 247-252. – S. Timm, Das ikonographische Repertoire der moabitischen Siegel und seine Entwicklung: Vom Maximalismus zum Minimalismus, in: NSIS, 161-193. – K. van Wyk, Squatters in Moab, Berrien Center 1993, 124-137. – A.H. van Zyl, The Moabites (POS 3), Leiden 1960, 193-202. – E. Warmenbol, La stèle de Ruğm el-^{c}Abd (Louvre AO 5055): Une image de divinité moabite du IXème-VIIIème siècle av. N.E.: Levant 15, 1983, 63-75. – M. Weippert, Art. Moab, in: RlA 8, 1993-97, 318-325, bes. 323f. – U. Worschech, Pferd, Göttin und Stier: UF 24, 1992, 385-391. – Ders., Der Gott Kemosch: UF 24, 1992, 393-401.

Die Götterwelt der Moabiter erschließt sich vornehmlich aufgrund der Meša-Stele, einer zwischen 830 und 810 v. Chr. zu datierenden Bauinschrift des Königs Meša von Moab. Dieser Inschrift zufolge tritt der Gott Kemoš als Hauptgott der Moabiter auf: Kemoš ist der Gott des Königtums, der den König Moabs aus Gefahren errettet und über seine Feinde triumphieren läßt (ZZ. 2-4.19). Zu Ehren des Kemoš werden feindliche Völker gebannt (ZZ. 1-12.15-17); in dem Land, welches Meša für Moab annektiert, wohnt Kemoš (Z. 8-9.33). Kemoš gibt dem König den Befehl zur Eroberung feindlichen Territioriums (ZZ. 14.32) und die Kultgeräte besiegter Gottheiten werden als Beute vor Kemoš geschleppt (ZZ. 12-13.17-18).
Somit vereinigt Kemoš die Züge eines Kriegs- und Königsgottes auf sich. Belegt ist er schon in Ebla und Ugarit, vielleicht in Verbindung mit Fruchtbarkeitsaspekten und chthonischen Zügen. Ein aramäisches Altarfragment aus Kerak (350-325 v. Chr.) erwähnt Kemoš.[12] Auch das Alte Testament kennt Kemoš als Hauptgott der Moabiter (Ri 11,24; 1Kön 11,7.33; 2Kön 23,13; Jer 48,7.13; vgl. Num 21,29; Jer 48,46). Der ebenfalls auf der Meša-Stele auftretende Doppelname *^{c}ttrkmš* (Z. 17) wird z.T. als Verbindung des Gottes Kemoš mit seiner Paredra Astarte oder aber als ein männlicher Gott aufgefaßt.[13]
Was den ikonographischen Aspekt der Darstellung des Kemoš angeht, so

[12] Vgl. J.T. Milik, Nouvelles inscriptions sémitiques et grecques du pays de Moab: SBFLA 9, 1958-59, 330-358.

[13] Vgl. Lipiński, Studies II, 198; J.A. Dearman, Edomite Religion. A Survey and an Examination of Some Recent Contributions, in: D.V. Edelman (Hg), You shall not abhor an Edomite for he is your Brother (ABS 3), Atlanta 1995, 119-136, hier 129 Anm. 13; C. Bonnet, Astarté (CSF 37), Rom 1996, 55.

verweist man auf zwei moabitische Bilder. So kann man in der Stele eines moabitischen Kriegers aus Rug̃m el-ᶜAbd den Gott Kemoš erblicken.[14] Desweiteren läßt sich die sog. Balua-Stele anführen. Auf ihr ist ein in der Mitte einer Gruppe von drei Personen stehender König abgebildet. Zu seiner Rechten steht eine Göttin mit einem *anch*-Zeichen und zu seiner Linken ein Gott mit einer Hörnerkrone, der dem König ein Szepter (?) übergibt.
Verbleiben diese beiden Deutungen jedoch sehr im Spekulativen, so ist die Wahrscheinlichkeit, ein Bild des Kemoš zu erhalten, erheblich größer bei einem Siegel aus Dhiban. Dieses zeigt einen Gott, der über die als Schlange, Capriden und Skorpione dargestellte Natur gebietet. Hierin kann Kemoš erkannt werden.
Der Kult des Kemoš überdauerte den Untergang des moabitischen Reiches und findet sich noch auf einer aramäischen Inschrift aus el-Kerak zu Beginn des 3. Jh. v. Chr. belegt. Als seine Paredra wird hier *sr`* (Tyche?) genannt.
Weitere Göttinnen und Götter des moabitischen Pantheons lassen sich nicht ermitteln. Indizien für ihre Existenz geben Terrakotten von weiblichen und männlichen Gottheiten an die Hand. Allerdings liegen bei diesen Terrakotten keinerlei Identifizierungsmöglichkeiten vor.

5.2 *Der Kult*

5.2.1 Tempel und Heiligtümer

M. Gleis, Die Bamah (BZAW 251), Berlin – New York 1997, 27-31. – A. Lemaire, Essai sur les religions ammonite, moabite et édomite (X-VIe s. av. n. è.): Revue de la société Ernest-Renan NS 41, 1993, 41-67, bes. 44-46. – G.L. Mattingly, Moabite Religion and the Meshaᶜ Inscription, in: SMIM, 211-238, bes. 227-237. – K. van Wyk, Squatters in Moab, Berrien Center 1993, 124-137. – M. Weippert, Art. Moab, in: RlA 8, 1993-97, 318-325, bes. 324.

Nach Ausweis der Meša-Stele errichtete König Meša eine *bmh* für den Kult des Gottes Kemoš. Welche Art von Bau (offenes Heiligtum, Tempel) sich dahinter verbirgt, muß mangels archäologischer Evidenz offenbleiben. Ein größeres, nur teilweise freigelegtes Gebäude aus Dhiban ist als Palast und nicht als Tempel zu interpretieren.[15]
Ein fragmentarischer Text aus Dhiban nennt einen *bt k*[*mš*], d.h. einen Tempel des Kemoš. Dieser wird wohl in Dhiban gestanden haben. Eine weitere Inschrift aus Kerak, die dem 9. Jh. v. Chr. zuzurechnen ist, zeigt, daß auch hier ein Tempel des Kemoš existierte.

[14] Vgl. die Diskussion bei O. Keel – M. Shuval – C. Uehlinger, Studien zu den Stempelsiegeln aus Palästina/Israel III (OBO 100), Freiburg – Göttingen 1990, 320.
[15] Vgl. dazu W.H. Morton, A Summary of the 1955, 1956 and 1965 Excavations at Dhiban, in: SMIM, 239-246, fig. 4-16; U. Hübner, Der erste moabitische Palast: BN 51, 1990, 13-18.

Über den in diesen Tempeln und Heiligtümern praktizierten Kult informieren nur knappe Indizien der Meša-Stele. So nennt sie einen Kultgegenstand (*ʿrʾl:* Altar?) sowie Kultgeräte des JHWH-Kultes vom Nebo, die Meša erbeutet und vor Kemoš schleppte (ZZ. 12-13.17-18). Es ist in diesem Zusammenhang auch auf die religiösen Szenen der Siegel zu verweisen, allerdings stellt sich hierbei das Problem, ob die Bestimmung der Siegel als moabitisch berechtigt ist.[16]

5.2.2 Kultmähler

P. Bordreuil – D. Pardee, Le papyrus du marzeaḥ: Sem 38, 1990, 49-68.

Ein im moabitischen Bereich gefundener und mit einer moabitischen Bulle gesiegelter Papyrus, der in das beginnende 6. Jh. v. Chr. zu datieren ist, erweist die Existenz des *mrzḥ* für die moabitische Religion. Der Papyrus protokolliert einen Gottesentscheid, in dem einem Mann ein *mrzḥ*-Raum, Mühlsteine und ein Haus zugesprochen werden.
Wie im ugaritischen Rechtstext KTU 3.9[17] scheint es sich um einen in einem Privathaus eingerichteten *mrzḥ*-Raum zu handeln, um den es Rechtsstreitigkeiten gab.

5.3 Der Bereich des Todes

G.L. Mattingly, Moabite Religion and the Mesha^{c} Inscription, in: SMIM, 211-238, bes. 237f. – U. Worschech, Der Gott Kemosch: UF 24, 1992, 393-401.

Grundsätzlich läßt sich unter diesem Punkt auf die chthonischen Aspekte des Gottes Kemoš verweisen, ohne daß sich Einzelheiten eruieren ließen.

5.3.1 Bestattungen und Totenpflege

U. Hübner, Die erste großformatige Rundplastik aus dem eisenzeitlichen Moab: UF 21, 1989, 227-235. – F.V. Winnett – R.L. Reed, The Excavations at Diban (Dhibân) in Moab (AASOR 26/27), New Haven 1964, 22.57-60.

Bei den Ausgrabungen von Dhiban fanden sich Felsgräber der Oberschicht mit Grabbeigaben. Diese bestanden aus Juwelen, Lampen und aus Gefäßen, die der Totenspeisung im Rahmen der Totenpflege dienten. Es wurde außerdem ein anthropoider Tonsarkophag entdeckt.
Auf die Existenz eines königlichen Totenkultes deutet der Fund einer Königsstatue (Torso von el-Kerak), die einen moabitischen König darstellt, hin. Gräber der Könige von Moab sind bislang nicht entdeckt worden.

[16] Vgl. dazu die unterschiedlichen methodischen Zugänge bei Timm und van Wyk.
[17] → I.A. 4.6.

6. Edomitische Religion

6.1 Die Götterwelt

J.R. Bartlett, Edom and the Edomites (JSOTS 77), Sheffield 1989, 194-207. – M. du Buit, Art. Qos, in: DBS IX, 1979, 674-678. – J.A. Dearman, Edomite Religion. A Survey and an Examination of Some Recent Contributions, in: D.V. Edelman (Hg), You shall not abhor an Edomite for he is your Brother (ABS 3), Atlanta 1995, 119-136. – E.A. Knauf, Qaus: UF 16, 1984, 93-95. – Ders., Qaus in Ägypten: GM 73, 1984, 33-36. – Ders., Art. Qôs, in: DDD, 1272-1278. – A. Lemaire, Essai sur les religions ammonite, moabite et édomite (X-VIe s. av. n. è.) : Revue de la société Ernest-Renan NS 41, 1993, 41-67, bes. 54-57. – J.T. Milik, Notes d'épigraphie orientale 2: A propos du dieu édomite Qôs: Syr 37, 1960, 95f. – L.H. Vincent, Le dieu Saint Paqeidas à Gérasa: RB 49, 1940, 98-129.

Der Hauptgott des edomitischen Pantheons war Qaus. Sein Name steht in Zusammenhang mit arab. *qaus* »Bogen« (vgl. hebr. *qšt*) und weist auf eine kriegerische Wettergottgestalt hin.
Der älteste Beleg für die Verehrung des Gottes Qaus liegt mit einem edomitischen Ostrakon des 7./6. Jh. v. Chr. von Horvat ᶜUza aus dem Negev vor.[18] In einem Brief an den König wird hier formuliert: »Ich segne dich (im Namen) des Qaus« (ZZ. 2-3). Von den bekannten edomitischen Königsnamen weisen Qausmalak und Qausgabar Qaus als theophores Element auf. Dazu kommen weitere Personennamen mit Qaus als theophorem Element auf Siegeln und Inschriften. Diese Personennamen sind bis in die christliche Zeit belegt und bezeugen so eine Verehrung des Qaus über die Zwangsjudaisierung der Edomiter durch Johannes Hyrkan (135/4 – 104 v. Chr.) hinaus.[19]
Weitere Belege für die Verehrung des Gottes Qaus stammen aus der Zeit des Untergangs des edomitischen Königreichs, näherhin aus der Zeit ihrer nabatäischen Nachfolger. Die für Gerasa belegte Verehrung des Gottes Paqeidas *(paqid qos)* bezeugt das Weiterleben des Gottes.
Was die Ikonographie des Gottes Qaus angeht, der von den Nabatäern mit Dušara geglichen wurde, so liegt eine Darstellung aus Khirbet et-Tannur vor. Sie zeigt Qaus (= Dušara) auf einem von Stieren flankierten Thron. In seiner Linken hält er einen vielverzweigten Donnerkeil. Deutlich ist hierbei die Ikonographie des Qaus als Wettergott.
Weitere Götternamen sind aus Edom nicht überliefert. Die Funde von Qiṭmit weisen auf die Existenz einer namentlich nicht bekannten Göttin mit drei Hörnern, die vielleicht als die Paredra des Gottes Qaus betrachtet werden kann.

18 Vgl. die Textrekonstruktionen bei I. Beit-Arieh – B. Cresson, An Edomite Ostracon from Ḥorvat ᶜUza: TA 12, 1985, 96-101; I. Beit-Arieh, The Ostracon of Aḥiqam from Ḥorvat ᶜUza: TA13/14, 1986/87, 32-38; W. Zwickel, Das »edomitische« Ostrakon aus Ḫirbet Ġazza (Ḥorvat ᶜUza): BN 41, 1988, 36-40; E.A. Knauf, Supplementa Ismaelitica 13: BN 45, 1988, 78f; Bartlett, Edom 1989, 221f.

19 → 2. Anm. 6.

6.2 Der Kult

6.2.1 Tempel und Heiligtümer

J.R. Bartlett, Edom and the Edomites (JSOTS 77), Sheffield 1989, 187-194. – P. Beck, Ḥorvat Qitmit Revisited via ᶜEn Ḥazeva: TA 23, 1996, 102-114. – C.M. Bennett – P. Bienkowski, Excavations at Tawilan in Southern Jordan (BAMA 8), Oxford 1995. – Y. Beit-Arieh, An Edomite Temple at Ḥorvat Qitmit: Qad 19, 1986, 72-79. – Ders., The Edomite Shrine at Ḥorvat Qitmit in the Judean Negev: TA 18, 1991, 93-116. – Ders. (Hg), Ḥorvat Qitmit. An Edomite Shrine in the Biblical Negev, Tel Aviv 1995. – P. Bienkowski, The Edomites: The Archaeological Evidence from Transjordan, in: D.V. Edelman (Hg), You shall not abhor an Edomite for he is your Brother (ABS 3), Atlanta 1995, 41-92. – R. Cohen – Y. Yisrael, On the Road to Edom. Discoveries from ᶜEn Ḥaẓeva, Jerusalem 1995, 17-27. – Dies., Smashing the Idols: Piecing together an Edomite Shrine in Judah: BAR 22, 1996, 40-51.65. – I. Finkelstein, Ḥorvat Qiṭmit and the Southern Trade in the Late Iron Age II: ZDPV 108, 1992, 156-170. – O. Keel – C. Uehlinger, Göttinnen, Götter und Gottessymbole (QD 134), Freiburg 1992, 440-444. – A. Lemaire, Essai sur les religions ammonite, moabite et édomite (X-VIe s. av. n. è.): Revue de la société Ernest-Renan NS 41, 1993, 41-67, bes. 55-57. – W. Zwickel, Der Tempelkult in Kanaan und Israel (FAT 10), Tübingen 1994, 258-262.

Ein edomitischer Tempel ist vielleicht in der Hauptstadt Bostra gefunden worden. Es handelt sich dabei um das sog. *»building B«* auf der Akropolis, bei dem allerdings die Deutungen zwischen Palast und Tempel schwanken. Ein bedeutendes edomitisches Heiligtum wurde in Qiṭmit 10 km südwestlich von Arad im Negev gefunden. Der Ort Qiṭmit stellt keine Siedlung dar, sondern liegt inmitten größerer edomitischer und judäischer Siedlungen, für die er als zentrales Heiligtum fungierte. Es wurden hier zwei kultisch interpretierte Anlagen gefunden.

Der Komplex A dieser Anlagen (Abb. 21) weist drei Installationen auf. Zunächst einen dreiräumigen nach Süden hin offenen Kultbau von 10,5 m x 5,5 m, dessen mittlerer Raum über zwei Stufen betreten wurde. Die zweite Installation von 1 m x 1,25 m, die in der Forschung als *bmh* bezeichnet wird, stellt ein niedriges Podium dar. Hier fanden sich Kultgeräte und Tonfigurinen. Unmittelbar östlich daran grenzt die dritte Installation, die eine Ellipse von 4,5 m x 5 m darstellt und von einer Steinmauer umfaßt wird. Hierin befinden sich zwei Becken und eine als Altar gedeutete Doppelschicht von flachen Steinen. Eine Gesamtdeutung für einen kultischen Bezug dieser drei Installationen steht noch aus.

Die Deutung des nördlich gelegenen Komplexes B (Abb. 21) ist noch unsicherer, da seine kultische Deutung z.T. durch seine Ansetzung als Wohnhaus in Frage gestellt wird.

Ein weiterer edomitischer Tempel ist in Ein Ḥazeva im Negev ca. 5 km südöstlich von Arad identifiziert worden. Ein Ḥazeva verfügt über ein edomitisches Heiligtum des 7./6. Jh. v. Chr. Es fanden sich hier 67 Tonobjekte (anthropomorphe Ständer, zylindrische Ständer, Weihrauchbrenner, Kelche u.a.). Die Kultanlage weist eine rechteckige Cella mit für Depositen bestimmten Bänken auf den Seiten auf.

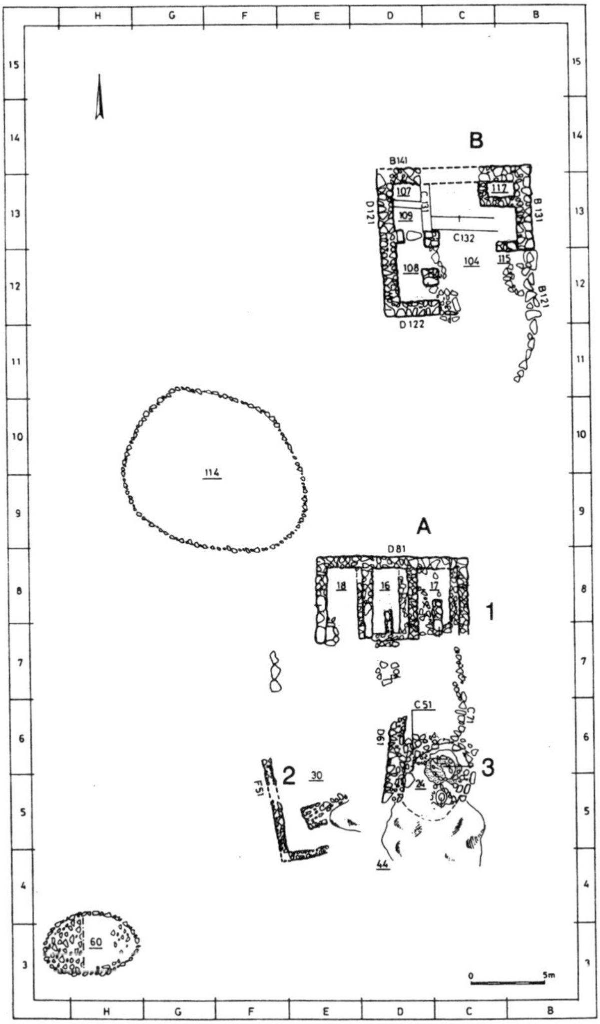

Abb. 21: Die Heiligtümer von Qitmit

7. Nabatäische Religion

7.1 Die Götterwelt

K. Dijkstra, Life and Loyalty (RGRW 128), Leiden 1995, 310-314. – H. Donner, Isis in Petra, Leipzig 1995. – H.J.W. Drijvers, Art. Dusares, in: LIMC III/1, 1986, 670-672; III/2, 1986, 532. – M. Gawlikowski, Les dieux des Nabatéens: ANRW II 18.4, Berlin – New York 1990, 2659-2677. – N. Glueck, Deities and Dolphins, New York 1965. – Ph. Hammond, The Goddess of the »Temple of the Winged Lions« at Petra (Jordan), in: Petra, 115-130. – E.A. Knauf, Dushara and Shai' al-

Qaum: ARAM 2, 1990, 175-183. – S. Krone, Die altarabische Göttin al-Lāt (HOS 23), Frankfurt 1992. – M.Lindner – J. Zangenberg, The Re-Discovered *Baityl* of the Goddess Atargatis in the *Ṣiyyaǵ* Gorge of Petra (Jordan) and Its Significance for Religious Life in Nabataea: ZDPV 109, 1993, 141-151. – A.G. Lundin, Die arabischen Göttinnen Ruḍā und al-^{c}Uzzā, in: R.G. Stiegner (Hg), Al-Hudhud. FS M. Höfner, Graz 1981, 211-218. – M.C.A. Macdonald, Was the Nabataean Kingdom a »Bedouin State«?: ZDPV 107, 1991, 102-119, bes. 112-114. – N.C. Moutsopoulos, Observations sur les représentations du panthéon nabatéen, in: Petra, 53-75. – I. Parlasca, Terrakottenfunde aus Petra, in: M. Lindner – J.P. Zeitler (Hg), Petra Königin der Weihrauchstraße, Fürth o.J. [1991], 111-127. – M.-J. Roche, Le culte lunaire à Pétra: Trans 10, 1995, 57-66. – J. Starcky, Pétra et la Nabatène, in: DBS VII, 1966, 886-1017, bes. 985-1017. – Ders., Art. Allath, in: LIMC I/1, 1981, 564-570; I/2, 1981, 424-430. – T. tam Tinh, Remarques sur l'iconographie de Dusarès, in: Petra, 107-113. – D. Tarrier, Baalshamin dans le monde nabatéen: A propos de découvertes récentes: ARAM 2, 1990, 197-203. – R. Wenning, Das Ende des nabatäischen Königreichs, in: A. Invernizzi – J.-F. Salles (Hg), Arabia Antiqua (Serie Orientalie Roma LXX, 2), Rom 1993, 81-103, bes. 86-93. – Ders., Bemerkungen zur Gesellschaft und Religion der Nabatäer, in: R. Albertz (Hg), Religion und Gesellschaft (AOAT 248), Münster 1997, 177-201. – Ders. – H. Merklein, Die Götter in der Welt der Nabatäer, in: Th. Weber – R. Wenning (Hg), Petra, Mainz 1997, 105-110. – F. Zayadine, Art. Al-^{c}Uzza Aphrodite, in: LIMC II/1, 1984, 167-169; II/2, 1984, 169f. – Ders., The god(ess) (sic!) Aktab-Kutbay and his (her) Iconography, in: Petra, 37-51. – Ders., The Pantheon of the Nabataean Inscriptions in Egypt and the Sinai: ARAM 2,1990, 151-174. – Ders., L'iconographie d'Isis à Pétra, in: Mélanges de l'Ecole Française de Rome. Antiquité 103,1, 1991, 283-306.

Zeugnisse der nabatäischen Religion finden sich von Damaskus über den Hauran, das nördliche Jordanien, Moab, Edom bis Nordarabien, sowie über die Arabah, den Sinai und den Negev bis nach Juda. Dies alles kann hier nicht adäquat besprochen werden, zumal auch die inschriftliche Quellenlage für einige dieser Gebiete sehr dürftig ist. Somit ist eine Konzentration auf Petra, die Hauptstadt der Nabatäer, durchaus vertretbar, zumal diese auch das religiöse Zentrum für die nabatäische Religion darstellt.

Die nabatäische Götterwelt wird vom Gott Dušara angeführt. Sein Name »der vom Šara(-Gebirge)« weist ihn als lokalen Berg- oder Wettergott der Region von Petra aus. Der älteste Beleg dieses Gottesnamens liegt um 96/95 v. Chr. in einer Inschrift aus dem Triklinium des Aṣlaḥ in Petra vor.[20] Wichtig für das Verständnis dieses Gottes in der Antike sind die Bilinguen, in denen der Gottesname auftritt sowie die Übersetzungen und Angleichungen: So tritt Dušara als Zeus, d.h. als höchster Gott, und als Hadad, d.h. als Wettergott, auf. Als Epitheta des Dušara begegnen: »der Gott unseres Herrn« (sc. des Königs; CIS II 201; 208; 209; 211; 350 u.ö.), »der Gott von Gaia« (sc. der nabatäischen Kernsiedlung im Wadi Musa),

[20] Vgl. Dijkstra, Life and Loyalty 50; R. Wenning, Die Nabatäer – Denkmäler und Geschichte (NTOA 3), Freiburg – Göttingen 1983, 202.207.

»der Gott von Madrasa« (sc. einer Opferhöhe südlich vom Eingang des Siq; CIS II 443) und als »Herr des Tempels« (sc. der Hauptgott von Petra). Der edomitische Hauptgott Qaus ist, wie die Götterdarstellung von Khirbet et-Tannur zeigt, in Dušara aufgegangen.

Als höchste Göttin von Petra und vielleicht als Paredra des Dušara tritt die Göttin Allat auf. Diese wurde in Petra vor allem unter dem Namen ihrer Hypostase *al-ᶜUzza* (»die Starke«) verehrt. Als griechisches Pendant zu dieser Göttin begegnet Aphrodite, die Göttin der Schönheit und des Morgensterns.

Eigens zu besprechen ist die Ikonographie der beiden Hauptgottheiten der Nabatäer. Der Gott Dušara wurde ursprünglich als Betyl verehrt. Unter dem Einfluß hellenistisch-römischer Götterdarstellungen wurde der Gott allerdings auch anthropomorph dargestellt. Darauf deutet zum einen seine Figur im Tempel von Khirbet et-Tannur und zum andern der Fund einer überlebensgroßen Marmorhand im mittleren Adyton des Qasr el-Bint, d.h. des Dušara-Tempels in Petra.

Die Göttin Allat *(al-ᶜUzza)* wurde ebenfalls als Betyl verehrt. Charakteristisch für die Darstellung dieser Göttin sind Betyle mit Gesichtszügen, die quadratische und bisweilen sternförmige Augen, eine stegförmige Nase und keinen Mund aufweisen. Diese Betyle sind reliefartig gearbeitet oder in eine aus dem Felsen geschlagene Nische als rechteckige Stele eingesetzt.

Abweichend hiervon ist die Darstellung der Göttin Allat *(al-ᶜUzza)* auf einem Betyl aus dem Löwengreifen-Tempel. Hier ist ein Betyl mit runden Augen, Stegnase und Mund gefunden worden. Allerdings liegt hiermit ein privates und kein öffentliches Kultbild vor.[21]

Von besonderem religionsgeschichtlichen Interesse ist ein auf ez-Zantur gefundenes Gesichtsbetyl mit sternförmigen Augen, welches an seiner Oberkante einen Kranz mit der Darstellung des Isis-Emblems zeigt. Hiermit liegt ein Indiz für die Verschmelzung der Göttinnen Allat *(al-ᶜUzza)* und Isis, die sonst als unabhängige Gottheit in Petra verehrt wurde, vor.

Dušara und Allat *(al-ᶜUzza)* treten auch in der Kunst paarweise auf. Dabei stehen zwei Betyle nebeneinander; das größere ist das der Allat, das kleine das des Dušara. Das Prinzip der Hierarchie der Götterwelt wie auch ihr Umfang bleiben uns verschlossen. Eine Pantheons- bzw. Thronratskonzeption mit Dušara an der Spitze lassen die Inschriften CIS II 350 »die Ordnung des Dušara, seines Thrones und aller Götter...« und RES 1401, in der ein Segenswunsch »vor Dušara und der Gesamtheit der Götter« *(qdm dwšr' w'lhy' klhn)* ausgesprochen wird, erkennen.[22]

Als wichtige nabatäische Gottheiten sind zu nennen die Schicksalsgöttin Manot, für die in der nabatäisch-griechischen Bilingue CIS II 109 Neme-

[21] Vgl. dazu demnächst E.A. Knauf, in: FS M. Lindner.

[22] Vgl. dazu E.A. Knauf, Zur nabatäischen Inschrift D 28 = RES 1401: ZDPV 106, 1990, 154f.

sis steht, und die Götter Šai al-Qaum (»Schützer des Kriegsvolkes«), Gad (»Glück«), Qaiša (»der Abmesser«) und Ṣa^{c}bu (»Glück«). Der Gott Hubal (»der Alte«) (CIS II 198; 158) stellt vielleicht die Personifikation eines Zuges des höchsten Gottes dar. Nur vermutungsweise identifizierbar ist al-Kutba als Göttin der Schreibkunst (Weisheit?) der Nabatäer.
Bedeutende Gottheiten nichtnabatäischen Ursprungs sind Isis, die z.T. mit Allat *(al-^{c}Uzza)* identifiziert wurde, und Baalšamin.
Neben den Götterbildern und den häufigeren Betylen gewähren Terrakotten von Göttern und Göttinnen einen Einblick in die Frömmigkeit der Mittel- und Unterschicht des Volkes. Die Götterterrakotten sind als Votivgaben zu verstehen. Nur in seltenen Fällen lassen sich die Göttinnen und Götter, die sie repräsentieren, namentlich identifizieren. Dies ist der Fall bei der Darstellung der trauernden Isis, des Isis-Sohnes Harpokrates und vielleicht des Dušara. Nicht eindeutig identifizierbar ist eine sitzende Göttin, die einen Granatapfel in der Linken trägt und mit der Rechten segnet. Da die Göttin nackt ist, denkt man an Aphrodite, die mit der Göttin *al-^{c}Uzza* geglichen wird. In diesem Zusammenhang deutet man auch das Bild eines stehenden nackten Knaben, der der Göttin ähnelt und deshalb als ihr Sohn (Eros) angesehen wird.
In einem eigenen Kapitel ist die Divinisierung der nabatäischen Könige nach ihrem Tode, wie sie im Falle Obodas III. (30-9. v. Chr.) erstmals belegt ist, anzusprechen.[23]

7.2 Der Kult

7.2.1 Tempel und Heiligtümer

Th. A. Busink, Der Tempel von Jerusalem 2, Leiden 1980, 1252-1320. – G. Dalman, Petra und seine Felsheiligtümer, Leipzig 1908, 64-98.103-360. – Ders., Neue Petra-Forschungen und der Heilige Felsen von Jerusalem, Leipzig 1912, 28-44. – K.St. Freyberger – M. Sharp Joukowsky, Blattranken, Greifen und Elephanten. Sakrale Architektur in Petra, in: Th. Weber – R. Wenning, Petra, Mainz 1997, 71-86. – K. St. Freyberger, Die frühkaiserzeitlichen Heiligtümer der Karawanenstationen im hellenisierten Osten (DaF 6), Mainz 1998, 6-26. – N. Glueck, Deities and Dolphins, New York 1965. – Ph. Hammond, Die Ausgrabung des Löwen-Greifen-Tempels in Petra (1973-1983), in: M. Lindner, Petra. Neue Ausgrabungen und Entdeckungen, München 1986, 16-30. – M. Lindner, Ein nabatäisches Heiligtum oberhalb der Nischenklamm *(Sidd el-Ma^{c}āǧīn)* von Petra (Jordanien): ZDPV 106, 1990, 145-154. – K. Matthiae, Die Tholos der *Ḫazne*-Fassade in Petra: ZDPV 111, 1995, 151-161. – J. McKenzie, The Architecture of Petra, Oxford 1990, 135-140. – A. Negev, The Temple of Obodas: Excavations at Oboda in July 1989: IEJ 41, 1991, 62-80. – M. Sharp Joukowski, Archaeological Survey of the Southern Temple at Petra: Syr 72, 1995, 133-142. – R. Wenning, Die Nabatäer – Denkmäler und Geschichte (NTOA 3), Freiburg – Göttingen 1987, 224-245. – Ders., Maskierte Götter?, in: K. Rudolph – G. Rinschede (Hg), Beiträge zur Religion/Umwelt-Forschung I (Geographia Religionum 6), Berlin 1989, 243-260. –

[23] → 7.3.2.1.

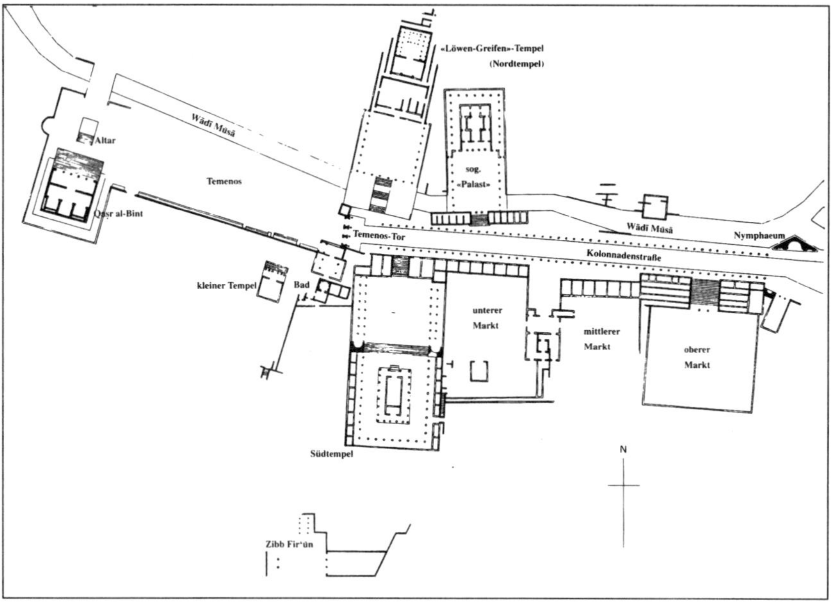

Abb. 22: Tempel des Dušara, Nordtempel und Südtempel in Petra

Ders., Bemerkungen zur Gesellschaft und Religion der Nabatäer, in: R. Albertz (Hg), Religion und Gesellschaft (AOAT 248), Münster 1997, 177-201, bes. 183-190. – F. Zayadine, Recent Excavation and Restauration at Qasr el Bint of Petra: ADAJ 29, 1985, 239-249; pls. LV-LXV.

In der nabatäischen Religion sind drei Arten von Tempeln und Heiligtümern zu unterscheiden: 1. Tempel für die Götter; 2. Heiligtümer für die Götter unter freiem Himmel und 3. Totentempel für den königlichen Totenkult.

Unter der ersten Kategorie sind der syrische und der arabische Tempeltyp voneinander zu differenzieren. Die Ausgrabungen von Petra haben gezeigt, daß beide in derselben Stadt vorkommen (Abb. 22).

Der dem Gott Dušara geweihte Tempel (Qasr el-Bint) gehört dem syrischen Tempeltyp an. Datiert wird der Tempel in das 1. Jh. v. Chr., näherhin in die Zeit Aretas IV. (9/8 v. Chr. – 39/40 n. Chr.). Der Tempel hatte Bestand bis ca. 250 n. Chr.

In einem Temenos von 180 m x 180 m liegt ein quadratischer Bau von 32 m x 32 m. Der Bau liegt auf einem 3 m hohen Podium und stellt einen dreigeteilten Sakralbau mit den Elementen Pronaos, Naos und Adyton mit zwei Nebenräumen dar.

Im Adyton erhob sich ein 1,40 m hohes Podium, welches über 7 Stufen erstiegen werden konnte (vgl. das Podium in ed-Deir). Hierauf stand das Kultbild, zu dem wohl die überlebensgroße Marmorhand, die an der Nordost-Ecke des Podiums gefunden worden ist, gehört. Diese Hand

läßt auf ein anthropomorphes Kultbild des Dušara schließen, wohingegen die Meinung, es habe dort ein Betyl des Dušara gestanden, sich nur auf eine mittelalterliche Überlieferung im Lexikon des Suidas stützen kann.[24] Daß der Tempel dem Dušara geweiht war, geht aus der Nennung des Zeus Hypsistos, der dem Gottesnamen Dušara entspricht, hervor.
Von den beiden seitlich gelegenen Nebenräumen führen Treppen auf das Dach des Tempels. Ob diese Nebenräume auch dem Kult von Göttern oder Göttinnen bzw. anderen kultischen Zwecken dienten, ist umstritten.
Vor dem Tempel stand ein quadratischer Altar (12 m x 13,80 m bei 3 m Höhe), der der Darbringung der größeren Opfer diente. Über Treppen wurde er vom Eingang des Tempels aus bestiegen. Im Temenos waren Sitze für die Abhaltung von Kultmählern angebracht (vgl. auch den Tempel von Si^{c}). Die Tempelcella war außer auf der Eingangsseite von einer Säulenhalle umgeben.
Den arabischen Tempeltyp repräsentiert in Petra der Löwengreifen-Tempel, der auch als Nordtempel bezeichnet wird. Sein Name Löwengreifen-Tempel verdankt sich den Kapitellen der Säulen der Altarumrundung, die geflügelte Löwen mit Greifenklauen abbilden. Mit seinem Bau wurde bald nach dem Bau des Qasr el-Bint begonnen, benutzt war er bis um 110/114 n. Chr. Im Erdbeben von 363 n. Chr. wurde er zerstört. Betreten wurde der Tempel über einen monumentalen Aufgang vom Cardo aus, der über den Mosebach hinwegführte und sich auf einer Länge von ca. 80-90 m erstreckte. Der Tempel stellt einen rechteckigen, zweigeteilten Bau dar. Auf die 9,58 m lange Vorhalle folgte eine quadratische Cella von 17,42 m x 17,42 m. Das Besondere dieser Cella besteht in ihrem freistehenden, von Säulen umgebenen Podium. Das 1,31 m hohe Podium konnte von beiden Seiten auf Stufen erstiegen werden. Hinten auf der Plattform war ein Raum mit Regalen, der von einer Tür verschlossen war. Dieser Raum diente wohl als Aufbewahrungsort für Kultgegenstände. Das Podium war der Standort des Götterbildes bzw. des Kultsymbols. Das freistehende Podium konnte in Prozessionen oder in Tänzen in einem rituellen Umlauf *(ṭawāf)*, wie er aus den arabischen Religionen bis hin zum Islam mehrfach bekannt ist, umschritten werden.
Die Funde von Vorhanghaken aus Blei deuten vielleicht daraufhin, daß die drei einsehbaren Seiten des Podiums durch einen Vorhang den Blicken entzogen waren.
Verehrt wurde im Löwengreifen-Tempel wohl die Göttin Allat *(al-^{c}Uzza)*.
Nördlich und westlich des Tempels lagen Werkstätten und Priesterwohnungen. Weitere nabatäische Tempel des arabischen Typs mit freistehendem Podium existieren in der Nabatene, so in er-Ram, Khirbet et-Tannur, Qasrawat und Serab sowie im Hauran (Sur, Souweida, Si^{c} und Sahr).

[24] Vgl. A. Adler (Hg), Suidae Lexicon II (Lexicographi Graeci I), Leipzig 1931, 713 Nr. 302.

Dem Löwengreifen-Tempel gegenüber stand auf der anderen Seite der Via Sacra der Südtempel. Zu diesem ging eine Treppe, die zu einem mit einer Säulenhalle umgebenen Temenos von 70 m x 65-70 m führte. Über eine zweite Treppe gelangte man zu einem weiteren Temenos von 28 m x 40 m. Hierin erhob sich der Langhaustempel, der von Säulen umgeben war und an seinem Südende ein Adyton aufwies. Dieses war ein Einbau von 5 m Tiefe, 10 m Breite und 9 m Höhe, der oben durch ein Gewölbe abgeschlossen war. Von beiden Seiten konnte man über Treppen auf diesen Einbau hinaufsteigen. Zeitlich läßt sich der Südtempel nicht genau festlegen, außer daß man seinen Bau in die frühe Kaiserzeit ansetzt. Genutzt wurde er bis in die spätrömisch-byzantinische Zeit. Die Zuweisung des Tempels an eine bestimmte Gottheit, z.B. an die Tyche von Petra, muß offenbleiben.

Die offenen Heiligtümer finden sich fast nur in Petra selbst. Es handelt sich dabei um ca. 40 Kultplätze unter freiem Himmel, die alle ungefähr dieselbe Einrichtung aufweisen: Altäre, Betyle, Libationsbecken und Bi- bzw. Triklinien. Alles ist aus dem Fels herausgeschlagen und nichts gemauert. Einen guten Überblick zur Vielfalt dieser Heiligtümer gibt G. Dalman: »Allgemein gültige Vorschriften für die Herrichtung der Heiligtümer kann es nicht gegeben haben; denn nicht zwei sind darin gleich. Auch die Himmelsrichtung war nicht von entscheidender Bedeutung, die Heiligtümer folgen in ihrer Richtlinie stets den lokalen Verhältnissen. Das gottesdienstliche Bedürfnis scheint das einzige gewesen zu sein, was feststand. Man bedurfte einer Möglichkeit, vor der heiligen Handlung die notwendige Lustration zu vollziehen, einer Vergegenwärtigung der Gottheit, angesichts deren die Schlachtung statthaben, vor der Spenden ausgegossen werden konnten, eines Ortes für aufzustellende Weihegaben und eines Platzes zum Opfermahle unter freiem Himmel oder auch zum Schutz vor Sonnenglut und Regen in einer gedeckten Felsenkammer. Zuweilen fehlen in der Umgebung der Opfermahlstätten erkennbare Gottheitssymbole. Dann könnten sie ursprünglich vorhanden gewesen sein und nur in einem in der Nähe aufgestellten, nicht ausgehauenem Objekt bestanden haben. Wenn die kultischen Handlungen einer astralen Gottheit galten, war das Vorhandensein eines eigentlichen Kultbildes ohnedies nicht notwendig.«[25]

Im Verhältnis zu den Tempeln sind die Kultplätze vielleicht älter. Ein weiterer Unterschied zu den Tempeln besteht in der religiösen Trägergruppe der Heiligtümer.

Weisen die Tempel eine Priesterschaft auf, die den offiziellen Kult verwaltete, so lag die Kultausübung an den offenen Heiligtümern bei den Sippen und Clans. Im Unterschied zu den Tempeln waren die offenen Heiligtümer versteckt, besonders auf den Höhen. Hier konnte zudem keine große Zahl von Teilnehmern dem Kult beiwohnen.

[25] Dalman, Petra 68.

Umgekehrt wird man nicht sagen können, daß an den offenen Heiligtümern andere Gottheiten als in den Tempeln verehrt wurden. Ausweislich der Betyle wurden an einigen dieser Heiligtümer *al-ᶜUzza* und Dušara verehrt. Somit besteht weder auf der Ebene der Religionsausübung noch auf der Ebene der Götter und Göttinnen eine Konkurrenz zwischen beiden Typen von Heiligtümern. Innerhalb der nabatäischen Religion haben die offenen Heiligtümer ihren Ort im Wallfahrtswesen. Zu bestimmten Familienfesten kamen die Familien an gewissen heiligen Orten in Petra zu Opfer und Mahl zusammen.
Die an die dritte Stelle gehörenden königlichen Totentempel haben ihren Ort im Bereich des königlichen Totenkultes und sollen deshalb erst dort besprochen werden.[26]

7.2.2 Kultstelen und Götterbilder

G.W. Bowersock, The Cult and Representation of Dusares in Roman Arabia, in: Petra, 31-36. – G. Dalman, Petra und seine Felsheiligtümer, Leipzig 1908, 53-56.70-78.83-89.103-360. – Ders., Neue Petra-Forschungen und der Heilige Felsen von Jerusalem, Leipzig 1912, 44-49.53-56. – H. Donner, Isis in Petra, Leipzig 1995. – H.J.W. Drijvers, Art. Dusares, in: LIMC III/1, 1986, 670-672; III/2, 1986, 532. – N. Glueck, Deities and Dolphins, New York 1965. – Ph.C. Hammond, Ein nabatäisches Weiherelief aus Petra, in: Die Nabatäer (Kunst und Altertum am Rhein 106), Bonn 1981, 137-141. – U. Hübner – Th. Weber, Götterbüsten und Königsstatuen, in: Th. Weber – R.Wenning (Hg), Petra, Mainz 1997, 111-125. – M. Lindner, Eine *al-ᶜUzzā*-Isis-Stele und andere neu aufgefundene Zeugnisse der *al-ᶜUzzā*-Verehrung in Petra (Jordanien): ZDPV 104, 1988, 84-91. – H. Merklein, Dušara-Idole in den Heiligtümern vom *Bāb es-Sîq* und von *el-Medras,* in: M. Weippert – S. Timm (Hg), Meilensteine. FS H. Donner (ÄAT 30), Wiesbaden 1995, 109-120. – A. Negev, Obodas the God: IEJ 36, 1986, 56-60. – J. Patrich, The Formation of Nabatean Art, Jerusalem – Leiden 1990, 50-114. – M.-J. Roche, Niches à betyles et monuments apparentés à Pétra (Thèse Université Paris X), Paris 1985. – J. Starcky, Art. Allath, in: LIMC I/1, 1981, 564-570; I/2, 1981, 424-430. – T. tam Tinh, Remarques sur l'iconographie de Dusarès, in: Petra, 107-113. – R. Wenning, Maskierte Götter, in: K. Rudolph – G. Rinschede (Hg), Beiträge zur Religion/Umwelt-Forschung I (Geographia Religionum 6), Berlin 1989, 243-260. – Ders., Das Ende des Nabatäischen Königreichs, in: A. Invernizzi – J.-F. Salles (Hg), Arabia Antiqua (Serie Orientale Roma LXX, 2), Rom 1993, 81-103. – F. Zayadine, Art. Al-ᶜUzza Aphrodite, in: LIMC II/1, 1984, 167-169; II/2, 1984, 169f. – Ders., Tempel, Gräber, Töpferöfen, in: M. Lindner (Hg), Petra – Neue Ausgrabungen und Entdeckungen, München 1986, 214-269. – Ders., The god(ess) (sic!) Aktab-Kutbay and his (her) Iconography, in: Petra, 37-51. – Ders., L'iconographie d'Isis à Pétra, in: Mélanges de l'Ecole Française de Rome. Antiquité 103,1, 1991, 283-306.

Die Verehrung von Göttern in Stelen läßt sich in Syrien-Palästina bis in das 5. vorchr. Jt. zunächst über Ausgrabungen, seit dem 2. Jt. v. Chr. auch über Texte zurückverfolgen.

[26] → 7.3.2.2.

Nabatäische Betyle sind teilweise freistehend, teilweise nur reliefartig ausgehauen. Es handelt sich um reliefartige Steinblöcke, entweder ohne Verzierung oder mit angedeutetem bzw. mit ausgeführtem Gesicht. Ein Betyl steht zumeist in einer Kultnische, die durch seitliche Säulen und (Rund-)Bögen als Ädikula gestaltet ist. In einer solchen Ädikula können mehrere Betyle zusammenstehen.
Freistehende Betyle stehen auf einem Thron *(motab)*, woraus die Gleichrangigkeit des Betyls zu einem Götterbild deutlich wird. Der Thron selbst kann ebenfalls kultisch verehrt werden (CIS II 198; 350). Die freistehenden Betyle wurden auch in Prozessionen mitgeführt. An den offenen Heiligtümern sind Aussparungen im Fels für die Einstellung eines transportablen Betyls zu sehen.
Anthropomorphe Götterbilder sind mit den Götterterrakotten, dem Kultbild des Gottes Dušara im Qasr el-Bint und in Khirbet et-Tannur, der Göttin Allat-Tyche von er-Ram und in den Totentempeln der divinisierten Könige gegeben, wo die Vorrichtungen für die Installation eines anthropomorphen Bildes unübersehbar sind. Dies ist der Fall in ed-Deir, in der Obodas-Kapelle und im Urnengrab.
Was die Entwicklungsgeschichte beider religiöser Bildträger angeht, so stellen die Betyle das alte arabische Erbe der nabatäischen Religion dar. In augusteischer Zeit wurden unter Obodas III. (30 – 9 v. Chr.) und Aretas IV. (9/8 – 39/40 n. Chr.) die nabatäischen Götter in der Form griechischer Götterbilder anthropomorph abgebildet und die Götter selbst auch mit griechischen Namen bezeichnet. Daneben blieben die Betyle bestehen. Eine stärkere Betonung der Betyle, allerdings nicht auf Kosten der Götterbilder, läßt sich unter Rabbel II. (70/71 – 106 n. Chr.) beobachten.
Ein theologischer Unterschied zwischen Stelen und anthropomorphen Bildern ist für die nabatäische Religion weder aufgrund der Inschriften noch anhand der archäologischen Befunde plausibel zu machen. Eher ist eine Gleichrangigkeit beider Kultobjekte anzunehmen, zumal sie in Tempeln und Heiligtümern von Petra kultisch verehrt wurden. Eine gewisse Annäherung zwischen Stelen und anthropomorphen Götterfiguren kann darin gesehen werden, daß Betyle Gesichtszüge aufweisen können, d.h. in Richtung auf eine Anthropomorphie gestaltet sind. Die Koexistenz beider Bildträger ist als soziologisches Phänomen zu sehen: Die akkulturierte Schicht der Nabatäer bevorzugte die griechischen Götterbilder, weniger akkulturierte Schichten die Betyle.

7.2.3 Opfer und Dedikationen

G. Dalman, Petra und seine Felsheiligtümer, Leipzig 1908, 56-60.79-83. – Ders., Neue Petra-Forschungen und der Heilige Felsen von Jerusalem, Leipzig 1912, 49-53. – K. Dijkstra, Life and Loyalty (RGRW 128), Leiden 1995, 34-80. – I. Parlasca, Die nabatäischen Kamelterrakotten, in: M. Lindner (Hg), Petra – Neue Ausgrabungen und Entdeckungen, München 1986, 200-213. – Dies. – S.G. Schmid –

F. Zayadine – K. ᶜAmr – R. Rosenthal-Heginbottom, Terrakotten, Trinkschalen und Goldschmuck, in: Th. Weber – R. Wenning (Hg), Petra, Mainz 1997, 126-144.

Aus der nabatäischen Religion sind keine Rituale überliefert, so daß man sich, um Einblicke in das Opferwesen zu gewinnen, an die archäologischen Funde und ihre allgemeine Ausdeutung im Kontext der nordwestsemitischen Religionsgeschichte halten muß.
Für die Dokumentation der Opferpraxis relevante Funde sind Altäre, Weihrauchaltäre und Libationsbecken sowie Betyle und Götterfiguren als Objekte der Beopferung. Als Opfermaterie kommen grundsätzlich neben Weihrauch und vegetabilen Opfern noch Ziegen und Kamele, sowie Wein und Öl in Frage. Funde von Kamelterrakotten werden als Weihegeschenke gedeutet. Daß es solche Weihen von Kamelbildern an Gottheiten gab, zeigt eine nabatäische Weihinschrift aus Puteoli (CIS II 157). In Altsüdarabien sind auch Kamelopfer für Götter und divinisierte Ahnen belegt.[27]
Eine fragmentarische Inschrift aus dem Löwengreifen-Tempel demonstriert, daß auch Silber und Gold bzw. Silber- und Bronzegeld in die Tempel gelangte. Desweiteren macht diese Inschrift deutlich, daß diese Gelder sowie Nahrungsmittel an das Kultpersonal ausgeteilt wurden.[28] Einige Inschriften belegen einen Übergang von der Opfer- zur Votivreligion, wie er zeitgenössisch auch in Palmyra[29] und Hatra[30] aufgewiesen wurde.

7.2.4 Kultmähler

G. Dalman, Petra und seine Felsheiligtümer, Leipzig 1908, 79-98. – Ders., Neue Petra-Forschungen und der Heilige Felsen von Jerusalem, Leipzig 1912, 28-44. – O. Eissfeldt, Neue Belege für nabatäische Kultgenossenschaften, in: KS 5, Tübingen 1973, 127-135. – R. Wenning, Bemerkungen zur Gesellschaft und Religion der Nabatäer, in: R. Albertz (Hg), Religion und Gesellschaft (AOAT 248), Münster 1997, 177-201, bes. 179-194.

Die Institution des Kultmahls begegnet bei den Nabatäern in Petra und im Negev epigraphisch unter dem Terminus *mrzḥ*. Dazu treten archäologische Funde (Bi- und Triklinien) aus Petra und nabatäischen Tempeln außerhalb von Petra. Aus dem Sakralbezirk von ed-Deir stammt folgende Inschrift:

dkyr ᶜbydw br zq`
wḥbrwhy mrzḥ ᶜbdt
`lh`

[27] Vgl. B. Vogt, Death, Resurrection and the Camel, in: N. Nebes (Hg), Arabia Felix. FS W.W. Müller, Wiesbaden 1994, 279-290.

[28] Vgl. P.C. Hammond – D.J. Johnson – R.N. Jones, A Religio-Legal Nabataean Inscription from the Atargatis/Al-ᶜUzza Temple at Petra: BASOR 263, 1986, 77-80; R.N. Jones, A New Reading of the Petra Temple Inscription: BASOR 275, 1989, 41-46.

[29] → II.B 4.1.2.3.

[30] → II.B. 4.2.2.3.

Grundsätzlich sind zwei Übersetzungen möglich. Die erste stammt vom Entdecker und Erstbearbeiter G. Dalman:

> Gedacht werde des ᶜUbaidu, Sohn des Ziḳḳā,
> und seiner Genossen, der Opfergesellschaft von ᶜObodat,
> dem Gotte.[31]

Bei dieser Übersetzung ist *mrzḥ* als Apposition zu *ḥbr* aufzufassen, so daß ᶜUbaidu und seine Genossen den *mrzḥ* des Gottes Obodas bilden. Dieses *mrzḥ* -Vereines wird also in dieser Inschrift gedacht.
Als Alternative dazu ist jedoch auch folgende Möglichkeit zu berücksichtigen:

> Gedacht werde des ᶜUbaidu, Sohn des Ziḳḳā,
> und seiner Genossen. Der *mrzḥ* des ᶜObodat,
> des Gottes.

In diesem Falle wäre der unter dem Patronat des Obodas stehende *mrzḥ* -Verein der Auftraggeber des Gedenkens. Im Kultmahlverein des Obodas wurde folglich neben anderen Aktivitäten der verstorbenen Mitglieder, Ubaidu und seiner Genossen, gedacht und hierfür eine Inschrift installiert. Hierin zeigt sich das Totengedenken als Anliegen eines *mrzḥ*-Vereines.
Weitere nabatäische *mrzḥ*-Inschriften stammen neben Petra und Umgebung aus dem Negev, wo sie auf den Außenseiten steinerner Tröge geschrieben stehen. Hier findet sich der Titel *rb mrzḥ* für den Leiter des Kultmahlvereins, die Bezeichnung *bny mrzḥ* und *ḥbr mrzḥ* für die Mitglieder des Vereins und die Nennung des Gottes Dušara als Patron eines *mrzḥ*-Vereins.
Was die Deutung des *mrzḥ* in der nabatäischen Religion angeht, so ist in Kontinuität zu den Befunden in Ugarit und Israel der Kontext des Totengedenkens nicht zu übersehen. Vor allem aber sind zu nennen die Verehrung bestimmter Gottheiten, das Abhalten sakraler Mahlzeiten bzw. Trinkgelage, aber auch politische Aspekte wie die Rechenschaftsablegung des Königs sowie die durch *mrzḥ*-Vereine erfolgten Stiftungen.
Charakteristisch für das *mrzḥ*-Wesen ist die in Petra vorfindbare enge architektonische Zuordnung von *mrzḥ*-Räumen zu den Grabanlagen. Dazu gehört u.a. die Ausstattung mit Banketträumen der Totentempel von Avdat und ed-Deir, des Statuengrabes und der Obodas-Kapelle.
Daneben aber gibt es – vergleichbar mit Palmyra und der Palmyrene[32] – *mrzḥ*-Räume bei den Tempeln, so am Qasr el-Bint und in Khirbet et-Tannur.

[31] Dalman, Petra-Forschungen 92-94 Nr. 73 und Abb. 67; J. Cantineau, Le Nabatéen II, Paris 1932, 6f.
[32] › II. B. 4.1.2.4.

7.3 Der Bereich des Todes

7.3.1 Bestattungen und Totenpflege

J. McKenzie, The Architecture of Petra, Oxford 1990, 113-118. – A. Schmidt-Colinet, Nabatäische Felsarchitektur, in: Die Nabatäer (Kunst und Altertum am Rhein 106), Bonn 1981, 61-102. – Ders. – Th. Weber – J. Zangenberg, »Arabischer Barock«. Sepulkralkultur in Petra, in: Th. Weber – R. Wenning (Hg), Petra, Mainz 1997, 87-98. – R. Wenning, Die Nabatäer – Denkmäler und Geschichte (NTOA 3), Freiburg – Göttingen 1987. – J. Zangenberg, Nabatäische Bestattungssitten, in: M. Lindner – J.P. Zeitler (Hg), Petra Königin der Weihrauchstraße, Fürth o.J. [1991], 79-82. – B. Stoll – U. Schmidt, Senkgräber und Schachtgräber in und um Petra, in: ibid. 83-88.

Anläßlich der Bestattung hüllten die Nabatäer ihre Toten in Tücher oder Säcke und legten sie teilweise in Särgen in ein Erd- oder Felsgrab. Der Unterschied dieser beiden Grabformen ist schichtspezifisch zu verstehen: Felsgräber sind in ihrer Erstellung erheblich aufwendiger und teurer als Erdgräber und insofern ein Privileg der Oberschicht. Erdgräber sind hingegen schnell ausgehoben und für jeden erschwinglich. Von diesen Senkgräbern sind die Schachtgräber zu unterscheiden. Diese haben einen Abstiegsschacht zu einer unterirdischen Felskammer, die Bestattungsloculi aufwies. Der Verschluß des Schachtes wurde mittels einer Steinplatte vorgenommen.

Die als Felskammergräber gestalteten Gräber der Oberschicht stellen große Anlagen von Sippen dar, die Begräbnisstätten und Räume für die Totenpflege (*mrzḥ*-Räume) vereinigen. Im einzelnen finden sich hier eine zentrale Grabkammer, Seitennischen mit Loculi, ein Hof mit einem Portikus und Triklinien. Den Grabfassaden zufolge lassen sich Giebelgräber, Treppengräber und Zinnengräber unterscheiden. Diese Grabtypen lassen Rückschlüsse auf die in diesen Gräbern bestattete soziale Schicht zu. So werden die Giebelgräber dem Königshaus, die Treppengräber der Oberschicht und die Zinnengräber der Mittelschicht zugewiesen.

Mit Ausnahme der Könige, die nach ihrem Tode als divinisiert galten, wurden die Toten nicht als Statuen oder Reliefs dargestellt, sondern in der Gestalt eines *npš*-Pfeilers symbolisiert. Dabei steht *npš* für den Totengeist der Verstorbenen.

Die Gräber wurden als »Haus der Toten« betrachtet, so daß die Toten in diesen Häusern als präsent gedacht wurden. Dementsprechend ist die Abhaltung eines *mrzḥ* am Grab, sei es unter freiem Himmel, sei es in den vorgegebenen Bi- und Triklinien, als Akt der Totenpflege anzusehen, in dem die Totenspeisung erfolgte. Zum *mrzḥ* versammelten sich die Familien der Verstorbenen zu bestimmten Feier- und Gedenktagen zum Essen und Trinken. Bei den Schachtgräbern, die in ihrer Nachbarschaft keine *mrzḥ*-Räume aufweisen, fanden sich neben dem Eingangsschacht aus dem Fels gemeißelte Näpfe, vielleicht zum Abstellen der Opfergaben oder zum Libieren.

Als Grabbeigaben wurden den Toten Gefäße, Öllampen, Terrakotten, Bronzeschmuck und Bronzegegenstände mitgegeben. Es fanden sich auch Reste von Holzsarkophagen.

7.3.2 Königlicher Totenkult

7.3.2.1 Divinisierung der verstorbenen Könige

U. Hübner – Th. Weber, Götterbüsten und Königsstatuen, in: Th. Weber – R. Wenning (Hg), Petra, Mainz 1997, 111-125. – A. Negev, Obodas the God: IEJ 36, 1986, 56-60. – R. Wenning, Bemerkungen zur Gesellschaft und Religion der Nabatäer, in: R. Albertz (Hg), Religion und Gesellschaft (AOAT 248), Münster 1997, 177-201, bes. 183-194.

Von den Königen der Nabatäer wurde Obodas III. (30 – 9 v. Chr.) nach seinem Tode divinisiert. Dies zeigen die Inschriften aus Avdat und aus der Obodas-Kapelle bei Petra (CIS II 354). Von allen anderen Nabatäerkönigen ist eine explizite Nennung ihres göttlichen Status nicht bekannt. Allerdings ist auch für andere Nabatäerkönige die Möglichkeit ihrer Divinisierung zu berücksichtigen; dafür sprechen die Existenz von Totentempeln und Kultstatuen. Gerade für die nach Obodas III. regierenden Könige stellt sich die Frage, ob diese nach ihrem Tode nicht auch divinisiert wurden. So stellen ein erstes einschlägiges Indiz hierfür die theophoren Elemente derjenigen nabatäischen Personennamen dar, die anstelle eines Götternamens einen Königsnamen aufweisen. Hierbei finden sich die Königsnamen Obodas *(ᶜbdt)*, Aretas *(ḥrtt)* und Rabbel *(rb`l)*. Desweiteren ist auf die Funde von Königsstatuen einzugehen, die zum großen Teil aus dem Temenos des Dušara-Tempels stammen und somit die Divinisierung der verstorbenen Könige bezeugen.[33]

7.3.2.2 Bestattung und Kult der divinisierten Könige

G. Dalman, Neue Petra-Forschungen und der Heilige Felsen von Jerusalem, Leipzig 1912, 59-78. – K. St. Freyberger, Die frühkaiserzeitlichen Heiligtümer der Karawanenstationen im hellenisierten Osten (DaF 6), Mainz 1998, 115f. – K. Matthiae, Die Tholos der *Ḫazne*-Fassade in Petra: ZDPV 111, 1995, 151-161. – J. McKenzie, The Architecture of Petra, Oxford 1990. – A. Negev, Obodas the God: IEJ 36, 1986, 56-60. – Ders., The Temple of Obodas: Excavations at Oboda in July 1989: IEJ 41, 1991, 62-80. – R. Wenning, Die Nabatäer – Denkmäler und Geschichte (NTOA 3), Freiburg – Göttingen 1987, 263-267.275-287. – Ders., Bemerkungen zur Gesellschaft und Religion der Nabatäer, in: R. Albertz (Hg), Religion und Gesellschaft (AOAT 248), Münster 1997, 177-201, bes. 183-194.

Als *Gräber nabatäischer Könige* werden folgende Anlagen in Avdat und in Petra identifiziert und zugewiesen.
Für Obodas III. (30 – 9 v. Chr.) wird eine Bestattung in Avdat im Negev

[33] Die Bestreitung der Divinisierung der nabatäischen Könige nach ihrem Tode durch K. Dijkstra, Life and Loyalty (RGRW 128), Leiden 1995, 57-60.319-321 kann angesichts dieser Fakten nicht überzeugen.

diskutiert. Diese Auffassung begegnet im spätmittelalterlichen Etymologicon magnum des Stephanus von Byzanz.[34] Jaussen-Sauvignac hielten die am Abhang der Akropolis von Avdat gelegene en-Nusra-Grabhöhle für die Begräbnisstätte Obodas III. Diese Meinung fand weitere Anhänger,[35] allerdings deuten die hier gemachten Funde eher auf die spätrömisch-byzantinische Zeit hin.

Es wird auch das Korinthische Grab in Petra mit der Bestattung Obodas III. in Verbindung gebracht, wobei nicht klar ist, ob hier die Mitglieder seiner Familie oder auch Obodas III. selbst bestattet wurde. In seinem Innern weist das Korinthische Grab vier Grabnischen für die Aufnahme von Sarkophagen sowie einen Loculus auf.

Was die Khazne angeht, so besteht die Möglichkeit, daß die im Zentralraum der Khazne befindlichen drei großen Nischen in den Wänden der Aufnahme von Sarkophagen dienten. Zugeschrieben wird die Khazne dem Totenkult Aretas III. (84 – 62/61 v. Chr.). Weiter zur Khazne gehörig ist das Triklinium BD I Nr. 65. Somit liegt mit der Khazne ein Beispiel für die Verbindung von Königsgrab, Totentempel und Triklinium vor.

Eine vergleichbare Verbindung dieser drei konstitutiven Elemente des nabatäischen Kultes der verstorbenen Könige weist das Urnengrab auf. Es diente der Bestattung und dem Totenkult Aretas IV. (9/8 v. Chr. – 39/40 n. Chr.). In den Nischen des Hauptraumes, der dem Totenkult gewidmet war, dürften die Sarkophage der königlichen Familie gestanden haben.

Die Bedeutung des Urnengrabes für den Kult von Petra ist darüber hinaus an der Tatsache ersichtlich, daß die Achse des Temenos des Dušara-Tempels zum Urnengrab, dem Totentempel Aretas IV. (9/8 v. Chr. – 39/40 n. Chr.), als eine Via Sacra ausgerichtet ist. Dies stellt eine durch den Bau des Temenostores erzielte Umorientierung dar, da der zwischen Dušara- und Löwengreifen-Tempels hindurchführende Cardo ursprünglich zum Korinthischen Grab, dem Totentempel seines Vorgängers Obodas III. (30 – 9 v. Chr.) führte.

Das Palastgrab stellt die Grablege Malichus II. (39/40 – 69/70 n. Chr.) und seiner Familie dar.

Beim letzten nabatäischen König, Rabbel II. (70/71 – 106 n. Chr.), ist der Bestattungsort nicht klar, da es eine Tradition gibt, derzufolge er in Bosra beigesetzt worden sein soll. Allerdings ist hier kein Königsgrab identifizierbar.

Alternativ dazu wird auch erwogen, das sog. Soldatengrab (BD I NR. 235/239) der Bestattung und dem Totenkult Rabbels II. zuzuschreiben. Für die Deutung der Anlage als königliche Grablege sprechen »u.a. die räumliche Großzügigkeit, die Auflassung alter Gräber, die Pracht der Anlage, ihre Abgeschlossenheit und Sicherung, die Lage nahe Zibb ᶜAṭūf ... .«[36] In der

[34] Vgl. A. Meinecke (Hg), Stephan von Byzanz, Ethnika, Berlin 1849 (= Graz 1958) 482, 15-16.

[35] Vgl. Negev, Temple of Obodas 62.

[36] Wenning, Die Nabatäer 251.

Grabkammer finden sich drei Nischen an der Nordwand und eine Grabkammer in der Südwand. Zu dieser Anlage gehören der vorgelegte Peristylhof und ein Triklinium. In der Mittelnische der Rückwand der Grabkammer könnte die Kultstatue Rabbels II. gestanden haben.
Tempel für den königlichen Totenkult lassen sich nicht für alle Könige der Nabatäer nachweisen. Führt man sich die Liste der Könige vor Augen, so stellt man fest, daß unter Aretas III. (60 – 59 v. Chr.) mit der Khazne ein königlicher Tempel-Grab-Komplex am Ausgang des Siq nach Petra errichtet wurde. Die Khazne enthielt in den Nischen des Hauptraums wohl die Sarkophage des Königs bzw. weiterer Angehöriger der königlichen Familie. Mit zur Gesamtanlage der Khazne gehört das gegenüberliegende Triklinium für die Abhaltung sakraler Mähler.
Die unter den Nachfolgern Malichus I., Obodas III. (30 – 9 v. Chr.) und Aretas IV. (9/8 v. Chr. – 39/40 n. Chr.) einsetzende Urbanisierung Petras hatte zur Folge, daß jetzt für alle Könige von Petra vergleichbare Totentempel angelegt wurden. Allerdings stellen nicht alle von ihnen Nekropolen dar.
Dies gilt zunächst für die kultischen Anlagen Obodas III. (30 – 9 v. Chr.). Dieser fand nach seinem Tode sein Grab in Avdat oder im Korinthischen Grab. Auf diesen prominenten Charakter des Korinthischen Grabes deutet auch die Beobachtung, daß die Achse der vom Qasr el-Bint und Löwengreifen-Tempel zur Nekropolenwand el-Hubta laufenden Straße (sog. Cardo) ursprünglich auf das Korinthische Grab hin angelegt war.
Einen Tempel für den divinisierten Obodas III. stellt die sog. Obodas-Kapelle östlich des Djebel en-Nmeir dar. Der in den Felsen geschlagene Raum, dessen Vorbau noch zu untersuchen bleibt, weist auf seiner Rückwand eine vertiefte Nische auf. Darauf, daß hier das Bild des verstorbenen Königs verehrt wurde, deuten zum einen die Ausmaße der Nische von 1,85 m Höhe und 0,40 m Tiefe, die eine Statue in Menschengröße aufnehmen konnte, und zum anderen eine Inschrift unter der Decke der Obodas-Kapelle hin. »Dies ist das Bild des Gottes Obodas, welches gemacht haben die Söhne des Honeinu ...« (CIS II 354). Vor der Obodas-Kapelle liegt ein Sakralbezirk, der die kultische Einbindung der Obodas-Kapelle noch unterstreicht.
Außerhalb von Petra, in Avdat, findet sich ein weiterer Totentempel Obodas' III. Dieser ist aber nicht mit seinem Grab verbunden. Auch hierin wurde ein Bild des vergöttlichten Obodas III. verehrt.
Obodas' III. Nachfolger Aretas IV. (8/9 v. Chr. – 39/40 n. Chr.) ließ zu seinen Lebzeiten das sog. Urnengrab als Tempelgrab für sich erbauen. Das von Aretas IV. erbaute Temenostor weicht dann auch von der auf das Korinthische Grab hin ausgerichteten Achse des sog. Cardo ab und weist auf das Urnengrab hin.
Auch das dem Aretas-Nachfolger, Malichus II. (39/40 – 69/70 n. Chr.), zugeschriebene Palastgrab stellt eine Verbindung von königlichem To

tentempel und Königsgrab dar. Hier sind die Gräber für die Angehörigen der königlichen Familie als Senkgräber in den einzelnen Räumen des Palastgrabes angeordnet.
Hiervon unterscheidet sich wieder der chronologisch nächste Bau, ed-Deir. Dieses stellt den Totentempel für den in Bosra (?) bestatteten Rabbel II. (70/71 – 106 n. Chr.) dar. Insofern liegt eine Funktionsanalogie und zur Obodas-Kapelle vor, die ebenfalls keine Königsbestattung aufweist. In ed-Deir hat ebenfalls keine Bestattung stattgefunden. Auf dem durch eine Nische in der Hinterwand vertieften Podium könnte die Statue des divinisierten Königs gestanden haben. Andere Forscher nehmen an, daß hier ein Betyl errichtet war.

III. Ausblick: Religion in Israel und Juda

Die im vorliegenden Band unternommene Darstellung der »Religionen in Israels Umwelt« ist dergestalt angelegt worden, daß »ihr geheimes Zentrum«[1], d.h. die Religion in Israel und Juda völlig ausgeklammert wurde. Aus diesem Grunde soll ein kurzer Ausblick auf diese Religion den Band beschließen.[2]

Bei der Frage nach der Religionsgeschichte Israels und Judas geht es nicht nur um diverse Einzelheiten, sondern um die Rekonstruktion eines religionsgeschichtlichen Gesamtphänomens. Dazu benötigt man weitere religionsgeschichtliche Gesamtphänomene, die zeitlich, räumlich und sprachlich benachbart sind und anhand derer man den Aufbau von nordwestsemitischen Religionen während der Spätbronzezeit und im ersten vorchristlichen Jahrtausend studieren kann. Diese religionsgeschichtlichen Gesamtphänomene sind in den ersten beiden Teilen dieses Bandes vorgestellt worden. Während der letzten Jahrzehnte ist immer deutlicher geworden, daß sich die Ausformung der Religionen Israels und Judas nicht innerhalb eines historischen oder religionsgeschichtlichen Vakuums vollzogen hat. Aufgrund der Primärquellen, aber auch des Alten Testaments, ist für die Religionsgeschichte Israels und Judas vielmehr zu sehen, daß während der Königszeit (Israel ca. 1000-723/720 v. Chr.; Juda ca. 1000-587/86 v. Chr.) Israel und Juda syrisch-palästinensische Kleinstaaten darstellten, deren Religionen sich strukturell nicht von den Religionen zeitgenössischer phönizischer, aramäischer oder transjordanischer Königreiche unterschieden. Dabei bedeutet »strukturell«, daß jeweilige Lokalausprägungen in den verschiedenen Zentren Syrien-Palästinas nicht zu übersehen sind. So gibt es wie in diesem Band gesehen, nicht *die* phönizische oder *die* aramäische Religion und auch Israel und Juda sind in religionsgeschichtlicher Hinsicht keineswegs identisch.

Die offensichtliche Tatsache, daß in Jerusalem und Samaria JHWH als höchster Gott verehrt wurde, hat in Verbindung mit der Fiktion eines davidisch-salomonischen Großreichs, welches Israel mit einschloß, die meisten Forscher zu der Meinung verleitet, in Israel und Juda läge dieselbe Religion vor. Hier ist allerdings Vorsicht geboten. Bei der Verehrung JHWHs in Jerusalem und Samaria handelt es sich um zwei verschiedene Manifestationen des ursprünglich südpalästinensischen Wettergottes JHWH. Dieser wurde auf je eigene Art in Israel und Juda verehrt. Erst nach dem Untergang Israels kam es zu einer Identifikation bzw. zur Behauptung der Identität der JHWH-Verehrung in Jerusalem und Samaria. Daß in benachbarten Königreichen dieselbe Gottheit auf verschiedene Weise verehrt wurde und an der Spitze des Pantheons stand, ist kein un-

[1] F. Stolz, Probleme westsemitischer und israelitischer Religionsgeschichte: ThRu 56,1991, 1-26, hier 6.

[2] Vgl. zum folgenden H. Niehr, Auf dem Weg zu einer Religionsgeschichte Israels und Judas. Annäherungen an einen Problemkreis, in: B. Janowski – M. Köckert (Hg), Religionsgeschichte Israels. Formale und materiale Aspekte (VWGTh), Gütersloh 1999 [im Druck].

gewöhnliches Phänomen im 1. Jt. v. Chr. Man denke nur an die Verehrung des Gottes Hadad in den Aramäerstaaten Syriens.
Es ist aber wichtig, zwischen den Religionen Israels und Judas zu differenzieren, da die neueren Arbeiten zur hebräischen Philologie und zur Geschichte Israels immer mehr eine Differenzierung zwischen Israel und Juda hervorheben. Diese darf dann auch vom Religionshistoriker nicht übersehen werden. Diese ganzen Überlegungen lassen einen neuen Akzent bei der Bewertung der Religionen Israels und Judas setzen. Hatte man früher den besonderen, unableitbaren, mit den zeitgenössischen Religionen nicht vergleichbaren Charakter der Religionen Israels und Judas betont, so treten jetzt ebendiese sogenannten Umweltreligionen als unverzichtbar für die Entstehung und Ausprägung der Religionen Israels und Judas in unser Bewußtsein. Dies hat zur Folge, daß die Religionen Israels und Judas als syrisch-palästinensische Religionen nur auf dem Grundraster der hier vorgestellten zeitgenössischen Religionen Syrien-Palästinas verstehbar sind.
Mit den in diesem Band vorgestellten Religionen Syrien-Palästinas erhalten wir also die Parameter für die Erforschung und die Darstellung auch der Religionsgeschichte Israels und Judas. Dabei ist hinsichtlich der Vorgehensweise und der Quellenlage grundsätzlich zu unterscheiden zwischen einem Ausgangspunkt für eine Religionsgeschichte Israels und Judas auf der Basis des Alten Testaments und auf einer unabhängigen Basis.
Angesichts der wissenschaftlich geäußerten Kritik an der alttestamentlichen Geschichtsdarstellung scheint es nicht sinnvoll zu sein, die Raster der Religionsgeschichte Israels und Judas aus dem Alten Testament selbst zu übernehmen, da man so aller modernen Kritik an dieser Geschichtsdarstellung nach wie vor verhaftet bleibt. Das Ergebnis eines solchen Vorgehens wäre eine biblische Religionsgeschichte, die mit der wissenschaftlichen Rekonstruktion der Religionsgeschichte Israels und Judas nicht übereinstimmt.[3]
Es wäre also grundsätzlich falsch, einen Fixpunkt der (Religions-)Geschichte Israels oder Judas anhand des Alten Testaments auszuwählen und unter Ausgang von diesem Punkt dann die entsprechende (Religions-)Geschichte zu konstruieren. Einen derartigen Fixpunkt – so wurden etwa in der Vergangenheit der Exodus, das erste Gebot, oder der Tempelbau in Jerusalem gewählt – gibt es nicht. Vielmehr ist zu sehen, daß im vorisraelitischen Palästina der Mittel- und Spätbronzezeit das Phänomen Religion bereits existierte und diese Religion nicht einfach abbrach. Somit steht die Religionsgeschichte Israels und Judas in einem Kontinuum des Phänomens »Religion in Palästina« und bildet einen bestimmten Ausschnitt aus diesem Kontinuum.
Da sich die Frage des spätbronzezeitlichen Erbes in der Eisenzeit stellt

[3] Vgl. dazu O. Loretz, Ugariter, »Kanaanäer« und »Israeliten«: UF 24, 1992, 249-258.

und sich die Größen »israelitische« und »judäische« Religion erst im Rahmen vorgegebener Inhalte und Strukturen während des 1. Jt. v. Chr. entwickeln, ist das spätbronzezeitliche Palästina als zeitlicher und geographischer Ausgangspunkt einer Religionsgeschichte Israels und Judas in den Blick zu nehmen. Die oben angestellten Ausführungen zum religionsgeschichtlichen Kontext und zu den strukturellen Übereinstimmungen zwischen den Religionen Israels und Judas und denen Syrien-Palästinas zeigen die Perspektive auf, aus der heraus das Projekt einer Religionsgeschichte Israels und Judas betrieben werden muß. Diese Perspektive kann nicht vorgegeben sein durch die im Alten Testament entworfene Geschichte der biblischen Religion, d.h. durch die Binnenperspektive vornehmlich deuteronomistisch oder priesterlich orientierter Theologen des neubabylonischen Juda bzw. des perserzeitlichen Judäa. Vielmehr ist aufgrund der strukturellen Übereinstimmungen von einer Außenperspektive her vorzugehen, wie sie die Daten der nordwestsemitischen Religionen der Spätbronze- und Eisenzeit liefern. Die hierdurch ermittelten Parameter sind durch die moderne Religionswissenschaft gewonnen und insofern wissenschaftsgeschichtlich auch immer kritisch zu bewerten. Der Vorteil dieser Parameter liegt jedoch darin, daß dieses keinen vorwissenschaftlichen und unkritischen Grundsätzen verhaftet ist, wie dies der Fall ist bei dem antiken und zunehmend mehr als unhistorisch bewerteten Modell einer biblischen Religionsgeschichte, welches das Alte Testament bereitstellt. Es muß also versucht werden, religionswissenschaftlich verwendbare Allgemeinbegriffe, Kategorien und Klassifikationen zu gewinnen, die nicht aus nicht spezifisch alttestamentlichen oder aus theologischen Positionen heraus vorgegeben sind.

Die Anwendung der im vorliegenden Band angewendeten Parameter auf die Religionen Israels und Judas darf nun nicht auf der Überzeugung basieren, daß Israel und Juda lediglich Strukturen der syrisch-palästinensischen Religionen übernommen hätten. Die Religionen Israels und Judas sind vielmehr Lokalausprägungen des Phänomens Religionen in Syrien-Palästina, wie sie sich in einem bestimmten geographischen Bereich Syrien-Palästinas in einer bestimmten Zeit herausgebildet haben. Dabei ist schon darauf hingewiesen worden, daß es im spätbronzezeitlichen Palästina bereits Religion gegeben hat, so daß das spätbronzezeitliche Erbe hier auch mitzuberücksichtigen ist. Da wir es bei der Religionsgeschichte Israels und Judas mit einem sozialgeschichtlichen Thema zu tun haben, empfiehlt sich, um die gesamte Breite dieser Religionen einfangen zu können, nicht primär ein diachroner Längsschnitt, der die Ereignisse nachzeichnet, sondern eher der strukturelle Querschnitt, der die Lebensformen von Religionen auf der Ebene der *longue durée* demonstriert. Dieser kann dann in den Details diachron nach Epochen orientiert sein, wenn die Quellen ein derartiges Vorgehen ermöglichen.

Zur Freilegung dieses strukturellen Querschnitts hat man sich der Parameter zu bedienen, welche in diesem Band bereits auf die Religionen der nordwestsemitischen Völker angelegt wurden. Es darf also bei diesen Parametern nicht darum gehen, daß jede einzelne Religion (die der Ugariter, der Phönizier, der Aramäer, der Transjordanier, sowie Israels und Judas) ihre eigenen Parameter erhält. Dieses würde die Vergleichbarkeit und somit die Interpretierbarkeit dieser Religionen untereinander beschränken bzw. sogar unmöglich machen. Ein weiterer grundsätzlicher Vorteil über die Vergleichbarkeit hinaus liegt bei der Anwendung dieser Parameter darin, daß neue Erkenntnisse in vorhandene Kapitel gut eingearbeitet werden können und daß diese Parameter für die Aufnahme neuer Daten jederzeit erweiterbar sind.

Im Falle der Religionsgeschichte Israels und Judas wäre der diachrone Aspekt bzw. der Aspekt der Unterscheidung von Israel und Juda dadurch hervorzuheben, daß man zunächst in einem eigenen Punkt diese Parameter auf die Religion Israels während der Königszeit legt, sodann mit denselben Parametern die Religion Judas während der Königszeit durchmustert, um anschließend in einem weiteren Schritt mit demselben Raster die Religion Judas und Judäas während der neubabylonischen, persischen und hellenistischen bis in die römische Zeit bis zum Datum der Zerstörung des Zweiten Tempels zu untersuchen.

Was das Ergebnis einer derartigen Untersuchung angeht, so ergibt sich kein ein für allemal abgeschlossenes System oder Werk. Über die Funde neuer Quellen – textlicher und archäologischer – sowie über die Verfeinerung der analytischen Methoden der Religionsgeschichte und neue Fragestellungen ist eine kontinuierliche Erweiterung unseres Horizonts der antiken vorderasiatischen Religionen und damit auch der Religionsgeschichte Israels und Judas zu erwarten. Für diese letztgenannte Religionsgeschichte sind auch weitere exegetische Erkenntnisse am Alten Testament sowie zur Geschichte Israels und Judas von größter Bedeutung.

Nachweise der Zeichnungen und Karte

Abb. 1 aus: M. Yon (Hg), Arts et industries de la pierre (RSOu VI), Paris 1991, 6; Abb. 2 aus: M. Metzger, Kāmid el-Lōz 7. Die spätbronzezeitlichen Tempelanlagen (SBA 35), Bonn 1991, Tf. 20; Abb. 3. aus: W. Zwickel (Hg), Biblische Welten. FS M. Metzger (OBO 123), Freiburg – Göttingen 1993, 4; Abb. 4 und 6 aus: H. Weippert, Palästina in vorhellenistischer Zeit (HdArch Vorderasien II/1), München 1988, 278.287; Abb. 5 und 7 aus: W. Zwickel, Der Tempelkult in Kanaan und Israel (FAT 10), Tübingen 1994, 125.133.140.166; Abb. 8. aus: M. Dunand – N. Saliby, Le temple d'Amrith dans la pérée d'Aradus (BAH 121), Paris 1985, pl. LXII; Abb. 9 aus: R.A. Stucky, Tribune d'Echmoun, Basel 1984, 4; Abb. 10 aus: J.B. Pritchard, Recovering Sarepta, a Phoenician City, Princeton 1978, 132; Abb. 11, 12 und 13 aus: P. Werner, Die Entwicklung der Sakralarchitektur in Nordsyrien und Südostkleinasien (MVS XV), München 1994, Tf. 9.11.29; Abb. 14 und 18 aus: H. Stierlin, Städte in der Wüste: Petra, Palmyra und Hatra, Stuttgart – Zürich 1987, 130.194; Abb. 15 aus: P. Collart – J. Vicari, Le sanctuaire de Baalshamin à Palmyre 2 (BHR 10/2), Rom 1969, pl. I; Abb. 16 aus: G. Degeorge, Palmyre, Paris 1987, 114; Abb. 17 aus: M. Gawlikowski, Réflexions sur la chronologie du sanctuaire d'Allat à Palmyre, in: DaM 1, 1983, 64; Abb. 19 aus: A. Perrot – M. Chéhab – S. Moscati, Die Phönizier, München 1977, Abb. 332; Abb. 20 aus: J.-M. Dentzer – W. Orthman (Hg), Archéologie et histoire de la Syrie 2 (SVA 1), Saarbrücken 1989, 303; Abb. 21 aus: Y. Beit-Arieh, The Edomite Shrine at Ḥorvat Qitmit in the Judean Negev: TA 18, 1991, 96; Abb. 22 aus: Th. Weber – R. Wenning (Hg), Petra. Antike Felsstadt zwischen arabischer Tradition und griechischer Norm, Mainz 1997, 56. Die Karte Syrien-Palästinas ist aus: K. Galling (Hg), Biblisches Reallexikon, Tübingen ^{2}1977.

Verzeichnis der Abkürzungen

AA	Archäologischer Anzeiger
AAAS	Annales Archéologiques Arabes Syriennes
AAASH	Acta Archaeologica Academiae Scientiarum Hungaricae
(A)ASOR	(Annual of the) American Schools of Oriental Research
AA.VV.	Auctores Varii
ABD	Anchor Bible Dictionary
ABLAK	M. Noth, Aufsätze zur Biblischen Landes- und Altertumskunde, Neukirchen 1971
ABS	Archaeology and Biblical Studies
ACSF	Atti del Congresso di Studi Fenici e Punici
ADAJ	Annual of the Department of Antiquities of Jordan
ADPV	Abhandlungen des Deutschen Palästinavereins
ÄAT	Ägypten und Altes Testament
ÄuL	Ägypten und Levante
AfO Beih	Archiv für Orientforschung Beihefte
AHw	W. von Soden, Akkadisches Handwörterbuch, Wiesbaden 1965-1981
AION	Annali dell Istituto Orientale di Napoli
AK Beih	Antike Kunst Beihefte
Akk	Akkadica
AKM	Abhandlungen zur Kunde des Morgenlandes
ALASP(M)	Abhandlungen zur Literatur Altsyrien-Palästinas (und Mesopotamiens)
AM	Athener Mitteilungen
AnOr	Analecta Orientalia
ANRW	Aufstieg und Niedergang der römischen Welt
AO	Alter Orient
AOAT(S)	Alter Orient und Altes Testament (Sonderreihe)
AoF	Altorientalische Forschungen
AOS	American Oriental Series
ASOR (DS)	American School of Oriental Research (Dissertation Series)
AuOr(S)	Aula Orientalis (Supplement)
AUSS	Andrews University Seminary Studies
AW	Antike Welt
AzTh	Arbeiten zur Theologie
BA	Biblical Archaeologist
BaF	Baghdader Forschungen
BAH	Bibliothèque Archéologique et Historique
BAMA	British Academy Monographs in Archaeology
BAR (IS)	Biblical Archaeology Review (International Series)
BASOR	Bulletin of the American Schools of Oriental Research
BBB	Bonner Biblische Beiträge
BBVO	Berliner Beiträge zum Vorderen Orient
BE	Biblische Enzyklopädie

BeO	Biblica et Orientalia
Ber	Berytos
BHR	Bibliotheca Helvetica Romana
BibMes	Bibliotheca Mesopotamica
BibMus	Bibliothèque du Muséon
BJRL	Bulletin of the John Rylands Library
BMB	Bulletin du Musée de Beyrouth
BN	Biblische Notizen
BO	Bibliotheca Orientalis
Bor	Boreas
BRA	Beiträge zur Religionsgeschichte des Altertums
BSAW.PH	Berichte der Sächsischen Akademie der Wissenschaften. Philologisch-historische Klasse
BTAVO	Beihefte zum Tübinger Atlas des Vorderen Orients
BTS	Beiruter Texte und Studien
BWANT	Beiträge zur Wissenschaft vom Alten und Neuen Testament
BZ	Biblische Zeitschrift
BZAW	Beihefte zur Zeitschrift für die alttestamentliche Wissenschaft
CAD	The Oriental Institute (Hg), Chicago Assyrian Dictionary
CBQ MS	Catholic Biblical Quarterly Monograph Series
CIS	Corpus Inscriptionum Semiticarum
CPhP	V. Krings (Hg), La Civilisation Phénicienne et Punique (HdO I/20), Leiden 1995
CQ	Classic Quarterly
CRAIBL	Compte-rendus de l'Académie des Inscriptions et Belles Lettres
CRB	Cahiers de la Revue Biblique
CRRA	Comte-rendu de la Rencontre Assyriologique
CSF	Collezione di Studi Fenici
CTH	E. Laroche, Catalogue des Textes Hittites, Paris 1971
DaF	Damaszener Forschungen
DaM	Damaszener Mitteilungen
DBS	Dictionnaire de la Bible Supplément
DCPhP	E. Lipiński (Hg), Dictionnaire de la Civilisation Phénicienne et Punique, Turnhout 1992
DDD	K. van der Toorn – B. Becking – P. van der Horst (Hg), Dictionary of Deities and Demons in the Bible, Leiden 1995
DMOA	Documenta et Monumenta Orientis Antiquui
DNP	Der Neue Pauly
EA	El-Amarna
EB NS	Etudes Bibliques. Nouvelle Série
EdF	Erträge der Forschung
EI	Eretz-Israel
EPRO	Etudes Préliminaires aux Religions dans l'Empire Romain
ERC	Editions Recherche sur les Civilisations
FARG	Forschungen zur Anthropologie und Religionsgeschichte

FAT	Forschungen zum Alten Testament
FS	Festschrift
GCS	Griechisch-christliche Schriftsteller
GM	Göttinger Miszellen
GS	Gedenkschrift
HBA	Hamburger Beiträge zur Archäologie
HdArch	Handbuch der Archäologie
HdO	Handbuch der Orientalistik
HOS	Heidelberger Orientalistische Studien
HrwG	Handwörterbuch religionswissenschaftlicher Grundbegriffe
HSAO	Heidelberger Studien zum Alten Orient
HSM	Harvard Semitic Monographs
HUCA	Hebrew Union College Annual
IEJ	Israel Exploration Journal
IF	Istanbuler Forschungen
IGLS	Inscriptions Grecques et Latines de la Syrie
IM	Istanbuler Mitteilungen
IR	Iconography of Religions
IrAnt	Iranica Antiqua
JANES	Journal of the Ancient Near Eastern Society
JAOS	Journal of the Americal Oriental Society
JbAC	Jahrbuch für Antike und Christentum
JCS	Journal of Cuneiform Studies
JEA	Journal of Egyptian Archaeology
JEOL	Jaarbericht van het Vooraziatisch-Egyptisch Genootschap »Ex Oriente Lux«
JNES	Journal of Near Eastern Studies
JNSL	Journal of Northwest Semitic Studies
JSOT(S)	Journal for the Study of the Old Testament (Supplements)
JSS(M)	Journal of Semitic Studies (Monographs)
JSS(S)	Journal of Semitic Studies (Supplements)
KAI	Kanaanäische und Aramäische Inschriften
KNAW	Koninklijk-Nederlandse Akademie der Wetenschappen
KS	Kleine Schriften
KTU	Keilalphabetische Texte aus Ugarit
LAF	Linzer Archäologische Forschungen
LAPO	Littératures Anciennes du Proche-Orient
LIMC	Lexicon Iconographicum Mythologiae Classicae
M.A.R.I.	Mari Annales de Recherche Interdisciplinaires
MB	Madrider Beiträge
MEOL	Mededelingen en Verhandelingen van het Vooraziatisch-Egyptisch Genootschap »Ex Oriente Lux«

Mes	Mesopotamica
MLE	Materiali lessicali e epigrafici
MROA	G. del Olmo Lete (Hg), Mitología y Religión del Oriente Antiguo II/2, Barcelona 1995
MS	Monograph Series
MUSJ	Mélanges de l'Université St. Joseph de Beyrouth
MVÄG	Mitteilungen der Vorderasiatisch-ägyptischen Gesellschaft
MVS	Münchener Vorderasiatische Studien
N.A.B.U.	Nouvelles Assyriologiques Brèves et Utilitaires
NBL	Neues Bibel-Lexikon
NESE	Neue Ephemeris für Semitische Epigraphik
NSIS	B. Sass – C. Uehlinger (Hg), Studies in the Iconography of Northwest Semitic Inscribed Seals (OBO 125), Freiburg – Göttingen 1983
NTOA	Novum Testamentum et Orbis Antiquus
OAC	Orientis Antiqui Collectio
OBO(SA)	Orbis Biblicus et Orientalis (Series Archaeologica)
OLA	Orientalia Lovaniensia Analecta
OIP	Oriental Institute Publications
OLP	Orientalia Lovaniensia Periodica
Or(NS)	Orientalia (Nova Series)
OrAnt	Oriens Antiquus
OTS	Oudtestamentische Studiën
PA	Palaestina Antiqua
PEQ	Palestine Exploration Journal
Petra	F. Zayadine (Hg), Petra and the Caravan Cities, Amman 1990
PKG	Propyläen Kunstgeschichte
PIBA	Proceedings of the Irish Biblical Association
POS	Pretoria Oriental Studies
PPUAES	Publications of the Princeton University Archaeological Expeditions to Syria
PRU	Palais Royal d'Ougarit
Qad	Qadmoniot
QD	Quaestiones Disputatae
RA	Revue d'Assyriologie et d'Archéologie Orientale
RAAM	H. Gese – M. Höfner – K. Rudolph, Die Religionen Altsyriens, Altarabiens und der Mandäer (RdM 10,2), Stuttgart 1970
RAI	Rencontre Assyriologique Internationale
RB	Revue Biblique
RdM	Die Religionen der Menschheit
RES	Répertoire d'Epigraphie Sémitique
RevArch	Revue d'Archéologie
RGTC	Répertoire Géographique des Textes Cunéiformes

RGRW	Religions in the Graeco-Roman World
RHR	Revue d'Histoire des Religions
RIH	Ras Ibn Hani
RivBibIt	Rivista Biblica Italiana
RKAMW	Religionen und Kulturen der antiken Mittelmeerwelt in Parallelforschungen
RlA	Reallexikon der Assyriologie
RS	Ras Shamra
RSF(S)	Rivista di Studi Fenici (Supplemento)
RSOu	Ras Shamra – Ougarit
RSP	M. Gawlikowski, Recueil d'inscriptions palmyréniennes provenant de fouilles Syriennes et Polonaises récentes à Palmyra (Extraits des mémoires présentés par divers savants à l'Académie des Inscriptions et Belles-Lettres XVI), Paris 1974
RTP	H. Ingholt – H. Seyrig – J. Starcky, Recueil des Tessères de Palmyre (BAH 58), Paris 1955
RWAW	Rheinisch-Westfälische Akademie der Wissenschaften
SAA	State Archives of Assyria
Saec	Saeculum
SAION	Supplemente zu AION
SAM	Sheffield Archaeological Monographs
SBA	Saarbrücker Beiträge zur Archäologie
SBFLA	Studii Biblici Franciscani Liber Annuus
SBL DS	Society of Biblical Literature Dissertation Series
SBS	Stuttgarter Bibelstudien
SCCNH	Studies on the Civilization and Culture of Nuzi and the Hurrians
Sef	Sefarad
SEL	Studi epigrafici e linguistici
Sem	Semitica
SGKA	Studien zur Geschichte und Kultur des Altertums
SHAJ	Studies in the History and Archaeology of Jordan
SH(C)ANE	Studies in the History (and Culture) of the Ancient Near East
SHR	Studies in the History of Religions
SJOT	Scandinavian Journal of the Old Testament
SM	Studia Mediterranea
SMEA	Studi Micenei ed Egeo-Anatolici
SMIM	A. Dearman (Hg), Studies in the Mesha Inscription and Moab, Atlanta 1989
SMSR	Studi e Materiali di Storia delle Religioni
SÖAW.PH	Sitzungsberichte der Österreichischen Akademie der Wissenschaften. Philologisch-Historische Klasse
SS (NS)	Studi Semitici (Nova Series)
StF	Studia Fennica
StP	Studia Pohl
StPh	Studia Phoenicia
SVA	Studien zur Vorderasiatischen Archäologie
Syr	Syria

TA	Tel Aviv
TAVO	Tübinger Atlas zum Vorderen Orient
ThQ	Theologische Quartalschrift
ThRu	Theologische Rundschau
ThWAT	Theologisches Wörterbuch zum Alten Testament
ThZ	Theologische Zeitschrift
TMO	Travaux de la Maison de l'Orient
TO	Textes Ougaritiques
Trans(Suppl)	Transeuphratène (Supplément)
TRE	Theologische Realenzyklopädie
TStAJ	Texte und Studien zum Antiken Judentum
TStO	Texte und Studien zur Orientalistik
TUAT	Texte aus der Umwelt des Alten Testaments
UBL	Ugaritisch-Biblische Literatur
Ug	Ugaritica
UF	Ugarit-Forschungen
UNHAII	Uitgaven van het Nederlands Historisch-Archaeologisch Instituut te Istanbul
USAMNEC	Uppsala Studies in Ancient Mediterranean and Near Eastern Civilizations
VAB	Vorderasiatische Bibliothek
VT(S)	Vetus Testamentum (Supplements)
VWGTh	Veröffentlichungen der Wissenschaftlichen Gesellschaft für Theologie
WdM	W. Haussig (Hg), Wörterbuch der Mythologie I, Stuttgart 1965=1980
WO	Welt des Orients
WUNT	Wissenschaftliche Untersuchungen zum Neuen Testament
WVDOG	Wissenschaftliche Veröffentlichungen der Deutschen Orient-gesellschaft
ZA	Zeitschrift für Assyriologie und Vorderasiatische Archäologie
ZAH	Zeitschrift für Althebraistik
ZAW	Zeitschrift für die Alttestamentliche Wissenschaft
ZDMG(S)	Zeitschrift der Deutsch-Morgenländischen Gesellschaft (Supplement)
ZDPV	Zeitschrift des Deutschen Palästina-Vereins
ZPE	Zeitschrift für Papyrologie und Epigraphik
ZRGG	Zeitschrift für Religions- und Geistesgeschichte

Glossar der wichtigsten Fachtermini

Adyton	Das »Unbetretbare«; Raum für das Götterbild im Tempel; Allerheiligstes.
Ädicula	»Häuschen; kleiner Tempel«; Nische für Standbilder.
anch-Zeichen	»Lebens-«Hieroglyphe in der ägyptischen und der ägyptisch beeinflußten Ikonographie.
Akroterien	Tempelgiebelschmuck mit Ranken- oder Blattreliefs.
Antecella	Vorhalle; Raum des Tempels vor der Cella.
Antentempel	Tempel mit vorgezogenen Eingangsmauern.
Architrav	Querbalken, auf Säulen ruhend und das Obergeschoß bzw. das Dach tragend.
Astragal	Spielstein, Würfel aus Tierknochen, Ton oder Elfenbein.
Betyl	»Haus Gottes«; reliefierte oder naturbelassene Stele, welche eine Gottheit repräsentiert.
Biklinium	Raum für sakrale Mahlzeiten mit Liegen auf zwei Seiten; → Triklinium.
Bilingue	Zweisprachig (z.B. palmyrenisch-griechisch; punisch-lateinisch) abgefaßter Text.
bmh/bamah	Kulthöhe; offenes Heiligtum.
bt/bītu/bayit	Haus; Tempel; Dynastie.
Bukranion	Stiergehörn.
Cardo	Von Nord nach Süd verlaufende Hauptstraße eines Lagers bzw. einer Stadt in römischer Zeit.
Cella	Kultraum im Tempel.
chtonisch	Auf die Unterwelt bezogen; mit der Unterwelt verbunden.
Dedikation	Widmung, Weihung an Gottheiten, z.T. auch an Menschen.
Dromos	Gang (zu einem Grab); Korridor.
Epitheton	Beiwort; Attribut.
Exedra	»Außensitz«; halbrunde oder eckige Nische am Ende eines Ganges, z.B. in Hypogäen.
Hieros gamos	Heilige Hochzeit.
bīt ḫilāni	Palastbautyp in Südanatolien und Nordsyrien.
Hypogäum	Unterirdische Grabanlage.
Iwan	Zu einem Hof oder einer Halle hin geöffneter gewölbter Raum in der parthischen Architektur
Kalathos	Hohe Kopfbedeckung von Göttinnen
Knickachstempel	Breitraumtempel, bei dem das Götterbild nicht auf der Achse des Eingangs liegt; → Langhaustempel.
Kolonnade	Säulenreihe; Säulengang.
Kosmokrator	Allherrscher.

Langhaustempel	Tempeltyp, bei dem das Götterbild auf der Achse des Eingangs liegt; → Knickachstempel.
Lectisternium	Göttermahl.
Libation	Trankopfer; Darbringung eines Trankopfers.
Loculus	Einzelbestattungsplatz in Grabanlagen.
lunar	Auf den Mond(-gott) bezogen.
Lustration	Kultische Reinigung.
marziḫu/mrzḥ	Kultische Mahlzeit; Kultmahlverein.
Naiskos	Kultbildschrein; Nische mit Götterbild.
Nekropole	»Totenstadt«; Komplex von Grabanlagen.
Orthostat	Aufrecht stehende, mit Reliefs verzierte Steinplatte.
Paredra	Gefährtin; Begleiterin.
peseš	Gerät zur Mundöffnung im ägyptischen Kult.
Peripteros	Tempel mit ringförmig umgebender Säulenhalle.
Peristyl	Von Säulen umgebender Innenhof.
Porticus	Säulenvorbau; Säulengang.
Pronaos	Vorhalle der Cella.
Propyläen	Säulenvorhalle.
Repositorium	»Ruheort«; Ablage für Gebeine in einem Grab.
Rhyton	Trichterförmig zulaufendes Trink- und Libationsgefäß.
Satrapie	Verwaltungseinheit in persischer Zeit.
smy'	Kultstandarte; Zeichen.
Solar	Zur Sonne(-ngottheit) gehörig.
Spolien	Sekundär verbauter Überrest eines älteren Gebäudes.
Tanitzeichen	abstrakte Darstellung der Göttin Tanit.
Temenos	Heiliger Bezirk um einen Tempel.
Tessera	Ton- oder Metallmarke, deren Besitz zur Teilnahme am → *mrzḥ* berechtigt.
Thalamos	»Schlafgemach«; Nische für ein Götterbild.
Theos synnaos	Mit anderen Gottheiten zusammen verehrte Gottheit in einem Heiligtum.
Theoxenie	Göttermahl.
Triade	Dreiheit, z.B von Gottheiten.
Triklinium	Raum für sakrale Mahlzeiten mit Liegen auf drei Seiten; → Biklinium.
Zodiak	Tierkreis.

Register der Namen und Sachen